Manfred Kleine-Hartlage

Das Dschihadsystem

Danksagung

Einigen Menschen, die zum Gelingen dieses Buches beigetragen haben, bin ich zu besonderem Dank verpflichtet: Herrn Prof. Dr. Harald Seubert, der viel Zeit und Sorgfalt investiert hat, mich mit seiner fachlich fundierten Kritik zu unterstützen; meinem Verleger Dr. Ingo Resch, der sich standhaft geweigert hat, sich mit weniger als einem perfekten Werk zufriedenzugeben; meiner Ehefrau und Fachkollegin Beatrice Kleine-Hartlage, die mich von manchem Irrweg abgehalten hat; den Kommentatoren meines Blogs www.korrektheiten.com, denen ich mannigfache originelle Anregungen verdanke. Nicht zuletzt danke ich Frau Prof. Dr. Ursula Spuler-Stegemann für ihre aufschlussreichen Anmerkungen.

Manfred Kleine-Hartlage

Das Dschihadsystem

Wie der Islam funktioniert

RESCH-VERLAG

Bibliografische Information der Deutschen Nationalbibliothek
Die Deutsche Nationalbibliothek verzeichnet diese Publikation in der Deutschen Nationalbibliografie; detaillierte bibliografische Daten sind im Internet über http://dnb.d-nb.de abrufbar.

Impressum:
1. Auflage 2010
© 2010 Verlag Dr. Ingo Resch GmbH
Maria-Eich-Straße 77, D-82166 Gräfelfing
Alle Rechte vorbehalten.
Umschlaggestaltung: Atelier Lehmacher, Friedberg
Umschlagfoto: Panther Media/Alexandra T.
Satz: FotoSatz Pfeifer, Gräfelfing
Druck + Bindung: RMO & Welte, München
Printed in Germany

ISBN 978-3-935197-96-0

Inhaltsverzeichnis

Einleitung 9
I. Die eigene Optik. 15
   1. Unbewusste Prämissen 16
   2. Feindbilder. 17
   3. Das konstruktivistische Vorurteil. 17
   4. „Fremdenfeindlichkeit". 18
   5. Kulturrelativismus. 25
   6. Das Infantilitätssyndrom 27
   7. Aberglaube. 30
   8. Linke Ideologie 35

II. Kulturelle Selbstverständlichkeiten und was sie mit Religion zu tun haben. 43
   1. Der typische Einwand: „Man muss das differenzierter sehen". . . . 43
   2. Die Fragestellung. 45
   3. Islamismus und Nationalismus 48
   4. Kulturelle Selbstverständlichkeiten. 50
   5. Der Stellenwert der Religion im sozialen Gefüge. 54

III. Der Koran: Eine Themenanalyse 59
   1. Die Bedeutung des Korans für die islamische Zivilisation 59
   2. Die Biographie des Propheten Mohammed und die Entstehung des Korans 60
   3. Themenanalyse 62
      3.1. Der mekkanische Koran. 66
         3.1.1. Themen 66
            3.1.1.1 Einheit Gottes, Polemik gegen Christen und Juden. . . . 66
            3.1.1.2 Allmacht und Allwissenheit Allahs, Prädestination 66
            3.1.1.3 Lohn für die Gläubigen, Strafe für die Ungläubigen . . . 66
            3.1.1.4 Straflegenden und biblisches Material. 68
            3.1.1.5 Anfechtung des Propheten 70

3.1.1.6 Materialismuskritik 71
3.1.1.7 Selbstbeglaubigung des Korans 71
3.1.1.8 Weitere Themen 72
3.1.2. Implikationen des mekkanischen Korans 72
3.1.2.1 Zusammenhang von Materialismuskritik und
    Jenseitsorientierung: 73
3.1.2.2 Prädestination 75
3.1.2.3 Die Rolle des Propheten 77
3.1.2.4 Die Bedeutung des Buches 78
3.1.2.5 Wahrheitskriterien 83
3.1.2.6 Drei „abrahamitische" Religionen? 86
3.1.2.7 Die Geistfeindlichkeit des Korans 92
3.1.2.8 Das Gewaltpotenzial 93
3.2. Der medinensische Koran 94
3.2.1. Dschihad 95
3.2.1.1 Aufruf zu Kampf und Tötung 96
3.2.1.2 Lohnverheißung für im Kampf gefallene „Märtyrer" .. 99
3.2.1.3 Verurteilung der Nichtkämpfer 100
3.2.1.4 Selbstbeglaubigung durch militärischen Erfolg 102
3.2.1.5 Regeln zur Verteilung der Beute 104
3.2.2. Polemik gegen die „Ungläubigen" 105
3.2.2.1 Antijüdische Polemik 106
3.2.2.1.1 Ursprung des islamischen Antisemitismus 106
3.2.2.1.2 „Schriftfälschung" 108
3.2.2.1.3 „Abfall von Gott" 109
3.2.2.1.4 Jüdische Lebensbejahung 110
3.2.2.2 Polemik gegen die Christen 112
3.2.2.3 Soziale Ab- und Ausgrenzung 115
3.2.2.4 Apostasieverbot 118
3.2.3. Der Anspruch des Propheten auf absoluten Gehorsam
    und seine politischen Implikationen 119
3.2.4. Normen juristischen Charakters: Der Kern des
    islamischen Rechts 123
3.2.4.1 Implikationen des islamischen Verständnisses
    von Recht 123
3.2.4.2 Die Rolle der Frauen 126
3.2.5. Fazit 131

Exkurs: Warum das Christentum mit der Moderne vereinbar ist,
der Islam aber nicht. 134

IV. Der Dschihad in der Geschichte. 147

  1. Vorüberlegungen. 147
  2. Politische Herrschaft als Voraussetzung der Islamisierung 148
    2.1. Das islamische Kriegsrecht und seine praktische Anwendung 149
    2.2. Von der Eroberung zur Islamisierung. 155
    2.2.1. Konsolidierung durch Abschottung. 157
      2.2.2. Demographische Expansion durch Migration 159
      2.2.3. Die Dhimma – der „Schutzvertrag". 159
        2.2.3.1 Ausplünderung 160
        2.2.3.2 Demütigung und Diskriminierung 161
        2.2.3.3 Beherrschung des öffentlichen Raumes 164
        2.2.3.4 Verbot von Kritik am Islam 165
      2.2.4. Auf der Dhimmitude beruhende weitere Mechanismen
          der Islamisierung 166
        2.2.4.1 Nutzung der Ambivalenz des islamischen Rechts
           als Instrument der Islamisierung 166
        2.2.4.2 Versklavung und Deportation. 169
        2.2.4.3 Erpresserischer Menschenraub 171
        2.2.4.4 Demographische Expansion durch Vielweiberei und
           Frauenraub 172
        2.2.4.5 Abwerbung der Eliten. 176
    2.3. Zur Dialektik historischer Islamisierungsprozesse 178
      2.3.1. Selbstverstärkung. 178
      2.3.2. Hemmende Momente. 179
    2.4. Der Dschihad siegt sich zu Tode 180

V. Dschihad heute 183

  1. Ein aufschlussreiches Interview. 185
  2. Strukturelle Schwächen liberaler Demokratien 195
  3. Die Rolle von Gewaltandrohungen 203
  4. Jugendgewalt 206
  5. Sexuelle Gewalt 216
  6. Die Mikrogeographie des Dschihad 228
  7. Die Bedeutung von Moscheebauten. 231

8.	Die Manipulation von Geschichtsbildern	234
9.	Integration	240
10.	Euro-Islam?	260
10.1.	Synkretismus als Kern westlicher Religiosität	261
10.2.	Euro-Islam I: Modernisierung des Islam	266
10.3.	Euro-Islam II: Islamisierung der Moderne	267
11.	Der demographische Dschihad	274

VI. Zusammenfassung: Wie der Dschihad funktioniert 283

Literaturverzeichnis 289

Einleitung

Drei Blinde sollen einen Elefanten ertasten. Der erste bekommt den Rüssel zu fassen und sagt: „Eine Schlange!" Der zweite betastet den Rumpf und sagt: „Ein Berg!" Der dritte, der den Schwanz erwischt, meint: „Ein Pinsel!"

Jeder dieser drei Blinden ist fest überzeugt von seiner Auffassung und vermag sie sogar mit scheinbar starken Argumenten zu untermauern, und doch erfassen sie alle drei nicht, was sie eigentlich vor sich haben. Der westliche Diskurs über den Islam gleicht frappierend dem jener drei Blinden.

Wer an einem beliebigen Tag die Zeitung aufschlägt, kann davon ausgehen, dass er wenigstens zwei oder drei (schlechte) Nachrichten zu lesen bekommt, die irgendeinen Bezug zum Islam bzw. zu Muslimen aufweisen. Nachrichten, die miteinander nichts zu tun zu haben scheinen: Ein „Ehrenmord" in Berlin, ein Bombenanschlag in Bagdad, eine antisemitische Rede des iranischen Präsidenten, eine Warnung des BKA vor eingeschleusten Terrorzellen, ein Bericht über die Kriminalität von Jugendlichen „mit Migrationshintergrund" und über die Ausweisung eines Hasspredigers können durchaus an ein- und demselben Tag in derselben Zeitung stehen.

Verschiedene Länder, verschiedene Themen. Und doch kennen die meisten jenes unbestimmte Gefühl, wonach zwischen diesen mehr oder minder spektakulären Ereignissen ein Zusammenhang besteht.

Wenn eine junge Frau auf offener Straße von ihrem eigenen Bruder erschossen wird, darf man getrost hohe Summen darauf wetten, dass beide aus einer muslimischen Familie stammen. Wenn einer Geisel vor laufender Kamera die Kehle durchgeschnitten wird, wird der Täter Muslim sein. Wer von „deutschen (englischen, schwedischen etc.) Schlampen" redet, ist Muslim. Wer „mehr Respekt" für sich und seine Gemeinschaft einfordert, ist Muslim. Wer sich und andere mit einem Dynamitgürtel in die Luft sprengt, einen solchen Mörder zum „Märtyrer" erklärt, das Wort „Ungläubige" benutzt, seine Töchter nicht schwimmen lernen lässt, sie stattdessen lehrt, Gott befehle die Tötung von Juden, ist Muslim. Länder, in denen vergewaltigte Frauen wegen „Ehebruchs" ins Gefängnis geworfen werden, sind islamisch. Länder, in denen die Bibel nicht verkauft werden darf, wohl aber die „Protokolle der Weisen von Zion", sind islamisch. Länder, in denen Homosexuelle an Baukränen aufgehängt werden, sind islamisch. Länder, in denen gesteinigt wird, sind islamisch.

Das Verwirrende ist nun, dass diesen zutreffenden Aussagen die Tatsache gegenübersteht, dass keineswegs *alle* Muslime so denken und handeln, bei den skandalöseren Praktiken nicht einmal die Mehrheit. Man hat diesen Sachverhalt auf die Formel gebracht, dass die wenigsten Muslime Terroristen, aber die meisten Terroristen Muslime seien; dies illustriert die Schwierigkeit, ein so vielgestaltiges Phänomen wie den Islam, der obendrein auf eine 1400-jährige Geschichte zurückblicken kann und in über fünfzig – durchaus unterschiedlichen – Ländern Mehrheitsreligion ist, auf eine einfache Formel zu bringen.

Es scheint naheliegend, sich auf den Gemeinplatz zurückzuziehen, es gebe eben überall solche und solche, und auf generalisierende Aussagen über den Islam überhaupt zu verzichten. Zumal solche generalisierenden Aussagen nie den Ruch des Pauschalurteils loswerden, jedenfalls in den Augen solcher Zeitgenossen, die nicht wissen, dass (sozial-)wissenschaftliche Theorie schlechthin die Abstraktion von der Einzelperson notwendig voraussetzt, damit aber noch lange nicht zu einem System bloßer Vorurteile entartet.

Die Schwierigkeiten, den Islam auf den soziologischen Begriff zu bringen, haben weniger mit der Vielschichtigkeit des zu beschreibenden Phänomens, also des Islam zu tun, als vielmehr mit der Unzulänglichkeit der ihn beschreibenden Begriffe. Wir sind es gewöhnt, „Religion", „Politik", „Kultur" und „Recht" als Bezeichnungen voneinander getrennter und gegeneinander autonomer Lebensbereiche aufzufassen. Diese Begriffe sind aber nicht in einem historischen und gesellschaftlichen Vakuum entstanden, und ob sie universell anwendbar sind, ist durchaus fraglich.

Sie sind dazu entwickelt worden, eine *ganz bestimmte* Gesellschaft zu beschreiben – unsere eigene, funktional differenzierte westliche Gesellschaft –, weswegen sie deren Angehörigen, also *uns,* auch ohne weiteres einleuchten. Es gibt aber a priori keinen Grund zu der Annahme, dass dieses Begriffssystem zwangsläufig ebenso gute Dienste bei der Analyse *nichtwestlicher* Gesellschaften leisten müsse; es gibt sogar erstklassige Argumente *dagegen*:

Die Unterscheidung von Religion und Politik etwa, die uns so selbstverständlich erscheint, dass wir nicht mehr darüber nachdenken, spiegelt sich beim Reden über den Islam in dem antithetischen Gebrauch der Begriffe „Islam" und „Islamismus": das eine eine *Religion*, das andere etwas (nach unserem Verständnis) vollkommen anderes, nämlich eine *politische* Ideologie, die den Islam bloß „missbraucht", und zwar als Arsenal, aus dem sie sich mit Propagandaslogans versorgt. Dass der Islamismus zum Islam in derselben Weise gehören könnte wie der Rüssel zu besagtem Elefanten, ist für viele Menschen buchstäblich un-denkbar, weil es in ihrem Begriffssystem nicht vorgesehen ist.

Einige besonders skandalöse muslimische Praktiken, insbesondere die, die mit der Stellung der Frau zu tun haben, werden auf die jeweils lokale bzw. regionale „Kultur" zurückgeführt, wobei dieses Wort ausdrücklich im Unterschied und Gegensatz zu „Religion" verwendet wird – eine Wortwahl, die schon deshalb merkwürdig ist, weil zur „Kultur" meistens (und ganz bestimmt in einem Zusammenhang, in dem es um Geschlechterrollen geht) auch die Wertvorstellungen, Sitten und Traditionen eines Volkes gerechnet werden, also genau das, was auch den sozialen Aspekt von Religion ausmacht und allenfalls in einer vollkommen atheistischen Gesellschaft unabhängig von dieser denkbar wäre. Es mag vielen Zeitgenossen nicht mehr bewusst sein (und wird deshalb in diesem Buch Thema eines eigenen Exkurses sein), aber die ethischen Wertvorstellungen, auf denen unsere westlichen Gesellschaften basieren, sind durch und durch vom Christentum geprägt. Es ist lediglich die *Säkularisierung* dieser Ethik, also ihre (nachträgliche) Einbettung in einen nichtreligiösen Begründungszusammenhang, die die *Illusion* vermittelt, unsere Kultur (also unter anderem diese Werte) habe nichts mit Religion zu tun, und es deshalb plausibel erscheinen lässt, ein solches Auseinanderfallen von „Kultur" und „Religion" auch für solche Kulturkreise zu unterstellen, in denen die Säkularisierung gar nicht stattgefunden hat.

Schließlich neigen die meisten von uns mit Blick auf soziale Sachverhalte zu einer individualisierenden Perspektive, aus der heraus Kollektive (zum Beispiel Völker und Religionsgemeinschaften) nur als bloße Summe von Einzelpersonen gedacht werden können. Margaret Thatchers Diktum, wonach es so etwas wie eine Gesellschaft gar nicht gebe, sondern nur Individuen, bringt dieses Denken auf den Punkt.

Aus soziologischer Perspektive freilich ist „Gesellschaft" etwas völlig anderes, nämlich ein System von *Beziehungen* zwischen Menschen, genauer: das System der zwischen ihnen bestehenden *Erwartungen*. Was das bedeutet und welche Konsequenzen es hat, die Gesellschaft aus diesem Blickwinkel zu betrachten, werde ich ausführlich erläutern.

Wer aber speziell den Islam – in seiner Eigenschaft als Religions*gemeinschaft* – bloß als Gesamtheit aller Muslime betrachtet und vor generalisierenden Aussagen schon deshalb zurückschreckt, weil er glaubt, damit ethnisch-religiösen Vorurteilen Vorschub zu leisten, vermag die eigentümliche Gleichförmigkeit der Probleme nicht zu erklären, die regelmäßig dort auftreten, wo islamische Gesellschaften auf nichtislamische stoßen. Er vermag nicht zu erklären, warum die Situation speziell von Frauen und religiösen Minderheiten in allen islamischen Ländern prekär ist, und warum es unter den über fünfzig islamischen Staaten so wenige Demokratien gibt.

Wer den Islam von der Liste der denkbaren Ursachen der Probleme streichen möchte, die in den von ihm geprägten Gesellschaften auftreten, muss die Bedeutung lokaler, regionaler und historisch vorübergehender nichtreligiöser Bedingungen betonen: Die genannte Gleichförmigkeit ergäbe sich dann bloß „zufällig" als globale Regelmäßigkeit aus mannigfachen lokalen Gegebenheiten, die ihrerseits keinen religiösen Bezug aufweisen.

Ein solches Vorgehen verletzt jenes wissenschaftliche Prinzip, das seit dem 14. Jahrhundert als „Ockhams Rasiermesser" bekannt ist und knapp formuliert besagt, dass unter mehreren in Frage kommenden Theorien stets diejenige vorzuziehen ist, die ein Minimum an Elementen mit einem Maximum an Erklärungskraft verbindet. Ein Ansatz, der seine Verfechter dazu zwingt, praktisch jedes einzelne in der Zeitung gemeldete Ereignis mit einer speziell darauf zugeschnittenen Theorie zu erklären, globale Regelmäßigkeiten aber als Zufall abzutun, erfüllt dieses Kriterium offenkundig nicht.

Wer freilich den Islam zur Erklärung sozialer Phänomene in muslimischen Gesellschaften heranzieht und sich dagegen verwahrt, ihn aus Gründen der Political Correctness auszuklammern, sollte nicht seinerseits den Fehler begehen, den Faktor „Religion" isoliert vom sozialen Kontext zu betrachten, in dem er steht. Es ist zwar leicht zu zeigen, dass der Islam Gewaltanwendung nicht pauschal verurteilt und, wenn gegen Andersgläubige gerichtet, sogar fordert, jedenfalls unter bestimmten Voraussetzungen. Wer aber nicht den Menschen *schlechthin* für eine bloße Marionette hält, die an den Fäden der Religion hängt, wird begründen müssen, *warum* gerade der *Islam* mit den beobachtbaren Problemen islamischer Gesellschaften so viel mehr zu tun haben soll als das Christentum mit denen christlicher. Unsere eigenen westlichen Gesellschaften haben es schließlich geschafft, sich von der Religion zu emanzipieren – warum sollte das den islamischen nicht gelingen? Wenn sie sich so offenkundig schwer damit tun: Könnte das nicht an (politischen, ökonomischen, sozialen) Problemen liegen, die *nicht* aus dem Islam selbst erwachsen, *wohl* aber seine Säkularisierung verhindern?

Und wenn der Islam so dominant sein soll, dass allein dies schon ausreichen würde, die Missstände muslimischer Gesellschaften zu erklären, dann stellt sich wiederum die Frage, warum die weitaus meisten Muslime doch durchaus umgängliche Zeitgenossen sind und keine Terroristen oder Ehrenmörder, oft auch nicht einmal besonders fromm?

Kein erstzunehmender Islamexperte (und noch weniger die Muslime selbst) würde bestreiten, dass der Islam sich selbst als *umfassende Lebensordnung* versteht – also nicht etwa als Religion, wie *wir* sie uns vorstellen, die man auch im stillen Kämmerlein praktizieren könnte, deren Befolgung Privatsache wäre, und die sich vor allem auf die Gottesbeziehung des *Einzelnen* auswirkt. Der Islam durchdringt – seinem eigenen Anspruch nach – auch Recht, Politik, Kultur, Wissenschaft und überhaupt jeden Lebensbereich. Es gibt im Islam keinen Vorbehalt nach Art des neutestamentlichen „So gebt dem Kaiser, was des Kaisers ist, und Gott, was Gottes ist" (Mt 22,21). Es gibt keine islamfreie Zone, zumindest *soll* es keine geben.

Dies, wie gesagt, wird auch zugestanden, und dass der Islam keine Säkularisierung erlebt hat, gehört mittlerweile fast schon zur Allgemeinbildung. Bisher fühlte sich aber kaum einer berufen, die soziologischen Konsequenzen dieses unbestrittenen Sachverhaltes zu analysieren. Es scheint auch niemandem aufzufallen, wie inkonsequent es ist, das Fehlen der Säkularisierung islamischer Gesellschaften festzustellen, diese Gesellschaften aber in Begriffen zu beschreiben, die eine solche Säkularisierung gerade voraussetzen.

Man kann menschliches Verhalten aus sehr verschiedenen – z.B. psychologischen, juristischen, medizinischen oder moralischen – Blickwinkeln analysieren. Eine *soziologische* Betrachtungsweise zeichnet sich typischerweise dadurch aus, dass sie Gesellschaft nicht als Summe von *Personen,* sondern als System der zwischen ihnen bestehenden *Verhaltenserwartungen* auffasst; als ein System, das sich selbst in dem Maße stabilisiert, wie es die Menschen, die an ihm teilhaben, zu einem Verhalten veranlasst, das in der Summe wie von selbst die Struktur des Systems reproduziert. Die Hartnäckigkeit, mit der muslimische Gesellschaften jedem Versuch einer durchgreifenden Verwestlichung sogar *dann* trotzen, wenn sie sich – als Parallelgesellschaften – mitten im Westen befinden, zeugt von der Fähigkeit des Islam, sich auch unter erheblichem äußerem Druck als Grundlage der von ihm geprägten Gesellschaften zu behaupten. Ein solches Phänomen legt die Vermutung nahe, dass wir es hier mit einer sich selbst stabilisierenden sozialen Struktur zu tun haben, deren Funktionsweise gar nicht anders aufgeklärt werden *kann* als dadurch, dass man sie aus soziologischer Perspektive analysiert. Erfolg verspricht ein solches Vorgehen freilich nur, wenn man sich davor hütet, christliche bzw. westliche Begriffe unreflektiert auf muslimische Gesellschaften anzuwenden.

Wir benötigen also ein Begriffssystem, das uns nicht zwingt, islamische Gesellschaften in eine ihnen fremde Begriffsschablone zu pressen. Wir benötigen eine Theorie, die uns sagt, welche Rolle der Islam in den von ihm geprägten Gesellschaften spielt (und nicht voraussetzt, dass diese Rolle der des Christentums im Westen entsprechen müsse); die dabei vom islamischen *Selbst*verständnis ausgeht, also davon, was der Islam *will*, nicht davon, was er unserer Meinung nach *wollen soll*. Wir benötigen eine Theorie, die uns sagt, ob und wie sich islamische Theologie in muslimische Lebenspraxis übersetzt und wie gegebenenfalls diese Lebenspraxis rückbezüglich den Islam als ihre eigene Voraussetzung stabilisiert; eine Theorie, die dabei möglichst noch den eigentümlichen Widerspruch auflöst, dass die wenigsten Muslime Terroristen, aber die meisten Terroristen Muslime sind. Wir benötigen, kurz gesagt, eine soziologische Theorie des Islam. Diese zu entwickeln, ist Programm des vorliegenden Buches.

I. Die eigene Optik

In diesem Buch wird viel von *kulturellen Selbstverständlichkeiten* die Rede sein, von Werten, Normen, Wahrnehmungsmustern und Ideologien, die unser Denken schon bestimmen, bevor es überhaupt einsetzt. Da ich hier Thesen vertrete, die mancher Leser als skandalös empfinden wird, gehe ich in diesem ersten Kapitel der Frage nach, wie das System der gesellschaftlich etablierten Selbstverständlichkeiten aussieht, das bestimmte theoretische Positionen als skandalös erscheinen lässt, andere aber nicht. Es geht also darum, bestimmte ideologische Vor-Annahmen sichtbar und damit kritisierbar zu machen, die normalerweise verhindern, dass eine kritische Bewertung des Islam (als Religion wie als soziales System) als sachlich zutreffend oder wenigstens als moralisch legitim akzeptiert wird. Es geht um die Auflösung von Denkblockaden.

Ich treibe also keineswegs ein müßiges philosophisches Glasperlenspiel, wenn ich danach frage, wie die Wirklichkeitsbeschreibung unserer Gesellschaft zustande kommt. Sie kommt, dies ist die These dieses Kapitels, zustande durch Akzeptanz einer höchst irrationalen Ideologie, die eine Reihe unlogischer bzw. falscher Annahmen enthält; die es den in ihr Befangenen unmöglich macht, den Islam als totalitäre Ideologie aufzufassen; die sie aber zwingt, islamkritische bzw. -feindliche Positionen nicht nur als vermeintlich *unrichtig* zu kritisieren, sondern als *verwerflich* zu verdammen.

Damit wird weder behauptet, dass *alle* Mitglieder unserer Gesellschaft diese Ideologie teilen, noch dass es verboten wäre, eine ihr widersprechende Auffassung zu vertreten. Wohl aber behaupte ich, dass diese ideologische Grundposition sich durch das auszeichnet, was der marxistische Theoretiker Antonio Gramsci einst die „kulturelle Hegemonie" nannte. Eine solche kulturell hegemoniale Ideologie erkennt man als solche daran, dass ihren Kritikern eine Beweislast aufgebürdet ist, von der ihre Verfechter sich ohne weiteres freizeichnen können. Wer beispielsweise die These verträte, der Islam beruhe im Wesentlichen auf denselben moralischen Werten wie das Christentum, der könnte es im Grunde bei der bloßen Behauptung bewenden lassen und darauf vertrauen, dass eine, wenngleich schrumpfende, Mehrheit seiner Mitbürger ihm ohne weiteres zustimmen würde. Wer aber, wie ich, das Gegenteil behauptet, ist gezwungen, seine These mit einem ganzen Buch zu untermauern und muss Ihnen zumuten, es zu lesen.

1. Unbewusste Prämissen

Machen wir uns zunächst klar, dass wir Alle die Welt auf der Basis von Prämissen interpretieren, die uns größtenteils nicht bewusst sind; wir blicken gewissermaßen durch eine Brille, von der wir gar nicht wissen, dass sie auf unserer Nase sitzt. Viele dieser Prämissen lernen wir im Laufe unserer Sozialisation, d.h. bereits als Kinder und Jugendliche, ganz unbewusst durch die Beobachtung Anderer und die Anpassung an unsere Umgebung.

Mit anderen Worten: Vieles von dem, was wir für selbstverständlich halten, haben wir niemals kritisch überprüft, nie auf Widerspruchsfreiheit getestet; wir haben uns beispielsweise nie Rechenschaft abgelegt über den Unterschied zwischen normativen und empirischen Annahmen, d.h. zwischen Annahmen darüber, wie die Welt sein *soll*, und solchen darüber, wie sie *ist*. Dass gerade dieser *Fehlschluss* von der Bejahung einer Norm auf die Wahrheit einer Tatsachenbehauptung im Ideenhaushalt unserer Gesellschaft eine besondere Rolle spielt, sei anhand einiger Beispiele belegt:

Die normativ-wertende Aussage, dass Krieg niemals wünschenswert sei, lässt logisch nicht den Schluss zu, er sei (empirisch) niemals notwendig; nichtsdestoweniger ist dieser pazifistische Fehlschluss weit verbreitet.

Gleiches Einkommen für Jeden kann man wünschenswert finden. Aus diesem Wunsch aber bereits die Schlussfolgerung zu ziehen, dies sei erreichbar, wäre eine Verletzung der Formallogik.

Für die Auffassung, Männer und Frauen seien in ihren psychischen und kognitiven Strukturen wesentlich gleich, lassen sich zweifellos viele gute Argumente finden. Die Norm, dass sie gleich*berechtigt* sind, ist aber kein solches Argument.

Schließlich ist es ein erheblicher Unterschied, ob ich religiöse Toleranz für eine Tugend halte, also eine Norm bejahe, oder ob ich als *Tatsache* behaupte, der Islam sei eine Religion des Friedens.

Logisch ist die Tatsachenbehauptung aus der Norm nicht ableitbar, *faktisch* aber lehnen viele Menschen islamkritische Positionen allein deswegen ab, weil das sonst „intolerant" sein oder zur Intoleranz führen könnte. Ganz ähnlich, wie sie die Feststellung einer Feindschaft deshalb ablehnen dürften, weil sie sonst gegen die Norm verstießen, kein Feindbild zu haben.

2. Feindbilder

Diese reflexartige Verdammung von Feindbildern schlechthin, speziell die Warnung vor dem „*Feindbild Islam*", das zu hegen oder gar zu verbreiten als verwerflich gilt, beruht auf einer hochgradig ideologischen Prämisse: nämlich auf der Vorstellung, Feind*schaft* sei im Regelfall die Folge von Feind*bildern* – und nicht etwa umgekehrt. Empirisch eine völlig unhaltbare Annahme.

Es handelt sich um einen längst nicht mehr hinterfragten Glaubensartikel, der vor allem deswegen zum Dogma eines populären Vulgärpazifismus avancieren konnte, weil er die angenehme Illusion nährt, man könne Feindschaft allein schon dadurch aus der Welt schaffen, dass man sich vom Feind kein Bild macht. Wer sich durch solche Ideen an gewisse magische Kulte primitiver Völker erinnert fühlt, dürfte richtig liegen, und wir werden noch sehen, dass ein voraufklärerischer, ja geradezu präzivilisatorischer Aberglaube das politische Denken in unserer Gesellschaft weitaus stärker prägt als uns bewusst ist oder lieb sein kann.

3. Das konstruktivistische Vorurteil

Den Islam in soziologischen Begriffen zu beschreiben, heißt, die Wirklichkeit in einer bestimmten Weise zu interpretieren. Das postmoderne Denken zieht den Begriff der „Konstruktion" dem der „Interpretation" vor. Eine solche Wortwahl – die natürlich ihrerseits auf einer Konstruktion basiert –, hebt das aktive, das subjektive Element des Interpretierens hervor: Solange ich von einer „Interpretation" spreche, bleibt die äußere Wirklichkeit etwas, das der Einzelne als Gegebenheit vorfindet, und zu dem er sich zu verhalten hat. Der Begriff der „Konstruktion" dagegen enthält ein aktivistisches Moment, legt er doch das Bild eines Menschen nahe, der planmäßig ein (Gedanken-)Gebäude errichtet und die äußere Wirklichkeit dabei gleichsam nur als Steinbruch nutzt, aus dem er mehr oder weniger willkürlich die Brocken heraushaushlägt, die zu seinem Bauplan passen.

Man kann dieser konstruktivistischen Perspektive einiges abgewinnen: Vor allem schärft sie das Bewusstsein dafür, dass das, was wir als „Wirklichkeit" im Kopf haben, bestenfalls ein höchst unvollkommener Nachbau, in jedem Fall aber deutlich weniger komplex ist als das, was „*wirklich*" „wirklich" ist. Auf der Hand liegt aber, dass mit einer solchen Perspektive auch eine Gefahr verbunden ist, zumal wenn sie in äußerst vergröberter Form popularisiert wird. Buchtitel wie „Die erfundene Wirklichkeit"[1] schreien geradezu danach, missverstanden zu werden. So, als wären alle Konstruktionen von Wirklichkeit gleichermaßen gut und legitim. Verhielte es sich so, dann wären die Begriffe „wahr" und „unwahr" bedeutungslos. Mit einem solchen „Anything goes" wäre jeder Wissenschaft – einschließlich des Konstruktivismus selbst – die Grundlage entzogen, und tatsächlich ist er auch *so nicht gemeint*.

Wenn dieses „Anything goes" trotzdem mehr und mehr in die Gesellschaft einsickert, so drückt sich darin der Hang aus, als „Wirklichkeit" nur noch das zu akzeptieren, was man akzeptieren *will*. Also der Hang zu infantilem Wunschdenken. Fatal ist das deswegen, weil eine Wirklichkeitskonstruktion sich zwar nie als richtig erweisen kann, *wohl aber als falsch*; und wer einen Kannibalen irrtümlich für einen Vegetarier hält, wird spätestens in dessen Bratpfanne darüber belehrt, dass es Wirklichkeitskonstruktionen geben kann, die falsch sind.

4. „Fremdenfeindlichkeit"

Ein erheblicher Teil dieses Buches wird darin bestehen, die Legenden zu widerlegen, die die Political Correctness wie einen schützenden Kokon um den Islam gesponnen hat.

Ich werde dabei mit aller Sorgfalt, Offenheit und Fairness vorgehen. Dennoch mache ich mir selbstverständlich keine Illusionen darüber, dass dieses Buch und sein Autor sich den Vorwürfen der „Islamophobie" und „Xenophobie", wahrscheinlich auch des Rassismus ausgesetzt sehen werden.

Das Wort „Phobie" hat eine erstaunliche Karriere gemacht: An sich handelt es sich um einen psychiatrischen Fachbegriff, dessen Verwendung in sozialwissenschaftlichen Zusammenhängen sich schon deshalb verbietet, weil Sozialwissenschaftler gar nicht kompetent sind zu beurteilen, ob die Abneigung gegen eine Personengruppe auf einer *Phobie* beruht oder nicht. Wenn Soziologen[2] diesen Ausdruck trotzdem benutzen können, ohne sich

---

[1] Paul Watzlawick(Hrsg.), Die erfundene Wirklichkeit: Wie wissen wir, was wir zu wissen glauben?, München 1995
[2] vgl. z.B. die Verwendung der Begriffe „Islamophobie" und „Homophobie" bei Wilhelm Heitmeyer, Deutsche Zustände. Folge 6, Frankfurt/M. 2007

zumindest fachintern Kritik einzuhandeln, so ist bereits dieser Umstand ein starkes Indiz für die Wirksamkeit ideologisch motivierter Vor-Urteile bis ins wissenschaftliche Vokabular hinein.

Dass solche Vorwürfe gegen den Verfasser nicht nur semantisch fehlerhaft, sondern auch inhaltlich gegenstandslos sind, davon wird sich jeder unvoreingenommene Leser überzeugen können. Im vorliegenden Zusammenhang aber, in dem es um den ideologischen Code geht, der unsere Gesellschaft steuert, wo es also um nichthinterfragte Selbstverständlichkeiten geht, muss es als ein hochinteressantes Phänomen gelten, dass eine politische Meinung bereits dann als indiskutabel abgetan wird, wenn man sie halbwegs plausibel als „fremdenfeindlich" brandmarken kann.

Dies ist nämlich alles andere als eine Selbstverständlichkeit:

Erstens haben wir es wieder mit der schon bekannten Vermengung von Normen und Tatsachen zu tun: Zweifellos ist es dumm und primitiv, etwas Fremdes *nur deshalb* als feindlich einzustufen oder gar als minderwertig abzustempeln, weil es fremd ist. Die Norm, nicht fremdenfeindlich zu sein, ist also als Grundsatz durchaus rational begründbar. Wird aber eine *Tatsachenbehauptung* abgelehnt, weil sie „fremdenfeindlich" sei, also unter Berufung auf eine *Norm*, so haben wir es mit demselben Verstoß gegen die elementare Logik zu tun, den wir oben schon in Bezug auf die Toleranz im Allgemeinen kennengelernt haben.

Zweitens ist das normative Verbot von Fremdenfeindlichkeit zwar für sich genommen nicht zu beanstanden, wohl aber das Normensystem, zu dem es gehört: Die Kehrseite des Verbots von Fremdenfeindlichkeit ist nämlich die Akzeptanz von Feindseligkeit gegen das eigene Land (nicht nur in Deutschland, sondern in praktisch allen westlichen Ländern), und zwar in einem Maße, das in den Herkunftsländern der meisten dieser Fremden völlig undenkbar wäre.

So ist es ganz selbstverständlich, dass deutsche Radiosender sich weigern, die Lieder rechtsgerichteter Rockgruppen zu spielen, in denen fremde Völker, fremde Länder und ethnische Minderheiten verunglimpft werden. Dagegen ist nichts einzuwenden. Lieder aber, die sich gegen das *eigene* Land, das *eigene* Volk richten, werden – und zwar mit der nämlichen Selbstverständlichkeit – *sehr wohl* gespielt; man denke nur an den Hit der Gruppe „Die Toten Hosen": *„Es gibt 1000 gute Gründe / auf dieses Land stolz zu sein / Warum fällt uns jetzt auf einmal/kein einziger mehr ein?"* oder den der „Prinzen": „*Wir sind besonders gut im Auf-die-Fresse-Hauen / Auch im Feuerlegen kann man uns vertrauen. / Wir stehen auf Ordnung und Sauberkeit. / Wir sind jederzeit für 'nen Krieg bereit. / Schönen Gruß an die Welt – seht es endlich ein: / Wir können stolz auf Deutschland sein. / Schwein, Schwein, Schwein / Das alles ist Deutschland.*"

Allen Fans der „Prinzen" und der „Toten Hosen" sei versichert, dass ich ihnen ihre Musik nicht madig machen will. Ich weise nur darauf hin, dass hier offenbar mit zweierlei Maß gemessen wird, und zwar zu Ungunsten der eigenen Nation. Offenkundig gilt eine selbstkritische Grundhaltung nicht nur des Einzelnen, sondern auch des Kollektivs, als Tugend, während die Ablehnung von Fremdkollektiven als verwerflich betrachtet wird. Man erkennt darin unschwer die aufs Kollektiv projizierte christliche Individualethik, die vor der Selbstgerechtigkeit warnt („Richtet nicht, auf dass Ihr nicht gerichtet werdet" [Mt 7,1]) und der Liebe zum Feind einen höheren ethischen Rang zuweist als der zum Freund („Denn wenn Ihr nur die liebt, die Euch lieben, welchen Dank habt ihr davon? Denn auch die Sünder lieben ihre Freunde" [Lk 6,32]).

Ich werde an anderer Stelle dieses Buches diskutieren, wie diese Normen, die dem Islam übrigens völlig fremd sind, tatsächlich zu verstehen sind, und was sie für das Verhältnis von Christen und Muslimen zueinander und zur Moderne bedeuten.

Vorerst sei lediglich darauf hingewiesen, dass eine solche Bevorzugung der fremden Gruppe gegenüber der eigenen Allem ins Gesicht schlägt, was seit Anbeginn der Menschheit als ethisch wertvolles Verhalten gilt, und zwar auch in den christlichen Gesellschaften der ersten beiden Jahrtausende.

Noch vor einem halben Jahrhundert galten auch in westlichen Gesellschaften sowohl Familiensinn als auch Patriotismus ganz selbstverständlich als hohe Tugenden; allgemein gesprochen, galt die Solidarität mit der je eigenen Gruppe – auch und gerade im Konflikt mit Fremdgruppen – von jeher als *zentrale* Sozialnorm. Zentral deshalb, weil eine Gesellschaft, in der sie *nicht* gegolten hätte, als nicht überlebensfähig eingeschätzt worden wäre.

Warum das so gesehen wurde? Nun, vielleicht waren all die vielen Generationen, die uns vorangingen, von fremdenfeindlichen Vorurteilen verblendet, und erst in der zweiten Hälfte des 20. Jahrhunderts fand die Menschheit, zumindest aber deren weißer, westlicher und christlicher Teil, zu einer wahrhaft humanen und aufgeklärten Ethik. Plausibel ist das nicht, aber als zumindest hypothetische Möglichkeit sei es in Betracht gezogen.

Welche ethischen Normen müssen eigentlich gelten, damit so etwas wie „Gesellschaft" möglich wird?

Beginnen wir, der Einfachheit halber, mit der Grundnorm unseres eigenen Kulturkreises, der sogenannten Goldenen Regel:

„*Wie Ihr wollt, dass die Leute Euch tun sollen, also tut Ihnen auch.*" *(Lk 6,31)*

Immanuel Kant hat dasselbe Prinzip in nichtreligiöser Sprache als Kategorischen Imperativ formuliert:

„*Handle so, dass die Maxime deines Willens jederzeit zugleich als Prinzip einer allgemeinen Gesetzgebung gelten könne.*"

Diese Normen beinhalten zunächst die Aufforderung, nicht einfach egoistisch seine persönlichen Interessen durchzusetzen, sondern sich an bestimmte Regeln zu halten, geschriebene wie ungeschriebene. Und da wir empirisch keine Gesellschaften beobachten können, die auf die Dauer auf der Basis des schieren Individualegoismus existieren, vielmehr feststellen müssen, dass in allen Gesellschaften, die nicht gerade in Auflösung begriffen sind, bestimmte Regeln gelten und vom Einzelnen verinnerlicht werden (sollen), können wir die oben genannten Prinzipien als universell gültig unterstellen.

Einige einfache Beispiele mögen verdeutlichen, dass Ethik für den Einzelnen eine Zumutung darstellt: Ein Wahlbürger verzichtet darauf, den Sonntagnachmittag auf dem Sofa zu verbringen und marschiert Hunderte von Metern zum Wahllokal, womöglich bei strömendem Regen, obwohl er genau weiß, dass seine Stimme nicht die Wahl entscheidet. Ein U-Bahn-Fahrgast bezahlt sein Ticket, obwohl er weiß, dass die Gefahr, beim Schwarzfahren erwischt zu werden, denkbar gering ist, und dass die U-Bahn auch fährt, wenn er nicht bezahlt. Ein Soldat riskiert sein Leben für sein Land, wohl wissend, dass sich am Kriegsausgang nichts ändern würde, wenn er einfach nach Hause ginge und das Siegen Anderen überließe.

Ethisches Verhalten ist also geprägt durch ein deutliches, im Falle des Soldaten sogar extremes Missverhältnis zwischen den Kosten, die der Einzelne auf sich nimmt, und dem Gewinn, den er individuell überhaupt nicht und als Teil der Gesellschaft auch dann hätte, wenn er die Kosten *nicht* auf sich nähme. Ökonomisch gesehen bedeutet Ethik also Privatisierung der Kosten und Sozialisierung der Gewinne.

Es ist leicht zu zeigen, dass keine Gesellschaft ohne solche ethischen Normen existieren kann, und doch gibt es keinen Weg, den *Einzelnen* rational davon zu überzeugen, dass *er* sich ihnen unterwerfen sollte. Ethisches Verhalten muss, so gesehen, als außerordentlich unwahrscheinlich gelten; trotzdem ist es die Regel, nicht die Ausnahme. Wie ist dieses täglich stattfindende Wunder zu erklären?

Fragen wir kontrafaktisch: Würde der Fahrgast seine Karte auch dann bezahlen, wenn er wüsste, dass die Anderen es *nicht* tun? Würde der Soldat kämpfen, wenn er wüsste, dass seine Kameraden lieber davonlaufen? Die Fragen stellen, heißt sie beantworten: Natürlich nicht! (Beim Wähler liegt der Fall etwas anders, denn dessen Stimme würde ja die Wahl entscheiden, wenn er als Einziger zur Abstimmung ginge.)

Niemand will der sprichwörtliche Dumme sein, der als Einziger die Regeln befolgt. Werden sie befolgt, so ist dies offensichtlich auf die Erwartung des Einzelnen zurückzuführen, dass alle (oder doch die meisten) Anderen sich ebenfalls ethisch verhalten. Diese *Gegenseitigkeit* der Erwartung also bringt ethisches Verhalten hervor.[3] Ethik – und damit die Existenz von Gesellschaft schlechthin – beruht auf *Solidarität*.

(Ein denkbarer Einwand lautet, ethisches Verhalten sei vor allem durch die Angst vor Strafe motiviert. Dieser Einwand gilt, wenn wir bei unseren Beispielen bleiben, für den Wähler gar nicht; die Strafandrohung gegen den Schwarzfahrer ist wegen der geringen Sanktionswahrscheinlichkeit wenig zwingend; und den Soldaten kann man mit Drohungen allenfalls vom Desertieren abhalten, aber nicht zur Tapferkeit zwingen. Tatsächlich *spielen* Sanktionsdrohungen eine wichtige Rolle; sie wirken aber auf zweierlei Weise: einmal *direkt* durch Abschreckung, aber wir haben gesehen, dass sie in dieser Hinsicht häufig ein stumpfes Schwert sind. Die Hauptwirkung dürfte *indirekter* Natur sein: Das Wissen um die Existenz der Sanktionsdrohung bestärkt jeden Einzelnen in seiner Erwartung, die *Anderen* würden sich an die Regeln halten, und motiviert ihn damit, es selbst ebenfalls zu tun.)

Solidarität – so viel dürfte klar geworden sein – *hat nichts mit Altruismus zu tun* (mit dem sie oft verwechselt wird), also mit dem Handeln zugunsten Anderer. Sie ist als Geschäft auf Gegenseitigkeit vielmehr ein erweiterter und reflektierter *Egoismus*.

Wie aber kommt Solidarität zustande? Durch altruistisches Handeln? Rein theoretisch könnte man sich das vorstellen: Ich verhalte mich altru-

---

[3] Bei dieser handlungstheoretischen Analyse abstrahiere ich um der Übersichtlichkeit der Darstellung willen noch von ethischen und religiösen Faktoren, die das Handeln von Menschen motivieren. Dieses Thema wird in Kap. V.10.1. noch einmal aufgegriffen.

istisch, rege dadurch einen Zweiten an, es mir gleichzutun, was wiederum einen Dritten und Vierten veranlasst, sich ebenfalls altruistisch zu verhalten und so fort, bis am Ende eine Solidargemeinschaft entstanden ist, in der man realistischerweise solidarisches Handeln Aller unterstellen kann. Die praktische Lebenserfahrung lehrt, dass dies Wunschdenken wäre.[4]

Dabei gehört kaum ein Mensch bloß *einer* Solidargemeinschaft, bloß *einem* System gegenseitiger Solidaritätserwartungen an. Diese Systeme bauen vielmehr aufeinander auf, erfüllen je spezifische Funktionen und entlasten einander, wobei die Intensität der Solidaritätserwartungen mit zunehmender Größe des Systems tendenziell abnimmt:

Meiner Familie bin ich stärker verpflichtet als meinem Land, meinem Land stärker als meinem Kulturkreis und diesem wiederum stärker als der Menschheit insgesamt. Auf jeder Ebene ist mir das sprichwörtliche Hemd also näher als der Rock.

Dabei können diese Systeme einander nicht substituieren: Die Familie kann nicht die Aufgaben der Nation übernehmen und die Nation nicht die der Familie; die Menschheit als Ganze wiederum kennt zwar auch Solidarität – wir spenden für Flutopfer in Bangladesh – aber die ist nur schwach ausgeprägt – wir spenden als Nation vielleicht 20 Millionen, aber eben nicht 20 Milliarden, wie wir es bei vergleichbaren Katastrophen im eigenen Land täten –, weswegen die Menschheit nicht die Nation ersetzen kann.

Es ist wichtig zu sehen, dass die Solidarität innerhalb eines solchen Systems ihre notwendige Kehrseite im *Ausschluss* aller *nicht* dazugehörenden Menschen findet: Wer seinem Nachbarn beim Tapezieren hilft, weil er davon ausgeht, dass dieser Nachbar sich irgendwann revanchieren wird, ist noch lange nicht bereit, *Jedermann* beim Tapezieren zu helfen. Oder, ins Politische gewendet: Die Westdeutschen, die – nicht ohne Murren, aber letztlich doch anstandslos – eine Billionensumme aufbrachten, um Ostdeutschland auf die Beine zu helfen, hätten es zu Recht als absurde Zumutung zurückgewiesen, dasselbe für Polen oder Russland zu tun.

Ein altruistisches Verhalten – also: *Jedem* beim Tapezieren zu helfen oder *alle* Völker zu subventionieren – wäre für den Einzelnen eine unmenschliche Überforderung und für ein Kollektiv das Ende: Es wäre nicht nur ruiniert, es würde buchstäblich aufhören, als Solidargemeinschaft zu *existie-*

---

[4] Man könnte den Beweis auch auf theoretischem Wege führen, etwa mithilfe spieltheoretischer Modelle. Ich glaube aber, dass ein solches Vorgehen übertrieben perfektionistisch wäre.

ren, weil der Einzelne ja wüsste, dass seine solidarisch erbrachte Leistung, in diesem Fall also seine Steuergelder, in keiner Form an ihn zurückfließen, auch nicht langfristig oder in der verwandelten Gestalt von Stabilität oder Sicherheit; sie würden einfach über die Welt verstreut – eine Welt, die eben keine Solidargemeinschaft ist.

Wir können nunmehr die oben gestellte Frage beantworten, ob unsere Vorfahren in einem Irrtum befangen waren, indem sie den Dienst an und die Loyalität gegenüber der je eigenen Solidargemeinschaft unter Indifferenz, notfalls auch Feindseligkeit gegen alle fremden, als höchste Tugend angesehen haben: Nein, das waren sie keineswegs. Sie haben einfach instinktiv erkannt, dass menschliche Gesellschaft auf der Existenz einander ausschließender Solidargemeinschaften basiert und dass die genannten Tugenden daher zwingende Notwendigkeiten darstellen. Bezeichnend für den geistigen Zustand *unserer* Gesellschaft ist aber, dass ich hier und heute umständlich *beweisen* muss, was zu allen Zeiten zu Recht als Selbstverständlichkeit galt.

Was gilt denn im politischen Bereich als moralisch *gut*? Die Aufzählung erhebt keinen Anspruch auf Vollständigkeit, aber folgende Dinge dürften dazugehören:

Entwicklungshilfe, Internationalismus, Gewaltlosigkeit, Respekt vor fremden Kulturen und Religionen, verbunden mit Kritik gegenüber der eigenen.

Und was gilt als *böse*?

Fremdenfeindlichkeit, Rassismus, Diskriminierung, Imperialismus, Nationalismus, kulturelle Arroganz.

Als „gut" gilt, was Anderen nützt, als „böse", was Anderen schadet. Die Verfolgung der Interessen des *eigenen* Gemeinwesens kommt in diesem Tugendkatalog gar nicht oder mit negativer Wertung vor.

Die vorherrschende Ideologie unserer Gesellschaft basiert also auf einer ausschließlich altruistischen (und damit eben *nicht* solidaritätsorientierten) Wertematrix.

Dass ein solches Wertesystem, wenn es zur Grundlage der öffentlichen und kollektiven (im Unterschied zur privaten und individuellen) Tugend erhoben wird, auf die Dauer die Selbstzerstörung des Gemeinwesens nach sich zieht, habe ich auf theoretischem Wege soeben gezeigt. Wer aber der Theorie abhold ist, vertraue sich der Empirie an: Die Geschichtsschreibung kennt unzählige Gesellschaften, die am Mangel an innerer Solidarität zerbrochen sind, aber keine einzige, die an so etwas wie „Fremdenfeindlichkeit" gescheitert wäre.

5. Kulturrelativismus

Eng verwandt mit dieser altruistischen Wertematrix ist der um sich greifende Kulturrelativismus, dessen Grundaussage lautet: „Alle Kulturen sind gleichwertig".

Wieder so ein Glaubensartikel, der der Überprüfung nicht standhält. Wäre dieser Satz nämlich wahr, dann beruhte jede Kultur, die auf dem Glauben an die eigene Überlegenheit aufbaut, auf einer Unwahrheit, und spätestens dann wäre es mit der „Gleichwertigkeit" nicht mehr weit her.

Wollte man den „Wert" einer Kultur messen, so kämen viele verschiedene Maßstäbe in Frage:

Man könnte zum Beispiel fragen, welche Kultur das größte Maß an persönlicher Freiheit hervorgebracht hat? Das höchste Maß an geistiger Kreativität? Den wirksamsten Schutz der körperlichen Unversehrtheit? Die meisten Entdeckungen? Die meisten Erfindungen? Die besten Medikamente? Man könnte fragen, in welchem Kulturkreis es die besten Universitäten gibt, die meisten Schulen, die wenigsten Folterkammern?

Zugegeben: Man könnte auch andere Maßstäbe anlegen. Zum Beispiel fragen, welche Kultur für ihre Angehörigen sinnstiftend wirkt, Spiritualität fördert oder traditionelle Werte hochhält.

Egal, mit welcher Elle man misst, man kommt niemals zu dem Ergebnis, alle Kulturen seien „gleichwertig". Einen „objektiven", d.h. vom hypothetischen Standpunkt eines neutralen Dritten gültigen Maßstab kann es in der Tat nicht geben, weil jeder eine Wertung beinhaltet, und eine solche keine objektive Gültigkeit beanspruchen kann.

Solange man seine Wertung aber offenlegt und begründet (und sie damit kritisierbar macht), ist gegen sie nichts einzuwenden. Legitim ist selbstverständlich gleichermaßen, sich dem Wertungszwang überhaupt zu entziehen und – etwa als Kulturwissenschaftler – auf jeden Kulturen*vergleich* zu verzichten, um jede einzelne Kultur aus sich selbst heraus zu begreifen.

Ganz und gar nicht legitim freilich ist es, ein solches *erkenntnisleitendes Programm* zur *Norm* für die ganze Gesellschaft zu machen und etwa der Behauptung, es gebe höhere und niedrigere Kulturen, den Stempel des Unsittlichen, weil politisch Unkorrekten aufzudrücken; und logisch überhaupt nicht nachvollziehbar ist es, aus dem *Verzicht* auf einen Vergleich die These von der „Gleichwertigkeit" abzuleiten, die einen solchen Vergleich gerade voraussetzt.

Demgegenüber vertrete ich die These, dass der Islam tatsächlich eine – verglichen mit der westlichen – niedere Kultur darstellt. Der Maßstab, den ich dabei zugrunde lege, ist der der *Komplexität* und *Reflexivität* (Rückbezüglichkeit) von Systemen. Was damit gemeint ist, sei anhand einer Analogie aus der Biologie verdeutlicht:

Lebewesen gelten als umso höher entwickelt, je komplexer sie sind, das heißt je stärker ihr Organismus sich durch funktionale Differenzierung und Spezialisierung von Körperteilen, Organen und Zellen auszeichnet. Organisch komplexe Lebensformen gelten wiederum als umso höher entwickelt, je weniger die Anpassung an Umweltbedingungen durch genetische Veränderungen und je mehr sie durch Lernen erfolgt; je weniger das Verhalten also prädestiniert und je stärker es erfahrungsgesteuert ist. Die Rückbezüglichkeit besteht darin, dass das Verhalten zu Erfahrungen führt, die wiederum das Verhalten beeinflussen, was zu neuen Erfahrungen führt.

Wenden wir nun diesen Maßstab auf soziale statt auf biologische Systeme, und hier auf den Unterschied zwischen westlichen und islamischen Gesellschaften an: Kaum jemand bestreitet, dass die Säkularisierung im Sinne der Trennung von Politik und Religion, aber auch im erweiterten Sinne der Ausdifferenzierung funktional spezialisierter, gegeneinander autonomer Teilsysteme (z.B. Recht, Wissenschaft, Moral, Medien) in der islamischen Welt nicht bzw. nur in Ansätzen stattgefunden hat. Islamische Gesellschaften sind somit deutlich weniger komplex als westliche. Meine These, die ich in den entsprechenden Kapiteln vertiefen werde, lautet, dass dies nicht etwa nur eine Momentaufnahme aus dem Jahr 2008 ist, sondern auf eine grundsätzliche, religionsbedingte Entwicklungsblockade hindeutet.

Noch deutlicher zeigt sich dies beim Punkt „Reflexivität". Es gibt in der westlichen wie der islamischen Welt Regierungen, gesellschaftlich akzeptierte Wahrheiten und soziale Normen. Was es im Westen darüber hinaus gibt, in islamischen Gesellschaften aber nicht, sind akzeptierte Verfahren, Regierungen legal zu stürzen, Wahrheiten anzuzweifeln und Normen zu verändern. Es gibt keine *reflexiven* Normen, also *Normen zur Veränderung von Normen!* (Es wird noch zu zeigen sein, dass die wenigen islamischen Demokratien entgegen dem äußeren Anschein keine Ausnahme von der Regel darstellen, jedenfalls nicht im Hinblick auf den hier interessierenden Zusammenhang.)

Warum ist das so? Erinnern wir uns an das, was ich im Zusammenhang mit der gesellschaftlichen Solidarität geschrieben habe: dass die Verbindlichkeit von Normen von der *gegenseitigen* Erwartung der Gesellschaftsmitglieder abhängt, die jeweils *Anderen* würden die Normen akzeptieren. Es liegt auf der Hand, dass ein solches kulturell fest verankertes System gegenseitiger Erwartungen nicht willkürlich verändert werden kann, es sei denn, die Möglichkeit der Veränderung wäre – in Gestalt reflexiver Normen – im Normensystem *selbst* eingebaut.

Ist dies nicht der Fall, so würde eine Normveränderung im Prinzip voraussetzen, dass Alle gleichzeitig ihre Erwartungen ändern und dies einander mitteilen, etwa: „Ich betrachte den Koran ab morgen als unverbindliche Empfehlung und erwarte von allen Anderen, das Gleiche zu tun." Dies wird im Normalfall nicht geschehen. Ein einmal etabliertes Normensystem verdrängt alle denkbaren Alternativen selbst dann, wenn die Einsicht in seine Unzulänglichkeit individuell durchaus vorhanden, womöglich sogar massenhaft verbreitet ist.

Ein (westliches) System reflexiver Normen, das die Legitimität von Herrschaftsansprüchen, die Legitimität von Wahrheitsansprüchen und die Legitimität von Alltagsnormen von bestimmten sozialen Prozessen abhängig macht (Wahlen, wissenschaftliche Debatten, alltägliche Aushandlungsprozesse unter dem Schutz garantierter Freiheitsrechte), würde in einer muslimischen Gesellschaft mit dem bestehenden nichtreflexiven Normensystem in Konflikt geraten, das diese Dinge von der Übereinstimmung mit der religiösen Überlieferung abhängig macht – also dem Koran und der auf ihn bezogenen Auslegungstradition.

Mehr noch: Wenn Gesellschaft eine Solidargemeinschaft ist, deren Zusammenhalt auf der Akzeptanz eines bestimmten – in diesem Falle also islamischen – Normensystems basiert, dann gefährdet dessen Außerkraftsetzung nicht nur den überkommenen *Charakter* der Gesellschaft als einer islamischen, sondern ihre *Existenz*.

Das, was wir als Errungenschaften der Moderne betrachten – Freiheit, Mobilität, Demokratie, Marktwirtschaft, Wissenschaft –, und was wir den islamischen Gesellschaften durchaus wohlmeinend anempfehlen, erscheint aus deren Sicht als *Angriff*!

6. Das Infantilitätssyndrom

Zwei Tendenzen wirken in unserer Gesellschaft in fataler Weise zusammen; die eine erzeugt durch den Kapitalismus, die andere durch den Versuch seiner sozialstaatlichen Bändigung. Der ideale Konsument ist der, der nach sofortiger Bedürfnisbefriedigung giert. Eine milliardenschwere Werbewirtschaft zielt nur darauf ab, genau diesen Konsumententypus zu erzeugen.

Zugleich hat eine über hundertjährige sozialstaatliche Tradition viele Menschen des Gedankens entwöhnt, für ihren eigenen Lebensunterhalt selbst verantwortlich zu sein. Viele glauben, der Staat schulde ihnen Alimente. Man betrachte die Diskussion um die Ein-Euro-Jobs, die typischerweise so geführt wird, als mache der eine Euro Stundenlohn das gesamte Einkommen der Betroffenen aus. Dass sie in Wirklichkeit für ihren notwendigen Lebensunterhalt *plus* den einen Euro arbeiten, bleibt häufig außer Betracht. Eine ähnliche Einstellung spricht aus der Weigerung vieler Menschen, ihrer absehbaren Altersarmut durch vorausschauende eigene Anstrengungen zu begegnen und zu diesem Zweck den aktuellen Lebensstandard zu verringern; lieber nimmt man sehenden Auges den Abstieg ins soziale Elend in Kauf, als auf die unmittelbare Erfüllung von Konsumwünschen zu verzichten, macht aber für diesen Abstieg nicht etwa sich selbst verantwortlich, sondern „die Politiker".

In fast allen europäischen Ländern führt der Versuch, die Rentenkassen zu sanieren, zu Massenprotesten. Der Sachverhalt, um den es geht, ist denkbar einfach: Die Renten werden von den Erwerbstätigen bezahlt, also von Arbeitnehmern und Arbeitgebern. Da die Menschen im Durchschnitt immer älter werden, zugleich aber immer weniger Kinder großziehen, gibt es immer mehr Rentner und immer weniger Erwerbstätige. Bleiben die Beiträge gleich, sinken zwangsläufig die Renten. Sollen die Renten aber nicht sinken, so hat man die beiden Möglichkeiten, das Renteneintrittsalter zu erhöhen – oder die Beiträge. In Letzterem Fall erhöht man mit dem Arbeitgeberbeitrag die (De-facto-)Strafsteuer auf die Schaffung von Arbeitsplätzen. Das Ergebnis lautet: weniger Arbeitsplätze, weniger Erwerbstätige. Und die nächste Beitragserhöhung. Ein Teufelskreis.

Wenn eine Mehrheit der Bürger diese Zusammenhänge ignoriert, so liegt das nicht an deren Komplexität – denn sie sind denkbar einfach –, sondern daran, dass man sie ignorieren *will*. Mit anderen Worten: Eine Mehrheit zumindest der Deutschen, wahrscheinlich aber der Bürger der meisten westlichen Länder, hält Politik für eine Art Speisekarte, aus der man sich das Wohlschmeckende heraussuchen kann. Wer A sagt, das ist die Grundannahme, muss noch lange nicht B sagen.

Wo trifft man normalerweise eine solche Haltung an, die das Verlangen nach sofortiger Bedürfnisbefriedigung mit der Ablehnung eigener Verantwortung und dem Anspruch auf umfassende Versorgung durch Andere verbindet? Bei Kindern.

Wenn aber Erwachsene eine solche Haltung an den Tag legen, dann führt das, von einer gewissen kritischen Masse an, zu Problemen nicht nur in deren privatem Bereich, sondern wird zur öffentlichen Gefahr. Die Infantilität beschränkt sich dann nämlich nicht mehr auf diesen oder jenen Lebensbereich, sondern durchdringt die Einstellung zur Welt überhaupt, bis in die Prämissen des politischen Denkens hinein. Sie wird zur *kulturellen Selbstverständlichkeit*.

So, wie der Gedanke sich verflüchtigt hat, dass primär jeder Mensch selbst für sein eigenes Auskommen zu sorgen hat, so fremd ist den meisten die Idee, dass jedes Land für seine eigene Sicherheit verantwortlich ist, und dass diese Sicherheit gefährdet sein kann, wenn der eigene Verzicht auf die Anwendung militärischer Gewalt zur obersten sicherheitspolitischen Norm erhoben wird. Diese pazifistische Haltung, die sich in Deutschland immer stärker durchzusetzen scheint, beruht scheinbar, aber eben nur *scheinbar*, auf der christlichen Ethik. Tatsächlich aber fordert die christliche Ethik vor allem dazu auf, nicht selbstgerecht zu sein. Sie fordert dazu auf, die Dinge mit den Augen des Anderen, notfalls auch des Feindes, zu betrachten. Oft stellt sich dann heraus, dass er nicht ganz Unrecht hat, und dass man mit ein bisschen Entgegenkommen die Feindschaft überwinden kann. Oft. Nicht immer.

Der Pazifismus jedoch geht davon aus, dass Entgegenkommen und Gewaltverzicht *immer* die gebotene Haltung sind. Eine solche Ethik ist schon deswegen nicht christlich, weil sie eine rigide *Handlungsethik* ist. Vor allem aber *vermeiden* solche Christen es gerade, die Dinge mit den Augen des Feindes zu sehen; man erspart sich damit die Erkenntnis, dass man selber aus dessen Sicht unter Umständen wie eine fette Beute aussieht. Kindisch ist daran die unreflektierte Verinnerlichung von Normen; kindisch ist die Nichtberücksichtigung der *Folgen* des eigenen Handelns; und kindisch ist schließlich die naive Ich-Bezogenheit, die den Anderen nicht als eigenständige Größe sieht, als jemanden, der seiner eigenen Logik folgt, sondern davon ausgeht, das *eigene* Verhalten müsse vom Anderen rückgespiegelt werden.

Genau diese Ich-Bezogenheit begegnet uns in der Forderung, den Islam vom Islamismus zu unterscheiden, also die Religion von der politischen Ideologie. Wer solches fordert, schließt von sich auf Andere: Er glaubt, was für *uns* selbstverständlich ist, nämlich die Trennung von Politik und Religion, müsse es auch für alle Anderen sein; er respektiert nicht die Eigenlogik des Islam, weil er sie nicht begreift. Nicht begreifen will.

Wenn man den anderen nur durch die eigene narzisstische Brille sehen kann, bleibt als Alternative zur Feindschaft (die um jeden Preis vermieden werden muss) nicht etwa die Freundschaft, zu der auch Respekt und Distanz gehören, erst recht nicht die nüchterne Neutralität, sondern die Verschmelzung, die Grenzauflösung, die Symbiose, bei der zwischen „Ich" und „Du" bzw. bei Gruppen „Wir" und „Ihr" nicht unterschieden werden darf.

Das kann als harmlose Marotte daherkommen, z.B. als die leicht peinliche Figur des christlichen Philosemiten, der sich als Jude gibt, ohne einer zu sein. Diese Unfähigkeit, Unterschiede zu akzeptieren (und damit auch die Integrität des Anderen zu wahren) ist vielleicht ärgerlich, aber noch vergleichsweise harmlos im Verhältnis zum Judentum. Dieselbe Haltung ist äußerst riskant im Verhältnis zu einer selbstgewissen und militant sendungsbewussten Religion wie dem Islam.

Die vorherrschende Weltauffassung entspricht also der von Kindern. Wovor fürchten sich Kinder? Vor Gespenstern.

7. Aberglaube

Dem deutschen Fußballtrainer Winni Schäfer, der damals die Nationalelf Kameruns betreute, kam eines Tages bei einem Turnier in Mali sein Co-Trainer abhanden: Die Polizei hatte ihn unter der Anschuldigung verhaftet, den Stadionrasen verhext zu haben.

Vermutlich werden Sie jetzt grinsen.

Die Norm der Political Correctness, wonach alle Kulturen gleichwertig seien, gilt zwar als *Kommunikations*regel, hindert aber die meisten von uns nicht daran, sich als aufgeklärte Mitteleuropäer zu fühlen und den Aberglauben fremder Kulturen (die man insgeheim eben doch für rückständig hält) von oben herab zu belächeln. Doch Vorsicht! Es könnte sein, dass wir weniger aufgeklärt sind, als wir glauben.

Der konservative amerikanische Kolumnist Jack Wheeler vertritt in einem Aufsatz unter dem Titel „The Secret to the Suicidal Liberal Mind"[5] die

---

[5] Jack Wheeler, The Secret to the Suicidal Liberal Mind, in: newsmax.com, 21.1.2002, http://archive.newsmax.com/archives/articles/2002/1/20/231252.shtml, übersetzt von der Bloggerin „Eisvogel".

provozierende These, dem „Liberal Mind" – was zu Deutsch nicht etwa „liberaler Geist" bedeutet, sondern so viel wie „Gutmenschentum" – liege ein archaischer Glaube an die Macht der Schwarzen Magie zugrunde, der in Gestalt sozialistischer, pazifistischer und kulturrelativistischer Theorien bloß oberflächlich rationalisiert worden sei. Political Correctness sei der Versuch, durch masochistische Selbsterniedrigung den „Bösen Blick" potenzieller Neider zu vermeiden.

„(...) Bei den Yanomamo und anderen Stämmen tief in den Regenwäldern des Amazonas, die immer noch den archaischen Lebensstil der Jäger und Sammler unserer Vorfahren aus der Altsteinzeit pflegen, ist es ein allgemein anerkannter Brauch, dass eine Frau, nachdem sie ein Kind zur Welt gebracht hat, tränenreich verkündet, ihr Kind sei hässlich.

In einer lauten, selbsterniedrigenden Klage, die der ganze Stamm hören kann, fragt sie, warum die Götter sie mit einem so erbärmlich abstoßenden Kind verflucht haben. Sie tut das, um die neidische schwarze Magie des bösen Blicks, des Mal Ojo, zu bannen, die sie und ihre Stammesmitglieder treffen würde, wenn bekannt wäre, dass sie glücklich über ihr wunderschönes Baby ist.

Anthropologen beobachten in den meisten primitiven und traditionellen Kulturen, dass ‚jedes Individuum in der ständigen Angst vor der magischen Aggression anderer lebt ... es gibt nur eine Erklärung für unvorhersehbare Ereignisse: die neidische schwarze Magie eines anderen Dorfmitglieds.'"

Wobei man hinzufügen möchte, dass der Glaube an die Schwarze Magie ein Spezialfall des offenbar allgemeinmenschlichen Glaubens an die Kraft des Wünschens, in diesem Fall des *bösen* Wünschens ist:

Nicht wenige Menschen haben Schuldgefühle, wenn sie einen Angehörigen verlieren, mit dem sie jahrzehntelang in Fehde gelebt haben. Rational wissen sie, dass ihre feindseligen Gefühle mit dem Tod des Betreffenden nichts zu tun haben – die Schuldgefühle bleiben trotzdem.

Fußballfans feuern ihre Mannschaft sogar dann an, wenn sie gar nicht im Stadion, sondern vor dem Fernseher sitzen – als ob das irgendeine Wirkung haben könnte. Sie würden es natürlich abstreiten, aber faktisch glauben sie an just diese Wirkung.

Der Glaube an die Magie des Wünschens ist also universell; damit aber zwangsläufig auch der an den Bösen Blick. Dieser Glaube hat fatale Konsequenzen:

„*Ein Großteil wenn nicht die Mehrheit der traditionellen Stammeskulturen, sei es am Amazonas, in Afrika oder auf den pazifischen Inseln, kennt das Konzept des natürlichen Todes nicht. Tod ist immer Mord!*"

Und nicht nur der Tod, sondern jedes missliebige Ereignis, Misserfolg, Krankheit, Armut, werden auf den Bösen Blick eines Anderen zurückgeführt. Die Folge dieses Glaubens ist

„*eine selbstmitleidige Neigung, über die Überlegenheit oder Vorteile anderer nachzusinnen, kombiniert mit einem vagen Glauben daran, er sei die Ursache für die eigene Entbehrung.*"

Mit einem Wort: Neid. Demagogen kennen diese menschliche Disposition und verstehen sie sich zunutze zu machen:

„*Die drei großen politischen Pathologien des 20. Jahrhunderts sind alles Neidreligionen: Nationalsozialismus, der den Rassenneid gegenüber ,den reichen, ausbeuterischen Juden' predigt; Kommunismus, der den Klassenneid gegenüber ,der reichen, ausbeuterischen Bourgeoisie' predigt; und Moslemterrorismus, der den Kulturneid gegenüber ,dem reichen, ausbeuterischen Westen' predigt.*"

Die ideologische Rationalisierung des Glaubens an den Bösen Blick existiert aber auch in gemäßigten Varianten:

„*Der primitive Atavismus linker Binsenweisheiten wie ,die Reichen werden immer reicher und die Armen immer ärmer' illustriert am besten das Argument, dass man nur auf Kosten anderer gesund sein kann. Dass man, um eine gute Gesundheit zu haben und vor Energie und Vitalität zu strotzen, jemand anderen krank machen oder zu schwacher Gesundheit bringen muss – gerade so wie man, um reich zu sein, andere arm machen muss.*"

Damit sei nicht bestritten, dass es so etwas wie Ausbeutung tatsächlich gibt: Wenn Plantagen von Sklaven bewirtschaftet werden oder Drittweltpotentaten knappe Steuermittel und Hilfsgelder auf ihre Privatkonten umleiten, ist der kausale Zusammenhang zwischen dem Reichtum Weniger und der Armut Vieler kaum von der Hand zu weisen. Irrational und daher aberglaubeverdächtig ist aber die *Selbstverständlichkeit*, mit der ein solcher Zusammenhang auch dort unterstellt wird, wo das offensichtlich absurd ist:

Es gilt bereits als Gemeinplatz, dass der Westen reich sei, weil er die Dritte Welt ausbeute, an deren Armut er mithin ein Interesse habe. Wenn das richtig wäre, dann dürfte der Westen („das Kapital", „die Konzerne", oder wer auch immer gerade den Westen verkörpert) nichts so sehr fürchten wie

Bitte frankieren

Antwortkarte

Verlag Dr. Ingo Resch GmbH
Maria-Eich-Straße 77
D-82166 Gräfelfing

Absender:
Bitte deutlich ausfüllen

Vorname/Name

Firma

Abteilung

Straße

PLZ/Ort

Bestellschein

Bitte senden Sie mir gegen Rechnung folgende Bücher zu:

Ex.	Autor/in	Titel	Einzelpreis
	Kleine-Hartlage	Das Dschihadsystem – wie der Islam funktioniert	€ 19,90
	Bat Ye'or	Der Niedergang des orientalischen Christentums unter dem Islam	€ 24,90
	Gabriel	Islam und Terrorismus – was der Koran wirklich über Christentum, Gewalt und die Ziele des Djihad lehrt	€ 14,90
	Gabriel	Jesus und Mohammed – erstaunliche Unterschiede und überraschende Ähnlichkeiten	€ 13,90
	Luft	Abschied von Multikulti – Wege aus der Integrationskrise	€ 19,90
	Schmidt	Wie das Christentum die Welt veränderte – Menschen, Gesellschaft, Politik, Kunst	€ 19,90
	Hochreiter	Krankes Geld – Kranke Welt – Analyse und Therapie der globalen Depression	€ 19,90
	de Mattei	Die Türkei in Europa: Gewinn oder Katastrophe?	€ 13,90
	Baader	totgedacht – warum Intellektuelle unsere Welt zerstören	€ 22,80
	Rohrmoser	Kulturrevolution in Deutschland – philosophische Interpretationen der geistigen Situation unserer Zeit	€ 24,90
	Noebel	Kampf um Wahrheit – die bedeutendsten Weltanschauungen im Vergleich	€ 29,90
	Lübbe	Aufklärung anlaßhalber – philosophische Essays zu Politik, Religion und Moral	€ 19,00
	Gerl-Falkovitz	Eros, Glück, Tod und andere Versuche im christlichen Denken	€ 15,00
	Weigl	Der preisgegebene Mensch – Überlegungen zum biotechnischen Umgang mit menschlichen Embryonen	€ 24,90

Datum _____ Unterschrift _____

☐ Bitte senden Sie mir den Prospekt dieser Reihe kostenlos zu.

Besuchen Sie uns im Internet: www.resch-verlag.com

Drittweltländer, die es zu Wohlstand bringen. Was aber geschieht *wirklich* in den Chefetagen besagter Konzerne, wenn sich ein armes Land – etwa China – tatsächlich auf den Weg zum Wohlstand macht? *Da knallen die Korken!* Da pilgern Delegationen von Managern in das neue Gelobte Land und liefern sich einen Wettlauf darum, wer zuerst investieren und den neuen Markt erschließen darf!

Wenn Migranten selbst in der zweiten und dritten Generation es überwiegend nicht schaffen, in kostenfreien öffentlichen Schulen mehr als einen Hauptschulabschluss zu erwerben – und oft nicht einmal den –, dann gilt das nicht etwa als deren eigenes Versagen bzw. als das ihrer Eltern, sondern als Versagen der deutschen Bildungspolitik, mithin des Staates.

Mit anderen Worten: Es gilt in vielen Bereichen bereits als selbstverständlich, dass es zwischen Leistung und Erfolg keinen Zusammenhang gibt, wohl aber zwischen dem Erfolg des Einen und dem Misserfolg des Anderen. Für diese Vermutung sprechen keinerlei ökonomische Argumente, übrigens auch keine marxistischen:

Es ist schon richtig, dass Kapitalismus nicht „gerecht" ist, auch nicht im Sinne von Chancengleichheit; denn es liegt auf der Hand, dass der, der Kapital einsetzen kann – egal woher er es hat –, größere Chancen hat als der, der das nicht kann. Nichtsdestoweniger ist das Vorhandensein von Kapital die Voraussetzung dafür, dass der Faktor Arbeit produktiv eingesetzt und entsprechend entlohnt werden kann. Dass es sich um ein Positivsummenspiel handelt, bei dem beide gewinnen, wenn auch der Eine mehr, der Andere weniger, ja dass eine Wirtschaft, die auf Tausch beruht, mit logischer Zwangsläufigkeit ein Positivsummenspiel sein *muss*, ist so offensichtlich, dass die gegenteilige Auffassung unter ernsthaften Menschen keiner Diskussion würdig ist. Wird sie dennoch vertreten, so handelt es sich offenkundig um einen *Aberglauben,* dessen massenhafte Verbreitung allein schon ein Indiz dafür ist, dass er auf archaischen Denkmustern basiert.

Die Spirale dreht sich aber noch weiter: Einer der Gründe, warum etwa Afrika wirtschaftlich auf der Stelle tritt, liegt darin, dass wirtschaftlicher Erfolg mit dem Makel behaftet ist, auf Schadenszauber zu basieren. Für den Erfolgreichen bedeutet dies, dass er mit allen Mitteln den Neid seiner Mitmenschen beschwichtigen muss, um nicht seinerseits ihrem Bösen Blick zum Opfer zu fallen. Zu diesen Mitteln gehört, seinen Wohlstand mit anderen zu teilen. Ebenso gehört dazu die Selbstanklage, die wir oben am Beispiel der Amazonasindianer kennengelernt haben.

In dieselbe Kerbe haut „Gewalt erzeugt nur Gegengewalt" – wobei kaum einem auffällt, dass dieser Spruch, sofern er richtig ist, nichts weiter besagt, als dass Gegengewalt die erwartbare, weil *vernünftige* Reaktion auf einen Angriff ist, und dass er deshalb gerade *kein* Argument dafür liefert, auf Gegengewalt zu verzichten, wenn man selbst angegriffen wird. Was gemeint ist, erschließt sich aus der Variante: „Gewalt erzeugt nur Hass."

Ja, das wird wohl so sein, nur: Der Hass als solcher schadet niemandem. Es sei denn, man unterstellt, dass bereits dem Hass *an sich* die Kraft innewohnt, den Gehassten zu schädigen. Das ist aber *nichts anderes als der Glaube an den Bösen Blick*.

Womit wir den Grundlagen eines Phänomens auf der Spur sind, das uns in anderem Zusammenhang oben schon beschäftigt hat, nämlich der Neigung, sich von dem Kollektiv zu distanzieren, dem man selbst angehört. Der Hang, das eigene Volk als besonders bösartig zu denunzieren, ist in Deutschland wohlbekannt, wird dort meist als Nachwirkung des Holocaust interpretiert und gilt zumindest in Teilen der Gesellschaft als Ausdruck einer besonders moralischen selbstkritischen Haltung von Menschen, die „aus der Geschichte gelernt haben". Ob sich das wirklich so verhält, lasse ich dahingestellt. Das Thema „NS-Vergangenheit" ist im öffentlichen Diskurs zweifellos präsent, wird aber nicht selten so oberflächlich abgehandelt, dass man den Willen, aus der Geschichte zu lernen, ernsthaft bezweifeln muss.

Vor allem aber gibt es das Phänomen des Hasses gegen das eigene Volk in *allen* westlichen Ländern, nicht nur in Deutschland, wobei Amerikaner auf die Sklaverei, Briten auf den Imperialismus, Israelis auf die Lage der Palästinenser verweisen und so weiter. Und das jeweilige *Volk* ist auch nicht das einzige Kollektiv, von dem man sich distanziert: Es gibt Männer, für die Männlichkeit ein Verbrechen ist, Christen, die am Christentum kein gutes Haar lassen, Weiße, die rassistische Vorurteile gegen Weiße hegen, und Reiche, die Reichtum für unmoralisch halten.

Diese Distanzierung von der eigenen Nation, Religionsgemeinschaft, Rasse oder Klasse oder auch dem eigenen Geschlecht ist das Gegenteil von *Selbst*kritik. Sie ist der jeweils individuelle Versuch, sich selbst als der „gute" Deutsche, Amerikaner, Engländer, Israeli, Mann, Christ, Weiße oder Reiche von der jeweils eigenen Gruppe dadurch abzugrenzen, dass man sie als kollektiv „böse" denunziert.

So unterschiedlich diese Gruppen sonst sind, eines haben sie gemeinsam: nämlich dass sie gegenüber anderen gleichartigen Gruppen in einer dominanten Position sind – oder zumindest waren – und deswegen beneidet oder auch gehasst werden können. Sie sind dem Bösen Blick ausgesetzt; die Selbstdistanzierung ist mithin als Abwehrzauber aufzufassen, mit dessen Hilfe man sich selbst auf Kosten der Gruppe vor dem erwarteten und unterstellten Schadenszauber der Neider, Hasser und Rachsüchtigen schützt.

Was aber geschieht, wenn diese Form des Aberglaubens aufhört, eine private Marotte zu sein, und zur Mehrheitsoption einer Gesellschaft avanciert? Dann schlägt die Stunde der Political Correctness: Der private Aberglaube mutiert zu einer heidnischen Stammesreligion, die auf dem Gedanken des magischen Kreises basiert. Dieser magische Kreis, der das Gemeinwesen vor dem Bösen Blick schützt, wird durch eine kollektive Selbstanklage aufgebaut, kombiniert mit dem ausgiebigen Lob für potenzielle Feinde (zum Beispiel für den Islam, der sich als große Weltreligion, als Religion des Friedens etc. gewürdigt sieht, die unsere Kultur bereichere), die dadurch beschwichtigt werden sollen.

Damit kennen wir auch die Ursache der eigentümlichen exorzistischen Rituale, die stets einsetzen, wenn die Political Correctness verletzt wird: Der Übeltäter wird dann als böse gebrandmarkt und aus dem Kreis der Guten verbannt. Nicht mehr der Einzelne distanziert sich vom Gemeinwesen, sondern das Gemeinwesen vom Einzelnen.

Als etwa die Wahlniederlage des politisch unkorrekten Roland Koch Anfang 2008 voll Erleichterung und Genugtuung mit dem Kommentar quittiert wurde, nun sei „die politische Kultur wiederhergestellt", bedeutete dies, übertragen aus der Sprache der politischen Kommentatoren in das wesentlich angemessenere Idiom indianischer Medizinmänner, dass der den Stamm vor dem Bösen Blick schützende magische Kreis „wiederhergestellt" ist, indem der Frevler, der ihn durch seinen blasphemischen Schadenszauber zu beschädigen drohte, aus der Mitte des Stammes verstoßen ist.

8. Linke Ideologie

Wir haben nun einige Aspekte der gesellschaftlich vorherrschenden Ideologie kennengelernt, ihre innere (Un-)Logik analysiert und ihren psychologischen Hintergrund beleuchtet. Wir sind zu dem Ergebnis gekommen, dass sie auf einer infantilen und abergläubischen Weltauffassung beruht, einer vulgären Entstellung konstruktivistischer Erkenntnistheorie folgt, etliche falsche Annahmen enthält, die Formallogik mit Füßen tritt, Normen mit

Tatsachen verwechselt und obendrein eine Ethik verficht, die aller historischen Erfahrungen spottet und nur die Selbstzerstörung der Gesellschaft zur Folge haben kann.

Wie kommt ein derart irrationales Weltbild zustande? Gibt es einen geistigen Fluchtpunkt, auf den das alles zuläuft, einen ideologischen Rahmen, der das Ganze zusammenhält, eine leitende Idee, die wenigstens die *innere* Folgerichtigkeit dieser wunderlichen Einstellungen gewährleistet?

Dies alles gibt es in Gestalt linker Ideologie. Damit ist nicht gesagt, dass es etwa nur eine einzige linke Ideologie gebe, oder dass Unterschiede zwischen ihnen keine Rolle spielten; wohl aber, dass bestimmte grundlegende Perspektiven für alle linken Ideologien konstitutiv sind.

Ein Jakobiner des achtzehnten, ein Republikaner des neunzehnten, ein Kommunist des zwanzigsten und ein Globalisierungsgegner des frühen einundzwanzigsten Jahrhunderts würden sich, träfen sie zusammen, vermutlich heftig streiten; trotzdem wäre eine gewisse Familienähnlichkeit unverkennbar. Offenkundig gibt es so etwas wie eine linke Identität, etwas, das sich über Länder- und Epochengrenzen hinweg ebenso zuverlässig reproduziert wie der Gegensatz dieser Linken zu einer ihr gegenüberstehenden Rechten. Und in diesem Gegensatz scheint mir der Schlüssel zum Verständnis dessen zu liegen, was spezifisch links und heute die vorherrschende Ideologie unserer Gesellschaft ist.

Es handelt sich dabei, wie gesagt, nicht um einen Gegensatz der politischen *Inhalte,* sondern um einen solchen des Denkstils, der Einstellung, der Vor-Urteile über das, was die Gesellschaft ausmacht und was sie sein sollte.

Es gibt – wenn wir den Rechtsextremismus einmal beiseite lassen – zwei Pole, zwischen denen das politische Denken sich bewegt, nämlich den linken und den konservativen. Idealtypisch kann man die beiden Grundansätze so beschreiben:

Das konservative Menschenbild behandelt das Böse im Menschen als eine in seiner Natur liegende Realität. Es geht mit Hobbes davon aus, dass „der Mensch des Menschen Wolf" wäre, wenn man ihn ließe; und dass es deswegen seiner Einbindung in eine Ordnung, d.h. eine strukturierte und differenzierte, auch durch Machtungleichgewichte geprägte Gesellschaft bedarf. Staat, Recht, Hierarchie, Autorität, Sitte, Kultur und Religion bilden demnach eine komplexe Struktur, auf die der Mensch angewiesen ist, wenn er sein Bestes verwirklichen und in einer humanen Gesellschaft leben will. Diese Struktur ist aber jederzeit bedroht durch Ent-Strukturierung, Unordnung, Chaos.

Auf der Ebene der Gesellschaftsanalyse ist für den Konservativen bereits die Existenz von Ordnung als solcher das an sich Unwahrscheinliche und daher Erklärungsbedürftige. Seine Frage lautet, wie die Gesellschaft es fertigbringt, sich selbst zu erhalten und nicht in den Hobbes'schen Naturzustand abzugleiten, und – auf der anderen Seite – welche Faktoren eben dieser Gefahr Vorschub leisten. Für den Konservativen ist gut, was diese Gefahr bannt.

Dabei ist der Konservative – wenn er denn tatsächlich einer ist – durchaus kein Verfechter jeglicher vorgefundenen Struktur, und er vertritt auch, anders als viele Marxisten glauben, nicht unbedingt kapitalistische Interessen: Konservatismus kann auch Sand ins Getriebe streuen; etwa, wenn die Kirche gegen Genforschung oder für die strikte Wahrung der Sonntagsruhe eintritt und damit den reibungslosen Betrieb von Wissenschaft, Industrie und Handel stört. Überhaupt ist Kapitalismuskritik heutzutage mindestens ebenso ein Thema für konservative Christen wie für linke Globalisierungskritiker.

Was solche christlichen Konservativen letztlich umtreibt, ist die Sorge, dass die Dynamik der Moderne unsere Gesellschaft in die Barbarei treibt. Der Abwendung von Gott wird aus christlicher Sicht die Abwendung vom Mitmenschen auf dem Fuße folgen. Und dann? Implodiert die Gesellschaft. Konservatismus beruht auf dem Bewusstsein, dass es zwar leicht ist, die Strukturen zu zerstören, auf die eine zivilisierte und humane Gesellschaft angewiesen ist, aber nahezu unmöglich, sie willentlich wieder aufzubauen. Der Optimismus, mit dem Linke sich gerne als Konstrukteure der „besseren Welt", der „klassenlosen Gesellschaft" oder gar des „neuen Menschen" betätigen, muss dem Konservativen schon deshalb als totalitärer Wahnsinn erscheinen, weil es für ihn eine menschliche Natur gibt, mit der solche am Reißbrett entworfenen Gesellschaftsutopien schlicht unvereinbar sind.

Dass Linke sich so gerne in der Rolle von Gesellschaftsingenieuren sehen, ist dabei die Folge ihres *herrschaftskritischen* Ansatzes. Dieser bestreitet grundsätzlich und ohne Rücksicht auf Funktionalität die Legitimität jedes gesellschaftlichen Machtungleichgewichts: zwischen Reich und Arm, Staat und Gesellschaft, Herrschenden und Beherrschten, Stadt und Land, Mann und Frau, Zentrum und Peripherie, Mehrheit und Minderheit. Da solche Ungleichgewichte aber zu einem erheblichen Teil gerade die *Struktur,* also die *Ordnung* der Gesellschaft ausmachen, nimmt der linke Ansatz genau das aufs Korn, worauf es dem Konservativen ankommt. Der Linke setzt die Existenz von Ordnung schlechthin als Selbstverständlichkeit voraus und stellt nur die Frage nach der Gerechtigkeit und damit Legitimität der jeweils *konkreten* Ordnung – mit regelmäßig negativem Ergebnis: Die bestehende Ordnung beruht auf Machtungleichgewichten, und die sind zu beseitigen. Das Programm der Linken tendiert daher regelmäßig zur Entstrukturierung und Entdifferenzierung der Gesellschaft.

Das linke Menschenbild, das davon ausgeht, der Mensch sei im Wesentlichen eine formbare Masse, bringt dabei nicht nur unfreiwillig die Neigung zu größenwahnsinnigem Machtstreben zum Ausdruck – was freilich an sich schon ausreichen sollte, den emanzipatorischen Anspruch zu dementieren –, es ist auch empirisch wenig fundiert und dient vor allem dazu, die Bedenkenlosigkeit zu legitimieren, mit der überkommene soziale Strukturen unter Beschuss genommen werden. Zwar kann auch die Linke nicht ganz jene Wirklichkeit ignorieren, die nahelegt, dass der Mensch nicht von Natur aus so „gut" ist, wie er sein müsste, damit ihre Utopien gelingen. Sie rettet aber ihre Ideologie, indem sie die gesellschaftlichen Verhältnisse anprangert, die den Menschen unterdrücken und korrumpieren: also Kapitalismus, Imperialismus, Faschismus, Armut, Diskriminierung usw. Beseitigt man diese Verhältnisse, so der linke Glaube, dann stellt sich die gute und gerechte Gesellschaft quasi von selbst ein.

Die Linke hält die Gesellschaft, sofern sie nicht von ihr selbst gestaltet ist, für das prinzipiell Böse, während die Konservativen gerade in den gewachsenen Sozialstrukturen die eigentlichen Bürgen der Humanität sehen.[6] Bemerkenswert ist das deshalb, weil es auf den ersten Blick ja genau umgekehrt zu sein scheint: Konservative verteidigen die Autonomie und Selbstverantwortung des Einzelnen, Linke suchen das Glück im Kollektiv und in der Sozialstaatlichkeit. Der scheinbare Widerspruch löst sich, wenn man bedenkt, dass die Linke die *vorhandenen* Solidargemeinschaften (Familie, Nation, Religion) und die sie tragenden Normen nicht stärken, sondern durch angeblich bessere Strukturen *ersetzen* will; dass umgekehrt die Konservativen die Selbstverantwortung des Einzelnen vor allem deshalb betonen, weil sie wissen, wie fragil die gesellschaftliche Ordnung als solche ist und wie leicht sie durch exzessiven Egoismus (Selbst*entfaltung* im Unterschied und Gegensatz zu Selbst*verantwortung*) überfordert zu werden droht.

---

[6] Jan Fleischhauer verortet den Ursprung dieser Haltung zutreffend bei Rousseau, vgl. Jan Fleischhauer, Unter Linken. Von einem, der aus Versehen konservativ wurde, Reinbek 2009, S. 59 ff.

Wobei eines hervorgehoben zu werden verdient: Ein neoliberaler Marktradikalismus, der allen nichtmarktwirtschaftlichen Strukturen den Garaus machen will, ist nach dieser Definition alles andere als konservativ: Indem er die Wurzel allen Übels in gesellschaftlichen Strukturen sucht – Staat, Gewerkschaften etc. – und sich von deren Zerstörung das Heil verspricht, entpuppt er sich als *linke* Ideologie.

Dort, wo die Linke freie Bahn hatte, ihr Maximalprogramm durchzusetzen, also tatsächlich alle alten Strukturen zu zerschlagen – nicht nur Staat und Eigentum, sondern auch Familie, Religion, nationale Loyalität etc. –, blieb ihr gar nichts anderes übrig, als das von ihr zerschlagene gesellschaftliche Gefüge *von oben* neu zu errichten – mit dem erwartbaren Ergebnis einer totalitären Diktatur; diese ist nicht das Ergebnis irgendwelcher „Fehler" oder unglücklicher Zufälle, sondern die zwingende Konsequenz des linken Programms.

Natürlich hat die Linke dort, wo sie nicht zur Diktatur gelangte, vieles erreicht, und zwar durchaus in dem von ihr intendierten Sinne der Entstrukturierung und Entdifferenzierung, positiv formuliert also Liberalisierung, Egalisierung, Demokratisierung. Machtungleichgewichte wurden, wenn nicht völlig eingeebnet, so doch gewaltig verringert. Nur waren die Fortschritte, die die Linke erzielte – vom allgemeinen Wahlrecht über die Frauenemanzipation, den breiten Zugang zu Bildungschancen bis hin zur relativ egalitären Einkommensverteilung – aus ihrer eigenen Sicht bestenfalls zweischneidig, entsprachen sie doch den Bedürfnissen eines expandierenden Kapitalismus an Massenkaufkraft, politischer Stabilität, größerem und besser qualifiziertem Potenzial an Arbeitskräften. Der herrschaftskritische Ansatz der Linken konnte sich also auf vielen Feldern durchsetzen –, mit positivem Ergebnis aber eben nur dort und nur so weit, wie die angegriffenen Machtungleichgewichte *selbst* dysfunktional geworden waren.

Die Linke aber fragt nicht nach der Funktionalität oder Dysfunktionalität der von ihr attackierten Strukturen – ihre spezifische Identität beruht gerade darauf, solche Fragen nicht zu stellen. (Oder erst, wenn es zu spät ist: wenn man nämlich auf einem Ministersessel sitzt, dort von der Erkenntnis überrascht wird, dass Jakobiner als Minister keine jakobinischen Minister sein können – wie Talleyrand sagte –, und sich die „Verrats"-Vorwürfe seiner Genossen anhören muss.)

Die Linke beurteilt gesellschaftliche Strukturen nach dem Maßstab von Recht und Unrecht bzw. Gut und Böse, und wir sahen schon, dass sie jedes Machtungleichgewicht als ungerecht bzw. böse verurteilt. Die eigentümliche Vermengung von Normen und Tatsachen und die Bevorzugung des Fremden gegen das Eigene, die als Kennzeichen der gesellschaftlich vorherrschenden Ideologie auffallen, hat hier ihre Wurzeln. Die Grundannahmen unserer Gesellschaft, die so selbstverständlich geworden sind, dass kaum noch einer darüber nachdenkt, sind *linke* Ideologie.

Diese Ideologie hat zwei weitere hochgradig problematische Aspekte:

In dem Moment nämlich, wo ein Machtungleichgewicht politisch aufgeladen wird und sich als politischer Interessenkonflikt äußert – etwa zwischen Industrie- und Entwicklungsländern, Israelis und Palästinensern, Männern und Frauen, Mehrheit und (ethnisch-religiöser) Minderheit – ergreift die Linke reflexartig Partei für die benachteiligte Seite, hier also für Entwicklungsländer, Palästinenser, Frauen und Minderheiten, und zwar ganz unabhängig davon, ob diese Seite im jeweils konkreten Konflikt überhaupt im Recht ist.[7]

„Gerechtigkeit" im traditionellen Sinne bedeutet, dass Jeder für sein eigenes Handeln verantwortlich ist und gegebenenfalls dessen Konsequenzen trägt. „Gerechtigkeit" im *linken* Sinne bedeutet, dass der Stärkere für alles verantwortlich ist, der Schwächere aber für nichts; dass der Stärkere sich dem Schwächeren zu unterwerfen hat; und im Extremfall, dass dem Stärkeren das Existenzrecht abgesprochen wird – was früher Kapitalisten und Kulaken waren, ist heute der Staat Israel.

Das, was ich oben das linke Programm der Entstrukturierung und Entdifferenzierung genannt habe, bedeutet also nicht einfach, dass es den bis dato Schlechtergestellten besser gehen soll. Es bedeutet vielmehr die systematische Legitimierung von Rechtsbruch und Regelverletzung. Es handelt sich um ein Programm zur *Entzivilisierung* der Gesellschaft.

Unter den Vorgaben einer solchen Ideologie muss Islamkritik geradezu als etwas Unmoralisches dastehen. Nicht weil der Islam in sich irgendetwas „Linkes" hätte, sondern weil er die schwächere Partei ist: Islamische Staa-

---

[7] Da darf ein libyscher Diktator schon einmal ein amerikanisches Verkehrsflugzeug sprengen lassen – ein Verbrechen ist erst die amerikanische Bombardierung von Tripolis. Da sind türkische Jugendliche, die einen Rentner als „Scheißdeutschen" zusammentreten, und das mitten in München, ja auch irgendwie „Opfer", während deutsche Jugendliche, die dasselbe mit Ausländern tun, den „Aufstand der Anständigen" auslösen, die „den Anfängen wehren". Bemerkenswert übrigens, dass dieser „Aufstand der Anständigen", den Bundeskanzler Schröder nach einem Brandanschlag auf eine Synagoge ausgerufen hatte, in dem Moment ein Ende fand, wo sich herausstellte, dass die Täter keine Deutschen waren, sondern arabische Islamisten.

ten und Gesellschaften verfügen weder wirtschaftlich noch militärisch über die Möglichkeiten, die dem Westen zu Gebote stehen, und innerhalb der westlichen Gesellschaften bilden Muslime eine (noch) kleine Minderheit. Sie profitieren damit von der blinden Bevorzugung der schwächeren Partei, die für linke Ideologie charakteristisch ist.

Der zweite problematische Aspekt linker Ideologie ist subtiler. Man erkennt ihn nicht auf den ersten Blick, aber er führt in dem Maße, wie diese Ideologie Allgemeingut wird, zu einer möglicherweise tödlichen Schwächung offener Gesellschaften: dies, indem nicht nur die vertikale, sondern auch die *horizontale* Differenzierung der Gesellschaft zur Disposition gestellt wird.

Gesellschaftliche Teilsysteme folgen ihrer Eigenlogik: In der Wirtschaft geht es um Geld, in der Politik um Macht, in der Wissenschaft um Erkenntnis, in der Religion um Gott, in der Kunst um Ästhetik usw. Die Leistungsfähigkeit moderner Gesellschaften hängt eben von der autonomen Verfolgung dieser teilsystemischen Eigenlogik ab.

Nun kann man gesellschaftliche Machtungleichgewichte aber nicht abbauen, d.h. die vertikale Differenzierung der Gesellschaft nicht aufheben, ohne in diese Eigenlogik einzugreifen. Die Entstrukturierung in der vertikalen Dimension zieht die in der horizontalen nach sich.

Entstrukturierung heißt, die Eigenlogik der Wissenschaft, der Kunst, der Wirtschaft, der Religion, des Rechts zu missachten und die gesamte Gesellschaft auf der Basis spezifisch *politischer* Wertentscheidungen umzubauen: Es wundert ja kaum noch jemanden, wenn im Namen der „Nichtdiskriminierung" die Vertragsfreiheit suspendiert wird; wenn Sozialwissenschaftler den Unterschied zwischen Normen und Tatsachen nicht kennen; wenn die Klarheit der Grammatik einer vorgeblichen Geschlechtergerechtigkeit geopfert wird; wenn von Theaterbühnen, Kirchenkanzeln und Universitätskathedern in künstlerischer, theologischer und wissenschaftlicher Verbrämung politische Ideologie unters Volk gebracht wird.

Begriffe wie „feministische Theologie" oder „gerechte Sprache" weisen schon durch die Wortwahl darauf hin, dass es hier nicht um Gott bzw. Kommunikation geht, sondern um die Durchsetzung einer *politischen* Agenda. Die Nähe zu totalitären Begriffen wie „deutsche Physik" oder „sozialistischer Realismus" ist keineswegs zufällig, und eine „Theologie der Befreiung" keinen Deut weniger totalitär als ein „Deutsches Christentum".

Es ist äußerst erstaunlich und beunruhigend: Gerade die *deutsche* Gesellschaft, die *beide* klassischen Spielarten des Totalitarismus kennengelernt hat, die also weiß, wie ein Leben aussieht, das keinen politikfreien Bereich mehr kennt, und von der man deshalb die Entschlossenheit erwarten sollte, die Autonomie der nichtpolitischen Lebenssphären zu wahren, ist offensichtlich nicht in der Lage, die buchstäblich allgegenwärtigen Verbindlichkeitsansprüche politischer Ideologie („Das Private ist politisch!") als totalitären Irrsinn zu durchschauen.

II. Kulturelle Selbstverständlichkeiten und was sie mit Religion zu tun haben

1. Der typische Einwand: „Man muss das differenzierter sehen"

Dieses Buch entwickelt die These,
- dass der Islam ein in sich geschlossenes Gedankensystem ist,

- dass dieses System die wechselseitigen Erwartungen von Mitgliedern muslimischer Gesellschaften (oder auch Parallelgesellschaften[8]) strukturiert und dadurch selbst zum sozialen System wird (das *Gedanken*system „Islam" ist gleichsam die DNA des *sozialen* Systems „Islam"), indem es

- die Wirklichkeitsauffassung und die Wertvorstellungen der meisten Muslime maßgeblich bestimmt, und zwar einschließlich ihrer politischen Auffassungen,

- sie als Wir-Gruppe konstituiert, das heißt als eine Gruppe, innerhalb derer besondere Solidaritätspflichten gelten, gerade im Umgang mit den Sie-Gruppen der nicht Dazugehörenden,

- und das die sozialen Spielregeln sowohl innermuslimisch als auch im Verhältnis zu „Ungläubigen" *so* definiert, dass der Islam als System nicht nur erhalten bleibt, sondern sich ausbreitet.

Der Standardvorwurf, den man sich mit Gedankengängen dieser Art einhandelt, lautet, hier werde der inneren Differenziertheit des Phänomens „Islam" nicht hinreichend Rechnung getragen, stattdessen der Islam als „monolithischer Block" dargestellt. Dabei sei doch der Islam in Indonesien ein ganz anderer als in Saudi-Arabien, unter den Gläubigen selbst gebe es Abstufungen vom liberalen und säkularen Intellektuellen am einen Ende der Skala bis zum Taliban-Fanatiker am anderen (und der Letztere sei keineswegs repräsentativ für den Islam), außerdem gebe es im Islam wie in

---

[8] Wenn in diesem Buch von islamischen bzw. muslimischen Gesellschaften die Rede ist, sind die Parallelgesellschaften, die von muslimischen Migranten im Westen errichtet wurden, immer mit gemeint.

anderen Religionen auch zahllose Lesarten und Auslegungen der Lehre, die überdies die meisten Gläubigen ganz kalt ließen.

Weil dies so sei, sei der Islam eben kein geschlossenes Gedankensystem, könne er nicht die Wirklichkeitsauffassung und Wertvorstellungen der meisten Muslime prägen, sondern höchstens die der ganz frommen; sei die Wir-Gruppen-Identität der Muslime *als Muslime* nicht dominanter als ihre Orientierung an nationalen, ethnischen oder Klassenloyalitäten, und seien die sozialen Spielregeln des Islam nur ein Teil der für Muslime jeweils geltenden sozialen Normen, und nicht der wichtigste.

Wer daher aus der islamischen Theologie, speziell aus dem Koran, irgendwelche Aussagen über das Verhalten von Muslimen ableiten wolle, überschätze dramatisch die Bedeutung der Religion als Erklärungsvariable für soziale Sachverhalte und verfalle zwangsläufig in einen „Jargon der Eigentlichkeit",[9] der nur den fanatischen Islamisten und Terroristen als Repräsentanten des „eigentlichen Islam" gelten lasse und völlig ignoriere, dass die meisten Muslime eben keine Fanatiker seien, und dass man das Gesamtphänomen „Islam" differenziert betrachten müsse.

Nun bin ich ein großer Freund differenzierenden Denkens. Es gibt aber keinen wissenschaftstheoretisch fundierten Grundsatz, wonach man bei der Analyse einer Vielzahl ähnlicher, aber nicht völlig gleicher Phänomene ausschließlich die Unterschiede betonen, nicht aber die Gemeinsamkeiten herausarbeiten dürfe.

Um es an einem Beispiel zu konkretisieren: Selbstverständlich ist es ein erheblicher Unterschied, ob Genitalverstümmelung an Mädchen praktiziert wird oder nicht; ob Frauen „nur" ein Kopftuch tragen müssen oder in eine Burka gesteckt werden; das ändert aber nichts an der subalternen Stellung von Frauen in *allen* islamischen Ländern, und es ändert vor allem nichts daran, dass ihre Unterdrückung religiös legitimiert wird.

Differenzen und Gemeinsamkeiten innerhalb eines Systems hängen dabei eng miteinander zusammen: Wer wissen will, wie ein Wald funktioniert, wird sehr differenziert auch die Funktion der einzelnen Bäume analysieren müssen; aus der Existenz dieser einzelnen Bäume aber die Schlussfolgerung zu ziehen, so etwas wie einen Wald gebe es nicht, gilt im Deutschen als metaphorische Definition von borniertem Detailverlorenheit.

---

[9] So Heiner Bielefeldt in Anlehnung an Th. Adorno: Heiner Bielefeldt, Menschenrechte in der islamischen Diskussion, ohne Datum, im Netz verfügbar unter: http://www.kompetenz-interkulturell.de/userfiles/Grundsatzartikel/Menschenrechte%20Islam.pdf

Auf den Islam bezogen heißt das: Natürlich sind nicht alle Muslime Terroristen oder auch nur Fanatiker. Der Islam ist ein soziales System, und ein solches würde nur mit Terroristen ebenso wenig funktionieren, wie es nur mit Bäckern oder nur mit Philosophen funktionieren würde. (Es ist aber eben ein erklärungsbedürftiges Phänomen, dass die meisten Terroristen Muslime sind, von denen wiederum die meisten ihr Handeln religiös begründen; wer behaupten wollte, dass die Gründe hierfür *nicht* im Islam zu suchen seien, hätte zumindest den Anschein gegen sich; das heißt nicht, dass er zwangsläufig Unrecht haben müsse, wohl aber, dass er seine Auffassung sorgfältiger begründen sollte, als dies von islamophiler Seite üblicherweise geschieht.) Gerade in seiner Eigenschaft als Dschihad-System ist der Islam von einer beeindruckenden und auch faszinierenden Vielschichtigkeit und Perfektion. Dieses Gesamtkunstwerk an institutionalisierter Militanz bloß auf den Aspekt „Terrorismus" zu reduzieren, wäre naiv.

Trotzdem könnte es natürlich sein, dass ich tatsächlich nicht genügend differenziere. Ist es denn nicht willkürlich, die Missstände in muslimischen Gesellschaften und die vielfachen Konflikte zwischen muslimischen und nichtmuslimischen Gesellschaften ausschließlich mit dem Faktor „Religion" zu erklären? Spielen nicht wirtschaftliche, kulturelle, ethnische, institutionelle und im engeren Sinne politische Faktoren eine mindestens ebenso große Rolle? Müsste nicht der, der den Islam ins Zentrum der Analyse muslimischer Gesellschaften stellt, in derselben Weise das Christentum als dominante Erklärungsvariable bei der Analyse westlicher Gesellschaften behandeln?

Ich glaube in der Tat, diese Einwände zurückweisen zu können, und zwar aus folgenden Gründen:

2. Die Fragestellung

Es geht mir nicht darum, im Hinblick auf islamische Gesellschaften eine „Theorie für Alles" vorzulegen, mit der man jede nur erdenkliche Frage beantworten könnte. Es gilt vielmehr, zwei Problemkomplexe aufzuklären:

Erstens: So unterschiedlich der Islam in verschiedenen Weltgegenden auch ausgeprägt sein mag, so gibt es doch bestimmte Missstände, die in allen islamischen Ländern auftreten, wenn auch hier stärker und dort schwächer. Warum gibt es unter den über fünfzig islamisch geprägten Ländern nur eine Handvoll Demokratien, und warum ist die Lage speziell von Frauen, ethnischen und religiösen Minderheiten selbst in diesen demokratischen Ländern (von den anderen ganz zu schweigen) so prekär? Wenn sich herausstellen sollte, dass der Islam prinzipiell unvereinbar mit der Demokratie, oder allgemeiner gesprochen mit der Moderne ist, dann müsste man entweder anerkennen, dass er eine der Hauptursachen für die genannten Missstände ist. Oder man müsste, wenn man dieser Schlussfolgerung ausweichen möchte, zeigen, dass die Religion in muslimischen Gesellschaften keine relevante Rolle spielt. Dies freilich wäre eine kühne Behauptung.

Zweitens: Samuel Huntington hat in seiner Theorie des „Clash of Civilizations" darauf hingewiesen, dass von allen Weltzivilisationen der Islam die „blutigsten Grenzen" hat.[10] Das heißt, dass muslimische Gesellschaften häufiger als andere dazu tendieren, mit nichtmuslimischen in Konflikt zu geraten. Da sich muslimische von nichtmuslimischen Gesellschaften aber eben durch ihre Religion unterscheiden, drängt sich die Vermutung geradezu auf, dass der Islam die Ursache für diesen Sachverhalt ist.

Hans Küngs bekanntes Diktum „Kein Weltfriede ohne Religionsfriede",[11] ist in dieser Pauschalität schlicht falsch: Es gibt keinen christlich-buddhistischen oder jüdisch-taoistischen Konflikt, es gibt auch keinen Konflikt zwischen Animisten und Zeugen Jehovas. Was es gibt, sind Konflikte zwischen Muslimen und Juden (Israel), Muslimen und Hindus (Indien), Muslimen und Buddhisten (Thailand), Muslimen und Bahai (Iran), Muslimen und Konfuzianern (China), Muslimen und Animisten (Sudan), Muslimen und Christen (weltweit).

Zweifellos kann man sowohl die Missstände als auch die Konflikte, wenn man das will, auch ohne Rückgriff auf den Islam erklären:

Dann ist der latente Bürgerkrieg in Nigeria ein Kampf ums Öl, die Ermordung von Christen in der Türkei Ergebnis eines fehlgeleiteten Nationalismus, die Ermordung von Christen in Ägypten ein allzu extremer Fundamentalismus, am Palästinakonflikt sind die Israelis schuld, an der Existenz der Taliban die Sowjetunion, an Ehrenmorden von Berliner Kurden nicht die Religion, sondern die lokale Kultur des ländlichen Anatolien, an Ehrenmorden in Ägypten wiederum nicht die Religion, sondern die sozialen Probleme Kairos, und die Aktivität von muslimischen Terroristen in Indien,

---
[10] Samuel Huntington, Kampf der Kulturen. Die Neugestaltung der Weltpolitik im 21. Jahrhundert, München 1998, S. 415
[11] Hans Küng, Projekt Weltethos, München 1990, S. 13

Russland, Thailand, den Philippinen, Großbritannien, Deutschland und so weiter und so fort jeweils auf lokale Gegebenheiten zurückzuführen, also zum Beispiel auf Armut und Korruption in islamischen Ländern oder – etwa in Großbritannien – auf die Kombination der Faktoren „ethnisch/religiöse Minderheit" und „Unterschicht".

Solche Erklärungen müssen im Einzelfall nicht einmal falsch sein (auch wenn einige der genannten es sind). Sie erklären aber bestenfalls, wie bestimmte Probleme im Einzelfall *entstanden* sind. Was sie nicht erklären, ist die eigentümliche Gleichförmigkeit der muslimischen Reaktionen auf scheinbar doch ganz und gar verschiedenartige Probleme und Konflikte: Dazu gehört die politische Auflageung einer religiös definierten Gruppenidentität, landläufig „Islamismus" genannt. Dazu gehört die offenkundige Unfähigkeit, Kritik am Islam bzw. an Muslimen anders denn als Beleidigung aufzufassen. Und dazu gehört Gewaltandrohung und -anwendung vom Ehrenmord über den Straßenkrawall bis zum Terrorismus.

Es ist, um ein Beispiel zu nennen, argumentiert worden, der tschetschenische Islamismus sei lediglich ein Ergebnis jahrhundertelanger Unterdrückung der Tschetschenen durch den russischen Staat; daher seien dessen repressive Praktiken, und nicht etwa der Islam, die Ursache für den tschetschenischen Terrorismus. Der Islam tauge für die Erklärung des Tschetschenienkonflikts ebenso wenig wie der Katholizismus für die Erklärung des Bürgerkriegs in Nordirland. Das mag so sein, verfehlt aber haarscharf den entscheidenden Punkt:

Natürlich gibt es überall auf der Welt Konflikte zwischen ethnischen Minderheiten und Staaten, und nicht selten unterscheiden sich diese Minderheiten nicht nur ethnisch, sondern auch religiös von der Mehrheit, ohne dass der Konflikt deswegen eine religiöse Ursache hätte; die katholischen Nordiren etwa sind Nationalisten, keine Glaubenskrieger. Nur: Sie *bleiben* das auch! Der Bürgerkrieg in Nordirland hat keinen katholischen (oder protestantischen) Fundamentalismus mit politischem Herrschaftsanspruch hervorgebracht.

Im Gegensatz dazu führen vergleichbare Konfliktlagen bei islamischen Bevölkerungsgruppen regelmäßig dazu, dass der Islam (als Islamismus) zur dominanten politischen Ideologie wird, die sogar ihre säkularistischen Gegner zur Übernahme zumindest ihres Vokabulars zu zwingen vermag. Für muslimische Führer ist der Appell an die *religiösen* Leidenschaften das

Mittel der Wahl, wenn es politischen Zusammenhalt zu stiften und damit Gefolgschaft zu organisieren gilt.[12]

Zumindest zwei Schlussfolgerungen werden wir – vorerst noch in aller Vorsicht – ziehen müssen: erstens, dass der Islam mehr als jede andere Religion als politische Ideologie *taugt*; zweitens, dass unter Muslimen eine starke Bereitschaft vorhanden ist, die Gemeinschaft der Muslime als primären Bezugspunkt ihrer politischen Loyalität und Solidarität anzusehen.

3. Islamismus und Nationalismus

Dabei ist dieses Konzept nicht unangefochten: Der türkische, arabische bzw. panarabische, persische Nationalismus zum Beispiel ist deutlich ausgeprägt, war im zwanzigsten Jahrhundert lange Zeit dominant und verstand sich als säkulares Gegenprinzip zur spezifisch muslimischen Solidarität. Atatürk versuchte nach besten Kräften, den Islam aus dem politischen Leben zurückzudrängen, der Schah propagierte den Stolz auf die alte, vorislamische persische Geschichte, und zu den frühen Protagonisten des arabischen Nationalismus gehörten auffallend viele arabische Christen[13] – verständlich, denn der Nationalismus verhieß ihnen gleichberechtigte Zugehörigkeit zur Gesellschaft, während sie aus der muslimischen Umma naturgemäß ausgeschlossen waren.[14]

Was wir heute aber erleben, ist die wachsende *Konvergenz* zwischen Islamismus und Nationalismus. Ich habe schon darauf hingewiesen, dass säkulare Kräfte sich zunehmend um eine islamische Legitimation – zumindest aber um ein islamisches Mäntelchen – bemühen, während umgekehrt ein glühender Islamist wie der iranische Präsident Ahmadinedjad an die *nationalen* Gefühle seiner Landsleute mindestens ebenso häufig appelliert wie an ihre religiöse Leidenschaft. Besonders bezeichnend scheint mir aber zu sein, dass Gewalt gegen Christen in der Türkei normalerweise *nicht* von *Islamisten*, sondern von rechtsradikalen *Nationalisten* ausgeht. Auf den ersten Blick ein verblüffender Widerspruch – der sich aber erklärt, wenn man bedenkt, dass solche Nationalisten den sunnitischen Islam als Grundlage

---

[12] Dies ist der Grund, warum die ihrem Selbstverständnis nach säkulare palästinensische Fatah ihre Terrorbanden ausgerechnet Al-Aqsa-Märtyrer-Brigaden nennt, und warum ein so unfrommer Herrscher wie Saddam Hussein es für nötig hielt, „Allah akbar" auf die irakische Nationalflagge schreiben zu lassen.

[13] vgl. z.B. Bassam Tibi, Der wahre Imam, Der Islam von Mohammed bis zur Gegenwart, München 1998, S. 259 f.

[14] vgl. auch Ernst Nolte, Die dritte radikale Widerstandsbewegung: Der Islamismus, Berlin 2009, S. 215 f.

der *nationalen* türkischen Identität ansehen, übrigens nicht erst seit dem Aufkommen der AKP oder allgemeiner des politischen Islam, sondern bereits bei Gründung der Republik; schon unter Atatürk wurde als ethnischer Türke nur eingestuft, wer auch sunnitischer Muslim war.[15]

In sich ist das völlig schlüssig, denn die Türken – und erst recht die Araber – *sind* nicht nur in ihrer großen Mehrheit Muslime, sondern verdanken auch ihre historische Größe und Bedeutung als Völker einzig und allein ihrer islamischen Sendung. Selbst ein Christ und entschiedener Säkularist wie Michel Aflaq, der Gründer der syrischen Baath-Partei, musste sein Verständnis von arabischem Nationalismus so definieren: *„Wir betrachten den Arabismus als einen Körper, dessen Seele der Islam ist."*[16]

Und ein Land wie Pakistan, das sich explizit als das Land der Muslime des indischen Subkontinents versteht, würde ohne den Islam überhaupt nicht existieren; die Kombination von Nationalismus und Islamismus ist in der pakistanischen Staatsidee von Beginn angelegt.

Dass die Kombination einer nationalen Idee mit einem übernationalen Ordnungsprinzip besondere politische Sprengkraft entfalten kann, dürfte uns Deutschen spätestens seit dem National-Sozialismus klar sein. Wenn es heute in islamischen Gesellschaften eine wachsende Tendenz zum National-Islamismus gibt, so ist diese Entwicklung schon deshalb bemerkenswert, weil sie offensichtlich *nicht* aus einem politischen Masterplan resultiert. Wusste Hitler sehr genau, warum er den National-Sozialismus kreierte (während andere Führer der extremen Rechten schon das *Wort* „Sozialismus" hassten), so sind muslimische Nationalisten wie auch Islamisten, die auf Versatzstücke aus der jeweils konkurrierenden Ideologie zurückgreifen, offenkundig *Getriebene* einer Entwicklung, die ihnen keineswegs behagt, die sie jedenfalls nicht selbst angestoßen haben.

Wenn nun das Aufkommen des Nationalismus in der islamischen Welt nahezu flächendeckend in eine Re-Islamisierung mündet, während es in der westlichen Welt gerade *nicht* zu einer Re-Christianisierung geführt hat, eher

---

[15] „... Atatürk wollte den Prozess ethnischer Homogenisierung vollenden, der unter den Jungtürken begonnen hatte. In diesem Land, ..., wo Religion Identität schuf, musste religiöse Uniformität erreicht werden, bevor ein modernistischer Führer den Säkularismus proklamieren konnte." (Youssef Courbage/Philippe Fargues, Christians and Jews under Islam, London 1997, S. 112; Übersetzung von mir, M.K.-H.). Da verwundert es auch nicht, dass Nichtmuslime in der Türkei ab 1942 einer diskriminierenden Strafsteuer unterworfen wurden (ebd., S.113). Die säkularistische Türkei knüpfte damit an die islamische Institution der Dschizya an, deren Bedeutung uns im IV. Kapitel beschäftigen wird.
[16] Zit. n.: ebd., S.191, Übersetzung von mir, M.K.-H.

zu einer Entchristlichung, so ist dies ein erklärungsbedürftiges Phänomen, vor allem wenn man bedenkt, dass das Christentum Europa nicht weniger tiefgreifend geprägt hat als der Islam Vorderasien und Nordafrika. Es bedarf schon gewaltiger Phantasie, die Ursache für diese Diskrepanz woanders zu suchen als im spezifischen Charakter des Islam.

Womit gleichsam en passant die Frage beantwortet sein dürfte, warum ich das Christentum nicht in gleicher Weise zur Analyse westlicher Gesellschaften heranziehe wie den Islam zur Deutung von muslimischen: Es gibt einfach keine empirischen Anhaltspunkte dafür, dass die Analyse der christlichen Religion zur Erklärung politischer Konflikte oder gesellschaftlicher Missstände im Westen ähnlich viel beitragen könnte.

4. Kulturelle Selbstverständlichkeiten

Es geht ja nicht darum, eine Ideologie zu postulieren, wonach die Religion als solche *das* Movens der Geschichte schlechthin sei, etwa so, wie es für Marx der Klassenkampf war. Trotzdem sind Religionen etwas Fundamentales: Sie prägen unsere Vorstellungen davon, was gut und böse, was gerecht und ungerecht, was wahr und unwahr ist, welchen Sinn und welchen Wert das Leben hat und in welchem Verhältnis wir uns zu unseren Mitmenschen und zur Welt insgesamt sehen. Und dabei beschränkt sich diese Wirkung keineswegs auf besonders religiöse Menschen. Die großen Weltreligionen hatten Jahrhunderte Zeit, die von ihnen dominierten Gesellschaften mit ihren Wertvorstellungen zu durchtränken und ihre Normen durchzusetzen, und zwar so sehr, dass sie ganz selbstverständlich als Grundlage der sozialen Ordnung galten und gelten, selbst wenn man ihnen ihren religiösen Ursprung gar nicht mehr ansieht.

Warum ist das so? Erinnern wir uns daran, dass die Möglichkeit von Gesellschaft schlechthin auf der Stabilität wechselseitiger Erwartungen basiert. Wenn ich einem mir unbekannten Menschen begegne, so habe ich im Prinzip keinen Anlass auszuschließen, dass er mich im nächsten Moment angreift, um mir die Geldbörse zu stehlen. Würde ich mit einem solchen Verhalten rechnen, so wäre es vernünftig, präventiv selbst anzugreifen (oder davonzulaufen); ebenso wie es für den *Anderen* rational wäre, meinem deswegen zu erwartenden Angriff zuvorzukommen. Es würden also ständig gewalttätige Konflikte gewissermaßen aus dem Nichts entstehen. Wenn wir nichts dergleichen beobachten können, so liegt das daran, dass man normalerweise erwartet, auch von einem Unbekannten *nicht* angegriffen zu werden, und der Unbekannte selbst die gleiche Erwartung hegt.

Ein weniger dramatisches Beispiel sind Grußformen. Wir alle kennen die herrliche Szene aus Charlie Chaplins Film „Der große Diktator", wo die Diktatoren Hitler alias Adolf Hynkel und Mussolini alias Benzino Napoloni sich nicht einig sind, ob sie sich per Handschlag oder mit Faschistengruß begrüßen sollen, und deshalb abwechselnd Jeder gerade das versucht, was der Andere nicht tut. Absurd und deshalb komisch wirkt die Szene, weil im normalen Leben Einigkeit über die angemessene Grußform besteht.

Allgemein gesprochen richtet sich unser eigenes Sozialverhalten nach dem erwarteten Sozialverhalten Anderer, wobei in unser Erwartungskalkül das Wissen einfließt, dass diese Anderen ihrerseits Erwartungen bezüglich unseres Verhaltens hegen, wobei sie ihrerseits davon ausgehen, dass dieses Verhalten von unseren Erwartungen bezüglich ihres Verhaltens abhängt und so fort. Es handelt sich also um eine Wechselbeziehung. *Wie aber komme ich dazu, vom Anderen, den ich nicht kenne, ein ganz bestimmtes Verhalten zu erwarten?* Hier kommen gesellschaftlich etablierte Normensysteme ins Spiel: Wenn ich davon ausgehen kann, dass der Andere derselben oder einer ähnlichen Gesellschaft entstammt wie ich selbst, dann kann ich realistischerweise unterstellen, dass er sich im Wesentlichen nach demselben Normensystem richtet wie ich.

Womit übrigens ein erheblicher Teil der in praktisch allen Gesellschaften verbreiteten Fremdenfeindlichkeit zu erklären ist. Sie beruht nicht nur auf Vorurteilen, obwohl die zweifellos eine Rolle spielen können, sondern ganz wesentlich darauf, dass man ein ganz bestimmtes Vor-Urteil eben realistischerweise *nicht* hegen kann – nämlich dass sich der Andere am selben Normensystem orientiert wie man selbst. Die daraus resultierende *Erwartungsunsicherheit* wird als beängstigend, zumindest aber als unangenehm empfunden.

Menschliche Gesellschaft funktioniert also nur dann, wenn die Akzeptanz ihrer Normen im Regelfall erwartet werden kann. Dies wiederum hängt von einer zweiten Bedingung ab, nämlich davon, dass spontan Einigkeit darüber erzielt werden kann, welche Norm in einer gegebenen Situation greift. Es gilt zum Beispiel überall die Norm, Andere nicht zu kränken. Was aber als Kränkung gilt und was nicht, also *wie* eine Situation *bewertet* wird, ist nicht eine Frage von Normen, sondern von Werten. Eine sachlich vorgetragene Kritik, die in Europa ohne weiteres akzeptiert wird, kann in Asien vom Betroffenen als Gesichtsverlust empfunden und demgemäß als grobe Beleidigung aufgefasst werden.

Normen und Werte können aber nur dann als Grundlage einer Gesellschaft dienen, wenn sie *verinnerlicht* werden. Niemand geht mit dem Knigge oder irgendeinem Gesetzbuch unter dem Arm durchs Leben, und wenn er es täte, hätte er nicht die Zeit, im Einzelfall nachzuschlagen, was gerade angemessen ist. Man muss schon *spüren*, was gesellschaftlich akzeptiert ist und was nicht. Mit der Verinnerlichung verschwindet zumindest ein Teil der Normen und Werte aus dem Bewusstsein und wird zur *Selbstverständlichkeit*. Es ist wie mit der Sprache: Man wendet ihre grammatischen Regeln richtig an, aber man kennt sie nicht *als Regeln* – sofern man nicht gerade als Lehrer oder Linguist damit zu tun hat. Wenn ein Franzose einen deutschen Satz fehlerhaft bildet, kann ich ihm sagen, wie er richtig lauten muss, aber ich kann ihm normalerweise *nicht* sagen, warum.

Dabei habe ich die Sprache als Analogie zum Normen- und Wertesystem nicht etwa willkürlich gewählt. Sprachliche Kommunikation ist ja lediglich ein Sonderfall von zwischenmenschlichem Handeln und beruht, wenn sie gelingen soll, auf der wechselseitig unterstellbaren Einigkeit über die Geltung ihrer Grammatik und die Bedeutung ihres Vokabulars, und zwar in derselben Weise, wie nichtsprachliches soziales Verhalten auf der wechselseitig unterstellbaren Einigkeit über die Geltung von Normen und Werten beruht.

Solche Normen und Werte stehen nicht etwa unverbunden nebeneinander, sondern unterliegen einer *impliziten Logik*. „Implizit" heißt, dass diese Logik zwar analysierbar ist, im Normalfall aber als solche unbewusst bleibt. Ich habe bereits im ersten Kapitel „Die eigene Optik" die implizite Logik des „politisch korrekten" und gesellschaftlich vorherrschenden Normen- und Wertesystems analysiert; wie Sie sich erinnern, beruht dieses System auf einer Reihe von Annahmen, die sich als absurd herausstellen, sobald man sie explizit macht. Um aber sicher zu sein, dass ich wirklich verstanden werde, möchte ich gerne noch ein weiteres Beispiel für die implizite Logik eines Normensystems anführen, diesmal aus dem Bereich der Erkenntnistheorie:

(Auch Wahrheiten, genauer: die Akzeptanz von Wahrheitsansprüchen, unterliegen gesellschaftlichen Normen. Ob eine Behauptung als „wahr" gesellschaftlich anerkannt oder als „unwahr" zurückgewiesen wird, hängt von gesellschaftlich anerkannten Kriterien, sprich von Normen ab.)

Glauben Sie an Hexen? Wahrscheinlich nicht. (Wie wir gesehen haben, ist zwar der Glaube an Schwarze Magie weiter verbreitet als uns lieb sein kann, aber kaum jemand bekennt sich ausdrücklich dazu.) Und wahrscheinlich würden Sie Jeden für verrückt erklären, der Sie vor Hexen und ihrem verderblichen Einfluss warnen wollte. Warum eigentlich? Haben Sie irgendeinen Beweis dafür, dass es *keine* Hexen gibt? Und sollte Ihnen nicht die Tatsache zu denken geben, dass jahrtausendelang praktisch alle Menschen an Hexerei und ähnliche übersinnliche Phänomene geglaubt haben und große Teile der Menschheit es auch heute noch tun? Waren oder sind die denn Alle dumm?

Nein, das sind sie nicht, sie orientier(t)en sich nur an anderen gesellschaftlich akzeptierten Wahrheitskriterien als Sie und ich. Wir im Westen orientieren uns an Kriterien, deren implizite Logik uns nicht oder allenfalls verschwommen bewusst ist, sofern wir nicht gerade Philosophen sind; und so blieb es denn dem Philosophen Karl Popper vorbehalten, die Regeln zu entschlüsseln, nach denen speziell die Wissenschaft funktioniert, die uns Allen aber so sehr in Fleisch und Blut übergegangen sind, dass wir sie als Regeln des rationalen Diskurses schlechthin akzeptieren und gleichsam instinktiv mehr oder minder korrekt anwenden.

Zur Hexenfrage hätte Popper gesagt, dass die Wissenschaft ihre Hypothesen niemals beweisen, wohl aber falsifizieren (widerlegen) kann; dass eine Hypothese daher nur dann als wissenschaftlich akzeptiert werden kann, wenn sie *falsifizierbar* ist, das heißt, wenn sich mindestens *ein* Ereignis angeben lässt, bei dessen Eintreten die Hypothese als falsifiziert zu gelten hätte.

Die Aussage „Es gibt keine Hexen" ist falsifizierbar, denn sie wäre in dem Moment widerlegt, wo eine Hexe des Weges käme und uns etwas vorhexte. Die Aussage „Es gibt Hexen" ist dagegen *nicht* falsifizierbar, denn es gibt kein Ereignis, dessen Eintreten beweisen könnte, dass es *keine* Hexen gibt. Und genau *deswegen* darf man die Aussage, „Es gibt Hexen", als Stuss zurückweisen.

Der wissenschaftstheoretisch nicht vorbelastete Normalbürger würde das natürlich so nicht formulieren, sondern viel vager argumentieren nach dem Motto „Da könnte ja jeder kommen und irgendetwas behaupten". Indem er den Hexenglauben zurückweist, wendet er die Regeln der rationalen Argumentation richtig an, ohne wirklich zu wissen, warum: weil die Logik, der er folgt, eben eine *implizite* Logik ist, die er gelernt hat wie die Regeln seiner Muttersprache.

Ich nenne die implizite Logik, die einem Normen- und Wertesystem zugrunde liegt, das System der kulturellen Selbstverständlichkeiten. Es handelt sich mithin um die Gesamtheit derjenigen Einstellungen, die dieses System zusammenhalten, die deshalb von der Gesellschaft gleichsam automatisch reproduziert werden und als gemeinsam verinnerlichte unbewusste Prämissen die wechselseitigen Erwartungen von Mitgliedern einer Gesellschaft strukturieren, und die den *bewussten* Denk- und Kommunikationsprozessen *vorausgehen.*

5. Der Stellenwert der Religion im sozialen Gefüge

Es sollte einleuchten, dass solche Einstellungsmuster, gerade weil sie *nicht* Gegenstand bewusster Aushandlungsprozesse sind, ein deutlich längeres Leben haben als etwa einzelne Normen und auch als diejenigen Faktoren, denen sie ursprünglich ihre Entstehung verdanken. Welche Faktoren sind dies? Woher kommen die Normen- und Wertesysteme, die Gesellschaften so grundlegend prägen, dass die ihnen zugrunde liegende Logik als System kultureller Selbstverständlichkeiten verinnerlicht wird? Aus der Religion.

Bevor wir uns fragen, was das bedeutet, halten wir zunächst fest, was es *nicht* bedeutet. Es bedeutet insbesondere nicht, dass die Religion Normen- und Wertesysteme so strikt determinierte, dass es keinerlei Variationen gäbe. Diese Systeme sind durchaus offen für soziale Veränderungsprozesse, also für Entwicklung, wie sie auch offen sind für lokale, regionale, schichtspezifische Anpassungen an praktische (politische, wirtschaftliche usw.) Notwendigkeiten, sodass es unter den Vorgaben derselben Religion ohne weiteres unterschiedliche Kulturen geben kann, und zwar sowohl nebeneinander wie nacheinander.

Was diese Entwicklungen und Anpassungsprozesse aber *nicht* beeinflussen können (oder nur in ungleich längeren historischen Zeiträumen), ist das System der kulturellen Selbstverständlichkeiten, denn wir hatten ja gesehen, dass die normalerweise nicht zur gesellschaftlichen Disposition stehen.

Das bedeutet, dass Normen- und Wertesysteme zwar variieren können, dass sie aber mit diesen Selbstverständlichkeiten *kompatibel* sein müssen. Anders gesagt, determiniert die Religion nicht die Entwicklung einer Gesellschaft, wohl aber determiniert sie, welche Entwicklung diese Gesellschaft (bzw. ihr Normen- und Wertesystem) *nicht* nehmen kann.

Wer also die in der Tat vorhandene kulturelle Vielfalt innerhalb der islamischen Welt als Beleg dafür anführt, dass es *den* Islam gar nicht gebe, verkennt, dass es sich bei dieser Vielfalt um Varianten desselben Grundmodells handelt. Sie können in concreto sehr weit voneinander abweichen, *aber sie können nicht der impliziten Logik des Islam zuwiderlaufen.*

Ferner folgt daraus, dass unterschiedliche Normen- und Wertesysteme *innerhalb desselben Kulturkreises* einander relativ leicht beeinflussen können, auch wenn sie auf den ersten Blick so extrem voneinander abweichen wie die westliche Demokratie und der spanische (Franco-)Faschismus.

Es ist doch höchst merkwürdig und erklärungsbedürftig, dass das erzkatholische und traditionell autoritäre Spanien innerhalb von wenigen Jahren den Übergang zu einer blühenden liberalen Demokratie geschafft hat, in der niemand mehr die Rückkehr des Faschismus oder gar der Inquisition fürchten muss. Dass andererseits die Türkei, deren kemalistische Eliten seit achtzig Jahren mit bewundernswerter Geduld und geradezu heroischer Zähigkeit an der Verwestlichung des Landes arbeiten, bis heute nur eine deformierte Demokratie hervorgebracht hat, in der Menschenrechte und Rechtsstaatlichkeit wenig gelten, in der sich das Militär schon dreimal an die Macht geputscht hat, deren Säkularismus von der Armee buchstäblich mit aufgepflanztem Bajonett geschützt werden muss, und die jederzeit dem Islamismus zum Opfer fallen kann.

Nicht weniger bemerkenswert ist die Leichtigkeit, mit der fundamentalistische (Hass-)Prediger auch in solchen Ländern Fuß fassen und Anhänger finden, in denen bisher eine vergleichsweise liberale Interpretation des Islam vorherrschte, z.B. in Indonesien.

Mit dem hier vorgeschlagenen Konzept der kulturellen Selbstverständlichkeiten sind diese Phänomene ohne weiteres erklärbar: Drastische Veränderungen des Normen- und Wertesystems einer Gesellschaft sind möglich, sofern das jeweils neue System auf derselben impliziten Logik aufbaut (und das heißt: aus demselben Kulturkreis stammt) wie das alte.

Damit wird die Unterscheidung von Kultur und Religion als zwei getrennten Faktoren hinfällig, die insbesondere bei solchen Denkern beliebt ist, die die Ursachen für Missstände in islamischen Gesellschaften gerne überall verorten möchten, nur nicht im Islam. Wenn es etwa um sogenannte „Ehrenmorde" geht, argumentieren solche Denker ja gerne, solche Dinge hätten nichts mit der Religion zu tun, sondern lediglich mit der Kultur. Wenn man unter „Kultur" aber das Normen- und Wertesystem einer Gesellschaft versteht, so lässt sie sich ohne Berücksichtigung ihrer religiösen Grundlagen überhaupt nicht verstehen, übrigens auch nicht im Westen.

Ähnliches gilt für das beliebte Argumentationsmuster: „Jedes Phänomen, das hier und da auch in nichtmuslimischen Gesellschaften zu beobachten ist, kann nicht ursächlich auf den Islam zurückgeführt werden." Dieses einleuchtend klingende Argument beruht auf zwei Fehlannahmen:

Zum einen auf der Annahme, dass gleiche Wirkungen auch gleiche Ursachen haben müssten. Antisemitismus zum Beispiel gibt es in islamischen wie in westlichen Gesellschaften; wir werden aber noch sehen, dass der islamische Antisemitismus sich vom westlichen in mancher Hinsicht deutlich unterscheidet.

Die zweite Fehlannahme lautet, dass die Existenz eines sozialen Phänomens bereits dann „erklärt" sei, wenn man seine *historischen* Ursachen erforscht habe. Unter dieser Prämisse hätte beispielsweise die Existenz patriarchalischer Gesellschaftsstrukturen in der Tat nichts mit dem Islam zu tun; solche Strukturen gibt es weltweit, und der Islam dürfte sie bei seiner Entstehung bereits vorgefunden haben. Nur sind soziale Strukturen nichts Gegenständliches, also nichts, was, einmal entstanden, automatisch fortexistiert, bis es verfällt oder zerstört wird. Vielmehr werden sie von der Gesellschaft fortlaufend reproduziert. Wie und warum bestimmte Sozialstrukturen historisch *entstanden* sind, ist daher für den Soziologen wesentlich weniger interessant als für den Historiker: Will man ihre *Fortexistenz* erklären, so kann man sich nicht mit der Analyse ihrer *historischen Genese* begnügen. Vielmehr gilt es die Mechanismen aufzudecken, denen sie ihre *fortlaufende Reproduktion* verdanken.

So betrachtet, verschränkt sich die Frage nach der *Ursache* eines sozialen Phänomens untrennbar mit der nach seiner *Funktion*. Was leisten bestimmte Mentalitäten – als die subjektive Seite des Normen- und Wertesystems – für die Aufrechterhaltung des sozialen Gefüges einer bestimmten Gesellschaft, und: Gehören sie zum indisponiblen Kern, zur impliziten Logik, zu den kulturellen Selbstverständlichkeiten, deren Infragestellung gleichbedeutend wäre mit der Infragestellung der Gesellschaft überhaupt?

Ich werde noch zeigen, dass solche Fragen selbst im Hinblick auf an und für sich ähnliche Phänomene höchst unterschiedlich zu beantworten sind, je nach dem, ob sie in einem christlichen bzw. westlichen oder einem islamischen Kontext auftauchen. Fürs Erste sei jedenfalls die Fragestellung umrissen, der wir in den folgenden Kapiteln nachgehen werden: Welches ist die implizite Logik eines islamischen Normen- und Wertesystems im Unterschied und Gegensatz zu einem christlichen?

Dabei folgt die Analyse nicht einer *theologischen*, sondern einer *soziologischen* Fragestellung: Was sind die Grundzüge eines Weltbildes, das vom Islam geprägt ist? Und was bedeutet es, wenn ein solches Weltbild gesellschaftlich verbindlich ist?

Was man mithilfe der folgenden Korananalyse gewinnt, ist zunächst nicht mehr als ein theoretisches Konstrukt, also die Antwort auf die Frage: *Angenommen,* die Mentalität muslimischer Gesellschaften (ihr System kultureller Selbstverständlichkeiten) beruhte ausschließlich auf dem Koran, wie sähe diese Mentalität dann aus? Dass sie tatsächlich existiert und sozial verbindlich ist, lässt sich mithilfe der bloßen Textanalyse selbstverständlich nicht beweisen. Es gilt also, in einem zweiten Schritt zu überprüfen, ob die theoretisch zu erwartende Mentalität sich auch empirisch nachweisen lässt.

Damit ist nicht behauptet, dass die Religion der *einzige* Faktor sei, der die Kollektivmentalität beeinflussen würde. Es wäre ganz sinnlos und auch irreführend, so zu tun, als spielte die historische Entwicklung islamischer Gesellschaften keine Rolle für die Art und Weise, in der der Islam jeweils konkret ausgeformt wurde. Wer sich etwa mit dem schiitischen Islam beschäftigt (was ich hier nicht tun werde), wird der Tatsache Rechnung tragen müssen, dass gerade die Schia über Jahrhunderte hinweg eine verfolgte Minderheit war und zum Teil heute noch ist. Ebenso spielt eine Rolle, ob die Islamisierung der heute muslimischen Gesellschaften auf dem klassischen Weg erfolgte (Muslime übernehmen als Minderheit die politische Herrschaft und setzen die sozialen Spielregeln dann so, dass alle anderen Religionsgemeinschaften nach und nach verschwinden), oder, wie zum Beispiel in Teilen Südostasiens, durch die Laienmission muslimischer Kaufleute. In solchen Gesellschaften haben vor- und nichtislamische Normen- und Wertesysteme offenbar eine erheblich größere Überlebenschance – was freilich am Radikalisierungs*potenzial* auch des dortigen Islam nichts ändert.

Dort aber, wo man feststellen muss, dass die empirisch beobachtbare Mentalität muslimischer Gesellschaften (und Parallelgesellschaften) nahezu lückenlos mit der übereinstimmt, die aufgrund der Korananalyse theoretisch postuliert werden muss, führt an der Annahme eines kausalen Zusammenhangs praktisch kein Weg vorbei; zumindest müsste die Vermutung, eine solche Koinzidenz sei rein zufälliger Natur, als unplausibel gelten.

III. Der Koran: Eine Themenanalyse

1. Die Bedeutung des Korans für die islamische Zivilisation

Wer vom Islam spricht, muss vom Koran sprechen. Das klingt banal, hat aber weitreichende Implikationen. Viele, die gern von sich auf Andere schließen, glauben ja, der Koran sei im Wesentlichen der Bibel vergleichbar, und dies sowohl im Hinblick auf seine theologisch-moralischen Intentionen als auch auf seine gesellschaftliche Bedeutung.

Sie nehmen ihr eigenes Christentum nicht sonderlich ernst und tendieren zu der Auffassung, ihre eigenen politischen und sozialethischen Vorstellungen entsprängen vor allem vernünftiger Überlegung. Dass sie von christlichen Werten und Wertungen durchtränkt sein könnten, würden solche Menschen weit von sich weisen. (Tatsächlich ist genau dies der Fall, und ich werde an anderer Stelle noch darauf zu sprechen kommen.)

Dementsprechend glauben sie, dass Muslime nicht wesentlich anders denken als sie selbst. Schließlich sind auch Muslime vernunftbegabte Menschen. Sie werden sich daher nach ihrer Vernunft und ihren Interessen richten – oder was man im Westen dafür hält –, nicht etwa nach einem 1400 Jahre alten Text, den viele von ihnen zudem – mangels Arabischkenntnissen – allenfalls bruchstückhaft kennen, und sich im Falle von Meinungsverschiedenheiten rationalen Argumenten nicht verschließen. Unglücklicherweise liegt dieser Auffassung unser westliches Verständnis von Begriffen wie „rational" und „Interesse" zugrunde. Rational ist für uns ein Argument dann, wenn es nicht auf religiösen Prämissen fußt, ein Interesse haben wir an Allem, was uns ein besseres Leben verschafft. Der Hinweis, dass Muslime diese Annahmen umso weniger teilen, je frommer sie sind, wird von westlichen Liberalen oft als islamophob bzw. rassistisch abgetan – so als würde Muslimen damit die Fähigkeit zur Vernunft abgesprochen.

Tatsächlich ist davon aber gar nicht die Rede: Wer den Islam für die einzig wahre Religion hält, wer gar glaubt, der Tod im Kampf gegen die Ungläubigen sei der sicherste Weg ins Paradies, handelt keineswegs irrational, wenn er andere Religionen bekämpft und dabei auch den eigenen Tod in

Kauf nimmt. Der Islam als solcher mag von außen betrachtet irrational sein – bis zu einem gewissen Grade gilt das für jede Religion –, seine Anhänger sind es normalerweise nicht.

Wer die Bedeutung des Korans angemessen beurteilen will, sollte sich eines klarmachen: Für Muslime ist Gott der *Autor* des Korans, nicht etwa dessen *Thema* (in dem Sinne, wie er Thema der Bibel ist.) Der Koran ist die Grundlage der islamischen Zivilisation. Er ist in einer Weise sozial verbindlich, wie es die Bibel niemals war, nicht einmal im Mittelalter, und er ist die Basis des gesamten dort vorherrschenden Weltverständnisses. Nahezu jeder Muslim, den man danach fragt – und nicht etwa nur Extremisten und Fanatiker, sondern durchaus auch liberale Muslime –, wird die Heiligkeit und Unantastbarkeit des Korans als des Wortes Gottes bekräftigen.

Der Islam ist weitaus mehr als bloß eine Religion, die sich mit den Letzten Dingen befasst und sich als Privatsache behandeln ließe: Er ist ein umfassendes soziales System, und zwar seinem *Selbstverständnis* nach, nicht nur aus der Sicht seiner Kritiker. Man versteht dieses System nicht, wenn man den Koran als ehrwürdige Erbauungsschrift aus längst vergangener Zeit auffasst. Der Koran ist aktuell, solange der Islam existiert, und Mohammed, der ihn verkündete, ist nicht einfach eine bloß historische Figur: Er ist für einhalb Milliarden Muslime weltweit der *Inbegriff des vorbildlichen Menschen*. Und damit unser Zeitgenosse. Die Entstehung des Korans ist mit der Biographie des Propheten so eng verknüpft, dass er unabhängig von dieser nicht zu verstehen ist.

2. Die Biographie des Propheten Mohammed und die Entstehung des Korans[17]

Mohammeds Leben gliedert sich in drei deutlich unterscheidbare Phasen: Bis zu seinem religiösen Erweckungserlebnis im Jahre 610 christlicher Zeitrechnung lebte er als Kaufmann und Karawanenführer in Mekka. Es gilt als wahrscheinlich, dass er auf seinen Reisen Bekanntschaften mit Christen

---

[17] Grundlegend vor allem für die muslimische Sicht auf Mohammed und auch heute noch lesenswert die klassische Prophetenbiographie von Ibn Ishaq, Das Leben des Propheten, Wiesbaden 2004; eine knappe Einführung liefert Hartmut Bobzin, Mohammed, München 2000; aus islamkritischer Perspektive Robert Spencer, The Truth about Muhammad: Founder of the World's Most Intolerant Religion, Washington D.C. 2006

und Juden gemacht hat und sich dabei auch Kenntnisse der Bibel aneignete, wenn auch nur oberflächliche.

Von 610 bis 622 predigte er in Mekka das, was ihm in ekstatischen Visionen eingegeben worden war; Mohammed hatte nach Überwindung anfänglicher Unsicherheit keinen Zweifel daran, dass diese Visionen unmittelbar von Gott stammten. Seine Anhängerschaft beschränkte sich in den ersten drei Jahren auf den allerengsten Familienkreis, bevor er den Schritt an die Öffentlichkeit wagte. In der Folgezeit sammelte er eine kleine, langsam aber stetig wachsende Schar von Jüngern um sich, die seine Offenbarungen memorierten, vielfach auch schon schriftlich aufzeichneten.[18]

Die Sammlung dieser Offenbarungen kennen wir heute als den Koran. An dieser Stelle scheint es angebracht, die hier verwendete Terminologie zu erläutern: Wenn ich hier von „Offenbarungen" spreche, so treffe ich damit keine Aussage darüber, ob diese Offenbarungen tatsächlich von Gott stammen; ich lehne mich lediglich an die islamische Begrifflichkeit an. Entsprechendes gilt für den Begriff „Prophet". Das Wort „Allah" kommt von Al-Ilah – *der* Gott *schlechthin* – und kann grundsätzlich synonym für „Gott" verwendet werden; im vorliegenden Buch gebrauche ich das Wort „Allah" normalerweise dort, wo es zu unterstreichen gilt, dass hier spezifisch islamische Vorstellungen referiert werden.

Man kann sich die Skepsis und den Spott der Mekkaner leicht ausmalen: Bis dahin hatten sie Mohammed als nüchternen und erfolgreichen Kaufmann gekannt, nun wollte er quasi von heute auf morgen ein Prophet geworden sein, ein Gesandter Gottes! Nicht genug damit, dass er flammende Predigten hielt: Er wollte diese Predigten auch noch als Allahs eigenes Wort verstanden wissen!

Mohammed geriet schnell in den Ruf, leicht verschroben, wenn nicht gar ein Scharlatan zu sein, und musste Hohn und Beleidigungen über sich ergehen lassen.

(Einem Hadith zufolge, das ist eine Überlieferung aus dem Leben des Propheten, fanden sich beispielsweise eines Tages einige Spaßvögel, die ihm die Nachgeburt einer Kamelstute zwischen die Schulterblätter legten, als er zum Gebet niedergeworfen war.)[19]

---

[18] Zur Entstehungsgeschichte und Struktur des Korans vgl. die geraffte und für Laien geschriebene Einführung von Hartmut Bobzin, Der Koran. Eine Einführung, München 2007
[19] Sahih al-Buhari, Nachrichten von den Taten und Aussprüchen des Propheten Muhammad, Stuttgart 1991, IV 25, S.71 f.

Je mehr aber seine Gemeinde wuchs, desto mehr avancierte er vom belächelten Eiferer zur öffentlichen Gefahr, jedenfalls in den Augen des mekkanischen Establishments. Sein strikter Monotheismus war nämlich ausgesprochen geschäftsschädigend: Mekka verdiente viel Geld mit dem Pilgertourismus zur Ka´aba, die damals noch ein heidnisches Heiligtum war. Da konnte man keinen Propheten brauchen, der den frommen Pilgern die Wallfahrt verdarb indem er ihre fröhliche Vielgötterei als teuflischen Aberglauben geißelte.

Die junge Sekte – es dürften kaum mehr als hundert Personen gewesen sein – sah sich aufgrund der immer aggressiveren Anfeindungen zur Flucht nach Yathrib, dem späteren Medina, genötigt. Man schrieb das Jahr 622.

Diese *Hidschra* (= Auswanderung), mit der die dritte und letzte Phase im Leben Mohammeds beginnt, ist die eigentliche Stunde Null des Islam, und erst mit ihr setzt folgerichtig auch der islamische Kalender ein. In Medina nämlich konstituiert sich der Islam als politisches Gemeinwesen.

Nun wird aus dem Religionsstifter ein Politiker, der mit seinen Gegnern und denen des neuen Glaubens kurzen Prozess macht. Etwa mit den beiden jüdischen Stämmen Medinas, deren Rabbiner ihn wegen seiner mangelhaften Bibelkenntnisse verhöhnen: Der eine Stamm wird vertrieben, der andere ausgerottet.

Der Prophet hat es jetzt nämlich nicht mehr nötig, sich verspotten zu lassen: Wer das *jetzt* tut, stirbt. (Und besagter Hadith vermerkt voll Genugtuung, dass Abu Dschahl und die fünf anderen Witzbolde – die mit der Nachgeburt der Kamelstute – in der Schlacht bei Badr im Jahre 624 ums Leben kamen.) In den zehn Jahren bis zu seinem Tode 632 führt der Prophet nicht weniger als 27 Feldzüge, in deren Verlauf nicht nur Mekka zurückerobert (und die Ka´aba „gereinigt", d.h. Allah geweiht), sondern die gesamte arabische Halbinsel unterworfen wird. Und auch in dieser dritten, der medinensischen Phase empfängt der Prophet Offenbarungen, die aufbewahrt und später im Koran kanonisiert werden.

3. Themenanalyse

Die 114 Suren des Korans sind weder chronologisch noch thematisch geordnet: Nach der ersten kurzen Sure „Al-Fatiha" (die Eröffnende), die man oft mit dem Vaterunser verglichen hat, folgt mit Sure 2 („Al-Baqara" – die

Kuh) die längste Sure, während die nachfolgenden der Tendenz nach immer kürzer werden (aber eben nur der Tendenz nach; es handelt sich nicht etwa um ein konsequent durchgehaltenes Ordnungsprinzip).

Zwar ist für jede Sure angegeben, ob sie in Mekka (90 Suren) oder in Medina (24 Suren) offenbart wurde, im Übrigen aber hatte die Koranforschung einige Mühe, die ursprüngliche Reihenfolge der Offenbarungen zu rekonstruieren: Die islamische Überlieferung lieferte zwar wichtige Anhaltspunkte, erwies sich aber als nicht völlig zuverlässig.

Verlässt man sich auf die Chronologie des bedeutenden deutschen Koranforschers Theodor Nöldeke (1836–1930),[20] die in der Wissenschaft als Standard gilt, und liest die einzelnen Suren in dieser Reihenfolge – immer mit dem historischen Kontext im Kopf –, so erlebt man fasziniert, wie sich zuerst die psychische, dann die politische Biographie des Propheten als islamische Theologie entfaltet. Wie sich also zuerst Mohammeds Persönlichkeit, dann die Imperative seiner Machtpolitik zur Religion verdichten.

Üblicherweise arten Diskussionen über islamische Glaubensinhalte in quasi scholastische Zitatenschlachten aus, bei denen sowohl Kritiker als auch Verteidiger des Islam mit den immer gleichen, aus dem Zusammenhang gerissenen Koranzitaten argumentieren, und ich glaube nicht, dass man beide Hände braucht, um diese Zitate an den Fingern abzuzählen. Der Eindruck, der dabei beim Publikum zwangsläufig entstehen muss, ist der, dass man den Koran offenbar so oder so auslegen könne, und dass es – ähnlich wie im Christentum – neben den fundamentalistischen auch liberale Auslegungsmöglichkeiten gebe.

Bis zu einem gewissen Grade ist dies auch der Fall. Das Verschleierungsgebot zum Beispiel lässt vom locker gebundenen Kopftuch über den Tschador und den Gesichtsschleier bis hin zur Burka einen gewissen Auslegungsspielraum, und es gibt sogar besonders kühne islamische Exegeten, die der Meinung sind, die entsprechende Vorschrift enthalte bloß das Verbot besonders aufreizender Kleidung. Mit unseren westlichen Vorstellungen von Liberalität hat aber auch die liberalste Auslegung insofern nichts zu tun, als auch diese darauf beharren muss, *dass es hier überhaupt etwas auszulegen gibt;* dass also die angemessene Kleidung für Frauen nicht in deren Gutdünken steht, sondern gottgefällig zu sein hat.

---

[20] vgl. Bobzin, Der Koran, a.a.O., S. 123

Solchen impliziten Wertvorstellungen kommt man auf die Spur, wenn man nicht die *einzelnen* Aussagen des Korans analysiert, also Exegese im herkömmlichen Sinne treibt, sondern sich fragt, welche *Themen* im Koran eine Rolle spielen, wie diese Themen rein quantitativ gewichtet werden, und in welcher Beziehung sie zueinander stehen. (Das Wort „Thema" wird hier übrigens im erweiterten Sinne verstanden und bezeichnet sowohl den *Gegenstand* koranischer Aussagen als auch die *Leitideen*, mit denen der jeweilige Gegenstand behandelt wird.)

Man erkennt dann, welche Bereiche des menschlichen Lebens wie intensiv religiös besetzt werden, welche Gedanken zentral und welche peripher sind, wie die koranische Theologie strukturiert ist, und welche Annahmen ihr implizit, und das heißt: unausgesprochen, zugrunde liegen:

Wenn beispielsweise einerseits nur wenige Verse sich respektvoll gegenüber Andersgläubigen äußern, andererseits aber die „Ungläubigen" Hunderte Mal wüst verflucht werden, und zwar nach islamischem Glauben von Allah selbst, dann legt zumindest der *Tenor* eines solchen Textes nahe, dass Intoleranz gottgefällig sei.

Oder wenn „Allah" eine ganze Sure (Nr. 8) der Verteilung der Beute aus Raub- und Kriegszügen widmet, so bedeutet dies implizit, dass solche Züge nicht verwerflich seien, jedenfalls vom religiösen Standpunkt nicht a priori.

Mithilfe dieser Themenanalyse werden wir das Grundgerüst der islamischen Religion erarbeiten, das heißt diejenigen, zum Teil unausgesprochenen Leitideen identifizieren, ohne die das islamische Gedankengebäude in sich zusammenstürzen müsste, und wir werden untersuchen, welche Konsequenzen es haben muss, wenn gerade diese Ideen von einer Gesellschaft als kulturelle Selbstverständlichkeiten verinnerlicht werden.

Dabei werde ich der Tatsache Rechnung tragen, dass der Mohammed der medinensischen Zeit als politischer und militärischer Führer in einer anderen Situation lebte als in Mekka, wo er lediglich *religiöse* Autorität ausgeübt hatte, und auch dies nur gegenüber seinen Anhängern.

In den medinensischen Suren bilden daher die Themen Krieg, Zivilrecht, überhaupt weltliche Gesetzgebung, und die Beziehungen zu anderen Religionen einen deutlichen Schwerpunkt, der in den Suren aus der mekkanischen Periode naturgemäß allenfalls am Rande, wenn überhaupt vorkommt.

Da die besonders skandalösen Koranzitate, insbesondere die, in denen zum bewaffneten Kampf gegen die „Ungläubigen" und zu ihrer Unterdrückung aufgerufen wird, fast alle aus der medinensischen Zeit stammen, haben findige Islamapologeten, aber auch ernsthafte Reformer, die Denkfigur entwickelt, solche Verse stellten bloß eine Anpassung des Propheten an die damals aktuelle politische Situation dar. Mit dem „eigentlichen Islam", sprich dessen theologischem Kern hätten sie aber nichts zu tun.

Es gibt nicht viele islamische Theologen (aber immerhin: Es gibt sie.), die sich an einem „Reform-Islam" versuchen. Deren Anstrengungen laufen darauf hinaus, den Koran historisch-kritisch zu lesen und den dauerhaften (als moralisch-spirituell gedachten) „Kern" der islamischen Lehre vom scheinbar historisch Relativen zu trennen, um dadurch den Dschihad – im Sinne des Kampfes um die Ausbreitung des Islam auf Kosten anderer Religionen – aus dem Islam herauszudefinieren.

Demgegenüber vertrete ich die These, dass die militante Feindseligkeit gegen Andersgläubige in der theologischen *Tiefenstruktur* des Islam verankert ist, ja dass man den Islam am besten versteht, wenn man ihn als ein Dschihadsystem interpretiert; dass wir es hier also nicht mit einem religiösen Kern zu tun haben, der sich von „zufällig" hineingeratenen politischen Postulaten trennen ließe; und dass die stark *politische* Akzentsetzung der medinensischen Suren völlig konsistent mit den bereits in Mekka entwickelten theologischen Prämissen ist. Einen politisch korrekten, toleranten und demokratischen „Reform-Islam" oder „Euro-Islam"[21] *kann* es nach dieser Auffassung zwar geben: als *individuelle* Rechtfertigungsideologie für solche Muslime, die mit dem Islam nicht direkt brechen, aber ihre eigene westliche Lebensweise subjektiv legitimieren wollen. Er wäre aber in sich so inkonsistent, dass er nicht die Chance hätte, zur Mehrheitsoption innerhalb muslimischer Gesellschaften – oder auch Parallelgesellschaften – zu werden.

Falls diese Auffassung zutrifft, müssten sich die problematischen Seiten des Islam bereits in den mekkanischen Suren zeigen. Aus diesem Grunde analysiere ich den mekkanischen und den medinensischen Koran getrennt.[22]

---

[21] Dies schwebt zum Beispiel Bassam Tibi vor, vgl. Bassam Tibi, Der Islam und Deutschland. Muslime in Deutschland, München 2000, S. 257 ff.

[22] Für die Darstellung habe ich die Koranübersetzung von Max Henning ausgewählt (Henning, Max, Der Koran, Stuttgart 1991), zum einen wegen ihrer kraftvollen und lebendigen Sprache, zum anderen weil sie von der inzwischen verstorbenen führenden deutschen Islamkundlerin Annemarie Schimmel als die „anerkannte und viel benutzte vertrauenswürdige Übersetzung Max Hennings, die auch von einem der führenden islamischen Spezialisten, Prof. Dr. M. Hamidullah (Istanbul/Paris), als die beste deutsche Übersetzung des Korans angesehen wurde" (ebd., S. 5) ein Gütesiegel bekommen hat. Von derselben Annemarie Schimmel, die so islamophil war, dass sie sogar noch für Khomeinis Todesurteil gegen den „Gotteslästerer" Salman Rushdie um Verständnis warb. Ich kann also guten Gewissens davon ausgehen, dass die Übersetzung keine islamfeindlichen Verzerrungen enthält, auch wenn sie – der Prägnanz ihrer Sprache wegen – heutigen Islam-Apologeten peinlich sein mag.

3.1. Der mekkanische Koran

3.1.1. Themen

Es sind relativ wenige Themen, die im Koran eine zentrale Rolle spielen. Da der Prophet durch häufige, oft wortgleiche Wiederholungen deutlich macht, welche Themen zentral sind und welche nicht, lassen sich die thematischen Schwerpunkte leicht identifizieren:

3.1.1.1 Einheit Gottes, Polemik gegen Christen und Juden

Die Einheit Gottes und das Verbot, ihm „etwas zur Seite zu stellen", ist für einen in heidnischer Umgebung predigenden Propheten naturgemäß ein wichtiges Thema. Zu beachten ist, dass diese Predigt sich nicht nur gegen den eigentlichen Polytheismus richtet, sondern gegen alles, was die Einzigkeit Gottes auch nur irgendwie relativieren könnte. Allah hat also nicht nur keine Töchter, wie zum Beispiel in Sure 53 gegen die Mekkaner hervorgehoben wird, er hat auch keinen Sohn – ein Gedanke, der in der Polemik gegen das Christentum eine wichtige Rolle spielt.

3.1.1.2 Allmacht und Allwissenheit Allahs, Prädestination

Zu den Leitmotiven der koranischen Theologie gehört der Satz „Allah leitet recht, wen er will, und führt in die Irre, wen er will". Er enthält die Ablehnung der menschlichen Willensfreiheit. Allah hat bereits beschlossen, wen er in Paradies bzw. Hölle führen will; der Koran verficht das Konzept der strengen Prädestination.

Es ist dies die zwingende Konsequenz aus dem koranischen Menschenbild; der Gedanke, der Mensch sei Gottes Ebenbild – und daher mit einem freien Willen begabt –, ist dem Islam fremd. Nichts, absolut gar nichts, darf die Allmacht Allahs in Frage stellen. Der Mensch ist Geschöpf und sonst nichts. Er tut, was er tut, auf Geheiß Allahs – auch das Böse. Bestraft wird er trotzdem.

3.1.1.3 Lohn für die Gläubigen, Strafe für die Ungläubigen

Dass die Gläubigen (spätestens) im Paradies belohnt, die Ungläubigen aber (spätestens) in der Hölle bestraft werden, ist eines der Hauptthemen, wenn nicht gar *das* Hauptthema des Korans. Es gibt nur ganz wenige Suren, in denen dieser Gedanke nicht einen Schwerpunkt bildet, und fast keine, in der er völlig fehlt. Einige Beispiele:

Bereits Sure 96, die als erste offenbart wurde, droht einem „Ungläubigen", der Mohammed am Beten hindern wollte und ihn *„der Lüge zieh" (V.13)* mit dem Höllenfeuer (V. 6-19). Man vermutet, dass Mohammed eine konkrete Einzelperson im Auge hatte – vielleicht denselben Abu Dschahl, den wir schon aus der Geschichte mit der Nachgeburt kennen, jedenfalls einen wohlhabenden *(„Wenn er sich in Reichtum sieht..." V.7)*, wahrscheinlich mächtigen *(„So rufe er seine Schar", V.17)* Mann, dem gegenüber sich Mohammed aber mit Allah im Rücken in der stärkeren Position weiß *(„Wir werden die Höllenwache rufen", V.18)*.

In der nächsten Sure (74; Manche vermuten, dass sie, und nicht Sure 96, als erste offenbart worden sei) geht es wieder um einen konkreten Einzelnen, der sich Allah gegenüber undankbar zeigt *(„dem ich reiches Gut verlieh", S. 12)* und – dies vor allem – Mohammeds Predigt ablehnt *(„...er ist widerspenstig gegen Unsere Zeichen", V.16)* und an seine Sendung nicht glaubt *(„Und sprach: ‚Das ist nur eine Zaubergeschichte / Das ist nur Menschenwort'", Vers 24 f.)*. Jetzt wird die Strafe schon konkreter:

„(26) Brennen will ich ihn lassen im Höllenfeuer.
(27) Und was lehrt dich, was das Höllenfeuer?
(28) Nicht lässt es übrig und nicht verschont es,
(29) Schwärzend das Fleisch."

Die nächste Sure 111 gilt Mohammeds Onkel Abu Lahab und seiner Frau, die beide nicht an Mohammeds göttliche Sendung glauben. Was ihnen droht? Wir ahnen es bereits:

„(1) Verderben über die Hände Abu Lahabs und Verderben über ihn!
(2) Nicht soll ihm nützen sein Gut und sein Gewinn.
(3) Brennen soll er im Feuer, im lohenden,
(4) Während sein Weib das Holz trägt,
(5) Mit einem Strick von Palmenfasern um ihren Hals."

(Ein Psychologe würde solch exzessive Racheschwüre möglicherweise als höchst menschliche Reaktion auf eine narzisstische Kränkung interpretieren; den Koran unter *psychologischen* Gesichtspunkten zu analysieren wäre zweifellos eine reizvolle Aufgabe, die aber hier nicht geleistet werden kann.)

In den meisten Fällen werden die Strafe der Ungläubigen und der Lohn für die Gläubigen im selben Zusammenhang behandelt und einander gegenübergestellt. Sehr gerne wird der Prophet auch ein wenig konkreter, zum Beispiel in Sure 88:

> *„(2) Die einen Gesichter werden an jenem Tage [des Jüngsten Gerichts, M.K.-H.] niedergeschlagen sein,*
> *(3) Sich abarbeitend und plagend,*
> *(4) Brennend an glühendem Feuer,*
> *(5) Getränkt aus einer siedenden Quelle.*
> *(6) Keine Speise sollen sie erhalten außer vom Dariastrauch,*
> *(7) Der nicht fett macht und den Hunger nicht stillt,*
> *(8) Die andern Gesichter werden an jenem Tage fröhlich sein,*
> *(9) Zufrieden mit ihrer Mühe (auf Erden),*
> *(10) In hohem Garten,*
> *(11) In dem sie kein Geschwätz hören,*
> *(12) In ihm ist eine strömende Quelle,*
> *(13) In ihm sind erhöhte Polster*
> *(14) Und hingestellte Becher*
> *(15) Und aufgereihte Kissen*
> *(16) Und ausgebreitete Teppiche."*

Oder Sure 42:
„(16) Vor ihm liegt Dschahannam [die Hölle, M.K.-H.], und getränkt soll er werden mit Eiterfluss.
(17) Er soll ihn hinunterschlucken und kaum unter die Gurgel bringen, und kommen soll der Tod zu ihm von allen Seiten, ohne dass er sterben könnte; und vor ihm ist harte Strafe."

3.1.1.4 Straflegenden und biblisches Material

Dass die Strafe Allahs aber keine rein *jenseitige* Angelegenheit zu sein braucht, sondern auch im Diesseits beginnen kann, zeigt der Prophet mithilfe der *Straflegenden*, eines in vielen Suren vorkommenden Motivs. Zwei Beispiele:

> Aus Sure 91:
> *„(11) Der Lüge zieh Thamud (ihren Gesandten) in ihrem Frevelmut,*
> *(12) Als sich der elendeste Wicht unter ihnen erhob*
> *(13) Und der Gesandte Allahs zu ihnen sprach: ‚(Dies ist) die Kamelin Allahs und ihre Tränke.'*

(14) Sie aber ziehen ihn der Lüge und zerschnitten ihr die Flechsen, und so vertilgte sie ihr Herr ob ihrer Sünde und verfuhr gegen alle gleich.
(15) Und er fürchtet nicht die Folgen davon."
Das altarabische Volk der Thamud wies also die Botschaft eines Gottesgesandten als Lüge zurück und wurde deswegen von Allah vernichtet. Hier erreicht der Koran in doppelter Hinsicht eine neue Qualität: einmal, indem Allahs Rache nun auch im Diesseits vollstreckt werden kann – nicht nur in der Hölle –, zum anderen, indem erstmals nicht Einzelpersonen, auch nicht eine Vielzahl davon, sondern ein ganzes Kollektiv der Rache Allahs zum Opfer fällt.
Verarbeitet der Koran in Sure 91 eine altarabische Überlieferung, so liefert Sure 71 ein Beispiel für eine Straflegende, die auf biblisches Material zurückgreift: Hauptperson ist Noah, der seinem Volk die Botschaft von dem einen Gott und dem Jüngsten Gericht predigt; das Volk weist die Botschaft zurück und wird bestraft.
„(25) Wegen ihrer Sünden wurden sie ersäuft und ins Feuer geführt, und sie fanden keine Helfer wider Allah.
(26) Und es sprach Noah: Mein Herr, lass keinen der Ungläubigen auf Erden,
(27) Siehe, wenn Du sie übriglässest, so werden sie Deine Diener irreführen und werden nur Sünder und Ungläubige zeugen.
(28) Mein Herr, verzeihe mir und meinen Eltern und jedem Gläubigen, der mein Haus betritt, und den gläubigen Männern und Frauen. Und mehre allein der Ungerechten Verderben."
(Diese Verse aus Sure 71 stellen ein typisches Beispiel für den wenig menschenfreundlich anmutenden Geist dar, der aus fast jeder Sure spricht; sie sind nicht etwa eine Ausnahme, die ich zum Zwecke der Polemik herausgepickt hätte.)
Die Straflegende basiert auf immer derselben Wendung: Ein Gesandter Gottes kommt zu seinem Volk, verkündet die Botschaft von dem einen Schöpfergott und warnt vor dem Jüngsten Gericht; das Volk weist die Botschaft zurück und wird von Allah bestraft. Es geht also darum, historische – oder für historisch gehaltene – Begebenheiten zu zitieren, um zu zeigen, dass Allah Völker vernichtet, die seine Botschaften zurückweisen. Unverkennbar, dass Mohammed, insbesondere indem er biblische Gestalten als seine eigenen Vorläufer deutet, hier das vorhandene biblische und außerbiblische Material konsequent nach einem Schema manipuliert, das

auf niemand anderen hindeuten soll als auf ihn selbst. Die Moral von der Geschicht': Wer Mohammed ablehnt, spielt mit seinem Leben – und mit dem seines Volkes.

Überhaupt bedient sich Mohammed oft und gerne der biblischen Überlieferung – der er freilich stets eine besondere Wendung gibt. Die Bibel liefert ihm nicht nur den Rohstoff für Straflegenden, sondern auch zur islamischen Umdeutung christlicher und jüdischer Überlieferungen. Die Geschichte der Vertreibung aus dem Paradies zum Beispiel, nacherzählt in Sure 20, enthält eine Pointe, die mit dem Buch Genesis wenig zu tun hat, aber umso besser in die Konzeption des Korans passt:

„*(123) Er sprach: ‚Hinfort von hier allzumal, einer des anderen Feind! Und wenn von Mir Leitung zu euch kommt, wer dann meiner Leitung folgt, der soll nicht irregehen und nicht elend werden.*

(124) Wer sich aber von meiner Ermahnung abkehrt, siehe, dem sei ein Leben in Drangsal, und erwecken wollen wir ihn am Tage der Auferstehung blind.'

(125) Sprechen wird er: ‚mein Herr, warum erwecktest Du mich blind, wo ich doch sehend war?'

(126) Sprechen wird er: ‚Also sei's! Zu dir kamen Unsre Zeichen, und du vergaßest sie, und also bist du heute vergessen.'"

An die Vertreibung aus dem Paradies knüpft der Koran also keine Erbsündenlehre, die alle Menschen betrifft, sondern die Lehre von der Spaltung der Menschheit in Allahs Anhänger und seine Gegner, das heißt in Gläubige und Ungläubige.

3.1.1.5 Anfechtung des Propheten

Mohammed wurde, wie schon erwähnt, häufig angefeindet, und dementsprechend oft geht der Koran direkt auf diese Anfeindungen ein, um sie zurückzuweisen. Die vier Argumentationsstrategien, deren er sich zur Untermauerung seines prophetischen Anspruchs bedient, sind: der Gottesbeweis durch Hinweis auf die Vollkommenheit der Schöpfung, der Hinweis auf die Vollkommenheit des Korans, die Drohung mit der Strafe Allahs und die Behauptung, seine Kritiker seien bloß verstockt und von Allah mit Blindheit geschlagen. Es handelt sich also um vier der Hauptthemen des Korans, diesmal ins Polemische gewendet.

3.1.1.6 Materialismuskritik

Hierfür seien exemplarisch die Suren 102 und 107 aufgeführt:

In Sure 107 ist von den Ungläubigen die Rede (von dem, *„der das Gericht leugnet", V.1*), die ihre sozialen Pflichten vernachlässigen (*„Er ist's, der die Waise verstößt / Und nicht antreibt zur Speisung der Armen", V.3 f.*) und die Mohammed den Laueren unter seinen Sympathisanten als negatives Beispiel hinstellt. Sure 102: Warnung vor der Habgier, und die Drohung: *„Wahrlich, sehen werdet ihr den Höllenpfuhl." (Vers 6).*

Die Materialismuskritik hat grundsätzlich zwei Ausrichtungen, wie sie uns in den Suren 107 und 102 exemplarisch begegnet sind: eine auf den Mitmenschen (Sure 107), eine auf das Jenseits (Sure 102) hin. Die Ausrichtung auf den Mitmenschen steht allerdings von vornherein im Dienste der Unterwerfung unter Allah und wird im Verlauf der Offenbarungen an Bedeutung verlieren. Mehr und mehr drängt sich die Ausrichtung am Jenseits – also die Angst vor der Hölle und die Hoffnung auf das Paradies – in den Vordergrund.

3.1.1.7 Selbstbeglaubigung des Korans

In den meisten Suren, und zwar in der Regel schon in den ersten Zeilen, bekräftigt der Koran, dass er direkt von Gott stamme, etwa in Sure 32:

„(2) Die Hinabsendung des Buches ist ohne Zweifel von dem Herrn der Welten.

(3) Sprechen sie da: ‚Er hat es erdichtet?' Doch es ist die Wahrheit von deinem Herrn, auf dass du warnest ein Volk, zu dem vor dir kein Warner kam ..."

Oder Sure 11:

„(1) ... Ein Buch, dessen Verse wohl gefügt, alsdann erklärt sind, von einem Weisen, einem Kundigen,

(2) ... Siehe, ich bin zu euch von Ihm (entsandt) als ein Warner und Freudenverkünder."

Zweifel (siehe auch „Anfechtung des Propheten") versucht Mohammed gerne mit dem Hinweis auf die Vollkommenheit des Korans zu zerstreuen. Immer noch Sure 11:

(13) Oder sie sprechen: ‚Er hat ihn ersonnen.'Sprich: ‚So bringt zehn gleiche Suren her, (von euch) erdichtet, und rufet an, wen ihr vermögt, außer Allah, so ihr wahrhaft seid.'"

3.1.1.8 Weitere Themen

Was, so wird mancher Leser fragen, ist mit Allahs „Barmherzigkeit", die in der Präambel („Im Namen Allahs, des Erbarmers, des Barmherzigen!") zu (fast) allen Suren beschworen und sehr häufig als Attribut Allahs genannt wird? Muss man sie nicht auch als ein Hauptthema des Korans werten, gerade wenn man, wie ich, die Bedeutung eines Themas quantitativ bestimmt?

In der Tat, das *müsste* man – wenn diese Beschwörung inhaltlich konkretisiert und nicht mit jeder Sure aufs Neue dementiert würde. Nur stellt sich bei genauem Hinsehen heraus, dass diese Barmherzigkeit die Gegenleistung Allahs für die Unterwerfung unter seinen Willen ist. Insofern ist die „Barmherzigkeit" Allahs nur ein anderer Ausdruck für „Lohn für die Gläubigen" und gehört deshalb in diesen Themenkreis.

3.1.2. Implikationen des mekkanischen Korans

Halten wir nun einen Moment inne, um die Theologie des mekkanischen Korans zu rekapitulieren:

(1) Es gibt keinen Gott neben Allah, dem allmächtigen und allwissenden Schöpfer; sein Wort ist der Koran, sein Prophet Mohammed.
(2) Die an (1) glauben, werden (spätestens) im Paradies belohnt.
(3) Alle Anderen werden (spätestens) in der Hölle bestraft.

Das ist alles. Nahezu jede einzelne koranische Aussage lässt sich unter einen dieser drei Punkte subsumieren. Was immer die Verdienste des Korans um die arabische Sprache sein mögen: *Theologisch* ist er ausgesprochen seicht. Es handelt sich um diejenigen Teile der christlich-jüdischen Theologie, die Mohammed verstanden und deshalb mit der ihm eigenen Selbstgewissheit für die „wahre" Religion gehalten hat. Alles, was darüber hinausgeht – in koranischer Sprache: „das, worüber Ihr uneins seid" – konnte nach seinem Verständnis nur künstliche Verwirrung und Aufbauschung einfacher Wahrheiten, konnte nur Spitzfindigkeit und Sektiererei sein.

Muslime legen großen Wert auf die Feststellung, dass Mohammed Analphabet gewesen sei. (Damit wollen sie beweisen, dass er nicht den Koran verfasst haben könne, dieser also ob seiner sprachlichen Vollkommenheit von Gott selbst stammen müsse.) Ob dem nun so war oder nicht – die Bibel zumindest kannte er wohl eher aus Erzählungen jüdischer und christlicher

Bekannter als aus eigener Lektüre. Wahrscheinlich waren ihm nicht einmal die Paulusbriefe geläufig – der Koran enthält jedenfalls keinen Hinweis darauf –, ganz zu schweigen von den Schriften der Kirchenväter.

Dementsprechend werden etliche zentrale theologische Fragen im Koran auf eine denkbar schlichte Weise abgehandelt; er geht gewissermaßen den Weg des geringsten Widerstands. Das gilt für die Theodizee („Wenn Gott allmächtig ist, warum gibt es dann so viel Übel in der Welt?"), die mit dem Hinweis auf die Unerforschlichkeit des göttlichen Willens abgetan wird, wie für die menschliche Willensfreiheit, die der Koran schlicht verneint, weil Allah „recht leitet, wen er will und in die Irre führt, wen er will", wobei die Frage offenbleibt, wie es um die Gerechtigkeit eines Gottes bestellt ist, der die von ihm selbst irregeleiteten Sünder mit dem Höllenfeuer bestraft. Und es gilt für die in Christentum und Judentum oft sehr komplexe Dialektik von Gottesliebe und Gottesfurcht, von Gnade und Strafe Gottes, von Barmherzigkeit und Gerechtigkeit, von Glaube und Gehorsam. Es wird wenig beachtet, dass es einen fundamentalen Unterschied bedeutet, ob der Glaube Selbstzweck ist, wie beim Gottvertrauen – oder ob er *Mittel* zu dem Zweck ist, belohnt zu werden bzw. Strafe zu vermeiden. Wenn der Koran in fast jeder Sure (113 und 114 sind Ausnahmen) mit Zuckerbrot und Peitsche arbeitet, so impliziert dies den Appell an die Muslime, das Wohlwollen Allahs *zu kaufen*.

Die „Lösungen", die der Koran für diese theologischen Probleme anbietet, sind *in sich* zweifellos stimmig. Nur wird die Einfachheit und Stringenz der Lehre mit einem Menschenbild erkauft, dessen Implikationen außerordentlich problematisch sind. Ich beziehe mich zunächst konkret auf die Themen „Materialismuskritik" und „Prädestination":

3.1.2.1 Zusammenhang von Materialismuskritik und Jenseitsorientierung:

Die islamische Materialismuskritik zielt nicht wie die christliche, jüdische oder buddhistische darauf ab, den Menschen aus der Knechtschaft seiner eigenen Begierden zu befreien, um seine Seele zu Gott hin zu öffnen. Oberflächliche begriffliche Ähnlichkeiten können nicht darüber hinwegtäuschen, dass es dem Koran um etwas völlig anderes geht, ja sogar um das Gegenteil:

Der Muslim soll sein Leben als ein *Mittel zum Zweck* auffassen, nämlich zu dem Zweck, ins Paradies zu kommen. Dieser Zweck, dem der Muslim sein Leben zu unterwerfen hat, ist fremdgesetzt, da vom Koran vorgegeben. Die Emanzipation von diesen Vorgaben führt geradewegs in die Hölle. Allah zwingt seine Anhänger also in ein extrem entfremdetes Dasein, in dem bereits die eigenen Gedanken – soweit sie Glaubenszweifel beinhalten – und die eigenen Bedürfnisse – sofern sie sich auf das gute Leben im Diesseits beziehen –, das jenseitige Heil gefährden.

Eine solche Art „Materialismuskritik" ist nicht nur *selbst* weit davon entfernt, den Menschen aus der Sklaverei des Habenwollens zu befreien, sie *nimmt* ihm obendrein die geistige und seelische Autonomie, derer er zu dieser Befreiung bedürfte. Indem außerdem das Paradies als ein Ort der nie endenden *irdischen* Genüsse vorgestellt wird und der Aufenthalt dort sich in keiner Weise vom Luxusleben eines Reichen unterscheidet, wird der nie endende Genuss zum letzten Ziel des Lebens erklärt.

So betrachtet, ist das Wort „Materialismuskritik" in diesem Zusammenhang sogar irreführend. Es geht nämlich nicht darum, materielle Güter zugunsten ideeller zu opfern, sondern das begrenzte und beschränkte diesseitige Leben gegen das unbegrenzte und üppige jenseitige zu tauschen, also *weniger* gegen *mehr*. Der fromme Muslim unterscheidet sich vom weniger frommen, erst recht vom „Ungläubigen", etwa so wie der Sparer vom Konsumenten. Er unterwirft sein Leben im Diesseits dem Gebot Allahs, um im Jenseits mehr und besseres Leben zurückzubekommen, ganz wie der Sparer, der heute auf Konsum verzichtet, um morgen die Zinsen einzustreichen. Allah wird als eine Art Bank gedacht, die über eine gewisse Vertragslaufzeit über die Güter des Kunden verfügt, um an ihrem Ende eine gewaltige Ablaufleistung auszuzahlen – eine Idee, auf die so wohl nur ein Kaufmann verfallen konnte. Der Gedanke, dass gerade das Habenwollen, das Leben als Mittel zum Zweck den Menschen von Gott entfernt, kann im Kontext des Korans nicht gedacht werden; dementsprechend werden Religionen, die auf diesem Gedanken aufbauen, selbst von denjenigen (wenigen) Muslimen nicht verstanden, die sich überhaupt damit beschäftigen.

Mehr noch: Das Leben als Mittel zum Zweck ist ein Leben, das in sich keinen Wert hat und deshalb geopfert werden kann und soll: bestenfalls als sinnentleertes Dasein, in dem die Befolgung von Regeln Selbstzweck ist.

Necla Kelek stieß bei ihren Recherchen im türkischen Halbstarkenmilieu auf die bemerkenswerte Auffassung, je schlechter man im Diesseits lebe, desto besser werde es einem im Jenseits gehen:

„'Wer auf dieser Welt schlecht lebt, lebt auf der anderen Seite richtig perfekt', hat Faruk auf der Koranschule gelernt. ‚Wer hier gut lebt, mit Drogen und so, der wird gestraft werden'". [23]

Was immer Faruk auf der deutschen Hauptschule gelernt und vor allem nicht gelernt haben mag: In der Koranschule hat er jedenfalls gut aufgepasst, und den Propheten hat er auf seiner Seite. Sure 11:

„(15) Wer das irdische Leben begehrt und seine Pracht, dem wollen wir seine Werke damit lohnen, und sie sollen daran nicht verkürzt werden.

(16) Sie sind es, für die es im Jenseits nichts gibt als das Feuer, und umsonst ist all ihr Tun hienieden gewesen und eitel ihre Werke."

Natürlich kann das solchermaßen entwertete diesseitige Leben – das eigene und das der Anderen – auch getötet werden. Das Prinzip der Attentäter von Madrid – „Ihr liebt das Leben, wir lieben den Tod!"[24] – ist vom islamischen Standpunkt weder „extremistisch" noch ein „Missbrauch des Islam", sondern eine präzise Formulierung der islamischen Auffassung vom Wert des menschlichen Lebens – eine Auffassung, die eben *nicht* erst in Medina entstanden ist und sich *nicht* erst dort in den eigentlichen Dschihad-Geboten niedergeschlagen hat (wäre dem so, könnte man diese Gebote vielleicht als historisch zufällige Anpassung an politische Realitäten abtun), sondern im Herzen des islamischen Gottes- und Menschenbildes verankert ist.

3.1.2.2 Prädestination

Man mag einen Widerspruch darin sehen, dass auf der einen Seite Allahs Strafe angedroht wird – was nach unserem Verständnis so etwas wie „Schuldfähigkeit" voraussetzt –, andererseits aber die Willensfreiheit, und damit eben jene Schuldfähigkeit geleugnet wird. Dieser Widerspruch war sogar eines der Hauptthemen der mittelalterlichen islamischen Theologie. Was uns heute als nahezu unangefochtene orthodox sunnitische Position entgegentritt, nämlich die Auffassung, der Mensch könne an seinem von Allah vorbestimmten Schicksal praktisch nichts ändern, war lange Zeit durchaus umstritten.[25] Dass sie sich schließlich durchsetzen konnte, ist aber nicht einfach das Ergebnis von Machtkämpfen, die ebenso gut auch anders hätten

---

[23] Necla Kelek, Die verlorenen Söhne. Plädoyer für die Befreiung des türkisch-muslimischen Mannes, München 2007, S.164
[24] vgl. z.B. Tobias Kaufmann, Ihr liebt das Leben, wir lieben den Tod, in: Das Parlament, 25/2004
[25] Tilman Nagel hat die Auseinandersetzungen der damaligen Theologen dargestellt in: Tilman Nagel, Geschichte der islamischen Theologie, München 1994

enden können. Zwar sollte man sich vor nachträglichen Vorhersagen hüten; es ist immer leicht, mit dem Wissen des Nachgeborenen zu sagen, es habe alles so kommen „müssen". Dass allerdings mit der Lehre von der strengen Prädestination gerade diejenige theologische Position sich durchsetzte, die der Koran bereits seinem Tenor und seiner Schwerpunktsetzung nach nahelegt, ist bezeichnend und rechtfertigt die Vermutung, dass sie sich *deshalb* durchsetzte, weil sie diejenige war, die breiten Massen von Muslimen am ehesten einleuchtete.

Freilich steht hier weniger die *theologische Begründung* der Prädestinationslehre zur Debatte, als vielmehr die *sozialen Konsequenzen* ihrer massenhaften Akzeptanz. Was heißt es denn für den Einzelnen, zu wissen, dass Gott einen Teil der Menschen zur ewigen Seligkeit, einen anderen zur ewigen Verdammnis vorbestimmt hat? Scheinbar handelt es sich um ein fatalistisch hinzunehmendes Schicksal. Theoretisch und theologisch wäre das konsequent. Faktisch aber ist diese existenzielle Unsicherheit den Menschen ein Antrieb zu *beweisen*, dass sie zu den von Gott Auserwählten gehören. Max Weber hat bekanntlich den Geist des Kapitalismus auf den Protestantismus,[26] und hier speziell auf die Prädestinationslehre zurückgeführt, die den Gedanken zumindest nahelegte, dass irdischer Erfolg ein Zeichen für göttliche Erwählung sein könnte.

Da der Islam ebenfalls die strenge Prädestination lehrt, wäre es ganz merkwürdig, wenn bei Muslimen nicht derselbe psychologische Mechanismus greifen würde wie bei Protestanten und es nicht denselben Drang gäbe, die eigene Erwähltheit zu beweisen. Freilich enthält der Koran nicht den geringsten Hinweis darauf, dass irdischer Reichtum per se ein Zeichen von Allahs Wohlgefallen sein könnte. Im Gegenteil lenkt er den Blick der Muslime vom Diesseits weg auf das Jenseits, vgl. etwa Sure 34:

„(35) Und sie sprachen: ‚Wir sind reicher an Gut und Kindern und werden nicht bestraft werden.'

(36) Sprich: ‚Siehe, mein Herr gibt reiche und bemessene Versorgung, wem er will, jedoch wissen es die meisten Menschen nicht.'

(37) Und weder euer Gut noch eure Kinder ist das, was euch Uns nahebringen soll. Nur diejenigen, welche glauben und das Rechte tun, die sollen doppelten Lohn für das, was sie taten, erhalten und sollen in den Söllern (des Paradieses) sicher sein."

---
[26] Max Weber, Wirtschaft und Gesellschaft. Grundriss der verstehenden Soziologie, Tübingen 2002

Das Auserwähltheitskriterium, das zu erfüllen den Muslimen nahegelegt wird, ist die Orientierung am Jenseits, ist die Erfüllung religiöser Pflichten, ist der Einsatz für den Islam.

Diese harte Prädestinationslehre gab es als theologische Sondermeinung mit all ihren problematischen Implikationen auch im Christentum, aber dort war sie Gegenstand der Kontroverse und wurde nicht durch göttliche Satzung dogmatisiert. Bezeichnend ist übrigens, dass der prominenteste Verfechter der harten Prädestination, nämlich Calvin, in Genf eine theokratische Diktatur errichtete,[27] die jedes Islamistenherz noch heute höher schlagen ließe, hätte sie nicht unter christlichem Vorzeichen gestanden. Wo im Namen der Allmacht Gottes nicht nur behauptet wird, dass der Mensch keinen eigenen Willen haben *darf*, sondern, dass er keinen *hat*, wo die Unterwerfung unter das „Gottesgesetz" die einzig zulässige Haltung ist, da stellen sich die Vollstrecker dieses Gesetzes, und müssten sie sich selbst ernennen, ganz von alleine ein.

3.1.2.3 Die Rolle des Propheten

Zu den auffallendsten Merkmalen des Korans gehört die schier unaufhörliche Wiederholung immer derselben Themen und Aussagen, nicht selten in stereotypen Wendungen, und die Konzentration auf wenige Kerngedanken.

Die Gedankenarmut dieser Theologie ist die notwendige Folge der bloß oberflächlichen Rezeption jüdischen und christlichen Gedankenguts durch den Propheten. Waren die jüdische wie die christliche Theologie das Ergebnis eines über viele Generationen sich erstreckenden Prozesses geistiger Durchdringung, Auseinandersetzung und Konkretisierung religiöser Glaubensinhalte, an dessen Ende sich erst das spezifische und unverwechselbare Profil der jeweiligen Religion herausgebildet hatte (allein die Entstehung und Kanonisierung der biblischen Texte dauerte rund tausend Jahre), so beruht der Islam im Wesentlichen auf den Ideen eines einzigen Mannes: eines zweifellos frommen, auch begabten, aber wenig gebildeten charismatischen Predigers.

Der Koran verknüpft die eigentliche Theologie untrennbar mit dem, was man die „Prophetologie" nennen könnte, also mit Mohammeds Selbstbeglaubigung als Gesandter Gottes. In Dutzenden mekkanischen Suren be-

---

[27] Literarisch verewigt von Stefan Zweig, Castellio gegen Calvin. Ein Gewissen gegen die Gewalt, Frankfurt/M. 1983

klagt sich der Prophet darüber, dass seine mekkanischen Mitbürger ihn nicht als solchen anerkennen – was allein schon ein starkes Indiz dafür ist, dass er es schwer gehabt haben muss, seine Mitmenschen von seiner Botschaft zu überzeugen. Er sieht sich ausgelacht, angefeindet, als Spinner, Lügner, Märchenonkel verunglimpft. Somit avanciert die Zurückweisung dieser Anfeindungen zum zentralen Thema des Korans.

Dabei bedient sich der Prophet vierer Argumentationsstrategien (wobei jeweils ein zentrales Thema des Korans in einen polemischen Zusammenhang gestellt wird):

– des Gottesbeweises, wonach Gott sich in seiner Schöpfung offenbart – nach dem Motto „Wo eine Schöpfung, da ein Schöpfer" ein starkes und unter Theologen beliebtes Argument für die Existenz Gottes, wenn auch nicht für Mohammeds prophetische Sendung;

– der Rhetorik des Beleidigtseins: Egal, was ich Euch sage, Ihr glaubt mir ja doch nicht (weil Allah euch verdammt und mit Blindheit geschlagen hat);

– des Hinweises auf die Existenz des Korans und seine sprachlichen Qualitäten;

– der Drohung mit dem Höllenfeuer, aber auch mit irdischen Strafen; dieses Argument scheint der Prophet für das einleuchtendste gehalten zu haben, zumindest greift er auf kein rhetorisches Mittel so häufig zurück wie auf dieses.

Die beiden letztgenannten Argumentationsmuster verdienen eine ausgiebige Würdigung:

3.1.2.4 Die Bedeutung des Buches

An etlichen Stellen fragt der Prophet die Mekkaner, ob sie denn ihren (heidnischen) Glauben mit einem *Buch* untermauern könnten, so wie er den seinen. In der mekkanischen Periode war der Koran zwar weit entfernt davon, das geschlossene Korpus zu sein, als das wir ihn kennen – die quasi kanonische Fassung entstand erst nach Mohammeds Tod unter dem Kalifen Uthman –, aber zumindest wurden Mohammeds Offenbarungen bereits schriftlich aufgezeichnet, und der Prophet konnte auf die beiden anderen monotheistischen Religionen verweisen, die – im Gegensatz zu den Heiden – über ein *Buch* verfügten. Dass er das Buch als *das* Medium verstand, durch das eine göttliche Offenbarung sich als solche ausweist, ist psychologisch ein deutlicher Hinweis darauf, dass der Prophet tatsächlich nicht lesen konnte, da Analphabeten nicht selten dazu tendieren, im *Buch* den Inbegriff des Geheimnisvollen und Erhabenen, ja Göttlichen zu sehen.

Für die kulturelle Entwicklung der islamischen Zivilisation sollte dieser abergläubische Zugang zum Medium „Buch" sich als verhängnisvoll erweisen, und dies gleich in mehrfacher Hinsicht:

Mohammed predigte ja nicht einfach seine Botschaft und hieß seine Zuhörer daran glauben. Vielmehr reagierte er auf eine *Anfechtung* – das heißt in einem diskursiven Kontext, in dem ein *Argument* gefordert ist – mit einem Zirkelschluss, indem er die *Existenz* des Korans als Beleg für die Richtigkeit seines *Inhalts* anführt: Mohammed weist sich als Gottes Gesandter dadurch aus, dass er den Koran verkündet, der von Gott stammen muss, weil Mohammed behauptet, er stamme von Gott.

Dass eine solche Logik fehlerhaft ist, liegt auf der Hand; besonders problematisch wird sie dadurch, dass hier ein *Glaubens*artikel mit Argumenten gestützt wird, die dem Anspruch nach – aber eben nur dem *Anspruch* nach! – rational sind, während sie in Wahrheit auf einer flagranten Verletzung elementarer Gebote der Logik basieren, insbesondere des Prinzips, dass eine Schlussfolgerung nicht bereits in den Prämissen enthalten sein darf. Wenn aber Gott *selbst* so argumentiert, wie der Koran ja behauptet, dann ist diese fehlerhafte Logik jeder Kritik entrückt.

Es scheint plausibel, dass eine Kultur, deren Basistext Zirkelschlüsse als rationale Argumente gelten lässt, sich mit der Verinnerlichung logischer Diskursformen schwertut. Deren Regeln werden auch im Westen nicht im Philosophieseminar gelernt, sondern, ähnlich wie die Sprache, im Kommunikationsprozess selbst. In einer Kultur, in der sie nicht gelten, können sie nicht gelernt werden, und wo sie nicht gelernt werden, können sie keine Gültigkeit erlangen: ein Teufelskreis. Auf solchen Teufelskreisen, oder, neutral gesprochen, auf solch wechselseitiger Stabilisierung von Erwartungen basiert Gesellschaft. Die Veränderung von einmal etablierten Diskursregeln innerhalb einer Gesellschaft ist ungefähr so schwer zu realisieren wie die willkürliche Änderung der Verkehrssprache. Daher ist zu vermuten, dass die durch den Koran implizit gesetzten Diskursregeln langfristig und bis heute stabil sind; umgekehrt formuliert: dass die spezifische Irrationalität (etwa die Neigung zu Verschwörungstheorien, zum Denken in Kollektivbegriffen, zum Gruppennarzissmus) des politischen Diskurses in islamischen Gesellschaften eine ihrer Wurzeln, und zwar die tiefste, im Koran und der auf ihn bezogenen Auslegungstradition hat.

Auf die zweite Hypothek, die Mohammed der islamischen, zumindest aber der arabischen Kultur mit dem Koran auferlegt hat, hat Dan Diner in seinem Buch „Versiegelte Zeit"[28] hingewiesen: Der Koran selbst unterstreicht an etlichen Stellen seinen arabischen Charakter; diese Sakralisierung von arabischer Sprache und arabischer Schrift lädt bis heute jeden arabischen Text von einem gewissen Anspruchsniveau aufwärts mit einer Dimension von „Heiligkeit" auf, die einen unbefangenen und kritischen Umgang mit Texten überhaupt erschwert und für die schwach ausgeprägte Lese- und Debattenkultur in arabischen Gesellschaften wenigstens mit verantwortlich sein dürfte. Es ist mehr als nur ein bezeichnendes Detail, dass der Buchdruck im Osmanischen Reich erst mit Jahrhunderten Verspätung Einzug gehalten hat. Lange Zeit war er verboten, wofür nicht zuletzt die Sorge maßgeblich war, dass mit der Einführung des Buchdrucks auch der Koran gedruckt werden und durch Druckfehler das Wort Allahs entweiht werden könnte.[29]

Der Koran hat durch seine zirkuläre Selbstbeglaubigung als Gottes unmittelbares und zugleich letztes Wort wie durch die Betonung seiner eigenen Vollkommenheit das islamische Denken in ein Korsett gezwängt, aus dem es bis heute nicht herausgefunden hat. Die inhaltliche Wahrheit des Korans gilt in islamischen Gesellschaften als selbstverständliche Tatsache. Man braucht darüber ebenso wenig zu reden wie über die Tatsache, dass der Regen von oben nach unten fällt. Einzelne mögen daran ihre Zweifel haben; dann aber tun sie gut daran, diese Zweifel für sich zu behalten, da sie in den Augen der Mehrheit nur auf Dummheit oder Bosheit beruhen können. Da außerdem der Koran als schlechthin vollkommen gilt, als Inbegriff allen relevanten Wissens, ist jede weltliche wissenschaftliche Neugier in den Augen frommer Muslime höchst suspekt: bestenfalls überflüssiges l´art pour l´art, schlimmstenfalls Ausdruck einer zweifelnden, sprich ungläubigen Geisteshaltung, zumal moderne Wissenschaft und westliche Wissenschaft schon deshalb mit dem Stigma des Unislamischen behaftet ist. Zwar werden wissenschaftliche Erkenntnisse selbstredend auch in der islamischen Welt

---

[28] Dan Diner, Versiegelte Zeit: Über den Stillstand in der islamischen Welt, Berlin 2007
[29] ebd., S. 107 ff.

geschätzt, soweit man sie unmittelbar anwenden kann – in der Medizin zum Beispiel, in der Architektur, nicht zuletzt in der Waffentechnik. Die sokratische Prämisse aber – „Ich weiß, dass ich nichts weiß" –, die solche Erkenntnisse erst ermöglicht, kollidiert mit der als Selbstverständlichkeit verinnerlichten Selbstbeglaubigung des Korans und gilt deshalb als Blasphemie.

Tilman Nagel hat gezeigt, wie die im Koran als Tugend und Ideologie verankerte Selbstgerechtigkeit den Islam zwar einerseits stabilisiert, die islamische Zivilisation zum anderen aber geradezu der Fähigkeit beraubt, sich existenziellen Herausforderungen wie der heutigen durch den Westen zu stellen:

„In den Augen des Muslims hat die fremde Kultur keinen Eigenwert, denn ihr Blick auf die Welt ist eben falsch oder zumindest unzulänglich. Sollte eine fremde Kultur irgendetwas hervorgebracht haben, das bedeutsam ist, dann besteht diese Bedeutsamkeit nur darin, dass es sich – unbeabsichtigt – mit einem Teilbereich des eigentlichen ‚Wissens' deckt, das allein den Muslimen zugänglich ist. (...) Die europäische Zivilisation, deren atemberaubender Aufschwung seit dem ausgehenden 18. Jahrhundert die islamische Welt in Bedrängnis brachte, wird daher nicht als eine Erscheinung wahrgenommen, deren Eigengesetzlichkeit zu erforschen wäre, um sie ... sich schöpferisch anzuverwandeln. Die europäische Überlegenheit ... kann nur darauf zurückzuführen sein, dass der Westen Teilstücke des unveränderlichen Wissensschatzes aufgegriffen ... hat ... In diesem Zusammenhang taucht der Gedanke auf, das lateinische Europa habe im Mittelalter die Grundvoraussetzungen für sein Aufblühen dem Islam entlehnt; nun, im 19. Jahrhundert, brauchten die Muslime ihrerseits nur die ihnen nützlich erscheinenden Errungenschaften zu übernehmen, um dem Westen Paroli zu bieten. (...)
Diese Sicht der Dinge erfreut sich in der zeitgenössischen islamischen Literatur großer Beliebtheit, und kaum jemand wagt, hieran zu zweifeln."[30]

Subtiler, aber nicht minder fundamental, ist die Wirkung des Korans auf die muslimische Geschichtsauffassung. Wir hatten gesehen, wie der Prophet biblisches Material ohne Rücksicht auf ursprünglichen Inhalt und Kontext in eine Schablone presste, die auf ihn selbst passte, und dass der Sinn dieses Vorgehens darin bestand, ihn als den legitimen Erben aller relevanten Personen der biblischen Heilsgeschichte auszuweisen.

---

[30] Nagel, a.a.O., S. 245 f.

Es konnte nicht ausbleiben, dass dadurch die Heilsgeschichte selbst als die ewige Wiederkehr des Gleichen erscheint. Die Entwicklung von Adam zu Abraham, von Abraham zu Moses, von Moses zu Jesus, die im jüdischen bzw. christlichen Kontext als Stufenfolge erscheint, in der sich der Heilsplan Gottes entfaltet, enthält in sich bereits den Gedanken historischer Dynamik, einer Dynamik der Höherentwicklung. Auch wenn es Vielen von uns nicht bewusst ist: Die Vorstellung vom „Fortschritt", die unserem Zeit- und Geschichtsverständnis zugrunde liegt, ist nichts anderes als die moderne Variante der traditionellen Deutung von Geschichte als Heilsgeschichte. Sie ist, wenn man so will, säkularisierte Geschichtstheologie.[31]

Der Koran dagegen entzieht einem solchen Gedanken bereits die Grundlage, bevor er überhaupt gedacht werden kann. Es geht hier *nicht* darum, ob Geschichte *tatsächlich* eine immanente Richtung kennt (obwohl starke Argumente dafür sprechen, dass die Entwicklung zu Strukturen immer höherer Komplexität tatsächlich als Tendenz aller Materie innewohnt, nicht nur der belebten), ob also unser dynamisches Geschichtsverständnis „richtig" und das statische der (meisten) Muslime „falsch" ist, sondern es geht darum, dass die *Bereitschaft*, Geschichte als gerichtete Bewegung zu *interpretieren*, in der westlichen Kultur mit derselben Selbstverständlichkeit vorhanden ist, wie sie in der islamischen fehlt.

Der Koran setzt die Botschaft Mohammeds als unveränderliche Gegebenheit buchstäblich seit Adam und Eva voraus. Es gibt Glauben und Unglauben; was es nicht gibt, ist eine Veränderung und Entwicklung des Glaubens (oder Unglaubens); es gibt Gläubige und Ungläubige, und zwischen ihnen das ewige Ringen. Marx und Engels persiflierend, könnte man sagen, für den Islam sei alle Geschichte eine Geschichte des Kampfes zwischen Gläubigen und Ungläubigen.

Während aber für den Marxismus der Klassenkampf zu einer dialektischen Höherentwicklung der Menschheit führt, wobei die fortschrittliche Klasse von gestern die reaktionäre von heute sein kann, haben wir gesehen, dass für den Koran die Menschheit seit der Vertreibung aus dem Paradies in Gläubige und Ungläubige gespalten ist und es bis zum Jüngsten Gericht bleiben wird; natürlich werden die Gläubigen eines Tages siegen, das wird

---
[31] vgl. z. B. Damian Thompson, Das Ende der Zeiten. Apokalyptik und Jahrtausendwende, Hildesheim 1997, S. 142 f., 170 ff.

aber ein Endpunkt sein, nicht etwa der Ausgangspunkt eines neuen dialektischen Zyklus.

Es scheint nahe liegend, dass eine solche statische Geschichtsauffassung den Hang zum anachronistischen Denken mindestens begünstigt. In der Tat trifft man bei Muslimen häufig auf Argumentationsmuster, die einen zweifeln lassen, ob sie sich bewusst sind, im 21. Jahrhundert zu leben – wenn etwa die heutige Dominanz des Westens in anachronistischer Weise in Bezug zu den christlichen Kreuzzügen des Mittelalters gesetzt wird,[32] oder wenn ein arabischer Gesprächspartner, offenbar guten Glaubens, versichert, die arabische Medizin sei der westlichen überlegen, und sich dabei nicht etwa auf den Status quo des Jahres 1009 bezieht, sondern auf den des Jahres *2009*.

Zudem hat der voluntaristische Zugriff des Korans auf die historische Überlieferung in der islamischen Welt zumindest stilprägend gewirkt. Ob Ägypten den Jahrestag des Jom-Kippur-Krieges als Jahrestag eines „Sieges" feiert; ob der iranische Präsident behauptet, der Holocaust sei nur erfunden worden, um die Gründung Israels zu legitimieren; ob der türkische Ministerpräsident seinen hiesigen Landsleuten einredet, sie hätten Deutschland aufgebaut – stets aufs Neue verblüfft die muslimische Neigung zur Geschichtsfälschung, und dies umso mehr, als sie von den muslimischen Funktionseliten mindestens ebenso selbstverständlich betrieben wird wie von dem Mann auf der Straße. Wir werden noch sehen, dass diese Geschichtsfälschung selbst Teil des Dschihad ist, und zwar ein Teil, dessen Bedeutung eher wächst als zurückzugehen; hier aber geht es noch um die Frage, wie diese Disposition zustande gekommen ist.

3.1.2.5 Wahrheitskriterien

Muslimen in diesem Zusammenhang einen besonderen Hang zur Lüge zu unterstellen, wäre nicht fair; da sie subjektiv ganz aufrichtig an das glauben, was aus unserer Sicht Legenden sind, scheint es mir sinnvoller anzunehmen, sie lebten aufgrund des vom Islam vermittelten Welt- und Menschenbilds in einer anderen Wirklichkeit als wir. Was wahr bzw. wirklich ist, ist zumindest vom soziologischen Standpunkt eine Frage der gesellschaftlich akzeptierten *Wahrheitskriterien:* Wir im Westen sind es gewöhnt, ausschließlich das als wahr zu erachten, was in Übereinstimmung mit em-

---

[32] Damit sei freilich nicht bestritten, dass es westliche Politiker gibt, die durch verantwortungslose Wortwahl („Kreuzzug gegen den Terrorismus") einer solchen Wahrnehmung unfreiwillig Vorschub leisten.

pirischen Fakten steht, und wir haben in Gestalt der modernen Wissenschaft ein höchst komplexes Regelsystem institutionalisiert, dass auf nichts anderes spezialisiert ist als auf die Eliminierung von Unwahrheiten. Dabei ist diese Wissenschaft mindestens ebenso sehr ein *Produkt* unseres empirisch ausgerichteten Wahrheitsverständnisses, wie sie dieses durch ihre Erfolge vertieft und verstärkt.

Nicht dass es nicht auch im Westen Raum für Geschichtsmythen und -legenden gäbe. Aber es gibt zugleich akzeptierte Regeln, diese Legenden zu widerlegen, und niemand, der ernst genommen werden möchte, wird sich dabei erwischen lassen wollen, wie er Dinge behauptet, die offensichtlich ohne jeden Bezug zur Realität sind.

(Gedankensysteme, die aus ideologischen Prämissen historische „Fakten" ableiten, die dann rückbezüglich die Ideologie bestätigen, gab es in Europa nur in totalitären Zusammenhängen, und dies kommt nicht von ungefähr: George Orwell hat in „1984", der klassischen literarischen Rekonstruktion des Wesens des Totalitarismus, den Satz geprägt: „Wer die Vergangenheit beherrscht, beherrscht die Zukunft." Diese Wirklichkeitskontrolle, die darauf hinausläuft, Tatsachen nicht als Gegebenheiten zu akzeptieren, sondern zu dekretieren, dient in totalitären Systemen dazu, jeder kritischen Auseinandersetzung mit der herrschenden Ideologie die Faktenbasis zu entziehen und damit dissidentes Denken unmöglich zu machen. Noch ist unsere Analyse nicht weit genug gediehen, den Islam insgesamt als totalitäre Ideologie zu dechiffrieren, aber sein Geschichtsverständnis liefert einen ersten Hinweis darauf, dass er eben dies sein könnte.)

In islamischen Gesellschaften dagegen ist dergleichen gang und gäbe. Der Literatur-Nobelpreisträger V. S. Naipaul hat es am Beispiel Pakistans folgendermaßen beschrieben:

„Geschichte beginnt in den pakistanischen Geschichtsbüchern ... mit Arabien und dem Islam. In den einfacheren Texten folgen auf einen Überblick über den Propheten und die ersten vier Kalifen und vielleicht noch die Tochter des Propheten fast bruchlos die Lebensbeschreibungen des Dichters Iqbal, Jinnahs, des politischen Gründers Pakistans, und zweier oder dreier Märtyrer, Soldaten oder Piloten, die in den heiligen Kriegen gegen Indien 1965 und 1971 starben.

Geschichte, mit der so selektiv verfahren wird, führt schnell zu Unwirklichkeit. Vor Mohammed ist Finsternis: Sklaverei, Ausbeutung. Nach Mohammed ist Licht: Sklaverei und Ausbeutung verschwinden. Aber taten sie das wirklich? Wie kann das gesagt oder gelehrt werden? Was ist mit den Abkömmlingen der afrikanischen Sklaven, die in Karatschi herumlaufen? Es gibt keine erschöpfende Antwort: So beginnt der Glaube die wirkliche Welt aufzuheben und zu überlagern."[33]

Historisch wahr ist nicht, was mit empirischen Tatsachen übereinstimmt. Wahr ist, was der Koran sagt; was dem Islam nützt; was den Interessen und dem Selbstbild der Muslime entspricht; und was deshalb von Muslimen übereinstimmend für wahr gehalten wird. Die Parallele zwischen dem Geschichtsverständnis heutiger Muslime und dem Vorgehen Mohammeds beim Zugriff auf biblisches Material liegt auf der Hand. Da die in muslimischen Gesellschaften etablierten Wahrheitskriterien genau mit denen übereinstimmen, die implizit im Koran verankert sind, drängt sich die Vermutung auf, dass just der Koran für das spezifisch muslimische Wahrheits- und Geschichtsverständnis verantwortlich ist.

Das heißt weder, dass ich Muslimen die Intelligenz, noch dass ich ihnen die Fähigkeit abspräche, sich individuell an anderen – z.B. westlichen – Wahrheitskriterien zu orientieren. Wahrheitskriterien sind ihrer Natur nach Spielregeln. Sie gelten, wie alle Spielregeln, *zwischen* Menschen. Sie sind *gesellschaftlich* etabliert. Damit sie das sein können, müssen sie zwar auch in den Köpfen verankert sein – aber durchaus nicht unbedingt in jedem *einzelnen*. Ein allgemeiner gesellschaftlicher Konsens, der dem Andersdenkenden zumindest die Beweislast auferlegt (sofern er ihn überhaupt zu Wort kommen lässt), genügt vollkommen, um „Wahrheiten" bzw. Wahrheitskriterien als gesellschaftliche Realitäten zu etablieren, an denen niemand vorbeikommt.

So glaubt etwa, um das oben genannte Beispiel noch einmal aufzugreifen, kaum ein Europäer mehr an die Existenz von Hexen, und wer es doch tut, gilt als komische Figur. Das ist bemerkenswert, wenn man bedenkt, dass noch vor ein paar hundert Jahren praktisch *jeder* Europäer an Hexen glaubte, und dass es heute ebenso wenige Beweise für ihre Nichtexistenz gibt wie im Mittelalter für ihre Existenz. Damals wie heute – und wie überall zu allen Zeiten – hielten die Menschen das für wahr, was „Alle" sagten. Also das, was gesellschaftlich akzeptiert wurde, nicht unbedingt das, was man selbst kritisch überprüft hatte. Auch die größten Geister wären überfordert, wollten sie alles nachprüfen, was sie als wahr erachten, und nur

---

[33] V. S. Naipaul, Eine islamische Reise, München 1993, S. 212

die wenigsten Menschen werden sich Rechenschaft ablegen, *warum* sie etwas für wahr halten. Sie werden behaupten, sie folgten nur ihrem gesunden Menschenverstand; in dem Kapitel „Die eigene Optik" habe ich gezeigt, welch skurrile Annahmen sogar im Weltbild scheinbar aufgeklärter Zeitgenossen enthalten sind, und in dem Kapitel über die kulturellen Selbstverständlichkeiten, wie solche Annahmen zum unbewussten und gerade deshalb unerschütterlichen Interpretationsrahmen werden können, in dem das Wahrheitsverständnis ganzer Gesellschaften gefangen ist.

Wir Menschen mögen vernunftbegabte Wesen sein, sollten aber die Reichweite dieser Vernunft nicht überschätzen. Wir sind mindestens ebenso sehr *soziale* wie *vernunftbegabte* Wesen, und das eine kann durchaus im Widerspruch mit dem anderen stehen. Aus der Beobachtung, dass Rationalität selten, Konformismus aber universell vorkommt, schließe ich, dass die Übereinstimmung mit dem vorherrschenden Weltbild der jeweils eigenen Gruppe den meisten Menschen weitaus wichtiger ist als die Erkenntnis einer abstrakten Wahrheit, insbesondere, wenn diese dem Gruppenkonsens zuwiderläuft.

In dieser Hinsicht unterscheiden sich Muslime keinen Deut von Christen (oder von welcher Menschengruppe auch immer). Ich muss dies hervorheben, weil mir die Unsitte bekannt ist, jede generalisierende Aussage über eine Gruppe von Menschen als „rassistisch" abzutun. Wenn ich aber feststelle, dass muslimische Gesellschaften über ein gruppenspezifisches Weltbild verfügen, dann unterscheiden sich nicht die Muslime von anderen Menschen, sondern dieses *Weltbild* von jenen nichtmuslimischer Gesellschaften.

3.1.2.6 Drei „abrahamitische" Religionen?

Dass Wahrheitskriterien je gruppenspezifisch gelten, bedeutet aber keineswegs, dass sie alle gleich gut oder gleich schlecht seien, oder dass sie alle dieselben sozialen Konsequenzen hätten. Es wäre ganz sinnlos und geradezu ein Widerspruch in sich, darauf zu bestehen, dass in unterschiedlichen Kulturen unterschiedliche Weltbilder existieren, dann aber nicht zu sagen, worin diese Unterschiede bestehen und wie sie sich gesellschaftlich auswirken, sondern sie in dem Moment auszublenden bzw. als irrelevant abzutun, wo es die sozialen Wirkungen dieser Unterschiede zu beleuchten, insbesondere Konflikte zu erklären gilt.

Der Unterschied zwischen dem westlichen und dem islamischen Weltbild besteht nicht so sehr darin, dass sie die Wirklichkeit – im Sinne empirischer Tatsachen – unterschiedlich interpretierten und bewerteten (das natürlich auch), sondern darin, dass der Islam sich seine eigene Wirklichkeit schafft. Die zirkuläre Logik der im Koran enthaltenen Geschichtsauffassung, „Fakten" aus der Lehre abzuleiten, deren Richtigkeit dann mithilfe eben dieser „Fakten" beglaubigt wird, prägt bis heute das Wahrheits- und Geschichtsverständnis der meisten Muslime und führt zu einer *prinzipiellen* Verständigungsblockade zwischen muslimischen und nichtmuslimischen Gesellschaften. Eine Verständigung, ein „Dialog", der diesen Namen verdient, setzt ein Minimum an Konsens über die geltenden Diskursregeln voraus. Eine zirkulär sich selbst bestätigende Ideologie kann aber naturgemäß nur die *eigenen* Diskursregeln akzeptieren und stellt Jeden, der einen „Dialog" versucht, vor die Alternative zwischen vorauseilendem Gehorsam und dem Abbruch des Gesprächs.

Besonders brisant ist dieses Problem, wenn die „Dialogpartner" der Muslime ausgerechnet Christen und Juden sind. Der Koran manipuliert ja nicht irgendwelches, sondern *biblisches* Material, und das trägt viel zu dem problematischen Verhältnis des Islam zu den beiden monotheistischen Vorgängerreligionen bei. Exemplarisch sei Sure 19 herangezogen:
Sure 19 greift auf biblisches Material zurück, diesmal aber nicht, um eine Straflegende daran zu knüpfen, sondern um die Allmacht Allahs zu beweisen und ganz nebenbei gegen das Christentum zu polemisieren, das hier zum erstenmal (nach Nöldekes Chronologie, s.o.) explizit angegriffen wird:
Das an sich unfruchtbare Weib des Zacharias gebiert aufgrund Allahs Eingreifen Johannes den Täufer, die Jungfrau Maria gebiert Jesus (womit Allahs Allmacht bewiesen werden soll, nicht etwa Jesu Göttlichkeit, wie es der christlichen Auffassung entspräche). Der neugeborene Jesus spricht (Ja, er spricht als Säugling! Der Koran verwendet hier ein apokryphes Evangelium):
„*(30) Siehe, ich bin Allahs Diener. Gegeben hat Er mir das Buch, und Er machte mich zum Propheten."*

Und damit auch ja niemand etwas missversteht:

„*(34) Dies ist Jesus, der Sohn der Maria – das Wort der Wahrheit, das sie bezweifeln.*
(35) <u>*Nicht steht es Allah an, einen Sohn zu zeugen.*</u> *Preis Ihm! Wenn Er ein Ding beschließt, so spricht Er nur zu ihm: ‚Sei!' und es ist.*
(...)

(37) Doch die Sekten sind untereinander uneinig; und wehe den Ungläubigen vor der Zeugnisstätte eines gewaltigen Tages!" [Hervorhebung vom Verfasser]

Danach werden Abraham, Isaak, Jakob, Moses, Aaron, Ismael, Idris (Henoch) als Propheten Allahs gepriesen. Auf jeden der beiden Abschnitte (Johannes/Jesus bzw. die Propheten) folgen kontrastierende Verse: Über *„Sekten"*, die *„untereinander uneinig"* seien (siehe oben) bzw. *„ein Geschlecht, welches das Gebet unterließ und den Lüsten folgte"* (Vers 59). Beiden Gegnern, die in diesem Kontext unschwer als Christen und Juden zu identifizieren sind, werden Höllenstrafen angedroht. Bekehren sie sich aber zum Islam (und nur dann!), winkt auch ihnen das Paradies.

Eine bemerkenswerte Erweiterung und Konkretisierung der islamischen Botschaft: Bis dahin konnten Mohammeds Zuhörer glauben, nur Heiden seien „Ungläubige". Jetzt aber, also schon in Mekka, nicht erst in Medina, wird klargestellt, dass der Islam nicht nur den Polytheismus bekämpft, sondern dass auch Christen und Juden, Monotheisten also, „Ungläubige" sind, die nur durch Bekehrung der Hölle entgehen können.

Machen wir uns die Implikationen klar, die aus dieser Art der koranischen Adaption biblischer Überlieferungen resultieren, und zwar im Verhältnis zu Christen und Juden:

Der Islam erhebt den Anspruch, die *ursprüngliche* monotheistische Religion zu sein, wenn nicht im historischen, so doch im theologischen Sinne (wobei die meisten Muslime, einschließlich der Korangelehrten, kaum wahrnehmen, dass das ein Unterschied sein könnte). Seinem Selbstverständnis nach ist also nicht etwa der Islam eine sektiererische Abweichung von den ihm vorausgehenden Monotheismen, sondern im Gegenteil der einzig wahre Monotheismus, von dem die *anderen* Religionen abgewichen seien.

Das Verhältnis der Muslime *„zu den Evangelien und zur Tora ist ganz anders als das des Christen zum Alten Testament. (...) Nach christlichem Verständnis setzt der Neue Bund den Alten voraus und baut auf ihm auf; nach islamischer Vorstellung dagegen greift der Koran hinter Tora und Evangelium zurück."*[34]

Wenn der Koran die biblische Überlieferung in einer Version referiert, die Christen und Juden höchst fremdartig erscheinen muss, dabei aber exakt

---

[34] Josef van Ess in: Hans Küng/Josef van Ess, Christentum und Weltreligionen: Islam, München 1994, S.151

den Interessen Mohammeds entspricht, dann bedeutet dies weitaus mehr als nur den Versuch, eine eigene theologische Position *neben* Christentum und Judentum zu formulieren. Es geht vielmehr darum, die Überlieferungen dieser Religionen zu vereinnahmen, umzudeuten und, im Achtundsechziger-Jargon gesprochen, „umzufunktionieren", um die Basis von deren Legitimität zu zerstören und zugleich die islamische Umma gegen Juden und speziell Christen missionsfest zu machen, indem man die jüdisch-christliche Tradition und Begrifflichkeit *von vornherein* mit einer islamischen Deutung besetzt, die eine *gegen* Christen und Juden gerichtete Spitze enthält.

Wenn gerade Moses und Jesus im Koran so ausführlich gewürdigt werden, so geschieht dies nicht etwa, um eine Brücke zu den von ihnen gestifteten Religionen zu bauen, sondern hat im Gegenteil den Sinn, den Muslimen einen unvoreingenommenen Blick auf die jüdischen und christlichen theologischen Lehren unmöglich zu machen. Das islamische Moses- bzw. Jesusbild wird in den Köpfen der Muslime so fest verankert, dass sie christliche und jüdische Positionen gar nicht mehr anders denn als Irrlehre auffassen *können*.

Die Floskel von den „drei abrahamitischen Religionen", die „gemeinsame Wurzeln" hätten, ignoriert die theologische Struktur des Korans: Dem Islam dient die Berufung auf biblische Traditionen einzig und allein dazu, diese Traditionen für sich zu usurpieren, um aus ihnen eine Waffe zu schmieden.

Damit geht die islamische Lehre weit über das Maß an Abgrenzung gegenüber ähnlichen Religionen hinaus, die zur eigenen Profilierung nötig wäre. Islam und Christentum haben zumindest dies gemeinsam, dass sie beide den Monotheismus *als solchen* bei ihrer Entstehung bereits vorfanden und vor dem Problem standen, sich gegenüber der bzw. den etablierten monotheistischen Religion(en) zu positionieren. Will man die Besonderheiten des islamischen Verhältnisses zu den anderen „abrahamitischen" Religionen herausarbeiten, so bietet es sich daher an, zunächst einen Vergleich zu ziehen zu der Art, wie das Christentum sich gegen das Judentum profiliert hat:

Das Christentum entwickelte seine spezifische Identität in Auseinandersetzung mit und in Abgrenzung vom Judentum – es definierte sich geradezu dadurch, dass es nicht jüdisch war, während es zugleich den Anspruch erhob, gleichsam das bessere Judentum zu sein. Dadurch wurde den Juden von Beginn der Christianisierung an der Status der „Sie-Gruppe" (also der

Gegengruppe zur „Wir-Gruppe") zugeschrieben und durch den prägenden Einfluss des Christentums auf die von ihm durchdrungenen Gesellschaften in deren kulturelle DNA eingeschrieben: Dass die Juden die „Anderen" sind, gehört daher zu den vorbewussten kulturellen Selbstverständlichkeiten in christlich geprägten Gesellschaften, die deshalb auch nicht auf die theologische Begründung angewiesen sind, auf der sie irgendwann einmal beruht hatten, sondern in jeden beliebigen ideologischen Kontext integrierbar sind – sei er rassistisch, nationalistisch, sozialistisch, antiimperialistisch, was auch immer.

Das Teuflische daran ist unter anderem, dass mit jedem neuen ideologischen bzw. religiösen Kontext auch neue antisemitische Klischees erzeugt werden, die mit dem Absterben der jeweiligen Ideologie nicht etwa verschwinden, sondern als Denkfiguren und Deutungsmuster – also als Potenzial – erhalten bleiben und in ganz unerwarteten Zusammenhängen wieder auftauchen können; so etwa die Vorstellung vom Kindermörder (Herodes, Ritualmordlegenden) im „antizionistischen" oder das Klischee vom „jüdischen Kapitalisten" im islamistischen Zusammenhang.

Wenn man sich dies vor Augen hält, versteht man übrigens auch, warum es wenig erkenntnisfördernd, ja sogar hochgradig irreführend wäre, westlichen „Antiislamismus" mit dem christlichen Antijudaismus bzw. Antisemitismus zu vergleichen: Für das *Selbstverständnis* christlich geprägter Gesellschaften spielt das Judentum – *aber eben nicht der Islam!* – eine zentrale Rolle als negativer Bezugspunkt.

Es liegt eine gewisse tragikomische Ironie darin, dass christliche Europäer und Amerikaner, die sich verzweifelt bemühen, alles zu tun, um den Hass der Muslime auf den Westen zu besänftigen, demselben Trugschluss unterliegen wie jene Juden, die den Antisemitismus auf ihre eigenen Eigenschaften und ihr eigenes Verhalten zurückführen (statt ihn als Eigenschaft der sie umgebenden Gesellschaft zu betrachten), und daher glauben, ihn durch Entgegenkommen, Selbstverleugnung, Selbsthass, Anbiederung oder Unterwerfung beschwichtigen zu können. Aus der Sicht des *Islam* nämlich erfüllen Christentum und Judentum *gemeinsam* die Funktion, die das Judentum für das Christentum hat – die Funktion der Kontrastfolie, vor deren Hintergrund das eigene Selbstverständnis definiert wird. Definiert sich das Christentum dadurch, dass es nicht jüdisch ist, so definiert sich der Islam dadurch, dass er nicht jüdisch *und* nicht christlich ist. Wobei noch verschärfend hinzu kommt, dass es einem Muslim – anders als einem Christen – geradezu verboten ist, solche Zusammenhänge kritisch zu hinterfragen, weil dies einer Infragestellung des Korans gleichkäme.

Wenn es also im christlich-islamischen Verhältnis eine Parallele zum christlichen Antisemitismus gibt, so liegt sie nicht in einer christlich-westlichen „Islamophobie", sondern im islamischen Christenhass. Bedenkt man, welch mörderischen Judenhass das Christentum bereits durch seine bloße Eigenprofilierung entfachte, so scheint es für Christen wenig beruhigend festzustellen, dass dieselbe Konstellation auch im Islam existiert, sich dort aber gegen Juden *und* Christen richtet.

Und *noch* beunruhigender ist, dass im Islam diese Tendenz in mehrfacher Hinsicht ungleich schärfer ausgeprägt ist als im Christentum:

Christen haben ja niemals, auch nicht im Mittelalter, angezweifelt, dass die jüdische Religion authentisch den alten wahren Glauben, den Alten Bund, eben das „Alte Testament" verkörpert; sie hätten damit geradezu die Kontinuität der Heilsgeschichte in Abrede gestellt.[35] Demgemäß haben sie den Juden auch nicht vorgeworfen, sie seien von diesem Glauben abgewichen; sie warfen ihnen vielmehr vor, *nicht* abgewichen zu sein, als das Wirken Christi eine solche „Abweichung" nötig gemacht hätte. Der Kampf der Christen gegen die Juden wurde mit dem *Neuen* Testament geführt, nicht mit dem Alten. Die Frage, ob der Neue Bund (der Christen) den Alten aufgehoben hat, oder ob der Alte neben dem Neuen fortbesteht, ist unter christlichen Theologen nicht unumstritten; die Tendenz geht allerdings deutlich dahin, den Fortbestand des Alten Bundes zu bejahen,[36] und dies nicht etwa aus Gründen der Political Correctness, sondern weil das Neue Testament starke theologische Argumente dafür liefert. Dieser Umstand ist entscheidend für das *heutige* Verhältnis der Religionen zueinander. Christen können die jüdische Tradition bejahen, weil ihre eigene Religion eben nicht nur *historisch-faktisch*, sondern auch *theologisch* auf der jüdischen aufbaut und diese Herkunft nie verleugnet hat.

Der Islam baut dagegen auf der Fiktion auf, die *ursprüngliche Religion Gottes* zu sein. Der Sinn der monoton sich wiederholenden Straflegenden und sonstigen Bibeladaptionen besteht darin, den Muslimen einzuschärfen,

---

[35] Konsequenterweise verwarf das frühe Christentum gnostische Lehren, etwa den Marcionismus, der einen strikten Gegensatz zwischen dem Gott des Alten und dem des Neuen Testaments postulierte; Gott als Schöpfer wurde im Kontext dieses dualistischen Weltbildes als der (böse) Demiurg betrachtet, während Jesus die Liebe verkörpert habe und deswegen nicht der Sohn dieses Gottes sein könne.

[36] vgl. z.B. Joseph Ratzinger, Gott und die Welt. Ein Gespräch mit Peter Seewald, (Taschenbuchausgabe Knaur Taschenbuch Verlag), München 2005, S. 160 ff.

dass von Abraham bis Jesus keiner der „Vorläufer" Mohammeds irgendetwas anderes gepredigt habe als Mohammed selbst. So kommt es, dass weder in Sure 19 noch irgendwo sonst im Koran im Zusammenhang mit Jesus die Bergpredigt oder auch nur das Wort „Nächstenliebe" erwähnt wird. Es geht dem Koran nicht um historische Authentizität, sondern darum, eine „Ur-Religion" zu fingieren, die von allen alttestamentlichen Autoritäten und von Jesus verkündet worden sei. Nur auf diesem Wege ist es möglich, den Juden und Christen die Rolle von Abtrünnigen und Ketzern zuzuschreiben, die wider besseres Wissen, also schuldhaft, die Lehre Allahs verfälscht hätten.

Christentum und Judentum gelten nach islamischer Lesart nur in den Punkten als tolerabel, in denen sie mit dem Islam übereinstimmen; weswegen sie von Muslimen gerade noch geduldet werden können. Wie diese Duldung in der Praxis aussah, werden wir in dem Kapitel über die Dhimmitude erörtern. Wo sie nicht übereinstimmen, das heißt in genau den Bereichen, die spezifisch christlich bzw. jüdisch sind, gelten sie – und das ist entscheidend, gerade im Unterschied zum christlichen Antijudaismus – *nicht* etwa als an sich legitime, nur eben überholte und anachronistische Formen von Religion, sondern als von Anfang an – ex tunc, wie die Juristen sagen – gotteslästerliche und theologisch wie moralisch minderwertige Irrlehren, als mut- und böswillige *Abweichungen von der „ursprünglichen und natürlichen" Religion der Menschheit, also dem Islam*; ihre Anhänger demgemäß bestenfalls als bemitleidenswerte Narren, normalerweise aber als Feinde Allahs.

Wer immer sich im interreligiösen Dialog versucht und glaubt, etwa in der Gestalt Jesu einen Anknüpfungspunkt für „Gemeinsamkeiten" zu finden, muss wissen, dass der Koran aus Jesus ein Abziehbild Mohammeds gemacht hat; dass für Muslime dort, wo „Jesus" draufsteht, Mohammed drinsteckt, und dass jede Bezugnahme auf Jesus in ihren Augen die „Wahrheit" des Islam, und eben nicht die des Christentums, oder zumindest dessen Legitimität, untermauert.

3.1.2.7 Die Geistfeindlichkeit des Korans

Schließlich, und damit kommen wir zum nächsten fragwürdigen Aspekt der koranischen Überlieferung, erkauft der Koran seinen Anspruch auf Vollkommenheit durch Bevormundung seiner Leser:

Nichts darf offen bleiben, nichts paradox sein, nichts einer Deutung bedürfen. Während die Bibel das Wirken Gottes in der Geschichte thematisiert, die *Deutung* dieses Wirkens aber weitgehend den Gläubigen selbst überlässt, die folgerichtig seit fast drei Jahrtausenden darüber diskutieren, ist dem Propheten – und damit dem Koran – alles ein Gräuel, worüber man „uneins" sein könnte. Selbst wo er auf biblisches und historisches (oder für historisch gehaltenes) Material zurückgreift, lässt er den Leser über die Moral von der Geschicht´ niemals im Unklaren: Am Koran darf es nichts zu deuten und schon gar nichts zu deuten geben – die Interpretation wird stets mitgeliefert. Offen bleiben allenfalls Fragen sakraljuristischer, kaum aber solche theologischer Natur. Dass ein solcher Text, wenn er als Grundlage aller geistigen Bildung einer Gesellschaft dient, deren intellektuelle Kreativität ersticken muss, sollte einleuchten, und es ist alles andere als ein Zufall, dass die (momentan) bloß fünfzehn Millionen Juden auf der Welt, die seit dreitausend Jahren mit sich und mit Gott hadern, an geistiger Produktivität die hundertmal zahlreicheren Muslime um ein Vielfaches übertreffen.

3.1.2.8 Das Gewaltpotenzial

Kommen wir zur letzten und bei weitem am häufigsten verwendeten rhetorischen Figur, mit der Mohammed seinen Sendungsanspruch unterstreicht: zur Drohung mit der göttlichen Strafe für die Ungläubigen. Unwillkürlich fragt man sich, wen diese Drohung eigentlich beeindrucken sollte? Etwa die „Ungläubigen" selbst, also die gegen Mohammed polemisierenden Mekkaner? Das wäre ein Widerspruch in sich, denn wenn sie nicht an Allah und schon gar nicht an Mohammeds Sendung glaubten, dann werden seine Straf- und Donnerpredigten sie erst recht kalt gelassen haben. Seinen gläubigen Anhängern wiederum musste er nicht mit dem Höllenfeuer drohen.

Nein, diese Drohungen zielten weder auf Anhänger noch auf bekennende Gegner; sie zielten auf die Unentschlossenen, die Zweifelnden, auf Menschen, die nicht so recht gläubig waren, aber doch dachten, es könnte etwas dran sein an Mohammeds Predigt. Der Prophet setzt auf die Strategie, diesen Menschen Angst einzujagen. Damit trifft er eine Vorentscheidung, die den Charakter und die Entwicklung des Islam prägen wird:

Gewiss gehört die Straf- und Donnerpredigt seit jeher zur prophetischen Rede. Die *zentrale Stellung* aber, die die Drohung mit dem Strafgericht Gottes einnimmt, ist eine islamische Besonderheit, zumal wenn man bedenkt, dass diese Drohung die regelmäßige Reaktion auf die *Ablehnung* der islamischen Botschaft ist. Es geht also nicht darum, *Sündern* ins Gewissen zu reden und sie zur Tugend zu ermahnen, sondern mit dem Mittel der Drohung zu *missionieren*. Da es nach islamischem Verständnis zudem Gott selbst ist, der hier den „Ungläubigen" mit Gewalt im Dies- wie im Jenseits droht, können moralische Bedenken gegen Drohung und Einschüchterung als Mittel der Mission kaum aufkommen: Was Allah recht ist, kann den Muslimen billig sein. Das Wort „Islam" bedeutet nicht etwa „Frieden", wie vielfach fälschlich angenommen,[37] sondern „Unterwerfung".

Der viel zitierte Satz, der Islam kenne „keinen Zwang im Glauben" aus der medinensischen Sure 2 (V.256) wird bereits in Mekka Vers um Vers und Sure um Sure eindeutig dementiert. Die Bekehrungsstrategie des Propheten ist die Verbreitung von Angst und Schrecken. Und wenn Mohammed in Mekka in Ermangelung physischer Machtmittel zunächst noch auf Psychoterror setzte, so griff er zu handfesteren Mitteln, sobald er in Medina die Chance dazu hatte; die islamische Gewaltexplosion von 622 an ist nicht etwa zufälligen politischen Umständen geschuldet, sie ist auch keine Abweichung vom „wahren Islam", und sie ist kein Kompromiss, den der Prophet nolens volens mit den politischen Realitäten geschlossen hätte. Vielmehr hat Mohammed bereits in Mekka psychologisch und theologisch den Boden dafür bereitet, den neuen Glauben mit Gewalt zu verbreiten.

3.2. Der medinensische Koran

Die medinensischen Suren setzen die Akzente anders als die mekkanischen: Zwar sind die theologischen Grundlagen, wie oben beschrieben, immer noch dieselben, und etliche Verse, die schon aus der mekkanischen Periode bekannt sind, kommen so oder ähnlich auch im medinensischen Koran vor: Allmacht und Allwissenheit Allahs, Höllenstrafen, Belohnung im Paradies, Prädestination, die Bezugnahme auf biblische Überlieferungen, die Selbstbeglaubigung des Korans und so fort.

In Medina aber bringt der Prophet diese Denkfiguren in einen Zusammenhang mit Themen, die bis dahin eher eine untergeordnete, wenn überhaupt eine Rolle gespielt hatten, die nun aber zu Leitgedanken der gesamten islamischen Theologie avancieren. Diese Leitgedanken sind:

– Der Dschihad im Sinne des militärischen Kampfes gegen die „Ungläubigen" mit dem Ziel ihrer Tötung bzw. Unterwerfung

---

[37] „Frieden" heißt „Salam"; das Wort ist in der Tat aus derselben Wortwurzel S-L-M gebildet wie „Islam", jedoch kein Synonym.

- Die Legitimation dieses Dschihads durch polemische Rhetorik
- Der Anspruch des Propheten auf absoluten Gehorsam
- Die Regelung des Gemeinschaftslebens durch Normen juristischen Charakters.

3.2.1. Dschihad

Es ist im Zuge des „Dialogs der Kulturen" unter Nichtmuslimen Mode geworden, das Wort „Dschihad" als „Anstrengung auf dem Wege Gottes" in einem rein übertragenen Sinne zu verstehen: also weniger als Kampf um die gewaltsame Ausbreitung des islamischen Glaubens als um seine spirituelle Vertiefung. In Wahrheit meint „Dschihad" aber *jegliche* Anstrengung „auf dem Wege Allahs", und was Allah sich darunter vorstellt, ist im Koran hinreichend konkretisiert. Speziell in Medina rückt die Notwendigkeit des bewaffneten Kampfes um die Ausbreitung des Islam eindeutig ins Zentrum der Botschaft. Die *spirituelle* Dimension wird in *dem* Maße zugunsten der *militärischen* verdrängt, wie die Macht Mohammeds zunimmt. Zugespitzt formuliert, und im Bewusstsein, dass der Prophet für Muslime ein über jeden Zweifel erhabenes Vorbild darstellt: *Ob der Dschihad im konkreten Fall durch Gewalt oder durch Gebete geführt wird, hängt davon ab, ob Gewalt Erfolg verspricht oder nicht!*

Dementsprechend ist es zwar nicht einfach falsch, wenn moralische „Anstrengungen" (etwa das Bemühen um spirituelle Vervollkommnung) als „Dschihad" gewertet werden; dies geschieht sogar in Bereichen, die mit Religion nur noch wenig zu tun haben – wenn etwa die säkularistische tunesische Regierung zum „Dschihad" gegen Analphabetismus aufruft.

Zur *Umdeutung*, also zur Fehlinterpretation des Textes gegen die Intention des Verfassers, wird ein solcher übertragener Wortgebrauch erst in dem Moment, wo eine offensichtlich periphere Wortbedeutung, also etwas, was *auch* gemeint sein *kann*, zum eigentlichen Bedeutungskern erhoben, das aggressive Moment des Begriffes „Dschihad" willkürlich heruntergespielt und dabei die eindeutige Schwerpunktsetzung des Korans unterschlagen wird.

Wenn ich sage, dass der Dschihad zu den Leitgedanken der medinensischen Suren zählt, so beziehe ich mich ausschließlich auf die Stellen, die sich auf die militärische, in jedem Falle aber gewaltsame Bekämpfung, Unterwerfung und Tötung Andersgläubiger beziehen. Dieses Thema findet sich in nicht weniger als vierzehn von vierundzwanzig medinensischen Suren, und zwar in fünf verschiedenen Varianten:

- direkter Aufruf zu Kampf und Tötung (thematisiert in neun Suren),[38]
- Lob und Lohnverheißung für im Kampf gefallene „Märtyrer" (acht Suren),[39]
- Verurteilung solcher Muslime, die sich *nicht* am Kampf beteiligen wollen (acht Suren),[40]
- Deutung des militärischen Erfolges als Beweis für die Wahrheit des Islam und für Mohammeds prophetische Sendung (sieben Suren),[41]
- Regeln zur Verteilung der Beute (fünf Suren).[42]

3.2.1.1 Aufruf zu Kampf und Tötung

Zunächst einige Beispiele, um diesen Aussagetyp zu illustrieren:

Sure 2:

„(190) Und bekämpft in Allahs Pfad, wer euch bekämpft; doch übertretet nicht; siehe, Allah liebt nicht die Übertreter.

(191) Und erschlagt sie, wo immer ihr auf sie stoßt, und vertreibt sie, von wannen sie euch vertrieben; denn Verführung ist schlimmer als Totschlag. Bekämpft sie jedoch nicht bei der heiligen Moschee, es sei denn, sie bekämpften euch in ihr. Greifen sie euch jedoch an, so schlagt sie tot. Also ist der Lohn der Ungläubigen.

(192) So sie jedoch ablassen, siehe, so ist Allah verzeihend und barmherzig.

(193) Und bekämpfet sie, bis die Verführung aufgehört hat und der Glauben an Allah da ist. ..."

Sure 8:

„(36) Siehe, die Ungläubigen geben ihr Gut aus, um (die Gläubigen) von Allahs Weg abzuwenden. Sie sollen es nur ausgeben; alsdann kommt

---

[38] Es handelt sich um die Suren 2, 4, 5, 8, 9, 33, 47, 60, 61
[39] Suren 2, 3, 4, 9, 33, 47, 57, 61
[40] Suren 2, 4, 9, 33, 47, 48, 57
[41] Suren 3, 8, 9, 33, 47, 48, 59
[42] Suren 3, 8, 9, 48, 59

Seufzen über sie, alsdann werden sie übermocht. Und die Ungläubigen, zu Dschahannam sollen sie versammelt werden,

(37) Damit Allah die Bösen von den Guten trennt und die Bösen übereinander tut und aus allen einen Haufen macht und sie in Dschahannam wirft. Jenes sind die Verlorenen.

(38) Sprich zu den Ungläubigen: So sie abstehen, wird ihnen das Frühere verziehen; tun sie's aber wieder, so ist schon die Strafe der Früheren dagewesen.

(39) Und kämpfet wider sie, bis kein Bürgerkrieg mehr ist und alles an Allah glaubt. ..."

Sure 47:

„*(4) Und wenn ihr die Ungläubigen trefft, dann herunter mit dem Haupt, bis ihr ein Gemetzel unter ihnen angerichtet habt; dann schnüret die Bande.*"

Sure 9:

„*(29) Kämpfet wider jene von denen, welchen die Schrift gegeben ward, die nicht glauben an Allah und den Jüngsten Tag und die nicht verwehren, was Allah und sein Gesandter verwehrt haben, und nicht bekennen das Bekenntnis der Wahrheit, bis sie den Tribut aus der Hand gedemütigt entrichten.*"

Auch der islamfreundlichste Leser wird einräumen, dass hier nicht von Meditationsübungen die Rede ist.

Die Zitate sind chronologisch (nach Nöldeke) angeordnet. Sure 2 war die erste in Medina offenbarte Sure, Sure 9 die vorletzte. Dabei wird eine Klimax erkennbar: Sure 2 betont noch den – nach islamischem Verständnis – defensiven Charakter des Dschihad und ermahnt die Kämpfer, gewisse Standards einzuhalten. Offenbar hatte der Prophet zu Beginn der medinensischen Epoche noch Skrupel, den Islam mit roher Gewalt zu verbreiten, während solche Bedenken mit anhaltendem Erfolg zusehends schwanden.

Dazu passt auch, dass gerade diese Sure den von Islamapologeten gern zitierten Satz enthält, es gebe „keinen Zwang im Glauben" (V.256). Gewiss muss man bei der Interpretation dieses Satzes die islamische Prädestinationslehre berücksichtigen; wahrscheinlich bedeutet er nämlich *nicht*, dass man im Glauben niemanden zwingen *dürfe*, sondern dass man niemanden zwingen *könne*⁴³ (weil Allah irreführt, wen er will). Womit unterstrichen wird, dass die „Ungläubigen" von Allah verdammt seien. Mit Toleranz hat das nichts zu tun, mit aggressiver Mission allerdings auch noch nicht.

Nichtsdestoweniger ist der Dschihad auch bereits nach Sure 2 nicht so „defensiv", wie es auf den ersten Blick scheint: Als Angriff, der eine gewaltsame Reaktion rechtfertigt, erscheint auch hier schon die bloße „Verführung", also alles, was Muslime zum Abfall vom Islam veranlassen könnte, und das Ziel des Kampfes, wie es an dieser Stelle bestenfalls mehrdeutig heißt, besteht darin, dass „der Glaube an Allah da ist".

Bereits in Sure 8, die bezeichnenderweise „Die Beute" überschrieben ist, und in der es tatsächlich unter anderem um die Verteilung der Beute aus Raub- und Kriegszügen geht, ist von der bloßen Verteidigung nicht mehr die Rede, sondern von einer Art „war to end wars" mit dem Ziel, dass „*alles* an Allah glaubt*", und die Eskalation der Gewaltandrohungen in den beiden anderen Zitaten bedarf keines Kommentars.

Zur Abrundung des Bildes ein letztes Zitat aus Sure 5 (die als letzte offenbart wurde), bestehend aus zwei aufeinanderfolgenden Versen. Der erste lautet:

„*(32) Aus diesem Grunde haben wir den Kindern Israel verordnet, dass wer eine Seele ermordet, ohne dass er einen Mord oder eine Gewalttat im Lande begangen hat, soll sein wie einer, der die ganze Menschheit ermordet hat. Und wer einen am Leben erhält, soll sein, als hätte er die ganze Menschheit am Leben erhalten. ...*"

Nanu? Bezeugt nicht gerade *dieser* Vers das genaue *Gegenteil* von dem, was ich behaupte? Beinhaltet er nicht ein deutliches Tötungsverbot, und unterstreicht er nicht dadurch den friedfertigen Charakter des Islam?

In der Tat gehört dieser Vers 5/32 ebenso wie 2/256 („kein Zwang im Glauben") zu den Lieblingszitaten aller Freunde des Islam und wird regelmäßig herangezogen, wenn es gilt, das westliche Publikum davon zu überzeugen, dass der Islam entgegen allem Anschein eben doch eine Religion des Friedens sei, die letztlich „dasselbe" wolle wie auch das Christentum.

Was dabei regelmäßig unter den Tisch fällt – das sind die *Ausnahmen* vom Tötungsverbot. Dabei unterscheidet sich der Islam *nicht* etwa dadurch von Christentum und Judentum, dass er *überhaupt* solche Ausnahmen kennt: Das apodiktische „Du sollst nicht töten!" der Lutherbibel ist eine

---
⁴³ Jan van Ess in: Hans Küng/Jan van Ess, a.a.O., S.157

Fehlübersetzung des Fünften Gebots, dessen hebräischer Wortlaut angemessener mit „Du sollst nicht morden!", also nicht willkürlich und unberechtigt töten, übersetzt wäre; die Tötung im Kriege, aber auch die legal verfügte Hinrichtung stellen also nicht per se eine Übertretung des Fünften Gebots dar. Spezifisch islamisch ist aber die *Art* dieser Ausnahmen, über die uns der unmittelbar folgende Vers 33 aufklärt:

„*(33) Siehe, der Lohn derer, welche Allah und seinen Gesandten befehden und Verderben auf der Erde betreiben, ist nur der, dass sie getötet oder gekreuzigt oder an Händen und Füßen wechselseitig verstümmelt oder aus dem Lande vertrieben werden. Das ist ihr Lohn hienieden, und im Jenseits wird ihnen schmerzliche Strafe.*"

Liest man beide Verse zusammen, so lautet die Aussage: An sich soll man nicht töten – aber die „Ungläubigen" eben doch! Zumindest, soweit sie sich der muslimischen Herrschaft widersetzen.

Setzen wir nun das Tüpfelchen aufs i:

Sure 4:

„*(92) Ein Gläubiger darf keinen <u>Gläubigen</u> töten, es sei denn aus Versehen ...*

(93) Und wer einen <u>Gläubigen</u> mit Vorsatz tötet, dessen Lohn ist Dschahannam; ... Allah zürnt ihm und verflucht ihn und bereitet für ihn gewaltige Strafe." [Hervorhebung von mir, M.]

Das Tötungsverbot schützt ausschließlich Muslime.

3.2.1.2 Lohnverheißung für im Kampf gefallene „Märtyrer"

Schon bei der Analyse der mekkanischen Suren waren wir auf die Denkfigur gestoßen, dass das jenseitige Leben dem diesseitigen vorzuziehen sei, dass ein frommes Leben („glauben und das Rechte tun", Sure 34/37, s.o.) im Jenseits von Allah belohnt werden würde, und hatten den quasi ökonomischen Charakter dieser Art von Jenseitsorientierung herausgearbeitet.

Letzterer wird in Medina übrigens ausdrücklich bestätigt:

Sure 57:

„*(11) Wer ist's, der Allah ein schönes Darlehen leihen will? Verdoppeln wird Er's ihm, und ihm wird ein edler Lohn.*"

Und unmittelbar zuvor:

„(10) ... Nicht ist unter euch gleich, wer vor dem Siege spendet und kämpft – diese nehmen höhere Stufen ein als jene, welche hernach spenden und kämpfen."

Es gibt also in den Augen Allahs eine Rangfolge; am verdientesten sind die, die zum Sieg beigetragen haben, und damit ist der militärische Sieg gemeint. Derselbe Gedanke findet sich aber auch deutlich zugespitzt:

Sure 4:

„(74) Und kämpfen soll in Allahs Weg, wer das irdische Leben verkauft für das Jenseits. Und wer da kämpft in Allahs Weg, falle oder siege er, wahrlich, dem geben wir gewaltigen Lohn."

Was in Mekka noch allgemein als „glauben und das Rechte tun" umschrieben wurde, bekommt jetzt einen klaren Sinn: Wer ins Paradies eingehen will, muss gegen die Feinde des Islam kämpfen. Und damit niemand auf die Idee kommt, sich dieses Kampfes zu enthalten (und sich vielleicht mit etwas weniger göttlichem Lohn zufriedenzugeben), stellt der Prophet klar, dass es nicht um mehr oder weniger Paradies geht, sondern um Paradies oder Hölle.

3.2.1.3 Verurteilung der Nichtkämpfer

Die Bereitschaft zum bewaffneten Kampf für den Islam wird im Verlauf der medinensischen Periode immer mehr zum Lackmustest für den wahren Muslim, die Nichtkämpfer der Feigheit, des Opportunismus, ja der Heuchelei und des Unglaubens geziehen.

Sure 8:

„(15) O ihr, die ihr glaubt, so ihr auf die schlachtbereiten Ungläubigen stoßet, so wendet ihnen nicht den Rücken.
(16) Und wer ihnen an jenem Tage den Rücken kehrt, ... der hat sich den Zorn von Allah zugezogen, und seine Herberge ist Dschahannam, und schlimm ist die Fahrt (dorthin)."

Sure 9:

„(81) Es freuten sich die in ihren Wohnungen Zurückgebliebenen, dem Gesandten Allahs zuwidergehandelt zu haben, und hatten keine Lust, mit Gut und Blut in Allahs Weg zu eifern und sprachen: ‚Ziehet nicht aus in der Hitze!' Sprich: ‚Dschahannams Feuer ist heißer.' O dass sie es doch begriffen!"

Wer sicher sein will, ins Paradies zu kommen, dies die Quintessenz, muss für den Islam kämpfen und dabei auch sein eigenes Leben aufs Spiel setzen. Wer sich dieser Forderung verweigert, bekommt bestenfalls eine Art Stehplatz im Paradies, schlimmstenfalls droht ihm das Höllenfeuer. Die Einstellung heutiger Terroristen, die nur den Mudschahid, also den Dschihadkämpfer, als wahren Muslim gelten lassen und keine Skrupel haben, normale Muslime zu töten, hat durchaus eine Grundlage im Koran.

Dieser Sachverhalt erklärt auch das an sich erstaunliche Phänomen, dass diese Terroristen ein eigentümliches Renommee auch unter solchen Muslimen genießen, die persönlich den Terrorismus ablehnen – und dies, obwohl die meisten ihrer Opfer *selber* Muslime sind.

Welche impliziten Wertungen nimmt der Koran hier vor?

Erstens: Gewaltanwendung ist nichts Unmoralisches – jedenfalls nicht, wenn sie sich gegen „Ungläubige" richtet und der Verbreitung des Islam dient. Eine solche Verbindung von Frömmigkeit und Gewalt – die ja nicht nur als vereinbar, sondern geradezu als einander bedingend aufgefasst werden – ist ein islamisches Spezifikum.

Damit sei nicht etwa der Unsinn behauptet, dass Christen, Juden oder Buddhisten niemals Gewalt anwendeten. Das tun sie durchaus – sie übertreten damit aber ein Verbot. Mag eine solche Übertretung im Einzelfall auch theologisch gerechtfertigt werden können (und christliche Theologen können da sehr findig sein) – der springende Punkt ist, dass sie auch der ausdrücklichen Rechtfertigung *bedarf*, weil Christen Frömmigkeit und Gewalt instinktiv als *Gegensatz* auffassen. Dem Islam ist eine solche Denkweise von vornherein fremd. Zugespitzt gesagt: Ein Christ begeht eine Sünde, wenn er Gewalt anwendet, ein Muslim, wenn er es *nicht* tut. Dass eine solche Religion Terroristen hervorbringt, sollte niemanden verwundern. Erstaunlich ist eher, dass es so wenige sind.

Zweitens: Die *Verbreitung* des Islam hat Vorrang vor seiner individuellen *Vertiefung*. Die Verdrängung fremder Religionen ist wichtiger als die Vervollkommnung der eigenen. Wer zutreffend darauf hinweist, dass das Wort „Dschihad" auch eine nichtmilitante Nebenbedeutung hat, sollte diese unzweideutige Prioritätenhierarchie des Korans nicht unterschlagen.

Drittens: Dass dieser Zweck – und nur dieser! – praktisch jedes Mittel heiligt, weist ihn implizit als *obersten* Zweck des islamischen Normensystems aus. Eine Erkenntnis von kaum zu überschätzender Tragweite:

Sie besagt nicht mehr und nicht weniger, als dass dieses Normensystem primär auf die Ausdehnung seines eigenen Geltungsbereiches abzielt. Prägnanter: Der Inhalt des Islam ist seine eigene Verbreitung!

Natürlich ist es alles andere als ungewöhnlich, dass Religionsgemeinschaften ihre Botschaft verbreiten und Anhänger zu gewinnen suchen. Dass dieses Ziel aber an der Spitze der Wertehierarchie rangiert und im Zweifel alle anderen Normen einschließlich des Tötungsverbots außer Kraft setzt, unterscheidet den Islam fundamental vom Christentum, erst recht vom Judentum. In dieser Hinsicht ist er eher Scientology vergleichbar.

3.2.1.4 Selbstbeglaubigung durch militärischen Erfolg

Jesus starb als geächteter „Staatsfeind" am Kreuz, Mohammed als gefeierter Staatsmann im Bett.

Krasser könnten sich die Lebensgeschichten zweier Religionsstifter kaum unterscheiden, und es verwundert nicht, dass Mohammed, der sich als legitimer Nachfolger Jesu betrachtete, mit dessen scheinbar ruhmlosem Ende nichts anfangen konnte. Es schien ihm so widersinnig, dass er im Koran sogar die Historizität der Kreuzigung leugnete und – nach dem Motto, dass nicht sein *kann*, was nicht sein *darf* – behauptete, ein Anderer sei an Jesu Stelle gekreuzigt worden.

Ich erwähne dies nicht, um daran ein weiteres Mal die islamische Auffassung von Geschichtsbewusstsein zu demonstrieren (s.o.), sondern weil es Mohammeds tiefe Überzeugung illustriert, dass im Konfliktfall die gottgefällige Sache stets über die der „Ungläubigen" triumphieren müsse.

Für Christen verkörpert der gekreuzigte Heiland die Solidarität Gottes mit dem unschuldig Leidenden, dessen makellose moralische Überlegenheit sich *gerade* in diesem Leiden erweist. Jesus ist nach irdischen Maßstäben gescheitert, weil er *nicht* zu den Waffen gegriffen, sich *nicht* auf die Logik der Macht und Gewalt eingelassen und seine Botschaft *nicht* dadurch kompromittiert hat. Macht, Sieg und Erfolg, so könnte man die daraus resultierende Moral zusammenfassen, sagen über die Gerechtigkeit einer Sache nichts aus; eher schon sind sie anrüchig und verdächtig.

Der Koran trifft die genau entgegengesetzte Wertentscheidung:

Sure 59 behandelt die gewaltsame Vertreibung des jüdischen Stammes der Nadir aus Medina:

„(2) Er [Allah] ist's, welcher die Ungläubigen vom Volk der Schrift aus ihren Wohnungen zu der ersten Auswanderung trieb. Ihr glaubtet nicht,

dass sie hinausziehen würden, und sie glaubten, dass ihre Burgen sie vor Allah schützen würden. Da aber kam Allah zu ihnen, von wannen sie es nicht vermuteten, und warf Schrecken in ihre Herzen. Sie verwüsteten ihre Häuser mit ihren eigenen Händen und den Händen der Gläubigen. Drum nehmt es zum Exempel, ihr Leute von Einsicht!

(3) Und hätte nicht Allah sie für die Verbannung bezeichnet, wahrlich, er hätte sie hienieden gestraft; und im Jenseits ist für sie die Strafe des Feuers.

(4) Solches, dieweil sie sich Allah und seinem Gesandten widersetzten; und wenn sich einer Allah widersetzt, siehe, so ist Allah streng im Strafen."

Sure 48 („Der Sieg"):

„(1) Siehe, wir haben dir einen offenkundigen Sieg gegeben.

(2) (Zum Zeichen), dass Allah deine früheren und späteren Sünden vergibt und Seine Gnade an dir erfüllt und dich auf einem rechten Pfad leitet,

(3) Und dass Allah dir mit mächtiger Hilfe hilft."

Und Sure 8 kommentiert eine Schlacht mit den Worten:

„(7) Und als Allah euch verhieß, dass eine der beiden [feindlichen, M.K.-H.] Scharen euer sein sollte, und ihr wünschtet, dass es die unbewaffnete wäre. Allah aber wollte die Wahrheit seiner Worte bestätigen und die Wurzel der Ungläubigen abschneiden.

(8) Auf dass er die Wahrheit bestätigte und das Nichtige als nichtig erwiese, auch wenn es die Sünder nicht wollten."

Der militärische Sieg gilt also als *Beweis* für Mohammeds Sendung und für die *Wahrheit* der islamischen Lehre. Dies impliziert die bemerkenswerte erkenntnistheoretische Position, dass Wahrheitsansprüche sich durch Gewalt beglaubigen lassen: *Wahr ist, was siegt!*

In der formativen Periode des Islam, also etwa den ersten beiden Jahrhunderten, war dies für Muslime unproblematisch; denn sie siegten ja ständig.

Allerdings führt eine solche quasi darwinistische „Erkenntnistheorie" unausweichlich zur Erschütterung islamischer Wahrheitsansprüche, wenn die „Ungläubigen" sich als stärker erweisen, und dies womöglich dauerhaft. Normalerweise ist es Menschen sehr wichtig, die Wahrheit ihres je eigenen Weltbildes bestätigt zu finden; weshalb sie selbst in Alltagssituationen dazu tendieren, an einer einmal gefassten Meinung festzuhalten, sogar wenn es um ganz unwichtige Themen geht.

Geht es aber um politische Ideologien, erst recht um Religionen, die das fundamentale Koordinatensystem bereitstellen, nach dem ihre Anhänger die Welt ordnen, dann bringt ihre Infragestellung den Gläubigen in die Situation eines Wanderers, der im tiefsten Wald bemerkt, dass er einer falschen Landkarte folgt. Das Bedürfnis, die daraus resultierende existenzielle Krise zu vermeiden, dürfte die tiefste Wurzel doktrinären ideologischen Denkens sein, das folgerichtig auch in keinem Lebensbereich so aufdringlich zur Geltung kommt wie in der Politik und vor allem in der Religion.

In dieser Hinsicht unterscheiden sich Menschen nicht entlang von Religionsgrenzen. Wohl aber entscheidet die theologische Struktur der jeweiligen Religion darüber, *was* als existenzielle Anfechtung erfahren wird. Eine Religion, deren „Wahrheit" von der Fähigkeit ihrer Anhänger abhängt, sich gewaltsam gegen die „Ungläubigen" durchzusetzen, gerät zwangsläufig in eine Krise, wenn sie dazu nicht mehr im Stande sind. „Wahr ist, was siegt" bedeutet im Umkehrschluss: *Was verliert, ist unwahr!*

Da dieser Umkehrschluss aber die Negation des Islam beinhaltet und diese um jeden Preis vermieden werden muss, bleibt nur die Flucht in den alternativen Umkehrschluss: *Siegen wird, was wahr ist!* Aus muslimischer Sicht also der Islam.

Auf die aktuelle Politik bezogen bedeutet dies, dass die Dominanz des Westens die von ihr betroffenen muslimischen Gesellschaften nicht etwa in einen Lernprozess treibt, sondern in die gewaltsame Konfrontation. Wobei mit „Dominanz" noch nicht einmal das gemeint ist, was man als „Imperialismus" bezeichnen könnte, sondern die schlichte Tatsache, dass der Westen erfolgreicher ist, noch dazu auf allen relevanten Gebieten. Besonders dramatisch dürfte diese Situation den Angehörigen muslimischer Parallelgesellschaften im Westen erscheinen, die tagtäglich mit der Dominanz einer nichtmuslimischen Mehrheitsgesellschaft konfrontiert werden, der gegenüber die eigene Gemeinschaft kollektiv eine Unterschicht darstellt.

3.2.1.5 Regeln zur Verteilung der Beute

In fünf Suren beschäftigt sich der Prophet mit den Regeln, nach denen die Beute verteilt wird (normalerweise ein Fünftel für ihn, der Rest für seine Kämpfer). Nein, nicht der Prophet: *Allah selbst* stellt diese Regeln auf.

Wir werden noch sehen, wie problematisch es ist, dass „Allah" sich *überhaupt* in höchst weltliche Angelegenheiten einmischte. Indem er hier aber die Verteilung von *Beute* regelt, legitimiert er selbst Raub und Plünderung, die dadurch mit einer sakralen Weihe versehen werden.

Dies entsprach den Wertvorstellungen der Beduinen, die einen großen Teil der Bewohner der arabischen Halbinsel stellten und schon in vorislamischer Zeit eine ständige Plage für die sesshafte Bevölkerung gewesen waren.

Es wäre ein lohnendes Unterfangen (das hier selbstverständlich nicht verfolgt werden kann), nicht nur die arabische, sondern die Weltgeschichte insgesamt unter dem Gesichtspunkt des Kampfes zwischen Zivilisation und Barbarei zu beschreiben, genauer zwischen den Sesshaften, die von den Früchten ihrer Arbeit lebten, und räuberischen Nomadenvölkern, die diese Früchte durch Raub an sich brachten.

Die arabischen Beduinen befanden sich insofern in der illustren Gesellschaft von Skythen und Mongolen, von Hunnen und Wikingern, von Goten und Vandalen. Dabei hatte die Zivilisation durchaus nicht immer die Oberhand: Rom ist nur das prominenteste Beispiel eines Großreiches, das wandernden Barbarenvölkern zum Opfer fiel, und sein Ende bedeutete einen zivilisatorischen Rückschritt, dessen Kompensation fast ein Jahrtausend in Anspruch nahm.

Was den Barbaren ungeachtet ihrer Primitivität so oft die Überlegenheit verschaffte, war ihre Brutalität, ihr zur Lebensform erhobenes Kriegertum: Sie konnten kaum mehr als Menschen totschlagen. *Das* aber konnten sie perfekt.

Wahrscheinlich war es politisch klug vom Propheten, die Gewalttätigkeit und Barbarei der Beduinen vor den Karren des Islam zu spannen; den islamischen Siegeszug der ersten beiden Jahrhunderte hätte es ohne ihren wilden Kampfgeist kaum gegeben, bei dem Beutegier und Blutdurst mit dem ihnen frisch eingeimpften religiösen Fanatismus eine schlagkräftige Verbindung eingingen. Der Preis für diesen Erfolg war freilich, dass die islamische Zivilisation auf einem Fundament barbarischer Wertvorstellungen errichtet wurde.

3.2.2. Polemik gegen die „Ungläubigen"

In vierzehn Suren polemisiert der medinensische Koran gegen „Ungläubige", indem er sie als Feinde der Muslime darstellt oder sie und ihre Lehren als moralisch minderwertig verunglimpft. Dass hierbei auch die „Götzendiener", also die Polytheisten, und hier insbesondere die Mekkaner betroffen sind, ist schon deshalb wenig überraschend, weil sie schon vor der Hidschra die Hauptadressaten der Kritik gewesen waren.

In Medina aber konzentriert Mohammed seine Kritik, sofern er sie nicht unspezifisch auf „die Ungläubigen" bezieht, sondern konkrete Gruppen ins Auge fasst, vor allem auf Christen und Juden, wobei die Kritik an Letzteren sowohl quantitativ als auch qualitativ deutlich heftiger ausfällt als die an den Christen: Während christenfeindliche Motive in acht von vierundzwanzig medinensischen Suren eine Rolle spielen,[44] polemisiert der Koran in elf dieser Suren[45] gegen die Juden, und dort deutlich ausführlicher als gegen die Christen.

3.2.2.1 Antijüdische Polemik

3.2.2.1.1 Ursprung des islamischen Antisemitismus[46]

Auf den ersten Blick ist diese Akzentsetzung überraschend, steht die jüdische Religion dem Islam doch *theologisch* weitaus näher als die christliche: Judentum wie Islam bekennen sich zu einem kompromisslosen und unverwässerten Monotheismus, betonen die absolute Transzendenz Gottes und sind strenge Gesetzesreligionen, deren Gesetze zum Teil sogar übereinstimmen, man denke nur an die Beschneidung oder die Speisegebote.

Wenn der Prophet trotzdem die Juden besonders aufs Korn nimmt, so liegt dies zunächst an der konkreten historischen Situation: Juden siedelten als geschlossene Gemeinschaften und in Gestalt ganzer Stämme auf der arabischen Halbinsel. Sie waren also politische Einheiten, während Christen vorwiegend als Einzelpersonen und Familien über den gesamten arabischen Raum verstreut waren; als politisch-militärische Gegner kamen sie insofern zu Lebzeiten Mohammeds normalerweise nicht in Betracht, während wir andererseits gesehen hatten, dass die jüdischen Stämme von Medina nach anfänglicher Kooperation zu Gegnern wurden.

Zu diesem *politischen* gesellte sich ein nicht zu unterschätzender *psychologischer* Aspekt, bei dem sich interessanterweise eine Parallele zwischen Mohammed und dem Reformator Martin Luther zeigt:

Beide waren überzeugt, dass ihre eigene Lehre die ursprünglichen Intentionen des Judentums verwirkliche. Mohammed verstand den Islam als die

---

[44] Suren 2, 3, 4, 5, 9, 57, 61, 98
[45] Suren 2, 3, 4, 5, 9, 57, 58, 59, 61, 62, 98
[46] Zu Ursprung und Wesen des islamischen Antisemitismus siehe auch Hans-Peter Raddatz, Allah und die Juden, Berlin 2007; zur Entwicklung des Verhältnisses zwischen Mohammed und den Juden speziell S. 47 ff.

wahre Religion Abrahams, Luther den Protestantismus als ein von katholischen Verzerrungen gereinigtes Christentum. Hatten beide ursprünglich hohen Respekt vor dem Judentum gehabt und den Juden zugestanden, dass sie sich zu Recht vom Heidentum bzw. einem pervertierten Christentum ferngehalten hatten, so glaubten sie, dass ihre jeweils eigene Reformreligion allen berechtigten Wünschen der Juden Rechnung trage. Mohammed wie Luther glaubten deshalb, dass es ein Leichtes sein würde, die Juden zum Islam bzw. zum Protestantismus zu bekehren. Beide wurden enttäuscht.

Sowohl Mohammed als auch Luther reagierten auf diese Zurückweisung mit einer abrupten Wendung zu judenfeindlicher Polemik. Im Falle Mohammeds spielten dabei drei weitere wichtige Faktoren eine Rolle: Wie wir gesehen haben, wiesen die jüdischen Rabbiner seinen prophetischen Sendungsanspruch nicht nur mit theologischen Argumenten zurück, sie machten sich auch über ihn und seine Bildungslücken lustig und drohten ihn als komische Figur abzustempeln – höchst riskant gegenüber einem Mann vom Charakter Mohammeds.

Der Prophet hatte sich schon in Mekka die Qualen ausgemalt, mit denen Allah jeden strafen würde, der seine Sendung anzweifelte, und er hatte diese Phantasien in Gestalt hunderter Koranverse veröffentlicht. Als politisch machtloser Prediger, der er in Mekka gewesen war, musste er es dabei bewenden lassen. Wie aber würde ein solcher Mann reagieren, wenn ihm reale bewaffnete Macht zu Gebote stand?

„Im Jahre 624 wurden die Stämme der Nadir und Qaynuqa unter Einbehalt ihrer Besitztümer nach Khaybar in Nordarabien vertrieben, 627 ging Mohammed gegen den noch verbliebenen Stamm de Qurayza vor, deren Kontakte zu den nach wie vor feindlich gesinnten mekkanischen Quraysh den willkommenen Vorwand boten, ein radikales Exempel zu statuieren. In einem fast zwei Tage dauernden Massaker ließ er eine nicht näher bekannte Anzahl (600 bis 700) männlicher Personen in ein eigens hergerichtetes Massengrab steigen und in seiner Gegenwart hinrichten.

Die Frauen und Kinder wurden in die Sklaverei verkauft bzw. unter die Gefolgsleute verteilt. Dass er eine der Witwen, die 18-jährige Rayhana Bint Zayd, für den eigenen Konkubinenbestand rekrutierte, schrumpfte vor der Monstrosität dieses Vorgangs zur Randnotiz."[47]

---

[47] Hans-Peter Raddatz, Von Gott zu Allah. Christentum und Islam in der liberalen Fortschrittsgesellschaft, München 2005, S. 49

Indem die jüdischen Gelehrten Mohammeds willkürlichen Umgang mit der Bibel offenlegten, legten sie außerdem zugleich die Axt an die Grundlage des Islam, nämlich die göttliche Herkunft des Korans.

Und schließlich war die theologische Ablehnung zugleich identisch mit politischer Unbotmäßigkeit, weswegen schon in dem oben zitierten Vers (59/4) die Vertreibung der Nadir mit den Worten gerechtfertigt wurde: *„dieweil sie sich Allah und seinem Gesandten widersetzten"*.

Haben wir es an dieser Stelle nur mit der schon sattsam bekannten sakralen Rechtfertigung von Gewaltanwendung im Namen des Islam zu tun, so geht der Koran in seiner Polemik gegen die Juden über diesen Aufruf zum Kampf weit hinaus:

Der Prophet – wie später der Reformator – musste die Zurückweisung islamischer Wahrheitsansprüche seitens der Juden ja umso schmerzlicher empfinden, als sie gerade von *denen* kam, denen man, wie zähneknirschend auch immer, das Erstgeburtsrecht auf den Monotheismus zugestehen musste. Die Juden waren die Einzigen, die die Wahrheitsansprüche des Islam und des Christentums durch ihre Ablehnung grundsätzlich und bis in die Fundamente hinein erschüttern konnten. Wobei bereits die schiere *Existenz* des Judentums mit dieser Ablehnung *identisch* war. In einem allgemeineren Sinne liegt hierin der sozialpsychologische Grund dafür, dass Christen wie Muslime Heiden nur verachtet, Juden aber leidenschaftlich *gehasst* haben.

3.2.2.1.2 „Schriftfälschung"

Für Mohammed bedeutete dies, dass es nicht genügte, die Juden zu vertreiben, zu unterwerfen oder zu ermorden, er musste die Basis ihres religiösen Renommees erschüttern. Es reichte nicht aus, ihnen, wie auch den Christen, vorzuwerfen, sie hätten die Schrift falsch verstanden, nein, sie mussten die Schrift *gefälscht* haben, womit die Differenzen zwischen Thora und Koran scheinbar zwanglos erklärt wurden. Auf diese Weise wurde jedes Argument, das die Juden unter Berufung auf die Thora gegen den Islam vorbringen mochten, gegen sie selbst gekehrt, bewies es doch nur die moralische Verderbtheit der „Schriftfälscher". (Als wäre er zum Material für ein gutes Lehrbuch über totalitäre Ideologie bestimmt, erzwingt der Koran hier mit seiner zirkulären Selbstbeglaubigung eine Denkweise, in der Kritik sich gegen den Kritiker wendet, der eben wegen seiner Kritik nur der Agent des Bösen sein kann.) Die Lippendienste, die der Koran der Thora (und dem Evangelium) als dem Wort Gottes leistet, erweisen sich als ähnlich zweischneidig wie die oben behandelte Verehrung Jesu. Gemeint ist nämlich nicht *die* Thora, die von den Juden als solche betrachtet wird, sondern eine mit dem Koran übereinstimmende, also fiktive Thora, die in ähnlicher Weise für den Islam vereinnahmt wird wie die Person Christi.

3.2.2.1.3 „Abfall von Gott"

Der Koran wirft den Juden an etlichen Stellen vor, ihren Bund mit Gott gebrochen zu haben, und stützt sich in seiner Beweisführung ganz wesentlich auf die Bücher des Alten Testaments, deren Authentizität in *diesem* Zusammenhang natürlich *nicht* angezweifelt wird, etwa auf die Geschichte vom Tanz um das Goldene Kalb. Die jüdische Heilsgeschichte, die um den Bund zwischen Gott und dem Volk Israel kreist und an vielen Stellen dessen Untreue gegen den Herrn selbstkritisch thematisiert, wird zu einer Anklageschrift gegen die Juden umgedeutet.

Eine fatale Weichenstellung, die Mohammeds völliges Unverständnis für Selbstkritik schlechthin beweist, zugleich auch ein Punkt, an dem sich einmal mehr aufzeigen lässt, wie das theologische Konzept einer Religion sich in der Kollektivmentalität ihrer Anhänger niederschlägt:

Der gegen die Juden gerichtete Vorwurf der „Arroganz" ist wahrscheinlich der älteste antisemitische Topos überhaupt; in Ansätzen taucht er bereits in der vorchristlichen Antike auf. Den Schein von Plausibilität gewinnt er durch die Bezugnahme auf das Selbstverständnis der Juden, Gottes auserwähltes Volk zu sein. Würde man das Alte Testament aber einer ähnlichen Themenanalyse unterziehen, wie ich sie hier für den Koran leiste, so wäre das erwartbare Ergebnis, dass die jüdische Überlieferung die ständige Selbstbefragung, ja Selbstanklage enthält, den Erwartungen Gottes nicht gerecht zu werden. Das Ethos der Selbstkritik, die Warnung vor der Selbstgerechtigkeit, also das genaue Gegenteil von Arroganz, gehörte – und gehört bis heute – zum Kern jüdischer Ethik. (Und es war wiederum eine fatale Weichenstellung, diesmal des Christentums, dieses genuin jüdische Ethos exklusiv für sich zu beanspruchen und dem Typus selbstgerechten Pharisäers die Rolle „des" Juden zuzuweisen.)

Mohammed hat dies nicht nur nicht verstanden, er war vor allem weit davon entfernt, diese Haltung seiner eigenen Gemeinde anzuempfehlen:

Sure 3:

„*(110) Ihr seid die beste Gemeinde, die für die Menschen erstand. Ihr heißet, was rechtens ist und verbietet das Unrechte und glaubet an Allah. ...*"

Der Appell an den Gruppennarzissmus, der implizit schon in den Dschihad-Aufrufen und Paradiesversprechungen enthalten ist, wird hier mit geradezu schamloser Offenheit formuliert. Damit erscheint Selbstgerechtigkeit, insbesondere die kollektive Selbstgerechtigkeit der islamischen Umma, als nicht nur *legitime* Geisteshaltung, sondern sogar als *gebotene Tugend*; zumal in Verbindung mit einer Denkweise, die die jüdische Selbstkritik als Argument nicht *für*, sondern *gegen* die Juden und ihre moralische Integrität wertet.

3.2.2.1.4 Jüdische Lebensbejahung

Und noch einen Punkt gibt es, in dem sich der Islam fundamental gegen das Judentum abgrenzt. Er wird nur an zwei Stellen genannt, gehört mithin nicht zu den *zentralen* Themen antijüdischer Polemik im medinensischen Koran, illustriert und konkretisiert aber eines der zentralen Themen des *mekkanischen* Korans und muss deshalb hier behandelt werden:

Sure 2:

„*(94) Sprich: ‚Wenn eure künftige Wohnung bei Allah für euch besonders ist und nicht für die andern Menschen, so wünschet euch den Tod, wenn ihr wahrhaft seid.'*

(95) Nimmer aber vermögen sie's zu wünschen wegen dessen, was ihre Hände vorausgesandt. Und Allah kennt die Frevler.

(96) Und fürwahr du findest, dass sie noch gieriger am Leben hängen als die Götzendiener. Der eine von ihnen wünscht tausend Jahre zu leben; aber nicht brächte er sich fern von der Strafe, auch wenn er am Leben bliebe. Und Allah schaut ihr Tun."

Im Tenor gleichlautend Sure 62:

„*(6) Sprich: ‚O ihr Juden, wenn ihr behauptet, dass ihr vor den andern Menschen Allahs Freunde seid, dann wünschet euch den Tod, so ihr wahrhaft seid.'*

(7) Doch nimmer werden sie ihn wünschen wegen ihrer Hände Werk. Doch Allah kennt die Ungerechten.

(8) Sprich: ‚Siehe, der Tod, vor dem ihr flieht, siehe, er wird euch einholen. Alsdann müsst ihr zurück zu dem, der das Verborgene und Sichtbare kennt, und verkünden wird er euch, was ihr getan."

Hier fließen mehrere Themen zusammen: Zum einen die Kritik am angeblichen arroganten Heilsexklusivismus (*„dass ihr vor den andern Menschen Allahs Freunde seid"*) der Juden, der, sofern er eben von *Juden* vertreten wird, alle anderen Religionen, die sich auf die jüdische Überlieferung stützen, in existenzielle Legitimationsprobleme stürzt; den der Prophet deshalb nicht achselzuckend als Unglauben abtun kann, sondern im Kern anfechten muss. Da genügt es eben nicht zu sagen, die Juden hätten das Heil nicht *exklusiv*; der Koran muss darauf bestehen, sie hätten es *überhaupt nicht*.

Dazu spielt er zunächst wiederum auf den Vorwurf der Schriftfälschung an (*„ihrer Hände Werk"*). Die somit als bösartige Gotteslästerer abgestempelten Juden hätten wegen ihrer Bösartigkeit, die ihnen wohl bewusst sei, Angst vor der Strafe Allahs – und jetzt kommt es: *Deswegen* hängen sie am Leben!

Das ist ein Mordaufruf. Als solcher, wie wir gesehen haben, ohnehin ein ständiges Thema; diesmal aber mit einer besonders perfiden Rechtfertigung, wird den Juden doch unterstellt, die eigene Ermordung geradezu herauszufordern: Wenn das stimmt, was die Juden behaupten, so die implizite Logik dieser Verse, dann tun wir Muslime ihnen einen Gefallen, wenn wir sie umbringen. Stimmt es aber nicht, dann sind sie ohnehin von Allah verdammt und ihr Leben nichts wert.

Zugleich implizieren die genannten Verse aber auch in zugespitzter Form die Verachtung des menschlichen Lebens schlechthin, die wir bereits als Grundgedanken des mekkanischen Korans kennengelernt haben: Wer am Leben hängt, glaubt nicht daran, von Allah für das Paradies bestimmt zu sein. Wer am Leben hängt, ist ein Ungläubiger. Gläubig ist nur, wer für Allah zu sterben bereit ist. Und da der Selbstmord ja verboten ist, der Tod für Allah also nur im Kampf erreicht werden kann: *Gläubig ist, wer für Allah tötet!*

Das oben genannte Prinzip „Wahr ist, was siegt" enthält also nicht nur eine darwinistische „Erkenntnistheorie", sondern auch eine ihr würdige Moral: Gesegnet ist, wer tötet. „Ungläubige", die nicht kämpfen wollen, beweisen gerade dadurch ihre moralische Minderwertigkeit, wohingegen sich die moralische Überlegenheit der *„besten Gemeinde, die für die Menschen erstand"* nicht auf den Glauben schlechthin gründet, wie man nach dem hier zitierten Vers 3/110 noch annehmen könnte, sondern auf der Besiegelung dieses Glaubens im bewaffneten Kampf.

Was hier formuliert wird, ist nicht mehr und nicht weniger als die Annullierung des Fünften Gebots. *Allah sagt: „Du sollst töten!"*[48]

Und noch etwas wird annulliert, wenn man die Bereitschaft, sich und andere zu opfern, zum Lackmustest für den Glauben schlechthin erhebt: nämlich das Verbot des Menschenopfers. Der Gott der Juden hat ihnen verboten, Menschen zu opfern. Der Gott der Christen hat sich selbst geopfert.

Allah aber *fordert* Menschenopfer.

3.2.2.2 Polemik gegen die Christen

In seinen Angriffen auf das Christentum setzt der Koran andere Akzente als bei seinen antijüdischen Ausfällen. Den Christen hält er vor allem das Festhalten an der Trinität und der Gottessohnschaft Christi vor:

Sure 4

„(171) O Volk der Schrift, überschreitet nicht euern Glauben und sprechet von Allah nur die Wahrheit. Der Messias Jesus, der Sohn der Maria, ist der Gesandte Allahs und Sein Wort, das Er in Maria legte, und Geist von Ihm. So glaubet an Allah und an Seinen Gesandten und sprecht nicht: ‚Drei.' Stehet davon ab, gut ist's euch. Allah ist nur ein einiger Gott. Fern ist es von seiner Heiligkeit, dass er einen Sohn haben sollte."[49]

Der Vorwurf der Schriftfälschung wird auch gegen die Christen erhoben (wenn auch seltener und weniger deutlich als gegen die Juden); dies zumindest ist die gängige Auslegung von

---

[48] Dass der Islam so etwas wie „Pazifismus" schon deshalb nicht kennt, weil die Tötung von Menschen eine religiöse Pflicht ist, dafür gibt es einen islamkritischer Neigungen hinreichend unverdächtigen Gewährsmann, nämlich Ayatollah Khomeini: „Der Koran sagt: Tötet! Sperrt ein! Mehrab [die Gebetsnische in der Moschee] ist ein Ort des Kampfes und Krieges. Aus der Mehrab heraus solllten Kriege begonnen werden, wie alle Kriege des Islam aus den Mehrabs heraus begannen. Der Prophet hatte ein Schwert, um Menschen zu töten. Unsere Imame waren Militärs. Sie alle waren Krieger. Sie führten das Schwert. Sie töteten Menschen. Wir brauchen einen Kalifen, der Hände abhackt, Kehlen durchschneidet, Menschen steinigt. Genau wie der Gesandte Gottes Hände abzuhacken, Kehlen durchzuschneiden und Menschen zu steinigen pflegte. Genau wie er die Juden der Bani Qurayza massakrierte, weil sie ein Haufen Unzufriedener waren. Wenn der Prophet befahl, ein Haus niederzubrennen oder einen Stamm auszurotten, war das Gerechtigkeit." Khomeinis Rede zum Geburtstag des Propheten 1981, zit. n. Robert Spencer, Religion of peace? Why Christianity Is and Islam Isn´t, Washington D.C. 2007, S. 91 f., Übersetzung von mir, M.K.-H.

[49] Da der letzte Satz dieses Zitats in Hennings Übersetzung missverständlich lautet, habe ich für diesen einen Satz ausnahmsweise auf die Übersetzung der Ahmadiyya-Bewegung, Ffm 2003, zurückgegriffen.

Sure 3

„(78) Und siehe, wahrlich ein Teil ist unter ihnen, der mit seinen Zungen die Schrift verkehrt, damit ihr es für einen Teil der Schrift haltet, während es nicht zur Schrift gehört. Und sie sprechen ‚Es ist von Allah', jedoch ist es nicht von Allah, und sie sprechen eine Lüge wider Allah, obwohl sie es wissen."

Außerdem kreidet er ihnen ihre zänkische Sektiererei an und ihre offenkundige Freude an der esoterischen Spekulation. Christliche Theologen vermochten sich bis aufs Messer über Fragen zu streiten wie die, ob der Heilige Geist nur vom Vater ausgehe oder womöglich auch vom Sohn. Man darf sich in der Tat nicht wundern, dass der Koran ihnen entgegenhielt:

Sure 3

„(66) Streitet doch über das, wovon ihr Wissen habt; weshalb streitet ihr über das, wovon ihr kein Wissen habt? Allah weiß, ihr aber wisset nicht."

Speziell auf der arabischen Halbinsel musste sich der Eindruck geradezu aufdrängen, die Christenheit bestehe vor allem aus einander befehdenden Sekten: Dorthin reichte der Arm der römisch-byzantinischen Reichskirche nicht, und so wimmelte es unter den arabischen Christen von Kleinkirchen und Religionsflüchtlingen, von nur lose oder gar nicht an Kirchenstrukturen angebundenen asketischen Mönchen und von versprengten Gruppen, an denen die gesamte theologische Entwicklung seit dem zweiten Jahrhundert mehr oder minder spurlos vorübergegangen war. Man vermutet, dass sich gerade dort eine starke judenchristliche Strömung bis in die Tage Mohammeds gehalten hatte, die Jesus als Religionsstifter, nicht aber als Sohn Gottes verehrte und der die im Koran formulierte Trinitätskritik daher unmittelbar einleuchtete.[50]

Es hatte seine Gründe, dass die Christen im Koran besser wegkommen als die Juden:

Sure 5

„(82) Wahrlich, du wirst finden, dass unter allen Menschen die Juden und die, welche Allah Götter zur Seite stellen, den Gläubigen am meisten feind sind, und wirst finden, dass den Gläubigen diejenigen, welche sprechen: 'Wir sind Nazarener', am freundlichsten gegenüberstehen. Solches, dieweil unter ihnen Priester und Mönche sind, und weil sie nicht hoffärtig sind."

---

[50] vgl. Hans Küng in: Hans Küng/Jan van Ess, a.a.O., S. 181

Es wäre aber ein Missverständnis, daraus zu folgern, der Islam stehe dem Christentum als *Religion* toleranter gegenüber als dem Judentum. Der Koran fährt nämlich fort:

„*(83) Und wenn sie hören, was hinabgesandt ward zum Gesandten, siehst du ihre Augen von Tränen überfließen infolge der Wahrheit, die sie darin erkennen, indem sie sprechen: ‚Unser Herr, wir glauben; so schreib uns ein unter jene, die es bezeugen.'*

(84) ...

(85) Und belohnt hat sie deshalb Allah für ihre Worte mit Gärten, durcheilt von Bächen, ewig darinnen zu verweilen; ...

(86) Wer aber nicht glaubt und Unsre Zeichen der Lüge zeiht, das sind die Gefährten des Höllenpfuhls."

Christen werden also freundlicher beschrieben, weil und soweit sie leichter zu bekehren sind als Juden. *Diejenigen* Christen aber, die das auch *bleiben* wollen, fahren zur Hölle, und an ihnen und ihrem Glauben wird kein gutes Haar gelassen. Sie werden mitsamt den Juden verdammt:

Sure 9:

„*(30) Und es sprechen die Juden: ‚Uzair [Esra] ist Allahs Sohn'...*"
– selbstverständlich haben die Juden in Wahrheit niemals den Propheten Esra zum Gottessohn erhoben –
„*...Und es sprechen die Nazarener: ‚Der Messias ist Allahs Sohn.' Solches ist das Wort ihres Mundes. Sie führen ähnliche Reden wie die Ungläubigen von zuvor. Allah schlug sie tot! Wie sind sie verstandeslos!*"

Die Christen werden als Gegner nicht ernst genommen. Da sie im Gegensatz zu den Juden keine politische Gemeinschaft darstellen, können sie dem Islam keinen gewaltsamen Widerstand entgegensetzen, und weil sie sogar als Religion zersplittert und theologisch verwildert sind, fallen sie auch der islamischen Mission leichter zum Opfer.

Hans Küng vermutet, dass das Christentum sich unter muslimischem Druck vor allem deshalb so schnell aufgelöst habe, weil die Christen nicht in der Lage gewesen seien, ihre Zentraldogmen „Trinität" und „Inkarnation" (Menschwerdung Gottes) hinreichend zu begründen.[51] Für die anarchisch strukturierte Christenheit im Arabien Mohammeds trifft das wahrscheinlich zu – welcher Laie kann schon das Trinitätsdogma exakt entwickeln? (Was man Küng al-

---
[51] ebd., S. 170

lerdings vorwerfen muss, ist, dass er damit auch die spätere Durchsetzung des Islam in ehemals römischen, byzantinischen und persischen Gebieten erklären will, wo es straff geführte Kirchen gab, und dabei die Realgeschichte ignoriert. Wir werden im übernächsten Kapitel sehen, mit welchen Mitteln der Islam dort „missionierte", und dass die Stärke oder Schwäche theologischer Argumente das Letzte war, was dabei eine Rolle spielte.)

Dass hier eine offene Flanke lag, wurde den Christen sehr schnell klar, und so wurden Mitte des 7. Jahrhunderts energische Maßnahmen zu innerer Konsolidierung ergriffen,[52] zu spät freilich, weil sie zu einem Zeitpunkt erfolgten, wo der Islam auf Predigt und Missionierung nicht mehr angewiesen war.

3.2.2.3 Soziale Ab- und Ausgrenzung

Fünf medinensische Suren fordern explizit dazu auf,[53] soziale Kontakte zu den „Ungläubigen" auf ein Minimum zu beschränken, insbesondere keine vertraulichen und freundschaftlichen Beziehungen zu ihnen zu unterhalten und sich nicht in Abhängigkeit zu begeben. Dabei mag man die Distanzierung von der eigenen Verwandtschaft, die in Sure 9 gefordert wird, auf die spezielle Situation des Propheten zurückführen, der mit seinem eigenen Stamm – den mekkanischen Quraischiten – im Konflikt lag. Alle anderen genannten Stellen fordern unzweideutig die generelle Abgrenzung von Andersgläubigen *als allgemeingültige Sozialnorm*; zwei Beispiele:

Sure 4:

„(89) Sie wünschen, dass ihr ungläubig werdet, wie sie ungläubig sind, und dass ihr (ihnen) gleich seid. Nehmet aber keinen von ihnen zum Freund, ehe sie nicht auswanderten in Allahs Weg. Und so sie den Rücken kehren, so ergreifet sie und schlaget sie tot, wo immer ihr sie findet; und nehmet keinen von ihnen zum Freund oder Helfer;"

Sure 5:

„(51) O ihr, die ihr glaubt, nehmt euch nicht die Juden und Christen zu Freunden; sie sind untereinander Freunde, und wer von euch sie zu Freunden nimmt, siehe, der ist von ihnen ...

---

[52] Martin Tamcke, Christen in der islamischen Welt. Von Mohammed bis zur Gegenwart, München 2008, S. 54-61
[53] Suren 3, 4, 5, 9, 60

(...)

(57) „O ihr, die ihr glaubt, nehmt nicht von denen, welchen die Schrift vor euch gegeben ward, diejenigen, die über euren Glauben spotten und scherzen, und auch nicht die Ungläubigen zu Freunden, ..."

Auffallend ist auch in diesem Zusammenhang die enorme Empfindlichkeit gegen Spott, die uns schon im mekkanischen Koran begegnet war. Wer den Koran liest, wird sich über die Maßlosigkeit der muslimischen Reaktion auf die dänischen Mohammed-Karikaturen kaum mehr wundern.

Zwei miteinander zusammenhängende Befürchtungen stehen offenbar hinter diesen Geboten: zum einen könnten Muslime zum Abfall vom Islam verleitet werden, zum anderen könnte die innermuslimische Solidarität leiden (*„der ist von ihnen"*), wenn einzelne Muslime zu enge soziale Beziehungen zu Nichtmuslimen unterhalten – womit unterstrichen wird, dass die innermuslimische Solidarität und die feindselige Abgrenzung gegenüber Fremdgruppen zwei Seiten derselben Medaille sind.

Man könnte an dieser Stelle einwenden, dass es auf die genaue Interpretation von Ausdrücken wie „Freund" oder „Helfer" ankomme, da es einen erheblichen Unterschied bedeute, ob sie politisch, rechtlich oder emotional aufzufassen seien; dieser denkbare Einwand jedoch liefe ins Leere:

Die genaue rechtliche Konkretisierung dieser Normen ist auch in den islamischen Ländern selbst schon seit der Frühzeit des Islam eine Angelegenheit für Gelehrte gewesen, und auch die waren sich nicht immer einig. Es geht in *diesem* Text darum, wie sich die Existenz gerade *solcher* Normen auf das Normen- und Wertesystem einer Gesellschaft auswirken muss, die den Koran buchstäblich für das Wort Gottes hält. Die meisten Muslime, einschließlich der meisten Araber, verstehen nicht unbedingt die Feinheiten des klassischen Arabisch, in dem der Koran verfasst ist. Was aber für jedermann ohne weiteres verständlich ist, ist der *Kontext*, in dem diese Normen stehen, insbesondere die *Begründung*, die ihnen zugrunde liegt. Die aufgrund dieses Kontextes jedem einfachen Gläubigen sich aufdrängende Interpretation lautet, dass es verboten ist, zu Nichtmuslimen solche sozialen Beziehungen zu unterhalten, die die Gefahr des Abfalls vom oder des Verrats am Islam mit sich bringen, ganz gleich, ob diese Gefahr auf emotionaler Nähe, politischer Abhängigkeit oder rechtlicher Bindung basiert.

Des Weiteren geht aus diesen Versen hervor, dass der Prophet die geistige Abschottung der muslimischen Gemeinschaft für das beste Mittel hält,

Glaubenszweifel gar nicht erst aufkommen zu lassen und die eigene Gemeinschaft missionsfest zu machen. Bemerkenswerterweise wiegt die Befürchtung, Muslime könnten sich vom Islam abkehren, deutlich schwerer als die Hoffnung, Andersgläubige könnten sich unter dem Einfluss von Muslimen zum Islam bekehren. (Nach dem Tode des Propheten wird es Nichtmuslimen unter islamischer Herrschaft zum Teil gar verboten werden, sich und ihre Kinder mit dem Koran vertraut zu machen.[54])

Vermutlich hängt diese wenig selbstbewusste Haltung damit zusammen, dass der frühe Islam dem Prestige und der theologischen Reife der Vorgängerreligionen wenig entgegenzusetzen hatte. Für seine weitere Entwicklung bedeutete dies aber, dass die soziale Abschottung der islamischen Umma gegen alle Nichtmuslime zum sozialen Leitbild avancierte.

Das, was wir heute „Integration" nennen, steht in einem direkten Widerspruch zu einem früh entwickelten (und, wie wir sehen werden, in knapp anderthalb Jahrtausenden verfestigten) Wertesystem, das auf der inneren Geschlossenheit der Umma beruht, und zu einem Normensystem, das enge soziale Kontakte zu „Ungläubigen" als zumindest anrüchig stigmatisiert. Und das, was wir heute „Dialog" nennen, und worunter wir den ergebnisoffenen Austausch unter Gleichberechtigten verstehen, trifft auf eine Mentalität, die Zweifel an den eigenen Glaubensgrundlagen nicht einmal in einem hypothetischen Sinne zulässt, und die die *Äußerung* solcher Zweifel von Seiten der „Ungläubigen" als einen feindseligen Akt auffasst.

Martin Tamcke[55] hat an Beispielen seit dem Mittelalter aufgezeigt, wie christlich-muslimische „Dialoge" in der islamischen Welt unter diesen Umständen schon früh im hochgradig ritualisierten Austausch immer derselben Argumente und Floskeln erstarrten, dessen Sinn einzig darin bestand, sich der je eigenen religiösen Identität zu versichern, nicht aber in geistiger Auseinandersetzung. Wenn man zum Beispiel an die Berliner Islamkonferenz denkt, sind die Muslime auch im heutigen Westen auf dem besten Wege, als „Dialog" ein System von floskelartigen Sprachregelungen zu etablieren, die vor allem dazu dienen, jeder Infragestellung des Islam von vornherein einen Riegel vorzuschieben.

---
[54] Martin Tamcke, a.a.O., S.27
[55] ebd, S.94-121

3.2.2.4 Apostasieverbot

In diesen Zusammenhang gehört auch die Verurteilung und das strikte Verbot der Apostasie, also des Abfalls vom Islam. Die meisten islamischen Rechtsgelehrten sehen den Abfall vom Glauben als ein Verbrechen an, das mit der Todesstrafe zu ahnden ist.

Diese Regel hat zweierlei Konsequenzen, die beide dazu beitragen, den Islam zu einem System zu machen, das auf Expansion angelegt ist:

Wenn nämlich – erstens – der Übertritt zum Islam erlaubt, der Abfall davon aber – und dies bei Todesstrafe – verboten ist, dann wirkt diese Regel wie das soziale Äquivalent einer halbdurchlässigen Membran. Im Zusammenleben von muslimischen mit nichtmuslimischen Bevölkerungsgruppen muss sie über längere Zeiträume dazu führen, dass die muslimische Gruppe durch soziale Osmose die nichtmuslimischen verdrängt. Und man bilde sich nicht ein, dass diese Regel reine Theorie sei, die heute keine Wirkung mehr habe. In Berlin zum Beispiel sind ehemalige Muslime, die zum Christentum übergetreten sind, genötigt, ihre Gottesdienste unter konspirativen Umständen zu feiern, fast schon wie die Christen im Alten Rom.[56]

Zweitens ist diese Regel die Grundlage des „Takfir", also der Erklärung zum Ungläubigen: eine mächtige Waffe in der Hand radikaler Muslime, die damit ihre liberaleren Glaubensbrüder einschüchtern. Jeder Muslim, der qualifiziert und berechtigt ist, eine Fatwa (ein islamisches Rechtsgutachten) zu erlassen, kann die Takfir aussprechen und damit andere Muslime wegen deren theologischer Auffassungen praktisch für vogelfrei erklären. Es liegt in der Natur der Sache, dass diese Waffe nur von konservativen bzw. „fundamentalistischen" Muslimen gegen liberale eingesetzt werden kann, nicht aber umgekehrt:

Dass etwa die liberalen Theologen der Ankaraer Schule einen Yusuf al-Qaradawi, den Spiritus Rector der Muslimbruderschaft, zum „Ungläubigen" erklären, ist nicht nur unvorstellbar – es wäre auch kaum zu begründen. Grundlage einer solchen Takfir müsste ja letztlich der Koran bzw. dessen behauptete Missachtung durch Qaradawi sein, ein Vorwurf, der jeder Grundlage entbehrte, wenn er sich gegen einen Mann richtete, dessen Extremismus *gerade* auf seiner Treue zum Koran beruht.

Das islamische Apostasieverbot ist also weitaus mehr als bloß ein flagranter Eingriff in die Religionsfreiheit (was allerdings allein schon aus-

---
[56] vgl. André Glasmacher, Angst vor dem strafenden Islam, in: Tagesspiegel vom 21.4.2007

reichen würde, die Unvereinbarkeit von Islam und offener Gesellschaft zu beweisen). Es hängt als Damoklesschwert über Jedem, der eine im westlichen Sinne liberale Interpretation des Koran propagiert; die Drohung als solche reicht in der Regel bereits aus, solche Exegeten mundtot zu machen und die soziale Verbindlichkeit der konservativen Positionen abzusichern, deren Kritiker noch froh sein können, wenn sie bloß an den Rand der Umma gedrängt und nicht gleich ins Jenseits befördert werden.

3.2.3. Der Anspruch des Propheten auf absoluten Gehorsam und seine politischen Implikationen

Dass eine solchermaßen als Kampfeinheit konzipierte Religionsgemeinschaft keinen inneren Pluralismus zulassen kann, läge selbst dann auf der Hand, wenn der Prophet nicht obendrein noch in zehn von 24 medinensischen Suren[57] seinen Anspruch auf absoluten Gehorsam unzweideutig unterstrichen hätte, etwa in

Sure 3:

„(32) Gehorchet Allah und dem Gesandten; denn wenn ihr den Rücken kehrt – siehe, Allah liebt nicht die Ungläubigen."

Allein die Häufigkeit, mit der die Formulierung „Allah und der Gesandte" im medinensischen Koran auftaucht (während sie im mekkanischen so nicht vorkam), ist bezeichnend. Der Prophet lässt keinen Zweifel daran, dass sein Wille und der Allahs ein und dasselbe sind. Dabei beschränkt er sich nicht etwa auf eine quasi päpstliche Unfehlbarkeit in theologischen Fragen, sondern beansprucht sie auch in politischen, militärischen und rechtlichen Angelegenheiten. Sogar Privatangelegenheiten des Propheten, etwa Ehestreitigkeiten mit seinen zahlreichen Frauen, werden durch „göttliche" Intervention zugunsten Mohammeds entschieden, und die Verse, mit denen der Prophet das Verhalten seiner eigenen Frauen vorschrieb, gelten, da sie im Koran stehen, bis heute und für alle Zeiten für *alle* muslimischen Frauen.

Die politische Ordnung von Medina kennt also weder eine Trennung von Religion und Politik, noch eine von Gesetzgebung und Regierung, und nicht einmal die von öffentlich und privat. Sie kennt auch keine Verantwortung des Führers gegenüber den Geführten; die Vorstellung eines „Gesellschafts-

---

[57] Suren 3, 4, 5, 8, 9, 24, 33, 49, 58, 59

vertrages" auf Gegenseitigkeit kann es unter islamischen Vorzeichen nicht geben, der politische Führer ist Allah verantwortlich und sonst niemandem. Das bedeutet aber keineswegs, dass diese Verantwortung gegenüber Allah bloße Ideologie gewesen wäre, die einer diktatorischen Willkürherrschaft lediglich ein religiöses Mäntelchen umgehängt hätte. Eine solche Interpretation in der Tradition vulgäraufklärerischer Religionskritik würde nicht nur dem Propheten selbst Unrecht tun, sondern auch zu einer dramatischen Fehleinschätzung des Islam als eines politischen Ordnungsprinzips führen:

Politische Herrschaft ist von Dauer, wenn die Beherrschten sie als *legitim* akzeptieren. Während aber etwa das Christentum die Frage nach der Legitimität einer konkreten politischen Herrschaft rein pragmatisch – wenn überhaupt – beantwortet, indem es praktisch jegliche tatsächlich existierende Obrigkeit für gottgewollt erklärt,[58] behandelt der Islam sie in religiösen Begriffen: Legitim ist der Herrscher, der seiner Verantwortung gegenüber Allah gerecht wird, der also in Übereinstimmung mit islamischen Normen regiert.

Faktisch ist dem Herrscher damit ein enormer Handlungsspielraum zugestanden, denn natürlich verfügten auch muslimische Herrscher in Gestalt einer willfährigen Gelehrtenschaft normalerweise über hinreichend viele Ideologen und Claqueure, die ihnen bescheinigten, in Übereinstimmung mit Koran und Sunna zu handeln, und eine institutionalisierte Kontrolle wie in modernen Verfassungsstaaten war vom islamischen Recht nicht vorgesehen, schon gar nicht vom Propheten selber.

Setzte sich der Herrscher aber in offenkundigen Widerspruch zum Islam, indem er etwa die Gleichberechtigung der „Ungläubigen" dekretierte,[59] so konnte er sich erhebliche Probleme einhandeln. Anhand konkreter Beispiele werde ich weiter unten zeigen, dass der Islam im Zweifel mächtiger war als der mächtigste muslimische Herrscher.

Die Übereinstimmung mit dem Islam vorausgesetzt, war der Herrscher allerdings praktisch Stellvertreter Allahs. Das in Medina etablierte Modell

---

[58] vgl. Röm 13, 1–5
[59] vgl. z.B. Bat Ye´Or, Der Niedergang des orientalischen Christentums unter dem Islam, Gräfelfing 2002, S. 400; und Youssef Courbage/Philippe Fargues, Christians and Jews under Islam, London 1997, S. 70

einer legitimen politischen Ordnung war die Theokratie.[60] Eine Vorentscheidung mit weitreichenden Implikationen:

Jede politische Ordnung, die den inneren Frieden sichern soll, und dies dauerhaft, muss ein anerkanntes Verfahren zum legalen Machtwechsel kennen, das spätestens beim Tode des Herrschers anzuwenden ist. Das klassische Beispiel ist die Erbmonarchie; in modernen Demokratien dagegen muss man nicht auf den Tod des Herrschers warten, sondern bekommt von Zeit zu Zeit die Gelegenheit, ihn legal – durch Wahl – abzulösen.

So fundamental sich beide Systeme auch sonst unterscheiden: In beiden bestimmt eine *abstrakte Regel* darüber, wer der legitime Herrscher ist; Herrschaft gilt als legitim, wenn sie durch ein bestimmtes *Verfahren* zustande gekommen ist – und zwar auch dann, wenn der Herrscher unfähig, korrupt oder verrückt ist oder eine katastrophale Politik verfolgt, mit anderen Worten: unabhängig davon, ob seine Politik oder sein Regierungsstil inhaltlich mit den Erwartungen der Gesellschaft übereinstimmt.

Der Koran dagegen etabliert mit dem Herrschaftsanspruch des Propheten implizit eine *materielle* im Unterschied und Gegensatz zu einer *formalen* Definition von „Legitimität". Wenn Herrschaft sich durch ihre Übereinstimmung mit dem Willen Allahs als legitim ausweisen muss, dann verdrängt diese „Legitimation durch Inhalt" die „Legitimation durch Verfahren", der dadurch der Rang eines bloß sekundären, eher pragmatischen Ordnungsprinzips zugewiesen wird. Erbmonarchien gab und gibt es selbstverständlich auch in der islamischen Welt (wobei es wiederum bezeichnend ist, wie sehr die direkte Abstammung vom Propheten zur Legitimation etwa des marokkanischen oder jordanischen Königshauses beiträgt), und heutzutage gibt es auch gewählte Regierungen, wenn auch nur vereinzelt.

Was es aber *nicht* gibt, ist die Vorstellung, dass eine Regierungs*form per se* als legitim gelten könnte. Die Legitimität muslimischer Herrscher, egal, ob es sich um Könige, Diktatoren oder gewählte Politiker handelt, steht jederzeit unter einem Vorbehalt. Bereits diese latente Anfechtung der Legitimität ihrer Herrschaft zwingt muslimische Herrscher regelmäßig, die Lücke zwischen den Geboten des Islam und ihrer eigenen Praxis nicht zu groß

---

[60] Bernard Lewis: „Der aus der von Muhammad in Medina begründeten Gemeinde hervorgegangene und nach dem Vorbild der altorientalischen Gotteskönigtümer weiterentwickelte islamische Staat war sowohl theoretisch als auch im Verständnis der Allgemeinheit eine Theokratie, in der jegliche Macht und jegliches Recht allein von Gott ausgingen und das Staatsoberhaupt als Sein Statthalter auf Erden galt." Bernard Lewis, Die Araber, München 2002, S.129

werden zu lassen (Eine gewisse Lücke ist natürlich unvermeidlich, weil die politische Wirklichkeit, in der diese Herrscher sich zu bewähren haben, sich nicht unbedingt nach dem Koran richtet.), und sogar Herrscher, die selber den Islam als Grundlage ihrer Herrschaft ablehnen, wie etwa Atatürk, sind gezwungen, sich ein Interpretationsmonopol über den Islam zu sichern (In der Türkei sind nahezu sämtliche Imame Regierungsbeamte.), um dessen oppositionelles Potenzial unter Kontrolle zu halten; damit aber erkennen sie seine legitimitätsstiftende Kraft implizit an.

Man könnte diesem islamischen Politikverständnis auch eine positive Seite abgewinnen: Immerhin schränkt die Rückbindung an religiöse Normen die Willkür des Herrschers ja ein.

Nur eben nicht in dem Sinne, wie *wir* das erwarten würden, nämlich als Verpflichtung auf Gerechtigkeit, Milde und Verantwortungsbewusstsein. Dergleichen gehört in allen Kulturen, auch der islamischen, zu den traditionellen Tugendkatalogen für Herrscher, hat aber nichts mit der islamischen Legitimität ihrer Herrschaft zu tun. Ein muslimischer Herrscher kann durchaus ein despotischer und grausamer Hasardeur sein, ohne damit seine Legitimität zu riskieren; der Schah von Persien hat nicht etwa deshalb seinen Thron verloren, weil er ein Despot war, sondern weil er die Ent-Islamisierung der Gesellschaft betrieb, zugleich aber keinen Weg fand, die Geistlichkeit ähnlich an die Kandare zu nehmen, wie Atatürk das vermocht hatte.

Die breite gesellschaftliche Akzeptanz religiöser, d.h. nichtpolitischer Legitimitätskriterien und die stets drohende Anfechtung ihrer Legitimität durch eine auf den Islam sich berufende Opposition zwingt die Herrscher, ihr durch eine betont an islamischen Normen orientierte Regierungsführung von vornherein den Boden zu entziehen; in langen Phasen der islamischen Geschichte war dies jedenfalls das Mittel der Wahl.

In dem Moment aber, wo sie unter Modernisierungszwang geraten, beginnend mit dem Osmanischen Reich des 19. Jahrhunderts, werden die politischen Systeme islamischer Länder strukturell instabil. Die dann zwangsläufig eintretende Erosion ihrer islamischen Legitimität zwingt die Herrscher, den Islam durch eine Kombination aus Beschwichtigung und Repression unter Kontrolle zu bringen. „Beschwichtigung" bedeutet in diesem Zusammenhang, die eigene islamische Legitimität durch forcierte Durchsetzung islamischer Normen, gegebenenfalls durch eine Politik kultureller Re-Islamisierung (bei fortdauernder struktureller Verwestlichung), zu untermauern; zu besichtigen ist diese Methode zum Beispiel in Saudi-Arabien. „Repression" meint die Unterdrückung nicht regimekonformer Ausdrucksformen des Islam. Dabei stellt der türkische Staatsislam eine besonders ingeniöse Variante dieser Methode dar – wenn auch, wie wir gesehen haben, eine zweischneidige.

Für muslimische Minderheiten in westlichen Ländern bedeutet dieser Sachverhalt, dass sie sich mit den Loyalitätsforderungen eines politischen Systems konfrontiert sehen, das ihren kulturell tief verwurzelten Vorstellungen von legitimer politischer Herrschaft zuwiderläuft, und dies nicht erst dadurch, dass die Regierenden in der Regel keine Muslime sind – zu diesem Punkt kommen wir später –, sondern bereits dadurch, dass diesen Systemen eine *formale* Definition von Legitimität zugrunde liegt. Damit ist nicht etwa gesagt, dass es Muslimen grundsätzlich und ausnahmslos unmöglich sei, die Verbindlichkeit der säkularen Verfassungen und Gesetze zu akzeptieren; ich sehe jedenfalls keinen Grund, entsprechende Erklärungen von Muslimen a priori als bloße Lippenbekenntnisse abzutun.

Es bedeutet aber, dass die Akzeptanz von systemoppositionellem Verhalten bei muslimischen Minderheiten erwartbar deutlich höher liegt als in der Mehrheitsbevölkerung. Anders ausgedrückt: In dem Maße, in dem westliche Staaten das Wachstum von Parallelgesellschaften muslimischer Immigranten dulden, importieren sie die Legitimitätskrisen von deren Herkunftsländern. Es ist nur folgerichtig, dass sie zunehmend vor derselben Alternative von Beschwichtigung und Repression stehen wie die muslimischen Länder selbst. Bedenkt man, dass dort die Strategie der Beschwichtigung auf eine vertiefte Islamisierung der Gesellschaft hinauslief, so ist es äußerst beunruhigend, dass gerade *dieser* Strategie – und nicht etwa dem Alternativkonzept der Repression – in westlichen Ländern offensichtlich der Vorzug gegeben wird.

3.2.4. Normen juristischen Charakters: Der Kern des islamischen Rechts

3.2.4.1 Implikationen des islamischen Verständnisses von Recht

Der Prophet hat sich nicht etwa angemaßt, im Stil eines absolutistischen Monarchen Gesetze zu erlassen und gegebenenfalls auch wieder zu ändern. Faktisch hat er das zwar getan; seinem *Selbstverständnis* nach – das von seiner Gemeinde auch ohne weiteres akzeptiert wurde – brachte er aber lediglich den Willen Gottes zum Ausdruck und nicht etwa seinen eigenen, zumindest soweit seine Entscheidungen Eingang in den Koran fanden.

Damit wurde die Grundauffassung dessen festgelegt, was Muslime unter *Recht* verstehen – bzw. zu verstehen haben. Das islamische Recht ist nicht *Gesetz* im Sinne von etwas *Gesetztem*, sondern eine göttliche *Gegebenheit*, die man nur erkennen und beachten oder aber verkennen und bei Strafe übertreten, nicht aber *ändern* kann.

Dass sich dies so verhält, und dass dieses Rechtsverständnis schon von der medinensischen Urgemeinde verinnerlicht wurde, lässt sich an der Bedeutung ablesen, die dem Hadith, also den Überlieferungen aus dem Leben des Propheten, bei der Entwicklung des islamischen Rechts zukam. Wenn Mohammed nur ein politischer Führer und seine Entscheidungen rein pragmatischer Natur gewesen wären, dann wäre nichts natürlicher gewesen, als dass die Kalifen (= Nachfolger) nach Mohammeds Tod seine quasi gesetzlichen Entscheidungen bei Bedarf zur Disposition gestellt und nach Gutdünken geändert hätten – zumindest, soweit sie nicht direkt im Koran kodifiziert waren.

Das geschah aber nicht. Stattdessen wurde die Praxis des Propheten – in geringerem Maße auch die seiner ersten Nachfolger, der vier „rechtgeleiteten Kalifen" – (die Sunna) herangezogen, wenn es galt, die Regelungslücken zu füllen, die der Koran, soweit man ihn als Gesetzbuch verstand, notwendig enthalten musste. Aufgrund der ungeheuren Fülle an Überlieferungen und der Akribie, mit der sie in Rechtsnormen übersetzt wurden, entstand ein außerordentlich dichtes, weil praktisch jeden Aspekt menschlichen Lebens regelndes Rechtssystem, eben die Scharia, die – und das ist entscheidend – letztlich auf Allah zurückgeführt wurde und wird.

Selbstverständlich gibt es auch in muslimischen Ländern staatlich gesetztes Recht, es steht aber in seiner moralischen, vielerorts auch seiner legalen Verbindlichkeit deutlich hinter dem islamischen Recht zurück.

Diese Auffassung von Recht als von etwas Sakralem ist der Grund dafür, dass sich religiöse Erneuerungsbewegungen im Islam regelmäßig die strikte Wiederherstellung der Scharia als unmittelbar geltendes Recht auf ihre Fahnen schreiben, der Erfolg solcher Bewegungen ein deutliches Indiz dafür, dass gerade *diese* Forderung den Adressaten unmittelbar einleuchtet. Eine von den Wertvorstellungen des Korans geprägte Gesellschaft kann wahrscheinlich kaum anders, als säkulares, scheinbar durch schiere Macht durchgesetztes positives Recht als anrüchig und unmoralisch, bestenfalls als technisches Hilfsmittel zu empfinden.

Die Anpassungsfähigkeit des Rechts, das im westlichen Kulturkreis ganz selbstverständlich als Mittel des Gesellschaftsmanagements eingesetzt wird, ist in den Augen vieler Muslime ein Makel, der an sich schon ausreicht, dieses Recht, und mit ihm die gesamte westliche Gesellschaft, als sittlich verdorben abzustempeln.

Eben diese Anpassungsfähigkeit ist aber die Voraussetzung dafür, sinnvoll von „Demokratie" zu sprechen. Wenn weite Teile des Rechts durch die Scharia vorentschieden und damit der Disposition des Gesetzgebers entzogen sind, kann von „Demokratie" im Sinne eines offenen Prozesses der Aushandlung von Problemlösungen und der Austragung von Interessenkonflikten nicht mehr wirklich die Rede sein, wie ein Blick auf den Iran zeigt:

Was immer man gegen die innere Ordnung der Islamischen Republik Iran einwenden mag: Sie ist der bislang am konsequentesten durchgeführte Versuch, demokratische Prinzipien *aus dem islamischen Recht*[61] *abzuleiten* und auf *diese* Weise Demokratie und Islam miteinander zu verbinden. Maßgeblich ist freilich der Islam: Der Demokratie wird kein Eigenwert im Sinne einer säkularen, religiös neutralen Begründung zuerkannt, und entsprechend ist das politische System des Iran seinem Anspruch nach auch nicht etwa ein Kompromiss zwischen Islam und Demokratie.

Im Gegensatz hierzu beruht das andere muslimische Demokratiemodell, nämlich das türkische, auf dem Versuch, den Islam aus der Politik hinauszudrängen. Die Türkei ist deutlich demokratischer als der Iran, aber ihre leitende Staatsideologie ist gerade *nicht* der Islam, sondern der Säkularismus. Die Tatsache, dass dieser Säkularismus über achtzig Jahre nach Gründung der Republik immer noch nicht wirklich akzeptiert ist, und zwar wegen seines offenkundig unislamischen Charakters, illustriert deutlicher als jede theoretische Analyse die an Unmöglichkeit grenzende Unwahrscheinlichkeit der dauerhaften Implantation säkularer Wertvorstellungen in der islamischen Welt.

Khomeinis Iran wirkt demgegenüber wie das Gegenmodell zur Türkei: Theoretisch hat das Volk dort – bis zur Wiederkehr des Verborgenen Imam

---

[61] Es handelt sich hier allerdings um eine spezifisch schiitische Spielart des islamischen Rechts, die auf den sunnitischen Islam nicht übertragbar ist.

– das Recht auf Selbstregierung, also auf Demokratie; dies aber *nur* nach Maßgabe der Scharia, über deren Einhaltung der schiitische Klerus wacht. Faktisch tendiert unter diesen Voraussetzungen der Gestaltungsspielraum des Volkes und der von ihm gewählten Politiker (selbst wenn man von der Vor-Auswahl der überhaupt wählbaren Kandidaten durch den Klerus absieht) gegen null, wie das Schicksal des „Reformpräsidenten" Khatami beweist, der trotz parlamentarischer Mehrheiten kaum eine Reform durchsetzen konnte.

Man kann sich über das islamische Verständnis von „Recht" hinwegsetzen wie Atatürk; man kann es auch zur Grundlage des Staates machen wie Khomeini: Die Demokratie scheitert in jedem Falle an diesem Rechtsverständnis, wenn auch aus entgegengesetzten Gründen.

3.2.4.2 Die Rolle der Frauen

Dabei ist nicht nur das Rechts*verständnis*, sondern auch der *Inhalt* dieses Rechts aufschlussreich. Hier wie überall in dieser Analyse geht es um die Frage, welche *Schwerpunkte* der Koran setzt, welchen Bereichen des menschlichen Lebens also eine besonders ausgeprägte religiöse Dimension zugemessen wird.

Mindestens acht von vierundzwanzig medinensischen Suren enthalten allgemeingültige Verhaltensnormen juristischen Charakters für das Alltagsleben, wobei das Ehe-, Familien- und Erbrecht deutlich dominieren. Das beherrschende Einzelthema innerhalb dieses Themenkreises ist das Verhältnis von Mann und Frau, genauer die Unterordnung der Frau unter den Mann: Männer seien von Natur aus der Frau überlegen, weswegen deren Zeugnis vor Gericht auch nur halb so viel wert sei; ungehorsame Frauen seien zu züchtigen; die Ehefrau müsse sexuell jederzeit zur Verfügung stehen (ob sie will oder nicht); der Mann solle nicht auf die Ausübung seiner Rechte verzichten, nur um der Frau zu gefallen; Frauen sollten auf züchtige Kleidung achten, um nicht die Belästigung durch fremde Männer herauszufordern usw.

Man wird schwerlich behaupten können, dass nur Muslime so denken. Machismo mag im islamischen Kulturkreis ausgeprägter sein als anderswo, aber es gibt wahrhaftig genug Machos anderen Glaubens, die einen Vergleich mit ihren muslimischen Gesinnungs- und Geschlechtsgenossen ohne weiteres aushalten würden.

Eine islamische Besonderheit aber ist die Tatsache, dass dieser Sexismus von *Gott* verkündet wird, und zwar als *zentrales* Thema seiner Offenbarung und als Tugend mit dem Anspruch auf *ewige* Gültigkeit und letzte *Wahrheit*. (Ich hatte es schon in der Analyse des mekkanischen Korans herausgearbeitet, betone es aber gerne noch einmal: Der Koran beglaubigt sich selbst als Allahs eigenes, ungeschaffenes, ewiges und letztes Wort.)

Ich zeige anhand dieses Themas noch einmal, wie wichtig es ist, den Koran als geschlossenes Gedankengebäude zu interpretieren. Letzteres ist er nicht nur seinem eigenen Anspruch nach; die Widerspruchsfreiheit des Korans ist auch das Grundaxiom jeder Exegese durch islamische Theologen. Den Koran interpretiert man nicht angemessen, wenn man jeden Vers *einzeln* interpretiert (wobei man, wie in jedem anderen Text auch, feststellen wird, dass jede Aussage, und sogar fast jedes Wort, mehrdeutig ist) und ihm dann die Bedeutung beimisst, die man selbst bevorzugt, um am Ende der Exegese festzustellen, dass der Koran widerspruchsfrei ist oder auch nicht.

Vielmehr enthält das Axiom der Widerspruchsfreiheit zugleich die methodische Prämisse, den Koran als zusammenhängendes Ganzes zu interpretieren, also nicht das eigene Gottes-, Welt- und Menschenbild an den Koran heranzutragen, es in die einzelnen Verse hineinzuinterpretieren und diejenigen Aussagen, bei denen das nicht möglich ist, unter den Tisch fallen zu lassen. Wer solches tut, betreibt nicht Ex-egese, also *Heraus*lesen aus dem Text, sondern Eis-egese, das Hineinlesen von etwas, was nicht drinsteht. Der Koran formuliert selbst ein in sich stimmiges Gottes-, Welt- und Menschenbild, dessen *Details* unter den Gelehrten umstritten sein mögen, dessen Grundaussagen aber unzweideutig sind.

Ich sage das deshalb, weil zwei Einwände gegen die These der islamischen Frauenfeindlichkeit von islamophiler Seite mit Sicherheit vorgebracht werden:

Zum einen enthalte der Koran die Verpflichtung des Mannes, seine Frau (und überhaupt seine Familie) zu versorgen und zu schützen und sie gütig, gerecht und wohlwollend zu behandeln. Das ist zutreffend, und ich achte es auch nicht gering. Es ist nur kein Argument gegen die These, dass das Verhältnis des Mannes zur Frau nach dem Koran das eines Despoten zur Untertanin ist. Wenn der Mann sich im islamischen Sinne der Frau gegenüber wohlwollend zu verhalten hat, so besagt dies nicht, dass er *kein* Despot, sondern, dass er ein *wohlwollender* Despot sein soll. Jedenfalls solange man von dem Axiom der Widerspruchsfreiheit des Korans ausgeht.

Zum anderen seien sozialkonservative Vorstellungen über die Rollenverteilung zwischen den Geschlechtern nicht nur im Koran niedergelegt, sondern auch zum Beispiel in der Bibel. Auch das ist zutreffend. Nur bilden sie dort erstens keinen Themenschwerpunkt, der sie als zentralen Bestandteil des christlichen Weltbildes ausweisen würde, und zweitens gibt sich die Bibel – anders als der Koran – nicht selbst als *buchstäblich* das Wort Gottes aus: Letztes Kriterium des Christlichen ist der Glaube an die Menschwerdung Gottes in Christus, nicht an die Verbalinspiration der Bibel. Man kann daher bibelkritisch sein, ohne unchristlich zu sein.[62] Man kann aber nicht korankritisch sein, ohne unislamisch zu sein; oder, um es moderater zu formulieren: ohne eine bis in die Fundamente gehende Re-Interpretation des Islam zu postulieren, die mit dem, was 1400 Jahre lang „der Islam" war, nicht mehr viel zu tun hätte.

Beide Einwände laufen also auf die Missachtung des gedanklichen Kontextes hinaus, in dem der Koran die Rolle der Frau definiert. Sie missachten das Axiom der Widerspruchsfreiheit des Korans und sind damit – gerade vom islamischen Standpunkt – unhaltbar.

Kehren wir nun zur eigentlichen Analyse zurück und fragen uns, was es zu bedeuten hat, dass gerade die Rolle der Frau so sehr im Mittelpunkt der islamischen Alltagsnormen steht. Diese Frage bezieht sich nicht so sehr auf das „Warum" als vielmehr auf das „Wozu?"

Das Warum ist schnell geklärt, da die islamische Überlieferung offenherzig Auskunft über die jeweiligen Offenbarungsanlässe gibt. Mohammed wurde als der charismatische Führer seiner Gemeinde sehr häufig um Rat in allen Lebenslagen gefragt, den er nicht selten in Gestalt einer Offenbarung Allahs erteilte, und da spielten Fragen von Ehe, Scheidung, Erbe etc. eine wichtige Rolle. Außerdem war der Prophet mit mindestens neun Frauen (die Angaben der Historiker stimmen nicht überein) verheiratet, und Allah war so freundlich, ihn bei der Regelung seines entsprechend komplizierten Privatlebens mit passenden Offenbarungen zu unterstützen.

Was bedeutet es nun aber, und wozu führt es, dass die Rolle der Frau ein so zentrales Thema der islamischen Ethik ist? Es bedeutet, dass alle ande-

---

[62] Wie weit freilich solche Bibelkritik gehen kann, ohne die Substanz des christlichen Glaubens anzugreifen, steht auf einem anderen Blatt. Zu sagen, dass die Bibel in der Gestaltung der sozialen Beziehungen deutlich größere Freiheiten lässt als der Koran, bedeutet keineswegs, dass jede noch so schriftwidrige theologische „Modernisierung" vom christlichen Standpunkt legitim wäre.

ren alltagsethischen Normen des Islam leichter über den Haufen zu werfen wären als die, die sich auf die Kontrolle der weiblichen Sexualität beziehen – auf nichts anderes läuft das dichte Regelwerk ja hinaus, das Heirat, Scheidung, Sittlichkeitsgebote etc. in ausdrücklicher und hervorgehobener Verbindung mit der Dominanz des Mannes kodifiziert. Es bedeutet, dass die Implikationen gerade *dieser* Normen und Wertvorstellungen in einer Weise kulturell verbindlich sind, dass ihre Missachtung geradezu eine Infragestellung der Grundlage der Gesellschaft bedeuten würde.

Wohlgemerkt: Dabei geht es *nicht* um die Frage, ob man den Koran strenger oder liberaler interpretiert. Man kann die islamischen Verhaltensnormen durchaus großzügig auslegen, z.B. dem Sinn und Zweck nach, und etwa argumentieren, der Koran schreibe nicht etwa die Verschleierung vor – schon gar nicht in der monströsen Form des Tschador oder gar der Burka –, sondern verpflichte die Frauen lediglich zu dezentem, nicht sexuell aufreizendem Verhalten in der Öffentlichkeit. Was als aufreizend zu gelten hat und was nicht, wäre dann eine Frage der Konvention, und tatsächlich sind die Unterschiede im Hinblick auf die gesellschaftliche Position von Frauen, einschließlich der Kleiderordnung, zwischen verschiedenen Ländern der islamischen Welt, oft sogar innerhalb desselben Landes, erheblich.

Was aber unter keinen Umständen zur Disposition stehen kann, sind die Implikationen der Tatsache, dass es diese Gebote überhaupt *gibt* – wie immer man sie auslegt. Das Verschleierungsgebot etwa, wie liberal auch immer man es interpretiert, impliziert, dass die Kleidung von Frauen nicht in deren Ermessen steht, und dass Frauen, die es missachten, eine Sünde gegen Allah begehen, die Sanktionen der Gemeinschaft herausfordert, und sei es in Gestalt sexueller Übergriffe, an denen diese Frauen dann „selbst schuld" sind.

Ein häufig übersehener Aspekt des islamischen Rechts liegt in den Regeln darüber, wer wen heiraten darf: Frauen dürfen nämlich unter keinen Umständen „Ungläubige" heiraten, während Männer das durchaus dürfen. Zumindest, soweit die „Ungläubigen" zu den „Schriftbesitzern" gehören, also Christinnen oder Jüdinnen sind.

Damit unterscheidet sich das islamische Recht grundlegend von den entsprechenden halachischen Bestimmungen, die für (orthodoxe) Juden gelten: Bei den Juden ist es Männern und Frauen gleichermaßen verboten, Nichtjuden zu ehelichen. Damit soll der Bestand und der innere Zusammenhalt des jüdischen Volkes gewährleistet und sein Aufgehen in anderen Völkern verhindert werden. Soweit diese Regeln tatsächlich angewandt wurden – und das war bis zur Emanzipation der Juden weitgehend der Fall, und selbst heute noch spielen sie eine wichtige Rolle –, erreichten sie auch tatsächlich dieses Ziel.

Eine Gemeinschaft wie die islamische aber, die dieses Exogamieverbot *für Männer aufhebt, für Frauen aber nicht*, betreibt nicht Konsolidierung, sondern demographische Expansion, sofern sie es mit Gruppen zu tun hat, die selber die Exogamie zumindest dulden, wie es Christen normalerweise tun und auch zur Zeit des Propheten schon taten: Wer die eigenen Mädchen nur innerhalb der eigenen Gemeinschaft verheiratet, die der anderen Gruppen aber wegheiratet und dafür sorgt, dass deren Kinder die Religion des Vaters annehmen (was mit einer gewissen Selbstverständlichkeit unterstellt wird), sorgt dafür, dass die anderen Gruppen durch Osmose langsam, aber sicher verschwinden.

Wir haben es hier also mit derselben Art von Regel zu tun, die wir oben schon beim Apostasieverbot analysiert haben. Sie ist der Grund dafür, dass bei gemischtreligiösen Paaren im Westen der muslimische Partner in der Regel der Mann ist. Gerade weil sie so unspektakulär und scheinbar nebensächlich sind, fallen solche Regeln überhaupt nur *dem* auf, der den Islam nicht unter dem Gesichtspunkt seiner theologischen Begründung, sondern unter dem seiner sozialen Wirkungen, also nicht *theologisch*, sondern *soziologisch* analysiert.

Zuletzt weise ich auf die psychologische Wirkung hin, die es haben muss, wenn solche Regeln fast anderthalb Jahrtausende lang angewandt werden:

Indem der Prophet sich neben seinen Ehefrauen auch noch eine Reihe von – nichtmuslimischen – Konkubinen gönnte, während er gleichzeitig alle außerehelichen Beziehungen von muslimischen Frauen im Koran verurteilte, definierte er zugleich, was im Islam zulässig ist und was nicht:

Ein muslimisches Mädchen hat weder vor noch außerhalb der Ehe irgendwelche sexuellen Beziehungen (und die Ehe selbst darf sie nur mit einem Muslim schließen). Ein muslimischer Mann dagegen darf sich auch außerehelich vergnügen, nur eben nicht mit Glaubensgenossinnen. Da er normalerweise nur bei „ungläubigen" Frauen das findet, was er bei anständigen muslimischen Mädchen gar nicht erst suchen darf (und besser auch gar nicht erst suchen sollte, sofern die Mädchen Väter und Brüder haben und ihm selbst sein Leben lieb ist), *kann* er gar nicht anders, als in „ungläubigen" Frauen, und nur in diesen, potenzielle Konkubinen und damit sittlich minderwertige Wesen zu sehen. Der Ausdruck „deutsche Schlampen", der unter jungen Muslimen in Deutschland durchaus gängig ist, bringt genau diese Art von Verachtung zum Ausdruck.

3.2.5. Fazit

In Medina mauserte sich die islamische Umma von der Religionsgemeinschaft zum politischen Gemeinwesen. Dieses Gemeinwesen funktionierte als Kampfgemeinschaft, die von Anfang an mit der Bekämpfung und Unterwerfung Andersgläubiger beschäftigt war. Der medinensische Koran spiegelt diesen Sachverhalt nicht nur wider; er schreibt zugleich eine Reihe von sozialen Normen und Werten fest, die darauf ausgerichtet sind, der Umma ein Maximum an Durchsetzungsfähigkeit gegenüber den Gemeinschaften von Andersgläubigen zu verleihen:

Er definiert die islamische Umma – also eine *Religions*gemeinschaft – als einzig legitimen Bezugspunkt *politischer* Solidarität und Loyalität. Es ist zutreffend, dass die politische (staatliche) Einheit der Muslime auch zu Zeiten der islamischen Großreiche der Omaijaden, Abbasiden und Osmanen mehr Fiktion als Realität war, und heute erst recht; dass es normalerweise mehrere Machtzentren gab, die oft in erbitterter Konkurrenz zueinander standen. Das konnte auch nicht anders sein, da der Islam, wie wir gesehen haben, die Legitimität von Herrschaft gerade *nicht* von einem bestimmten *Verfahren* abhängig macht. Den Anspruch, „der wahre Imam der Muslime" (Bassam Tibi)[63] zu sein, konnte im Prinzip Jeder erheben, auch gegen den Kalifen.

Im vorliegenden Zusammenhang geht es aber um die politisch-*normativen* Implikationen des Korans, also darum, wie die Welt aus muslimischer Sicht sein *sollte*, und es ist keineswegs so, dass dieses Ideal, nur weil es nicht staatlich verwirklicht ist, keine realpolitische Bedeutung hätte. Vielmehr dürfte es dafür verantwortlich sein, dass Muslime sich normalerweise schwertun, Zugehörigkeit zu politischen Gemeinwesen zu empfinden, die nicht eindeutig muslimisch dominiert sind, und dass sie dort, wo sie selbst dominieren, zur Ausgrenzung von Nichtmuslimen tendieren. Ferner führt dieses Ideal regelmäßig dazu, dass muslimische Gruppen oder Staaten, die mit nichtmuslimischen in Konflikt geraten, mit einer gewissen Selbstver-

---

[63] Bassam Tibi, Der wahre Imam, a.a.O.

ständlichkeit auf die zumindest moralische Solidarität ihrer Glaubensbrüder rechnen können.[64]

Die fatale Konsequenz dieses Sachverhalts ist, dass jeder muslimische politische Akteur, der imstande ist, einen Konflikt mit Nichtmuslimen zu entfesseln, eine reale Chance hat, praktisch die gesamte Umma, also „den Islam", in diesen Konflikt hineinzuziehen und selbst solche Glaubensbrüder zu wenigstens verbaler Solidarität zu verpflichten, die selber an diesem Konflikt gar kein Interesse haben.[65] Die Idee der politischen Einheit der Muslime wird also durch ihre faktische politische Zersplitterung nicht etwa untergraben; vielmehr führt *gerade* die anarchische Struktur der Umma im Zweifel zur Eskalation von an sich handhabbaren Konflikten. Sie führt, deutlich gesagt, *zur strukturellen Friedensunfähigkeit* des Islam.

Dabei fordert der Koran diese Solidarität nicht nur explizit als Norm, er etabliert auch eine Ideologie, die, wenn sie kulturell verinnerlicht und zur Mentalität verdichtet wird, die innermuslimische politische Solidarität gegen „Ungläubige" zur sozialen Realität macht. Das beginnt mit dem Appell an den Gruppennarzissmus, der nicht nur *ausdrücklich*, sondern vor allem durch die systematische Verunglimpfung und Verteufelung von Andersgläubigen *implizit* formuliert wird. Der medinensische Koran etabliert ein Weltbild, das in *dem* Sinne rassistisch ist, dass es den Wert des Menschen und des menschlichen Lebens von der Zugehörigkeit zur eigenen Gruppe abhängig macht. „Ungläubige", die sich den Muslimen nicht (politisch) unterwerfen, verwirken jeden Anspruch auf soziale Rücksichtnahme, einschließlich des Rechts auf Leben.

Darüber hinaus sichert der Koran diese Solidarität durch Regeln, die auf die soziale Abgrenzung der Umma bzw. die Ausgrenzung der „Ungläubigen" hinauslaufen. Er stellt sicher, dass soziale Beziehungen zwischen Muslimen und Nichtmuslimen unter der Prämisse der Dominanz der Ersteren stehen. Dabei spielt die Kontrolle der weiblichen Sexualität, also die Kontrolle über die Frauen der eigenen Gemeinschaft, bei gleichzeitiger sexueller Vereinnahmung der „ungläubigen" Frauen, eine wichtige Rolle.

---
[64] Ein Beispiel: Saddam Hussein galt bis 1990 überall in der islamischen Welt als Schurke, und ein frommer Muslim war er auch nicht, im Gegenteil. Zum Helden wurde er in dem Moment, wo er selbstverschuldet mit den USA in Konflikt geriet, und zwar ungeachtet der Tatsache, dass er mit Kuwait ein islamisches Land überfallen hatte. Vgl. Bassam Tibi, Die fundamentalistische Herausforderung. Der Islam und die Weltpolitik, München 2003, S. 40
[65] So hätten beispielsweise die meisten arabischen Staatsführer wahrscheinlich kein Problem damit, mit Israel Frieden zu schließen; sie würden damit aber die Legitimität ihrer eigenen Herrschaft aufs Spiel setzen.

Die Selbstbeglaubigung des Korans als Wort Allahs, verbunden mit den Konsequenzen des Apostasieverbots (das zur faktischen sozialen Dominanz einer fundamentalistischen und dschihadistischen Koraninterpretation führt) und des Anspruchs auf Geltung für buchstäblich alle Lebensbereiche einschließlich der Politik führt dabei zur Selbst-Perpetuierung dieser Ideologie: Der Koran *fordert* nicht nur die Herrschaft Allahs anstelle der Herrschaft von Menschen, er sorgt auch *effektiv* dafür, diese Herrschaft (sprich: die soziale Geltung der im Islam verankerten Ideologie) zu verewigen.

Wir sehen also, dass die eigentlichen Dschihad-Normen, die den bewaffneten Kampf gegen die „Ungläubigen" zur obersten Pflicht des Muslims erklären und sein Seelenheil von der Bereitschaft abhängig machen, „im Wege Allahs" zu töten und zu sterben, nur das letzte Glied einer lückenlosen Kette von Normen sind, die, angewandt und als kulturelle Selbstverständlichkeiten verinnerlicht, den Islam als ein soziales System konstituieren, das auf Expansion auf Kosten nichtmuslimischer Gemeinschaften ausgerichtet ist. Wo immer muslimische auf nichtmuslimische Gesellschaften treffen, sorgt bereits dieses Werte- und Normensystem dafür, dass der Islam zu deren Unterwerfung, Zersetzung und Vernichtung tendiert.

Exkurs: Warum das Christentum mit der Moderne vereinbar ist, der Islam aber nicht

Bevor wir den realhistorischen Prozess nachzeichnen, in dem sich die im Koran angelegte implizite Logik des Islam in Gestalt kultureller Selbstverständlichkeiten verfestigte, halte ich einen Moment inne, um mich mit einem naheliegenden Einwand auseinanderzusetzen.

Ich vermute, dass mancher Leser meine kritischen Ausführungen zum Koran und seinen Implikationen für die Mentalität muslimisch geprägter Gesellschaften mit einiger Ungeduld zur Kenntnis genommen haben wird. Ist nicht das Christentum genauso aufklärungsfeindlich, genauso fanatisch, genauso irrational und genauso autoritär wie der Islam? Und muss man nicht, wenn man der eigenen westlichen Gesellschaft bescheinigt, all diese abstoßenden Seiten des Christentums überwunden zu haben, zugeben, dass die Religion schlechthin zwar ein hemmender Faktor auf dem Weg in die kulturelle Moderne sein kann, aber kein unüberwindliches Hindernis? Dass deswegen der Islam nicht weniger als das Christentum in der Lage sein müsste, seine vormoderne Herkunft hinter sich zu lassen und sich einer modernen – aufgeklärten, liberalen, demokratischen – Gesellschaft anzupassen?

So einleuchtend dies klingen mag, so sehr beruht es doch auf einer Fehlinterpretation unserer Geschichte:

Für Viele klingt der Gedanke absurd, dass Säkularität, Toleranz, Rationalität, Liberalität, Menschenrechte, Freiheit, Gleichheit, Demokratie, kurz: die Moderne, auf kulturellen Voraussetzungen aufbauen, die so nur das Christentum hervorbringen konnte, und die nicht ohne weiteres mit jeder beliebigen Religion kompatibel sind. Scheint doch die katholische Kirche sich jahrhundertelang der Aufklärung, der Demokratie und überhaupt der Moderne mit aller Kraft entgegengestemmt zu haben: Von der Verbrennung Giordano Brunos über die Verurteilung Galileis, die Verdammung Darwins, den Antimodernisteneid zieht sich, dem vorherrschenden Geschichtsbild zufolge, eine gerade Linie zur Unterstützung Francos und Mussolinis, und es bedurfte fast der gesamten zweiten Hälfte des 20. Jahrhunderts, damit sich die Kirche mit der Moderne versöhnte, und auch dies tat sie nicht selten zähneknirschend.

Über die Jahrhunderte haben wir uns im Westen daran gewöhnt, die Kirche (und die katholische ist eben immer noch *die* Kirche, sehr zum Verdruss der Protestanten) als die große Gegenspielerin der Moderne, und zwar gerade in deren emanzipatorischem Aspekt, zu betrachten. In der Tat: Die Kirche als *Institution* hat den Zug nach Kräften aufzuhalten versucht, aus Gründen übrigens, die keineswegs so verachtenswert sind, wie eine zunehmend entchristlichte Gesellschaft zu glauben scheint. Aber die *Botschaft*, die sie verkündete, wurde, anders als die populäre Legende glauben machen will, zur Grundlage der Aufklärung und der liberalen Säkularität, auf denen unsere heutige Gesellschaft basiert. Ohne christliches *Abendland* kein moderner *Westen*.

Dass sich dies so verhält, und dass eine vom Islam geprägte Zivilisation so etwas wie die kulturelle Moderne *nicht* hervorbringen konnte, hat mit theologischen Grundentscheidungen im Hinblick auf Menschenbild und Ethik zu tun:

Das christliche Menschenbild basiert bekanntlich auf der Lehre von der Erbsünde. Die Hinwendung zu Gott ist demgemäß etwas, das der Mensch seiner sündhaften Natur fortwährend und stets aufs Neue abtrotzen muss. Sich selbst überlassen, und ohne die Anstrengung permanenter Be-kehrung, wird der Mensch nach christlicher Auffassung stets dem Schwergewicht des Sicht- und Fassbaren, des Irdischen, des Fleischlichen, kurz: der Sünde nachgeben. Die Sünde, also das Fernsein von Gott, ist gleichsam der heillose Normalzustand des Menschen; der Zustand, der der Überwindung im Glauben bedarf.

In einer Kultur, deren Angehörige dieses Menschenbild verinnerlicht haben, wird man die Welt, sofern sie von Menschen gestaltet ist, stets verdächtigen, unvollkommen, ja böse zu sein.

Die schiere Existenz von Institutionen wie Sklaverei und Krieg, überhaupt von Repression und Gewalt, konnte unter diesen Prämissen nicht die Vermutung auf ihrer Seite haben, der von Gott gewollte Zustand zu sein, sondern galt geradezu als Beweis für die Schlechtigkeit des Menschen.

Der Islam hingegen kennt *keine* Erbsünde. Adam war zwar auch nach islamischer Auffassung ungehorsam gegen Gott und wurde deshalb aus dem Paradies vertrieben, aber Gott hat sich ihm wieder zugewandt.[66] Adams Ungehorsam wird im Islam als einmaliger *Akt* aufgefasst, nicht als *Zustand*

---

[66] vgl. Nagel, a.a.O., S. 30

permanenter und im Diesseits unaufhebbarer Sündhaftigkeit. Da nach islamischer Überzeugung alle Menschen bereits in der Präexistenz den Islam angenommen haben,[67] sind aus seiner Sicht alle Menschen geborene Muslime: Der menschliche Normalzustand ist die Hinwendung zu Allah. Die Sünde, also die Abwendung von Gott, ist nicht, wie im Christentum, der Naturzustand des Menschen, aus dem er sich durch aktive Hinwendung zu Gott im Glauben zu befreien versucht; sie ist vielmehr die Ausnahme von der Regel; eine Tat, kein Zustand, und zwar eine Tat, in der sich der Mensch gegen seine an sich gute, nämlich gottergebene, „muslimische" Natur auflehnt, vergleichbar einer sexuellen Perversion.

Führt die Abwertung bzw. Leugnung der menschlichen Autonomie und die Betonung von Gottes Allmacht im Islam dazu, dass die menschliche Natur, für die Allah verantwortlich zeichnet, als grundsätzlich *gut* betrachtet wird, so gilt dasselbe, zumindest im Grundsatz, für die sozialen Institutionen der Menschen, auch für solche, die im vom Christentum geprägten Westen als fragwürdig gelten. Diese Akzeptanz des Vorgefundenen als (im Normalfall) gottgewollt ist dabei kein abstraktes theologisches Postulat, sondern wurde vom Propheten praktisch untermauert:

Sklaverei hatte es, zumindest nach dem Wissen der Zeitgenossen, schon immer gegeben, also dürfen Muslime Sklaven halten. Die Frau war schon immer dem Manne untertan; der Islam ändert daran nichts. Vielweiberei war tradiert; warum sollte der Islam sie verurteilen? Kleine Mädchen zu heiraten war unter Arabern üblich, der Prophet hielt es nicht anders.[68] Raubzüge gehörten schon immer zur Lebensweise der Nomaden; der Prophet spannt sie vor den Karren seines Dschihad. Krieg gibt es, seit es Menschen gibt; Mohammed führt 27 Feldzüge.

Überhaupt illustriert das Verhältnis beider Religionen zur Sklaverei den gemeinten Sachverhalt auf besonders instruktive Weise: Egon Flaig weist darauf hin, dass es im Christentum zu allen Zeiten eine abolitionistische Strömung gegeben hat, im Islam dagegen niemals, jedenfalls nicht unabhängig vom Westen: *„Die Welt verdankt die Abschaffung der Sklaverei der europäischen Kultur. (...) Erst am Ende des 19. Jhs. erhoben einzelne islamische Intellektuelle ihre kritische Stimme gegen die Sklaverei. Doch ihnen gelang es nicht, religiöse Gründe gegen die Sklaverei anzuführen*

---

[67] vgl. Koran 7/172
[68] Aischa wurde im Alter von sechs Jahren mit dem Propheten verheiratet und als Neunjährige von ihm entjungfert.

und damit einen regelrechten islamischen Abolitionismus zu kreieren. Sie konnten sich auf keinerlei innerislamische Traditionen berufen. (...) Einen genuin islamischen Abolitionismus – ohne Rekurs auf christliche Texte oder westliche Argumente – hat es nie gegeben. Zu sehr ist der Scharia-Islam auf das Versklaven als Ziel des Dschihad ausgerichtet. Die maßgeblichen Gutachten moderner islamischer Rechtsgelehrter erklären demgemäß die Sklaverei nicht für prinzipiell inhuman, sondern für vorübergehend nicht praktizierbar." [69]

Wenn das Streben nach der Gleichheit aller Menschen, nach umfassender Freiheit des Einzelnen und nach Eliminierung der Gewalt aus dem Alltagsleben als „Fortschritt" zu den Wesenszügen der kulturellen Moderne gehört, und wenn die Verwirklichung dieser Ziele mit der Beseitigung sozialer Strukturen einhergeht, die ihnen im Wege stehen, so ist ein solches Verständnis von „Fortschritt" mit einer islamischen Weltauffassung offenkundig unvereinbar: Es liefe ja darauf hinaus, eine – zumindest im Prinzip – *gute* Welt künstlich zu verschlechtern. Es liefe darauf hinaus, es besser wissen zu wollen als Allah. Es liefe darauf hinaus zu verbieten, was Er erlaubt, und zu gebieten, was Er verboten hat.

Aber nicht nur die Menschenbilder, auch die Ethiken von Christentum und Islam unterscheiden sich voneinander so grundlegend, dass es für das Verhältnis des Islam zur kulturellen Moderne nicht ohne Folgen bleiben kann:

Ich rekonstruiere zunächst die implizite Logik der christlichen Ethik, aus der die christliche Mentalität hervorgegangen ist, also das System der kulturellen Selbstverständlichkeiten, das für den abendländischen Kulturkreis charakteristisch ist. Die Analyse geht von einer der Schlüsselstellen des Neuen Testaments aus, dem Gleichnis vom Barmherzigen Samariter (Lk 10):

„(25) Und siehe, da stand ein Schriftgelehrter auf, versuchte ihn und sprach: Meister, was muss ich tun, dass ich das ewige Leben ererbe?

(26) Er aber sprach zu ihm: Was steht im Gesetz geschrieben? Was liest du?

(27) Er antwortete und sprach: «Du sollst den Herrn, deinen Gott, lieben von ganzem Herzen, von ganzer Seele, von allen Kräften und von ganzem Gemüt, und deinen Nächsten wie dich selbst» (5. Mose 6,5; 3. Mose 19,18).

---
[69] Egon Flaig, Weltgeschichte der Sklaverei, München 2009, S. 199

(28) Er aber sprach zu ihm: Du hast recht geantwortet; tu das, so wirst du leben.

(29) Er aber wollte sich selbst rechtfertigen und sprach zu Jesus: Wer ist denn mein Nächster?

(30) Da antwortete Jesus und sprach: Es war ein Mensch, der ging von Jerusalem hinab nach Jericho und fiel unter die Räuber; die zogen ihn aus und schlugen ihn und machten sich davon und ließen ihn halbtot liegen.

(31) Es traf sich aber, dass ein Priester dieselbe Straße hinabzog; und als er ihn sah, ging er vorüber.

(32) Desgleichen auch ein Levit: als er zu der Stelle kam und ihn sah, ging er vorüber.

(33) Ein Samariter aber, der auf der Reise war, kam dahin; und als er ihn sah, jammerte er ihn;

(34) und er ging zu ihm, goss Öl und Wein auf seine Wunden und verband sie ihm, hob ihn auf sein Tier und brachte ihn in eine Herberge und pflegte ihn.

(35) Am nächsten Tag zog er zwei Silbergroschen heraus, gab sie dem Wirt und sprach: Pflege ihn; und wenn du mehr ausgibst, will ich dir's bezahlen, wenn ich wiederkomme.

(36) Wer von diesen dreien, meinst du, ist der Nächste gewesen dem, der unter die Räuber gefallen war?

(37) Er sprach: Der die Barmherzigkeit an ihm tat. Da sprach Jesus zu ihm: So geh hin und tu desgleichen!"

Die Pointe dieses Gleichnisses und seine Brisanz liegen darin, dass ausgerechnet ein *Samariter* zum Vorbild erhoben wird: Die Samariter waren keine Juden, wurden zumindest vom jüdischen Volk nicht als solche anerkannt – aus der Sicht Jesu und seiner Zuhörer waren sie die „Anderen". Vor Gott gerechtfertigt also – dies ist die Konsequenz aus dem Gleichnis, die durch die Kontrastierung mit den Figuren des Priesters und des Leviten noch unterstrichen wird – ist man weder durch Rechtgläubigkeit noch durch die Zugehörigkeit zu einer Gemeinschaft (Volk, Kirche, Umma usw.), sondern einzig und allein durch die Liebe zu Gott und dem Nächsten. Dies war damals keineswegs so neu und revolutionär, wie Christen gerne glauben; tatsächlich bezieht sich Jesus ausdrücklich auf die Thora, und das Christentum blieb nach seiner Kreuzigung noch jahrzehntelang eine jüdische Sekte.

Neu und revolutionär ist die Radikalität, mit der Jesus den Gedanken ins Zentrum seiner Lehre stellt, dass es auf die Liebe und damit auf die Qualität des inneren, im Herzen empfundenen Gottes- und Weltbezugs ankommt, und dass diese die guten Taten gewissermaßen von selbst hervorbringt. Daher auch die Aufhebung der Speisegebote (Mk 7):

„*(18) Merkt ihr nicht, dass alles, was von außen in den Menschen hineingeht, ihn nicht unrein machen kann?*

(19) Denn es geht nicht in sein Herz, sondern in den Bauch, und kommt heraus in die Grube. Damit erklärte er alle Speisen für rein.

(20) Und er sprach: Was aus dem Menschen herauskommt, das macht den Menschen unrein;

(21) denn von innen, aus dem Herzen der Menschen, kommen heraus böse Gedanken, Unzucht, Diebstahl, Mord,

(22) Ehebruch, Habgier, Bosheit, Arglist, Ausschweifung, Missgunst, Lästerung, Hochmut, Unvernunft.

(23) Alle diese bösen Dinge kommen von innen heraus und machen den Menschen unrein." Oder seine Lehre zur ehelichen Treue (Mt 5):

„*(27) Ihr habt gehört, dass gesagt ist (2. Mose 20,14): «Du sollst nicht ehebrechen.»*

(28) Ich aber sage euch: Wer eine Frau ansieht, sie zu begehren, der hat schon mit ihr die Ehe gebrochen in seinem Herzen."

Er treibt seine Lehre sogar so weit auf die Spitze, dass er scheinbar ein geradezu widersinniges Verhalten fordert (Mt 5): "*(38) Ihr habt gehört, dass gesagt ist (2. Mose 21,24): «Auge um Auge, Zahn um Zahn.»*

(39) Ich aber sage euch, dass ihr nicht widerstreben sollt dem Übel, sondern: wenn dich jemand auf deine rechte Backe schlägt, dem biete die andere auch dar.

(40) Und wenn jemand mit dir rechten will und dir deinen Rock nehmen, dem lass auch den Mantel.

(41) Und wenn dich jemand nötigt, eine Meile mitzugehen, so geh mit ihm zwei.

(42) Gib dem, der dich bittet, und wende dich nicht ab von dem, der etwas von dir borgen will."

Eine solche Ethik, auch wenn sie im Imperativ formuliert wird, schreibt nicht bestimmte Tathandlungen oder -unterlassungen vor. Jesus sagt also nicht, was die Menschen *tun* sollen. Er sagt, wie sie *sein* müssten, um Gott nahe zu sein. (Es kann in diesem Zusammenhang dahingestellt bleiben, ob Jesus das alles tatsächlich selbst so gepredigt oder von den Redakteuren der Evangelien zur Zeit der Trennung der Kirche von der Synagoge in den

Mund gelegt bekommen hat. Ich selbst halte die Zitate für authentisch, zumindest dem Sinne nach; in jedem Falle aber – und nur *darauf* kommt es hier an - entsprach diese Lehre dem Selbstverständnis des Christentums.)

Hier wird offenkundig *nicht* von der Gesellschaft her gedacht; es werden *keine* gesellschaftlichen Ordnungsprinzipien entwickelt, die den Rahmen für das Verhalten des Einzelnen abgeben. Diese Ethik ist radikal *unpolitisch*, und zwar vom Grundansatz her, nicht erst aufgrund von Aussagen wie:

„So gebt dem Kaiser, was des Kaisers ist, und Gott, was Gottes ist!" (Mt 22, 21)

Es entsprach daher durchaus dem Sinn dieser Lehre, und stellt nicht etwa eine taktische Anpassung an die Machtverhältnisse im Römischen Reich dar, wenn der Apostel Paulus predigt:

„Jedermann sei untertan der Obrigkeit, die Gewalt über ihn hat. Denn es ist keine Obrigkeit außer von Gott; wo aber Obrigkeit ist, die ist von Gott angeordnet" (Röm 13, 1)

Indem sie keine Handlungsregeln aufstellt, mutet diese Ethik dem Einzelnen autonome ethische Entscheidungen zu; es handelt sich um eine Ethik der *Eigenverantwortung*. Wie es Augustinus formulierte: „Liebe – und tu, was Du willst." Die sittliche Autonomie des Einzelnen, also der Kern des Menschenbildes, das den heutigen säkularen Verfassungen zugrunde liegt, ist in dieser christlichen Ethik verankert.

Wenn *Toleranz* die Vermutung ist, dass der Andersdenkende oder Andersgläubige im Recht sein könnte, kann man diese Haltung kaum prägnanter zum Ausdruck bringen als mit den Worten (Mt 7):

„(1) Richtet nicht, damit ihr nicht gerichtet werdet.

(2) Denn nach welchem Recht ihr richtet, werdet ihr gerichtet werden; und mit welchem Maß ihr messt, wird euch zugemessen werden.

(3) Was siehst du aber den Splitter in deines Bruders Auge und nimmst nicht wahr den Balken in deinem Auge?

(4) Oder wie kannst du sagen zu deinem Bruder: Halt, ich will dir den Splitter aus deinem Auge ziehen?, und siehe, ein Balken ist in deinem Auge.

(5) Du Heuchler, zieh zuerst den Balken aus deinem Auge; danach sieh zu, wie du den Splitter aus deines Bruders Auge ziehst."

Es wird eine *undogmatische* Haltung propagiert. Jesus selbst hat keine Dogmen formuliert und keine „heiligen Schriften" hinterlassen, und sein Umgang mit der vorhandenen Heiligen Schrift war äußerst unorthodox: *„Ihr habt gehört, dass gesagt worden ist ... Ich aber sage Euch ...".* Das Neue Testament entstand erst Jahrzehnte nach der Kreuzigung, und seine Entstehung gehört bereits in den Kontext der Transformation des Christentums zu einem sozialen System. Auch dann aber war nicht der Text Zentrum und letzter Bezugspunkt des christlichen Glaubens, sondern die Person Christi (was der Grund dafür ist, dass man bibelkritisch sein kann, ohne unchristlich zu sein).

Und schließlich handelt es sich um eine *inklusive* Lehre: Wenn der Samariter vor Gott gerechtfertigt war, dann ist es prinzipiell jeder Mensch. Vor Gott sind alle gleich – er liebt alle Menschen, nicht etwa nur die Christen.

Wunderbar, nicht wahr? Wenn es einfach dabei geblieben wäre, dann – *würde das Christentum schon lange nicht mehr existieren!*

Es liegt auf der Hand, dass Religion auf Gemeinsamkeit, auf Austausch mit Gleichgesinnten, auf die Existenz einer Gemeinschaft angewiesen ist. Eine Gemeinschaft bedarf aber bestimmter Regeln, wer dazu gehören soll und wer nicht, welche Glaubensinhalte und heiligen Texte verbindlich sein sollen, wie Entscheidungen zustande kommen usw. Soziologisch formuliert ist sie ein soziales System, das darauf angewiesen ist, die System-Umwelt-Grenze zu definieren, das intern durch Mitgliedschaftsrollen strukturiert wird, und das sich im Zuge des eigenen Wachstums immer stärker differenzieren muss.

Damit aber gerät die entstehende Kirche unausweichlich in einen *Widerspruch* zu ihrer eigenen Botschaft: Idealiter müsste eine christliche Kirche die Gemeinschaft derer sein, die von Gottes- und Nächstenliebe im Sinne Jesu Christi beseelt sind. Wer aber will das überprüfen? Als soziales System kann die Kirche nur verarbeiten, was *kommunizierbar* ist; also das Bekenntnis zu den verbindlichen Glaubensartikeln, die Teilnahme an Ritualen, die Erfüllung von Geboten, den Gehorsam.

Die von Christus gepredigte Ethik der *Liebe* verwandelt sich in dem Moment, wo sie institutionalisiert wird, in ihr Gegenteil, nämlich eine Ethik der *Tat*. Die *Liebe* zu Gott verwandelt sich in dem Moment, wo sie von der Kirche als seinem irdischen Arm mit Anspruch auf Gehorsam und unter Sanktionsdrohung gefordert wird, in ihr Gegenteil, nämlich die *Furcht* vor Gott. Der Andersgläubige hört in dem Moment, wo er durch die schiere Existenz der christlichen Gemeinschaft aus dieser ausgeschlossen ist, auf, der potenzielle Samariter zu sein, der vor Gott gerechtfertigt ist, und wird zu einem Menschen, der vor Gott *niemals* gerechtfertigt sein kann, weil es außerhalb der Kirche kein Heil gibt. Und die Kirche selbst entwickelt als Institution Eigeninteressen, durch die sie aufhört, ein Instrument des Glaubens zu sein – stattdessen wird umgekehrt der Glaube zum Instrument dieser Interessen.

Ich habe hier ganz bewusst scharf zugespitzt, um den Widerspruch herauszuarbeiten: zwischen dem christlichen Glauben einerseits, der seiner Natur nach auf einer inneren, individuellen Beziehung zu Gott beruht, und der Religion andererseits, in der dieser Glaube in Gestalt eines sozialen Systems objektiviert wird.

(An diesem Sachverhalt würde sich auch dann nichts ändern, wenn die Religion – das soziale System – nicht die Form einer zentralisierten Kirche angenommen hätte, sondern dezentral organisiert wäre, wie z.B. der Islam; entscheidend ist, dass das soziale System seiner Natur nach zwischen Zugehörigen und Nichtzugehörigen unterscheiden und die – kontrollierbare – Glaubens*ausübung* an die Stelle des nicht kontrollierbaren *Glaubens* setzen muss.)

Damit ist aber *nicht* gesagt, man könne diesen Widerspruch nach der einen oder anderen Seite hin auflösen, also etwa nach der Seite des reinen Glaubens ohne institutionelle Objektivierung, oder aber nach der Seite reiner Religion als eines sozialen Systems ohne Verankerung im Glauben. Die dialektische Spannung zwischen Glaube und Religion gehört zu den Wesensmerkmalen des Christentums, und zwar im Gegensatz zum Islam, der, wie wir sahen, *von vornherein als soziales System konzipiert ist*, das dem Einzelnen seine Forderungen autoritär oktroyiert. Der Zentralgedanke des Christentums ist die *Liebe*, also etwas, das weder Gott noch die Kirche *erzwingen* können. Der Zentralgedanke des Islam ist der *Gehorsam*. Ein Widerspruch zwischen dem Inhalt des Glaubens und den sozialen Formen, in denen er gelebt wird, kann im Islam daher gar nicht erst aufkommen, jedenfalls gehört er nicht zu den konstitutiven Merkmalen dieser Religion.

Im Christentum dagegen musste die Spannung zwischen den Forderungen des sozialen Systems „Kirche" und der Botschaft, auf die sie sich berief geradezu zwangsläufig die Opposition in Gestalt zunächst der Ketzerei, dann des Protestantismus auf den Plan rufen.

Der innere Widerspruch zwischen Glaube und Religion verwandelte sich damit in einen äußeren Gegensatz zwischen konkurrierenden Kirchen. In der Logik dieses Sachverhalts liegt es auch, dass der Protestantismus seinerseits denselben Widerspruch reproduzieren musste und – schon infolge seines institutionenkritischen Ansatzes – in eine immer größere Zahl immer kleinerer Glaubensgemeinschaften zerfiel. Bis heute ist es so, dass der Protestantismus den größeren Wert auf den Glauben, also auf das subjektive, individuelle Moment des Christentums legt, während der Katholizismus dessen soziales, objektives und damit institutionelles Moment in den Vordergrund rückt. Dabei wirken beide Konfessionen als Korrektive füreinander: Die katholische Kirche hält durch ihre schiere Existenz die anarchisch-individualistischen Tendenzen des Protestantismus im Zaum, während dieser seinerseits die institutionalisierte Kritik an einer stets drohenden monopolistischen Vermachtung der katholischen Kirche darstellt.

Die Trennung des Protestantismus von der katholischen Mutterkirche weist dabei faszinierende Parallelen zur Trennung dieser Kirche von der Synagoge auf. Die jesuanische Ethik der Liebe, der Inklusion, der Toleranz und der Autonomie war ja, wie schon erwähnt, *jüdische* Ethik, die gegen die religiösen Institutionen ins Feld geführt wurde. Der latente Gegensatz von Glaube und Religion ist also bereits im Judentum verankert, und die Reformation stellt, so gesehen, den zweiten Durchlauf desselben Zyklus dar, der bereits zur Trennung der Christen von den Juden geführt hatte.

Durch die Reformation verlor die Kirche ihre dominierende Stellung gegenüber dem Staat einerseits, den Gläubigen andererseits: Hatte der deutsche König Heinrich IV. noch nach Canossa pilgern müssen, um sich die überlebensnotwendige Gunst des Papstes zu sichern, so konnte ein anderer Heinrich, der Achte von England, es sich leisten, aus mehr privaten als religiösen Motiven seine eigene Kirche zu gründen. Die einfachen Gläubigen wiederum hatten, im Prinzip zumindest, die Option des Konfessionswechsels.

Diese Schwächung der Kirche als *Institution* führte selbstredend nicht dazu, dass das *Christentum* aufgehört hätte, die alleinige Quelle der ethischen und moralischen Orientierung abendländischer Gesellschaften zu sein – andere Quellen gab es ja nicht.

Vielmehr wurde der Widerspruch zwischen Glaube und Religion dadurch aufgehoben, dass das christliche Menschenbild und die damit verbundene Ethik der individuellen Autonomie, der gegenseitigen Toleranz und der Gleichheit aller Menschen vor Gott in säkularisierter Form zur Grundlage der Moderne wurde. Das Christentum als Religion, d.h. die Kirche, wurden partikular, während Menschenbild und Ethik verallgemeinert wurden.

Also ein klassischer dialektischer Prozess: Die These, der christliche *Glaube*, bringt die *Religion* als seine eigene Antithese hervor, und der dadurch entstehende Widerspruch wird in einer Weise aufgehoben, in der beides sowohl negiert wird als auch erhalten bleibt.

Dies erklärt, warum gerade das christliche Abendland, und nicht irgendeine andere Weltzivilisation, die liberale Säkularität hervorgebracht hat.

Eine Frage, die durchaus noch offen ist, im vorliegenden Zusammenhang aber nicht vertieft werden kann, lautet dabei, ob der säkulare Liberalismus ohne Rückbindung an die religiösen Werte, denen er seine Existenz verdankt, auf die Dauer überlebensfähig ist; ob der Rückzug der Religion ins rein Private ohne Anspruch auf gesellschaftliche Verbindlichkeit und die Inflation von Freiheitsansprüchen auf Kosten sittlicher Bindungen nicht zur Selbstzerstörung der liberalen Zivilisation des Westens führen wird.

Die islamischen Denker, die die westliche Zivilisation aus solchen Gründen kritisieren, könnten am Ende durchaus recht behalten. Jedenfalls hat bereits der Prophet Mohammed im Hinblick auf die Dialektik von Glaube und Religion eine Grundentscheidung getroffen, die der christlichen diametral entgegengesetzt ist:

"Unter dem Eindruck der Ahnungen und Visionen der Endzeit ruft Muhammad zur Einkehr, zum rechten Handeln auf, damit die Menschen nicht ihr Heil verwirken. Dieses rechte Handeln, Folge der Hinwendung zu Gott, des Durchschlagens der dem Menschen anerschaffenen Heilsbestimmtheit, ist zunächst Sache des einzelnen. Doch sobald die Gemeinschaftsbildung einsetzt, genügt die rein individuelle Umkehr nicht mehr. Denn sie kann sich in allzu unterschiedlicher Weise im Alltagsleben auswirken. Vor allem aber erhebt sich bei denen, die dem Ruf des Propheten gefolgt sind, die bange Frage: ‚Mache ich auch tatsächlich alles richtig?'"[70]

Eine ganz entscheidende Frage, da Fehlverhalten, wie wir sahen, bereits nach den mekkanischen Suren mit dem Höllenfeuer bestraft wird.

"Hierauf darf er die Antwort nicht schuldig bleiben, und deshalb werden allgemeine Maßstäbe, werden Vorschriften und Gesetze notwendig. Sie beziehen sich zunächst auf die Gottesverehrung im engeren Sinne, greifen aber bald auf alle anderen Lebensbereiche über.

(...)

In der Tat ist dann in Medina das Gesetz das eigentliche Mittel, um die immer größer werdende Gemeinschaft der Gläubigen in der Hingewandtheit zu Gott, im Islam, festzuhalten.

Der Gehorsam gegen Gott und den Gesandten wird nun zum entscheidenden Kriterium für die Hinwendung zu Gott und die Zugehörigkeit zu seiner Gemeinde.

(...)

---
[70] Nagel, a.a.O., S. 32

Der Islam, die existenzielle Hinwendung des Menschen zu seinem Schöpfer und die Neugestaltung der Lebensweise des Menschen von innen heraus, wird nun umgewandelt in eine äußerliche Befolgung des Gesetzes. Durch das Gesetz und die von Muhammad in bestimmten Notlagen getroffenen Maßnahmen wird das Leben des Muslims von außen her umgestaltet. Damit wird der Weg zu einer Werkgerechtigkeit geebnet. Es kommt auf das richtige Tun an und auf die Einhaltung der richtigen Formen, und das nicht nur während des Vollzugs der Riten. Es wird von außen ablesbar, ob ein Mensch sich zum richtigen Glauben gewandt hat. (...) Unmerklich, aber unaufhaltsam verändert sich das Verständnis der Gemeinde von sich selbst. Sie ist nicht mehr so sehr eine Gruppe von im Inneren umgestalteten Einzelnen, die sich zum rituellen Gebet vereinen und damit jeden Tag ihre innere Wende aufs Neue unter Beweis stellen. Sie wird vielmehr zu einer Gemeinschaft der Gläubigen, die sich anschickt, den Willen Gottes auf Erden zu vollstrecken. (...) Dies kommt in Sure 3, Vers 110 zum Ausdruck: ‚Ihr seid die beste Gemeinschaft, die je unter Menschen hervorgebracht worden ist. Ihr gebietet, was recht ist, und verbietet, was verwerflich ist, und glaubt an Gott.'"[71]

Was Tilman Nagel hier analysiert, ist genau jener Umschlag von Glaube in Religion, den ich oben im Hinblick auf das Christentum beschrieben habe, der aber im Islam – und dieser Unterschied ist entscheidend! – bereits vom *Religionsstifter* vollzogen wurde und in der maßgeblichen heiligen Schrift seinen Niederschlag gefunden hat. Der Islam wurde, wie wir gesehen haben, bereits in Medina sowohl theoretisch (im Koran) als auch in der Praxis zu einem sozialen Normensystem mit deutlichen juristischen und politischen Akzenten, ja zu einer Gesellschaftsideologie ausgebaut.

In diesem Sachverhalt liegt der Grund dafür, dass islamische Erneuerungsbewegungen regelmäßig andere Akzente setzen als christliche. Zwar geht in beiden Religionen Erneuerung, Re-form, Re-formation mit dem Versuch einer, einen als korrupt erlebten jeweils gegenwärtigen Zustand durch Rückbesinnung auf einen als ideal gedachten Anfang zu überwinden. Führt dieser Versuch im Christentum zur Betonung der sprichwörtlichen „Freiheit eines Christenmenschen", also zur Betonung des individuellen *Glaubens*, so kann ein Muslim, der im Propheten und seiner medinensischen Gemeinde das Ideal sieht, gar nicht umhin, den Islam in dessen Eigenschaft als soziales Normensystem, also als *Religion*, zu stärken und

---

[71] ebd., S. 32 ff.

zu erneuern. Der in Saudi-Arabien herrschende Wahhabismus, der vielen westlichen Beobachtern als Inbegriff eines rückständigen, traditionalistischen Islam gilt, versteht sich selbst, und dies durchaus begründet, als eine *Reform*bewegung! Dass solche Bewegungen nicht etwa zufällig, sondern notwendig rigide Normdurchsetzung einfordern, verweist zugleich auf den fundamentalen Unterschied zwischen christlicher und islamischer Ethik:

Für die islamische Ethik gilt, was auch für Recht und politische Legitimität im Islam gilt: dass sie auf *nicht*reflexiven Normen beruht. Die islamische Ethik unterscheidet sich von der christlichen nicht erst ihrem konkreten *Inhalt*, sondern bereits ihrem *Prinzip* nach, d.h. in den Grundannahmen darüber, was Ethik überhaupt ist. Ich habe gezeigt, dass Christus seine Ethik bewusst in Form scheinbar unerfüllbarer Forderungen formulierte, die erst durch die Bezugnahme auf die Liebe als grundlegender Form des individuellen Weltbezuges ihren Sinn bekommen. Hier gelten keine konkreten Handlungsanweisungen; der Christ darf eine autonome Entscheidung treffen, er *muss* es sogar, und er muss sie vor Gott und seinem Gewissen verantworten.

Die islamische Ethik dagegen geht davon aus, dass es für den Einzelnen nichts zu *entscheiden*, sondern lediglich etwas zu *erkennen* gibt – den Willen Allahs nämlich. Die Form des Weltbezuges ist mithin nicht die Liebe, sondern der Gehorsam. (Um ein denkbares Missverständnis auszuschließen: Ich behaupte damit keineswegs den Unsinn, dass es für Muslime so etwas wie Nächstenliebe nicht gäbe, sondern lediglich, dass die islamische Ethik nicht darauf *beruht*.)

Eine freie Entscheidung bleibt dem Menschen freilich, wenn nicht in der Theorie (denn Allah leitet recht, wen er will, und führt in die Irre, wen er will), so doch in der Praxis: die Entscheidung für oder gegen den Willen Gottes, also die zwischen Gut und Böse.

Dieser Gegensatz zwischen dem christlichen Prinzip der ethischen Autonomie und dem islamischen der ethischen Heteronomie (= Fremdbestimmung) führt zwischen beiden Kulturkreisen zu einem Gegensatz der politischen Grundwerte, der schroffer kaum sein könnte: Die individuelle Freiheit, auf die wir so stolz sind, ist aus islamischer Sicht kein positiver Wert; sie *kann* es nicht sein, weil man aus islamischer Sicht Freiheit lediglich als die Freiheit auffassen kann, sich gegen Allah zu entscheiden und Böses zu tun. Eine liberale, demokratische Ordnung, die solche Freiheit garantiert, ist aus dieser Perspektive nicht nur nicht erstrebens- oder erhaltenswert, sie ist moralisch *minderwertig*.

IV. Der Dschihad in der Geschichte

1. Vorüberlegungen

Vielen Menschen im Westen ist heute kaum mehr bewusst, dass der Nahe Osten, Nordafrika und Kleinasien, also genau diejenigen Gebiete, die als die Kernlande des Islam zu betrachten wir gewohnt sind, in vorislamischer Zeit die Hochburgen des *Christentums* gewesen waren, wo der christliche Glaube früher, rascher und tiefer ins Volk eingedrungen war als irgendwo sonst im Römischen Reich.

Natürlich weiß man, dass es dort vor dem Islam irgendetwas gegeben haben muss, und wer darüber nachdenkt, wird wissen, dass dies die römisch-griechische Zivilisation und mit ihr das Christentum waren. Dass der Ausbreitung des Islam als einer *Religion* ein über hundertjähriger Eroberungszug vorausging, der die *politische* Herrschaft muslimischer Araber etablierte, das weiß zumindest der gebildete Zeitgenosse auch.

Und doch sind diese Sachverhalte auf eine merkwürdige Weise unbewusst, kommen jedenfalls im vorherrschenden Geschichtsbild praktisch nicht vor. Stattdessen bestimmen Mythen und Legenden das Weltbild selbst des gebildeten Europäers.

Europäer haben sich daran gewöhnt zu glauben, eine „islamische Zivilisation" sei der abendländischen im Mittelalter haushoch überlegen gewesen – so, als ob die in der Tat hochstehende Zivilisation dieser Gebiete nicht bereits vor der islamischen Eroberung existiert hätte; so, als ob die an römische bzw. altpersische Kultur gewöhnten Christen, Juden und Zoroastrier Nachhilfe in Zivilisation nötig gehabt hätten; so, als ob der Islam *als Religion* etwas mit den geistig-kulturellen Leistungen zu tun gehabt hätte, die in diesem Raum auch nach der islamischen Eroberung noch für einige Jahrhunderte erbracht wurden; so, als ob nicht *beiden* großen Dschihadwellen – der arabischen und später noch einmal der türkisch-osmanischen – nach einem steilen, aber historisch kurzen Aufstieg ein jeweils Jahrhunderte währender Verfall gefolgt wäre. Ein Verfall, den man, anders als die vorangegangene Blütezeit, inkonsequenterweise *nicht* dem Islam aufs Konto schreibt.

Europäer haben sich daran gewöhnt, nicht zu fragen, woher es kommt, dass die einzigen Völker, die den Islam *kollektiv,* also als Völker, angenommen haben, ausgerechnet nacheinander die Araber und die Türken (neben einer Reihe von Mongolenstämmen) waren – zum Zeitpunkt ihrer Islamisierung räuberische Barbarenvölker. Die naheliegende Frage, ob der Islam gerade für solche Völker attraktiv sein und woran das liegen könnte, gilt als unseriös.

Ferner haben Europäer sich daran gewöhnt, nicht darüber nachzudenken, wie es kommen konnte, dass die Kernlande des Christentums innerhalb weniger Jahrhunderte nahezu vollständig islamisiert werden konnten – ganz so, als ob es eine Selbstverständlichkeit wäre, dass militärische Eroberung zwangsläufig eine Konversionswelle nach sich ziehen müsste, zumal unter den Bedingungen „islamischer Toleranz" – auch sie eine jener Legenden, deren Fragwürdigkeit ich im Folgenden zeigen werde.

Europäer haben sich daran gewöhnt, die Kreuzzüge für ein Verbrechen zu halten, nicht aber die ihnen vorausgehenden großräumig geführten und jahrhundertelang andauernden islamischen Eroberungs-, Raub- und Versklavungskriege. Dabei ist es nicht etwa ungewöhnlich, dass Menschen bei der Bewertung historischer Sachverhalte mit zweierlei Maß messen. Ungewöhnlich ist, dass ein ganzer Kulturkreis dies *zu eigenen Ungunsten* tut. Dass man also bei den Kreuzfahrern einen unverzeihlichen religiösen Fanatismus am Werk sieht, nicht aber bei den Dschihad-Kriegern. Dass man einerseits weiß, dass Letztere einem starken religiösen Antrieb folgten, andererseits aber einen Zusammenhang von Islam und Krieg rundweg abstreitet.

Meine These dagegen lautet, dass sowohl die gewaltsame Eroberung als auch die anschließende islamische Durchdringung dieser riesigen Gebiete nichts anderes darstellt als die praktische Verwirklichung dessen, was im Koran theoretisch vorgedacht ist und vom Propheten selbst vorgelebt wurde, was auf die Bedürfnisse räuberischer Nomadenvölker zugeschnitten ist, und was mit Notwendigkeit aus der konsequenten Anwendung des islamischen Regelsystems folgt.

2. Politische Herrschaft als Voraussetzung der Islamisierung

Muslime nennen die Eroberungskriege, die der Islamisierung der unterworfenen Länder vorausgingen, „Futuhat", was so viel bedeutet wie

„Öffnungen"[72] (für den Islam). In unseren Ohren mag dies euphemistisch klingen (ungefähr wie „brüderliche Hilfe" als Umschreibung für sowjetische Militärinterventionen), es entspricht jedoch der inneren Logik des islamischen Rechts:

Wir haben gesehen, dass der Koran die Ausbreitung des Islam unzweideutig vorschreibt, und dass er dabei auch Gewaltanwendung gegen die sogenannten „Ungläubigen" erlaubt – aber eben *nicht* als Mittel der *Bekehrung* von Schriftbesitzern, also von Juden und Christen (später auch von Zoroastriern).

Realgeschichtlich wurde die Konversion auch von Christen und Juden (Polytheisten, Hindus zum Beispiel, wurden ohnehin nicht geschont) zwar wesentlich häufiger buchstäblich mit vorgehaltenem Krummsäbel erzwungen, als die Legende von der „islamischen Toleranz" wahrhaben will,[73] trotzdem war sie insgesamt die Ausnahme, nicht etwa die Regel. Und wenn auch das islamische Recht, wie wir noch sehen werden, ein Normensystem mit eingebauter Selbstumgehung ist, sobald es um die Rechte der „Ungläubigen" geht: Beim Thema „Bekehrung" wurde es doch im Großen und Ganzen eingehalten.

Warum dann aber die Gewaltanwendung?

Weil politische Macht das Instrument ist, mit dessen Hilfe man die Spielregeln setzt, die innerhalb einer Gesellschaft gelten, und weil es möglich ist, Spielregeln *so* zu setzen, dass die Konversion ganzer Glaubensgemeinschaften „ohne Zwang", „freiwillig" und „von alleine" vor sich geht.

2.1. Das islamische Kriegsrecht und seine praktische Anwendung

„In dem Vertrag, den Muhammad mit den Juden der Oase von Chaibar geschlossen hatte, sahen die muslimischen Rechtsgelehrten späterer Zeiten den Ursprung des Status von Tributpflichtigen. (...)

In diesem Vertrag hatte Muhammad den Juden von Chaibar den Besitz ihrer Ländereien bestätigt, die aber als Beute (fai') in das Eigentum der Muslime übergingen. Gegen Überlassung der Hälfte der Ernten an die

---

[72] Bassam Tibi, Kreuzzug und Djihad, Der Islam und die christliche Welt, München 2001, S. 81
[73] Bat Ye' Or, a.a.O., S. 94-97; Speros Vryonis, The Decline of Medieval Hellenism in Asia Minor and the Process of Islamization from the Eleventh through the Fifteenth Century, Berkeley/Los Angeles/London 1971, S. 177, 360

Muslime durften die Juden ihre Religion weiter ausüben und ihre Güter behalten. Dieser Status war indes nicht endgültig, da sich Muhammad das Recht vorbehielt, ihn nach Belieben zu widerrufen." [74]

Tatsächlich wurde der Vertrag später auch durch den Kalifen Omar annulliert und die Juden von Chaibar, ebenso wie alle anderen Juden und alle Christen von der arabischen Halbinsel vertrieben. Grundlage dafür war ein Ausspruch des Propheten, der auf dem Totenbett gesagt haben soll, auf der Halbinsel sollten keine zwei Religionen nebeneinander existieren. Ob er das wirklich sagte oder der Ausspruch nur gut erfunden ist, sei dahingestellt. Tatsache ist, dass Muslime ihn für authentisch halten, und dass ein Mann wie Osama bin Laden seinen Krieg gegen Amerika heute auf dieses Prophetenwort stützen kann, ohne dass dies von der Mehrheit seiner Glaubensbrüder wenigstens als anachronistisch angesehen würde.

Der Chaibar-Vertrag gehört zu den Grundlagen des islamischen Rechts, soweit es die Behandlung der „Ungläubigen" betrifft: Die daraus – in Verbindung mit den einschlägigen Koranstellen – entwickelte Doktrin lautet, *dass nicht nur das Eigentum der „Ungläubigen" sondern auch diese selbst der islamischen Umma, also der Gemeinschaft der Muslime gehören.*[75]

Der bedeutende mittelalterliche Rechtsgelehrte Ibn Taimiya, dessen Werke auch heute noch autoritative Geltung haben, umschrieb es so:

„*Diese Güter [die Beute, M.K.-H.] haben die Bezeichnung Fai' bekommen, weil Gott sie den Ungläubigen abgenommen hat, um sie den Muslimen <u>zurückzugeben</u>. Im Prinzip hat Gott die Güter dieser Welt nur geschaffen, damit sie ihm dienen. Die Ungläubigen übergeben also auf ganz erlaubte Weise <u>ihre Person</u>, mit der sie Gott keineswegs dienen, und ihre Güter, die sie keineswegs benutzen, um Gott zu dienen, den treuen Gläubigen, die Gott dienen; Gott gibt <u>das ihnen Zustehende zurück</u>. So gibt man einem Menschen das Erbe zurück, dessen er beraubt worden ist, <u>selbst wenn er es noch nicht in Besitz genommen hat.</u>*"[76]

Der Umma steht das Recht zu, die „Ungläubigen" zu berauben, zu versklaven und zu töten; jedenfalls nach unseren Begriffen. Nach islamischen Begriffen freilich ist der Raub kein Raub, weil die Güter der Ungläubigen ohnehin der Umma gehören; ist die Versklavung keine Versklavung, weil Nichtmuslime sowieso rechtmäßig Sklaven der Muslime sind. Nur die Tötung ist tatsächlich Tötung; aber verboten ist sie nicht.

---

[74] Bat Ye´ Or, a.a.O. S. 35
[75] ebd., S. 38
[76] zit. nach ebd., S. 319, Hervorhebungen von mir, M.K.-H.

Überhaupt fasst dieser Abschnitt aus der Feder des großen Ibn Taimiya prägnant zusammen, was der Islam unter einem gerechten Verhältnis von Rechten und Pflichten versteht (und nicht vergessen: Ibn Taimiya gilt bis heute als Autorität!): Da die Muslime als Einzige Gott dienen, gehören ihnen alle Güter auf Erden, einschließlich ihrer nichtmuslimischen Mitmenschen, weil nur sie – die Muslime – davon in gottgefälliger Weise Gebrauch machen. Was immer Muslime beanspruchen – es handelt sich um einen Anspruch auf *Rück*gabe – selbst wenn sie das betreffende Gut noch nie gesehen haben –, und was immer Nichtmuslime besitzen, haben sie den Muslimen gestohlen!

Verboten sind den Muslimen Raub, Versklavung und Tötung erst *dann*, wenn die Muslime von sich aus und auf der Basis eines Vertrages (der „Dhimma", eines Schutzvertrages) auf die *Ausübung* dieser Rechte – nicht etwa auf die Rechte selbst – verzichtet haben. Was nichts anderes bedeutet, als dass die „Ungläubigen" ihr Leben, ihre Freiheit und ihr Eigentum von denjenigen *mieten* müssen, denen diese Güter „rechtmäßig" zustehen – also von den Muslimen.

Zu den Implikationen dieses Rechts gehört übrigens, dass die Sklaverei zumindest als Rechtsinstitut nicht abgeschafft werden kann: nicht nur, weil der Koran selbst eine ganze Reihe von höchst detaillierten Regelungen über die Sklaverei trifft, womit die Institution als solche konkludent gebilligt wird; sondern vor allem, weil der Sklavenstatus der „Ungläubigen" – Muslime dürfen nicht versklavt werden[77] – als von Allah selbst geheiligte Institution aufgefasst wird, deren Abschaffung darauf hinausliefe, Nichtmuslimen den Status der Gleichberechtigung zuzugestehen.

Es ist nicht etwa ein Zufall, sondern entspricht den angeblich von Gott selbst vorgeschriebenen Wertvorstellungen der islamischen Zivilisation, dass es etliche islamische Länder gibt, in denen die Sklaverei zwar nicht als offizielle, wohl aber als stillschweigend geduldete und keineswegs anrüchige Institution nach wie vor existiert.

Willigen die „Ungläubigen" in einen „Schutz"-Vertrag ein, so genießen sie – in der Theorie – den Schutz der muslimischen Obrigkeit. Zugleich geht die politische Herrschaft über ihr Gebiet auf die Umma über, wodurch es aufhört, Teil des Dar al-harb (Haus des Krieges) zu sein und zu einem Teil des Dar al-islam (Haus des Islam) wird.[78]

---

[77] Freilich gönnten sich muslimische Sklavenjäger speziell in Afrika manche – juristisch spitzfindig begründete – Ausnahme von diesem Verbot; vgl. Egon Flaig, a.a.O., S. 120 ff.
[78] Bat Ye´ Or, a.a.O., S. 37

Unser Planet wird vom islamischen Recht bekanntlich in zwei Sphären aufgeteilt, und das „Haus des Krieges" heißt deswegen so, weil Muslime dort *ohne* Einschränkung Gewalt gegen Andersgläubige ausüben dürfen. Waffenstillstände mit Ländern, die an sich zum Dar al-harb gehören, sind zwar möglich und, wenn in Kraft, auch für Muslime verbindlich. Sie dürfen aber nach klassischer Doktrin eine Dauer von zehn Jahren nicht überschreiten und sind überdies jederzeit kündbar. Freilich nur von muslimischer Seite.

Die Verteidigung des Dar al-islam und seine Ausdehnung auf Kosten des Dar al-harb: Das ist der Dschihad, und dazu sind die Muslime bereits durch den Koran verpflichtet. An dieser Stelle scheint es mir angebracht, einen jener Kunstgriffe zu erläutern, mit denen Apologeten diesen Sachverhalt unter den Teppich zu kehren versuchen:

Der Dschihad, so heißt es dann, gehöre nicht zu den fünf Säulen des Islam, also zu den Grundpflichten jedes Muslims. Diese seien vielmehr (und *ausschließlich*): das Glaubensbekenntnis, die Wallfahrt, das täglich fünfmalige Pflichtgebet, die Beachtung des Ramadan und die Zahlung der Armensteuer. Das trifft zu, ändert aber nichts an der Pflicht zum Dschihad: Diese Pflicht verbirgt sich im *Glaubensbekenntnis*, wonach es keinen Gott außer Allah gebe *und Mohammed sein Prophet sei*; mit dieser Festlegung sind *alle* Pflichten, die sich aus Koran und Sunna – dem Vorbild des Propheten – ableiten lassen, für alle Muslime verbindlich, selbstverständlich auch der Dschihad – und *vor allem* der Dschihad!

Das islamische Recht trifft dabei ausgefeilt differenzierte Regelungen, von denen hier nur die wichtigsten erwähnt seien:

Der *defensive* Dschihad, also die Verteidigung islamischen Gebietes gegen die „Ungläubigen", gegebenenfalls auch seine Rückeroberung, ist *individuelle* Pflicht *jedes einzelnen* Muslims – eine Pflicht, an die übrigens heute von Dschihadisten regelmäßig dann erinnert wird, wenn es gilt, die Unterstützung von Muslimen gegen Israel zu gewinnen.[79]

Der *offensive* Dschihad, also die Ausdehnung des islamischen Herrschaftsbereichs, gilt dagegen als kollektive Verpflichtung der Umma: Solange die Gemeinschaft der Muslime nur *überhaupt* um die Ausdehnung

---

[79] Daran, dass der Kampf gegen Israel der erfolgreichste Topos dschihadistischer Propaganda ist, lässt sich ablesen, dass wir es bei der Dschihad-Pflicht mitnichten mit einer bloß theoretischen Norm zu tun haben. Ihre Mobilisierungskraft reicht zwar nicht so weit, dass alle Muslime sich Sprengstoffgürtel umschnallen würden, um gegen Israel zu kämpfen, aber weit genug, dass auch solche Muslime, die Terrorismus sonst ablehnen, ihn dann für gerechtfertigt halten, wenn er sich gegen den jüdischen Staat richtet, der als Eindringling im Dar al-islam betrachtet wird.

ihres Herrschaftsbereichs kämpft, ist der Pflicht Genüge getan, und muss sich nicht unbedingt jeder Einzelne persönlich daran beteiligen.

Dabei hat dem Krieg stets eine Aufforderung an die „Ungläubigen" vorauszugehen, den Islam anzunehmen. Tun sie dies, fällt ihr Gebiet kampflos dem Dar al-islam zu. Lehnen sie es ab, so werden sie ultimativ, also unter Gewaltandrohung, vor die Wahl zwischen Bekehrung und Tod gestellt; sind sie Christen, Juden oder Zoroastrier, so lautet die Alternative „Bekehrung oder Tribut". Sie bekommen also die Chance, sich zu unterwerfen. Bei der Analyse des Korans hatte ich schon herausgearbeitet, dass die Weigerung, den Islam anzunehmen bzw. sich den Muslimen zu unterwerfen, als *Angriff auf den Islam* aufgefasst wird. Hier stoßen wir auf die rechtliche Ausarbeitung dieses koranischen Gedankens. Verweigern die „Schriftbesitzer" die Unterwerfung, so müssen die Muslime bis zum Sieg gegen sie kämpfen.

„Wird ein Teil des Dar al-Harb durch einen Sieg der Muslime zum Dar al-Islam, so werden dessen Bewohner als Harbis [Bewohner des Dar al-Harb, M. K.-H.] zu Kriegsgefangenen. Der Imam kann sie je nach den Umständen der Eroberung zum Tode verurteilen, versklaven, ins Exil schicken, oder mit ihren Vertretern verhandeln und ihnen einen Vertrag (dhimma) gewähren, der sie in einen Status von Tributpflichtigen (dhimmi) versetzt." [80]

In den ersten drei islamischen Jahrhunderten lief die erste, die arabische Welle des Dschihad. Erobert wurden unter anderem die arabische Halbinsel, Palästina, Syrien, Kleinasien, Mesopotamien, Persien, Armenien, Afghanistan, Nordafrika und Spanien. In Europa konnten die Streitkräfte der Christen die Eroberungswelle erst in Frankreich zum Stehen bringen.

Dies bedeutet aber nicht, dass die letztlich *nicht* eroberten Gebiete von den Heimsuchungen der Araber und ihrer Hilfsvölker verschont geblieben wären, und zwar weit über die hier interessierende erste Phase der islamischen Eroberungen hinaus: Die gesamte Nordküste des Mittelmeeres wurde von dem Moment an, wo die Araber sich von den unterworfenen Feinden das Know-how der Schifffahrt angeeignet hatten, von arabischen, berberischen und türkischen Piraten heimgesucht, und zwar mancherorts bis ins späte 18. Jahrhundert hinein![81]

Bei dieser Piraterie ging es vor allem darum, Sklaven zu erbeuten. Man schätzt, dass in den knapp zwölf Jahrhunderten, die die muslimische Men-

---
[80] Bat Yeʼ Or, a.a.O., S. 38
[81] vgl. Egon Flaig, a.a.O., S. 89

schenjagd in Südeuropa andauerte, mehrere Millionen christliche Europäer auf orientalischen Sklavenmärkten verkauft wurden.[82]

Die islamische Welt unterschied sich nicht darin von anderen Zivilisationen, dass sie überhaupt solchen Praktiken frönte. Sie unterschied sich erstens darin, dass man dort – und nur dort! – damit den Willen Gottes zu erfüllen glaubte; zweitens darin, dass man dies dort, und nur dort, mancherorts *bis heute* glaubt.

In *den* Ländern aber, die tatsächlich unter islamische Herrschaft gerieten, galt: Diejenigen „Ungläubigen", die sich nicht unterwarfen, und diejenigen, bei denen es nicht darauf ankam, ob sie sich unterwarfen oder nicht, weil sie sich ohnehin nicht verteidigen konnten – vor allem die Landbevölkerung – wurden, je nachdem, was gerade opportun schien, ermordet oder versklavt, in jedem Falle aber ausgeraubt und bisweilen auf denselben Gütern, die die Muslime ihnen vorher geraubt hatten, als Sklaven eingesetzt.[83]

Privilegiert waren diejenigen, die in befestigten Städten lebten oder sonst die Mittel zur Verteidigung hatten. Zwar mussten auch sie sich oft genug der muslimischen Übermacht geschlagen geben, aber sie hatten immerhin die Chance, den Angreifern vertragliche Zugeständnisse abzutrotzen, mit denen ihre Willkür – zumindest scheinbar und vorläufig – im Zaum gehalten wurde.[84]

„Dieses allgemeine Bild von Verwüstung, Ruinen, Massakern und Deportation von Gefangenen aus den Städten wie auch aus ländlichen Regionen betraf alle eroberten Gebiete in Asien, Afrika und Europa. Die wenigen zitierten Beispiele stehen für eine allgemeine Situation, die in den zeitgenössischen syrischen, griechischen und arabischen Chroniken sehr gut dokumentiert ist, denn sie wiederholte sich im Laufe der Jahre und Jahrhunderte durch periodisch immer wiederkehrende Beutezüge. Diese Chroniken, von denen die meisten in europäische Sprachen übersetzt, publiziert und den Spezialisten bekannt sind, zeigen ganz zweifelsfrei, dass die Vorschriften des Dschihad hinsichtlich der Beute, des Fünfts [chums], des Fai', der Ernten und des Loses der Menschen (Bekehrung, Tod, Sklaverei oder Tribut) nicht nur vage Prinzipien aus einem theoretischen Kriegstraktat darstellten, die sich irgendein obskurer Theologe ausgedacht hat. Durch ihre tiefe Gläubigkeit und von der Überzeugung getragen, einer allen überlege-

---
[82] ebd.
[83] Bat Ye' Or, a.a.O., S. 60
[84] ebd., S. 44

nen Religionsgemeinschaft anzugehören (Sure 3,110: ‚Die beste Gemeinschaft...') wandten die Araber diese Vorschriften an in der Überzeugung, einer religiösen Pflicht nachzukommen und den Willen Allahs zu erfüllen.

Man muss jedoch bedenken, dass Tötung oder Versklavung von Besiegten, Brandschatzung, Plünderung, Zerstörung sowie Erhebung von Tribut Verhaltensweisen sind, die in der Zeit, um die es hier geht, von allen Armeen, griechischen, lateinischen und slawischen, praktiziert wurden. <u>Allein die Maßlosigkeit, die Regelmäßigkeit und der systematische Charakter der von den islamischen Theologen zur Norm erhobenen Verwüstungen unterscheiden den Dschihad von anderen Eroberungskriegen oder Beutezügen.</u>" [85]

Der Krieg der Nomaden gegen die Sesshaften war keine Erfindung des Islam, er ist vielmehr eine Konstante der Weltgeschichte spätestens seit der Einführung des Ackerbaus, und es gibt wohl keinen zweiten identifizierbaren Einzelfaktor, der die Entfaltung der Zivilisation so lange und so nachhaltig gehemmt hat wie die Kriegszüge beutegieriger Nomadenvölker.

Mohammed aber war der einzige *Religionsstifter*, der diese Form von Barbarei zum Motor seines Missionsprojekts machte, und der Islam (als die einzige Religion, die man mit Gewalt verbreiten kann, ja sogar muss, ohne sich in Widerspruch zu ihren Glaubensgrundlagen zu setzen) vermochte es, die bis dahin unkoordiniert raubenden arabischen Beduinen zu einer systematisch agierenden Streitmacht zu formen. So gesehen, brachte der Islam tatsächlich einen zivilisatorischen Fortschritt – freilich nur für die Beduinen selbst, nicht für die von ihnen unterworfenen Völker.

Der Kunstgriff, der dieses Wunder möglich machte, war die *Sakralisierung* der Barbarei sowohl der arabischen als auch später der türkischen Nomadenstämme. Die Nomaden kämpften, raubten, mordeten, brandschatzten und versklavten wie bisher, sie taten es nun aber im Namen Allahs und mit dem Anspruch, den wahren Glauben durchzusetzen.[86]

2.2. Von der Eroberung zur Islamisierung

Die politische Herrschaft über die nichtmuslimische autochthone Bevölkerung war nur eine notwendige, keineswegs eine hinreichende Voraussetzung für die islamische Durchdringung der unterworfenen Länder. Sie war

---
[85] ebd., S. 52; Hervorhebung von mir, M.K.-H.
[86] Speros Vryonis, a.a.O., S. 171, 273

genau das, als was die Muslime sie bezeichneten: eine *Öffnung*. Von nun an konnte der Islam praktisch ungehindert in diese Länder und Völker einsickern, und die Mittel, mit denen dies ins Werk gesetzt wurde, sind für den Sozialwissenschaftler so faszinierend wie für den Beobachter des aktuellen Zeitgeschehens beunruhigend.

Was hier vorgestellt wird, sind die *typischen* Elemente der Islamisierungspolitik, die sehr flexibel eingesetzt wurden. Sie alle haben eine Grundlage in Koran und Sunna, deswegen spielen sie auch in allen historischen Islamisierungsprozessen eine Rolle; man darf sich diese Vorgänge aber nicht schematisch im Sinne einer strikten Abfolge vorstellen: Der Islam gibt den Dschihadisten Werkzeuge in die Hand und die notwendige Mentalität, von ihnen Gebrauch zu machen, aber er enthält nicht, wie ein Kochbuch, eine Gebrauchsanleitung, die man mechanisch befolgen könnte.

Deswegen ist das Bild *nicht einheitlich*, kann es auch nicht sein, wenn man bedenkt, um welch große Zeiträume und Gebiete es hier geht.[87] Das heißt aber nicht, dass eine abstrahierende Gesamtdarstellung nicht möglich oder nicht zulässig wäre. Da die Grundkonstellation im Verhältnis von Muslimen zu Nichtmuslimen in den eroberten Ländern schon aus theologischen bzw. sakraljuristischen Gründen stets dieselbe war, ist es wenig überraschend, dass auch die Wirkungen dieser Konstellation sich über Jahrhunderte und Kontinente hinweg glichen. Dass die Muslime die Vorgaben des islamischen Rechts bemerkenswert geschmeidig und flexibel umsetzten, heißt keineswegs, dass diese Vorgaben keine Rolle gespielt hätten.

Um die typischen Elemente der historischen Islamisierungsprozesse herauszuarbeiten, beziehe ich mich im Folgenden auf die erste, die arabische Dschihad-Welle, sofern nicht ausdrücklich etwas anderes erwähnt wird. Alles, was dort aufgeführt wird, trifft auch auf die Islamisierung der von den Türken eroberten Gebiete zu, wenn auch notwendig mit Modifikationen, insbesondere im Hinblick auf die Reihenfolge und Kombination der einzelnen Instrumente. Wenn ich auf die osmanische Islamisierungspolitik nicht vertieft eingehe, dann deshalb, weil ich Wiederholungen vermeiden

---

[87] Bereits das Tempo der Islamisierung war von Land zu Land durchaus unterschiedlich. Während im Irak schon fünfzig Jahre nach der Eroberung zwei Drittel der Bevölkerung muslimisch waren, waren es in Syrien um 900, also nach über zweihundert Jahren, erst die Hälfte; um 1350 waren es neunzig Prozent. (Courbage/Fargues, a.a.O., S. 8, 12, 14)

möchte. Den speziell an diesem Thema interessierten Leser verweise ich auf das Standardwerk von Speros Vryonis.[88]

2.2.1. Konsolidierung durch Abschottung

Auch wenn – zahlreichen Quellen zufolge – bereits im Zuge der Eroberung kleinere Teile der autochthonen Bevölkerung zum Islam konvertierten, sei es aus Todesangst, sei es aus dem Wunsch, bei den Siegern zu sein: Die überwältigende Mehrheit blieb zunächst bei ihrem – christlichen, jüdischen oder zoroastrischen – Glauben. Die arabischen Muslime thronten also zunächst als kleine, mancherorts sogar winzige Minderheit über „ungläubigen" Völkern, noch dazu Völkern, die als ehemalige Untertanen des römisch-byzantinischen bzw. persischen Reiches den Arabern kulturell überlegen waren. Der arabische Geschichtsschreiber Ibn Khaldun beschrieb das Kulturniveau der Araber in frühislamischer Zeit so:

„Die Araber waren rau, ungebildet und in den Künsten des Schreibens und Rechnens wenig bewandert; auch bedienten sie sich für ihr Rechnungswesen der Dienste von Christen, Juden und freigelassenen Fremden."[89]

Der in einer solchen Konstellation zu erwartende Effekt ist, dass der politisch herrschende, aber kulturell unterlegene Eroberer sich die Kultur des Unterworfenen aneignet und in dessen Volk aufgeht; so, wie sich die Goten in Spanien und die Franken in Gallien romanisierten, oder wie die Mongolen nach der Niederwerfung Chinas zu Chinesen mutierten.

Nichts dergleichen geschah nach den arabischen Eroberungen.

Wir hatten oben schon Gelegenheit, uns darüber zu wundern, dass der Koran die soziale Abgrenzung, ja Abschottung der muslimischen Umma gegen Andersgläubige vorschreibt, und dass er die Chance auf friedliche Missionierung, die in einem engen sozialen Kontakt ja *auch* steckt, allem Anschein nach so gering achtet.

Wenn wir uns aber bewusst machen, dass die Muslime praktisch überall außerhalb ihres arabischen Kernlandes als Minderheit lebten, noch dazu als nicht unbedingt beliebte Minderheit von Eroberern, dann erkennen wir,

---

[88] Vryonis, a.a.O. Ich weise darauf hin, dass der türkische Dschihad nicht erst im 14./15. Jahrhundert unter der Führung der Osmanen begann, sondern bereits ab dem 11. Jahrhundert mit den Angriffen auf Kleinasien. Nötig ist dieser Hinweis deshalb, weil die brutale Islamisierungspolitik der vor-osmanischen Turkstämme nicht unbedingt allgemein bekannt ist.
[89] Ibn Khaldun, zit. nach Courbage/Fargues, a.a.O., S. 25, Übersetzung von mir, M.K.-H..

dass die Abschottung die Voraussetzung dafür war, die eigene muslimische Gruppe zu stabilisieren. Hätten sich die arabischen Muslime einfach unters Volk gemischt, so wäre es ihnen wahrscheinlich just so ergangen wie den erwähnten Goten, Franken und Mongolen. Es wäre zur kulturellen Assimilation gekommen, und der Islam wäre zunächst zur Privatangelegenheit der einzelnen Muslime geworden, um schließlich als religionsgeschichtliches Kuriosum – nicht richtig jüdisch, nicht richtig christlich – in Vergessenheit zu geraten und heute ein Spezialgebiet mehr oder minder exzentrischer Historiker zu sein.

Eine zentrale Funktion kam in diesem Zusammenhang den Moscheen zu, die als Zentren der islamischen Garnison in jeder eroberten Stadt entstanden. Moscheen waren weitaus mehr als bloße Bet- oder Gotteshäuser. Sie waren soziale Zentren, in denen die Muslime moralisch aufgerüstet wurden, indem ihnen täglich die Überlegenheit des Islam, der Wille Allahs und die Größe ihrer Mission vor Augen geführt wurden, wo politische Angelegenheiten besprochen wurden, und wo man unter sich war.[90]

„Eine Moschee ist im Islam das Zentrum für Anbetung, Rechtsprechung, Kriegsstrategie und Verwaltung. (...) Der Prophet Mohammed machte den Muslimen klar, dass eine Moschee nicht mit einer Synagoge oder Kirche zu vergleichen ist. (...) Sie war wie das Weiße Haus, der Oberste Gerichtshof und das Pentagon unter einem Dach. (...) Durch die ganze islamische Geschichte hindurch kann man beobachten, dass alle Bewegungen des Dschihads ihren Ausgangspunkt in einer Moschee hatten." [91]

Die Formation betender Muslime erinnert nicht etwa nur zufällig an eine Schlachtreihe von Kriegern; die notwendige innere Verbindung von Religion und Krieg, vom Koran hundertfach wiederholt, vom Propheten tausendfach bekräftigt, wurde auf diese Weise für jedermann sinnlich und sinnfällig zum Ausdruck gebracht und erfahrbar gemacht. Auch wenn ich damit meiner Argumentation ein wenig vorgreife, ermutige ich den Leser ausdrücklich, Parallelen zur aktuellen Immigrations- und Integrationsproblematik zu ziehen. Es ist keineswegs ein anachronistischer Vergleich von mittelalterlichen Äpfeln mit modernen Birnen, wenn man feststellt, dass die Selbstabschottung heutiger muslimischer Minderheiten, ihre prinzipielle, weil zu einer Frage von Ehre, Moral und Identität erhobene Assimi-

---
[90] Bassam Tibi, Kreuzzug und Dschihad, a.a.O., S. 68 ff.
[91] Mark A. Gabriel, Islam und Terrorismus, Gräfelfing 2004, S.122; vgl. auch das Khomeini-Zitat oben

lationsverweigerung, und speziell auch die Errichtung von Großmoscheen als Sinnbildern von Macht wie als autarken Gemeindezentren den Mustern folgen, die seit den frühesten Tagen des Islam typisch waren für das Auftreten von Muslimen in den von ihnen eroberten Ländern. Die Kontinuität von Theologie, Sozialnormen und Mentalität ist zu offenkundig, als dass man Parallelen als bloß zufällig abtun könnte.

2.2.2. Demographische Expansion durch Migration

Nach den arabischen Eroberungen waren oft weite Landstriche verwüstet und die einheimische Bevölkerung durch Ermordung oder Deportation dezimiert.[92] Die Eroberer standen also nicht nur vor dem Problem, eine Minderheit zu sein, die über eine Mehrheit herrscht, sondern sie mussten den eroberten Raum auch sinnvoll nutzen. Mit der Ansiedlung von muslimischen Arabern (oder auch mit der bloßen Duldung ihres Zustroms) lösten sie beide Probleme gleichzeitig.[93]

Dabei hatte die Verschiebung des demographischen Gleichgewichts nicht nur eine quantitative, sondern auch eine qualitative Komponente. Es kam also zunächst nicht unbedingt darauf an, dass die Araber eine *Mehrheit* bildeten. Es genügte, dass es ihnen – und normalerweise nur ihnen! – erlaubt war, Waffen zu tragen. Dieser schlichte Umstand verschaffte ihnen auch als einer Minderheit, so sie nur flächendeckend vertreten war, die Schlüsselposition zur Kontrolle des Raumes. Er stellte sicher, dass die Muslime stets *die* Partei waren, die das letzte Wort behielt.

Vielfach ging dadurch die Vertreibung der Einheimischen auch nach der Eroberung weiter. Da viele der einwandernden Muslime Nomaden waren, die schon traditionell vom Raub lebten, standen die Rechte der – theoretisch – Schutzbefohlenen vielfach nur auf dem Papier. Das Klima der Unsicherheit und Anarchie, speziell bei den Bauern, trug das seine dazu bei, dass viele ihre Heimat verließen, um Platz für nachrückende Araber zu machen.[94]

2.2.3. Die Dhimma – der „Schutzvertrag"

Waren Abschottung und Migration noch Instrumente, die die Eroberer auch ohne die Kooperation der Unterworfenen handhaben konnten, so war

---
[92] Bat Ye' Or, a.a.O., S. 41–57; dasselbe gilt für die türkischen Eroberungen in Kleinasien, vgl. Speros Vryonis, a.a.O., S. 143–175
[93] Bat Ye' Or, a.a.O., S. 61
[94] ebd., S. 108–116

die Dhimma, also die vertragsrechtliche Ausgestaltung der Beziehungen zwischen Muslimen und Nichtmuslimen, das Mittel, mit dem die Spielregeln so gesetzt wurden, dass konkurrierende Religionen über kurz oder lang verschwinden mussten. Mit dem Schutzvertrag endete nicht etwa der Dschihad – er trat vielmehr in eine neue und entscheidende Phase. Ziel der Dhimma war nicht der Modus vivendi, jedenfalls nicht als Endzustand, sondern die Dinge kontrolliert in Bewegung zu bringen,

„bis die Verführung aufgehört hat und der Glauben an Allah da ist" (Koran 2, 193).

Die Dhimma war ein Instrument des Dschihad. Wer heute von der „islamischen Toleranz" spricht und dies ausgerechnet mit der Existenz solcher Verträge begründet, hat entweder den Islam nicht verstanden oder spekuliert auf die infantile Leichtgläubigkeit eines harmoniebedürftigen westlichen Publikums.

Der rechtliche Status der Dhimmis variierte im Zeitverlauf und von Land zu Land. Im Wesentlichen jedoch waren die Konditionen stets dieselben, und sie lassen sich einigen zentralen, miteinander zusammenhängenden Themen zuordnen:

– wirtschaftliche Ausplünderung
– Demütigung und Diskriminierung
– Beherrschung des öffentlichen Raumes
– Verbot der Kritik am Islam.

2.2.3.1 Ausplünderung

Den Dhimmis wurde die Dschizya – eine Kopfsteuer – und der Charadsch auferlegt, eine Grundsteuer, die wesentlich höher lag als der Zehnt, der auch von muslimischen Grundbesitzern erhoben wurde. Beide Steuern sind, islamischem Recht zufolge, der Preis dafür, dass die Dhimmis, die von Rechts wegen Kriegsbeute der Muslime sind, wenigstens im *Besitz* ihres früheren Eigentums bleiben, nicht getötet werden, ihren Glauben weiter ausüben können, und dass die meisten von ihnen nicht versklavt werden.

(Die meisten. Denn viele Dhimmi-Verträge verpflichteten die unterworfenen Völker, einmalig oder regelmäßig Kontingente an Sklaven zu stellen.[95] Die osmanische Praxis der Knabenlese ist dabei nur ein besonders prominentes Beispiel von schier unzähligen: Die christlichen Balkanvölker,

---
[95] ebd., S. 116

speziell die Serben, wurden jahrhundertelang gezwungen, dem Sultan in gewissen Abständen eine bestimmte Anzahl von Knaben zu überlassen, die ihren Familien entrissen und zwangsbekehrt wurden, um als fanatische Elitekrieger im Janitscharen-Korps zu dienen, wo sie oftmals gegen genau die Völker eingesetzt wurden, aus denen sie stammten.[96])

Dabei waren die geforderten Steuern stets hoch genug, um als drückende Last empfunden zu werden. Zeitweise waren sie sogar *so* ruinös hoch, dass die Bauern sie nicht aufbringen konnten. Wer der Versklavung entgehen wollte, hatte dann keine andere Wahl als die Flucht – ins Ausland oder in die Städte. Unter den Abbasidenkalifen waren zeitweise große Teile des Staatsapparates mit der Jagd auf geflohene Bauern betraut.[97]

Die Dhimmi-Völker galten dabei *kollektiv* als Steuerschuldner, und es waren die eigenen – christlichen, jüdischen, zoroastrischen – geistlichen Honoratioren, die dem islamischen Staat für das Aufbringen der Steuer verantwortlich waren.

Überhaupt wuchsen diese geistlichen Notabeln, da sie der einzige anerkannte Partner des Staates waren, in eine Machtposition hinein, die sie so vor der islamischen Eroberung nicht innegehabt hatten – oblag doch ihnen allein die Regelung der inneren Angelegenheiten ihrer Gemeinschaften, in die sich der Staat normalerweise nicht einmischte. Entsprechend war diese „Autonomie" eine höchst zweischneidige Angelegenheit: Indem sie den Notabeln eine enorme Macht über ihre Gemeinschaften übertrug, korrumpierte sie sie und ließ als einzige Vertretung der unterworfenen Völker nur solche Instanzen zu, deren Eigeninteressen sie darauf verwiesen, eher dem Staat zu dienen als dem eigenen Volk.[98]

2.2.3.2 Demütigung und Diskriminierung

Jahrhundertelang – mancherorts bis ins zwanzigste Jahrhundert hinein – existierte in den meisten islamischen Ländern das Ritual, dass Christen und Juden bei Ablieferung ihrer Steuern den Kopf beugen mussten und vom muslimischen Steuereintreiber einen Schlag auf den Hinterkopf bekamen. Der Rechtsgelehrte Al-Adawi, der hier exemplarisch zitiert sei, beschreibt den Ablauf, vor allem aber auch den Sinn dieses Verfahrens so:

---

[96] ebd., S. 122–125; diese Methode wurde bereits in vorosmanischer Zeit angewandt, vgl. Speros Vryonis, a.a.O., S. 240 ff.
[97] Bat Ye' Or, a.a.O., S. 75–80
[98] ebd., S. 134–136, S. 257–259

"Der Dhimmi, ob Christ oder Jude, soll persönlich ... zu dem mit der Erhebung der Dschizya beauftragten Emir gehen. Dieser soll auf einem erhöhten Sitz in der Form eines Thrones sitzen; der Dhimmi soll zu ihm kommen, mit der Dschizya, die er in der Mitte der Handfläche hält, von wo sie der Emir dann entgegennimmt, ... so, dass seine Hand oben und die des Dhimmi unten ist. Dann versetzt ihm der Emir mit der Faust einen Schlag ins Genick. Ein Mann soll neben dem Emir stehen und den Dhimmi anschließend barsch wegjagen. Danach treten ein Zweiter und ein Dritter vor, und man soll sie in gleicher Weise behandeln, ebenso alle, die nachfolgen. Jedermann ist zugelassen, dieses Schauspiel zu genießen. – Man soll niemandem erlauben, einen Dritten mit der Bezahlung der Dschizya in seinem Namen zu beauftragen: Sie müssen persönlich dieses Zeichen der Erniedrigung erdulden, <u>denn vielleicht werden sie schließlich an Allah und seinen Propheten glauben und von diesem schmachvollen Joch befreit werden.</u>"[99]

Es war dies nur *ein* Element eines ganzen Bündels von Bestimmungen, das dazu bestimmt war, die Dhimmis zu jeder Stunde des Tages daran zu erinnern, dass sie Menschen minderer Würde und minderen Rechts waren: Dhimmis durften sich gegen Übergriffe von Muslimen nicht wehren.[100] Beleidigungen waren ohnehin an der Tagesordnung, sie galten geradezu als ein Gewohnheitsrecht der Muslime, während die Beleidigung eines Muslims ein Verbrechen war. Auch Schläge, sogar von muslimischen Kindern, hatten Christen und Juden klaglos zu dulden; sie mit Steinen zu bewerfen war ein beliebtes Kinderspiel.[101] Selbst *Notwehr* war ihnen untersagt: Dhimmis waren verpflichtet, sich eher totschlagen zu lassen als die Hand gegen einen Muslim zu erheben.[102]

Dhimmis hatten sich Muslimen gegenüber stets unterwürfig zu verhalten. Sie mussten Platz machen, wenn ihnen auf der Straße ein Muslim entgegenkam.[103] Sie durften keine Pferde oder Kamele reiten, höchstens Esel.[104] Mancherorts durften sie auch überhaupt nicht reiten, sondern hatten zu Fuß zu gehen, und dies mit minderwertigem oder gar keinem Schuhwerk. Wenn sie aber wenigstens einen Esel reiten durften, dann hatten sie – auch als

---
[99] Zit. n. ebd., S. 357, Hervorhebung von mir, M.K.-H. Auch Tamcke, a.a.O., S. 29, hält fest: „Demütigung als Druckmittel zur Annahme des Islam wurde zum erklärten Ziel dieser Texte" (der Dhimmi-Verträge)
[100] Bat Ye´ Or, a.a.O., S. 87
[101] ebd., S. 100
[102] ebd., S. 87
[103] ebd., S. 99
[104] ebd.

Männer – nach Frauenart zu reiten.[105] Dass sie keine Waffen tragen durften, verstand sich von selbst.

Vielerorts war es außerdem üblich, dass sie bestimmte Orte, Städte oder Stadtteile nicht betreten durften, sondern auf ihre Viertel beschränkt blieben.[106] Wer es, etwa als Jude, gar wagte, eine Moschee zu betreten, wurde ohne weiteres gelyncht.[107] Das Verbot, Moscheen zu betreten, ist zwar nirgendwo in der Scharia verankert und wird deshalb heute auch nicht mehr praktiziert, galt aber bis ins zwanzigste Jahrhundert hinein als Selbstverständlichkeit. Man sieht, dass das Gebot sozialer Abschottung, wie vom Koran vorgezeichnet, mit großer Konsequenz praktiziert wurde, bis hin zu einem frühen System von Apartheid.

Es wurde streng darauf geachtet, dass sie sich nicht als Muslime ausgeben konnten, um die Vorschriften zu unterlaufen.[108] Der gelbe Fleck als Erkennungsmerkmal für Juden ist wahrscheinlich eine muslimische Erfindung. Im Übrigen gab es sehr viele Varianten von Kleidervorschriften, denen aber allen gemeinsam war, dass die Kleider der Dhimmis bestenfalls unscheinbar sein durften, oft aber wurden ihnen auch besonders hässliche und lächerlich machende Kleidungsstücke aufgezwungen.[109] Der Sinn der Vorschriften war nämlich nicht nur, die Dhimmis als solche erkennbar zu machen, sondern auch zu verhindern, dass ein Muslim einen Christen oder Juden aufgrund von dessen Kleidung als sozial höhergestellt erlebte.

Und dabei sind dies nur die Praktiken, die von der Scharia gedeckt und deshalb legal waren. Da aber das Zeugnis von Christen oder Juden gegen Muslime vor Gericht nichts galt – auch dies entsprach dem islamischen Recht[110] –, blieb de facto jeglicher Übergriff von Muslimen gegen Dhimmis mindestens so lange ungeahndet, wie sich kein muslimischer Zeuge und vor allem kein mächtiger muslimischer Protektor fand, der zu Gunsten der Dhimmis einschritt. Dergleichen gab es bisweilen.[111] Allerdings riskierten muslimische Potentaten, die sich für Christen oder Juden einsetzten, Konflikte mit ihren eigenen Glaubensgenossen. Es gibt zahlreiche Beispiele für politische Unruhen, die sich daran entzündeten, dass

---

[105] ebd.
[106] ebd., S. 100
[107] ebd., S. 92
[108] ebd., S. 100
[109] ebd.
[110] ebd., S. 84
[111] vgl. für Kleinasien Speros Vryonis, a.a.O., S. 211

Dhimmis nicht mit der vom (muslimischen) Volk gewünschten Härte unterdrückt wurden.[112]

Auch die Zwangsbekehrung, von Koran und Scharia an sich verboten, gehörte von Beginn an zu den Mitteln, mit denen der Islam sich ausbreitete.[113] Wo kein Kläger, da kein Richter. Allerdings betone ich nochmals, dass sie trotz ihrer Häufigkeit die Ausnahme und nicht die Regel waren. Sie kamen häufig genug vor, um einschüchternd zu wirken – und die Dhimmis nicht vergessen zu lassen, dass sie dankbar dafür zu sein hatten, wenn es *nicht* geschah –, aber nicht *so* häufig, dass man in der Konversion von – langfristig – ganzen Völkern in erster Linie das Ergebnis unmittelbarer Gewaltandrohung sehen dürfte.

2.2.3.3 Beherrschung des öffentlichen Raumes

Auf die große Bedeutung von Moscheen für die Islamisierung eroberter Länder ist bereits hingewiesen worden. Sie waren aber nicht nur die oben beschriebenen sozialen Zentren, sondern auch wesentlicher Teil einer Art von architektonischem Dschihad.

Dhimmi-Verträge beinhalteten praktisch überall detaillierte Bestimmungen darüber, in welchen Grenzen die Ausübung der jeweiligen Religionen von den Muslimen geduldet wurde. Vielfach hatten die Araber – später die Türken – bereits in der Eroberungsphase vollendete Tatsachen geschaffen, indem sie vorhandene Kirchen und Synagogen kurzerhand niederbrannten,[114] nicht ohne sie vorher alles Wertvollen beraubt zu haben. Besonders konsequente Streiter auf dem Wege Allahs trieben noch die Mitglieder der dazugehörigen Gemeinden in die Gotteshäuser, bevor sie sie anzündeten.[115]

Christen und Juden durften von Muslimen zerstörte Gotteshäuser nicht wieder aufbauen, und solche, die die Muslime beschlagnahmt und zu Moscheen umgewidmet hatten, wurden selbstredend nicht zurückgegeben. Aber auch diejenigen Kirchen und Synagogen, die die Eroberung überstanden hatten, durften nur instand gehalten, nicht aber ausgebaut werden, und der Neubau von christlichen und jüdischen Gotteshäusern war verboten (und ist es in vielen islamischen Ländern bis heute; selbst dort, wo man es de jure *darf*, wird trickreich dafür gesorgt, dass man es de facto nicht *kann*).

Auf diese Weise sorgten die Muslime dafür, dass ihre eigenen Moscheen

---

[112] Bat Ye´ Or, a.a.O., S. 93; Speros Vryonis, a.a.O., S. 213; Courbage/Fargues, S. 70
[113] Bat Ye´ Or, a.a.O., S. 94–97; Speros Vryonis, a.a.O., S. 177, 360
[114] Bat Ye´ Or, a.a.O, z.B. S. 47, 89; Speros Vryonis, a.a.O., S. 195 ff.
[115] Bat Ye´ Or, a.a.O.., S. 94

stets größer, prächtiger und zentraler gelegen waren als die Kirchen und Synagogen der „Ungläubigen".

Damit aber nicht genug: Christen und Juden durften *überhaupt* nichts tun, was man als Werbung für ihre Religion hätte auffassen können. Hinter den Mauern von Kirchen und Synagogen durften sie ihre Religion ausüben, und auch dies nur, wenn dies so leise geschah, dass man von außen nichts davon merkte.[116] Beerdigungen hatten sogar in aller Stille stattzufinden; die Friedhöfe der „Ungläubigen" hatten so unauffällig zu sein wie diese selbst, und Muslime hatten keine Skrupel, solche Friedhöfe bei Bedarf, oder auch als Terrormaßnahme, einzuebnen.[117] Glockenläuten war – man möchte sagen: selbstverständlich – verboten.

Hier ging es nicht nur um die Abwehr etwaiger Bekehrungsversuche, es ging auch nicht nur um die Demonstration von Dominanz (darum ging es natürlich auch, aber dazu kommen wir noch). Die Beherrschung des öffentlichen Raumes diente vor allem dazu, das Gemeinwesen als ein islamisches zu definieren. Es ging nicht nur darum, klarzustellen, wer oben und wer unten, sondern auch, was Zentrum und was Peripherie war. Ich erinnere nochmals daran, dass die Muslime eine Minderheit waren, die von den Beherrschten als eine lästige Fremdherrschaft empfunden wurde: zwar *oben*, aber eben zugleich *Peripherie*. Es zeugt von bemerkenswertem psychologischem Instinkt, dass die Muslime genau dieses Empfinden unterminierten, indem sie die Sphäre des Öffentlichen islamisch durchdrangen und dadurch die Dhimmis dazu brachten, sich schon zu einer Zeit als Außenseiter der Gesellschaft – also als Minderheit – zu betrachten, als sie numerisch noch die große *Mehrheit* stellten.

2.2.3.4 Verbot von Kritik am Islam

Wir hatten schon bei der Korananalyse bemerkt, dass der Prophet Kritik am Islam (erst recht natürlich Spott, ganz zu schweigen von dem Versuch, Muslime zu bekehren) nicht anders denn als Angriff wertete, der eine gewaltsame Antwort herausfordert und rechtfertigt, und so verwundert es kaum, dass das strikte Verbot solcher „Übergriffe" überall im Dar al-Islam gang und gäbe war. Verbunden mit der systematischen Verweigerung von Rechtsschutz war die Anschuldigung der Blasphemie (darunter fiel jegliche Kritik

---
[116] ebd., S. 93
[117] ebd.

am Islam) sogar eine tödliche Waffe, die von jedem Muslim gegen jeden Christen oder Juden geführt werden konnte – und in Ländern wie Pakistan bis heute wird.[118]

Vor allem aber war sichergestellt, dass Muslime die Fähigkeit, am Islam zu zweifeln, gar nicht erst entwickeln konnten, da sie mit Kritik normalerweise nie konfrontiert wurden. (Wenn aber ausnahmsweise doch, waren sie darauf konditioniert, sie sofort als „böse", nämlich als Angriff zu werten. In dieser Verwechslung der Begriffspaars „wahr/unwahr" mit dem Begriffspaar „gut/böse" liegt übrigens eine bemerkenswerte Parallele zur heutigen im ersten Kapitel analysierten Political Correctness.)

Wir sind nicht erst beim Karikaturenstreit 2006 mit der Tatsache konfrontiert worden, dass viele Muslime dazu neigen, auf Kritik an ihrer Religion mit Gewalt zu reagieren oder solche Gewaltanwendung zumindest gutzuheißen. Auf eine erste Erklärung für diesen Sachverhalt sind wir bereits bei der Korananalyse gestoßen. Dass der Koran Gewaltanwendung als angemessene Reaktion auf Kritik, Spott und Bekehrungsversuche nicht nur erlaubt, sondern gebietet, ist aber nur eine notwendige, keine hinreichende Voraussetzung dafür, dass militante, gewalttätige Intoleranz selbst heute noch von so vielen Muslimen gutgeheißen wird, dass man sie dem System der kulturellen Selbstverständlichkeiten islamischer Gesellschaften zurechnen muss. Diese Verankerung in der Kollektivmentalität war vielmehr erst dadurch möglich, dass die koranischen Normen sozial *verwirklicht* und als soziale Realitäten jahrhundertelang praktisch eingeübt wurden und erfahrbar waren.

2.2.4. Auf der Dhimmitude beruhende weitere Mechanismen der Islamisierung

2.2.4.1 Nutzung der Ambivalenz des islamischen Rechts als Instrument der Islamisierung

Wohlwollende Islamhistoriker verweisen gerne darauf, dass das islamische Recht, speziell die Dhimmitude,[119] den Juden und Christen zwar keine Men-

---

[118] Der WDR hat dieses Thema in seiner Dokumentation „Tod oder Exil – Religiöse Fanatiker bedrohen Christen in Pakistan" behandelt: http://ekklesia-nachrichten.com/das-weltweite-leid-der-christen-unterdrückung-auch-in-europa+

[119] Der Begriff „Dhimmitude" wurde von dem libanesischen christlich-maronitischen Politiker Bachir Gemayel geprägt und bezeichnet das islamische System der Behandlung von Nichtmuslimen in ihrem Herrschaftsbereich, vgl. Bat Ye´ Or, a.a.O., S. 26

schenrechte in unserem heutigen Sinne gewährt habe, und dass auch die islamische „Toleranz" des Mittelalters wenig mit dem zu tun hatte, was wir heute unter „Toleranz" verstehen, nämlich die Anerkennung der *Legitimität der Differenz*, dass sie aber doch immerhin so etwas wie Rechtssicherheit geboten habe, und dass dies mehr gewesen sei, als religiöse Minderheiten damals normalerweise zu erwarten hatten.[120]

Es trifft zu, dass das islamische Recht, auch wenn es häufig missachtet wurde, zumindest *als Norm* einer hemmungslosen Gewaltanwendung im Wege stand, und das war immerhin mehr als nichts. Es war nur weitaus weniger als „Rechtssicherheit".

Die Verweigerung sowohl effektiven Rechtsschutzes als auch effektiver Verteidigungsmöglichkeiten war selbst Teil der Dhimmitude und führte dazu, dass die „Ungläubigen" in einem Zustand permanenter existenzieller Verunsicherung leben mussten: Der nächste Beduinenüberfall, das nächste Pogrom, die nächste Denunziation wegen angeblicher „Beleidigung des Propheten", der nächste Streit mit einem muslimischen Nachbarn konnte Ruin, Sklaverei oder Tod bedeuten, und das nicht nur für die jeweils betroffene Einzelperson, sondern auch für deren Familie und Gemeinde.

Zugleich war es denkbar einfach, sich diesen Gefahren zu entziehen: Man musste nur zum Islam übertreten.

Der Übertritt befreite einen zwar nicht, jedenfalls nicht sofort, von der Dschizya – wenn es ums Geld ging, hörte auch bei muslimischen Herrschern der Missionseifer auf[121] –, wohl aber versetzte er den Konvertiten sofort in einen Zustand existenzieller Sicherheit. Konversion zum Islam war gleichbedeutend mit einem gesellschaftlichen Avancement, das nicht einfach von einem schlechteren zu einem besseren Pöstchen führte, sondern aus einem Dasein als gedemütigter und getretener Helot heraus zu einer Existenz als stolzer und tretender Herr.

(Erstaunlich ist nicht, dass unter diesen Umständen manche schwach wurden, erstaunlich ist, dass die christlichen Kirchen und jüdischen Gemeinden sich in etlichen Teilen Nordafrikas, des Nahen Ostens und Kleinasiens, über viele Generationen und Jahrhunderte hinweg halten konnten – wenn auch schrumpfend und mit Ach und Krach bis in unsere Tage hinein. Wer allerdings hinsieht, wird feststellen, dass just in unseren Tagen

---

[120] Jan van Ess in: Hans Küng/Jan van Ess, a.a.O., S. 156 ff.
[121] vgl. Courbage/Fargues, a.a.O., S. 16

die Muslime vollenden, was der Prophet begonnen hatte, und der ägyptischen, nahöstlichen und kleinasiatischen Christenheit endgültig den Garaus machen,[122] nachdem sie den Juden bereits nach der Gründung des Staates Israel keine andere Wahl gelassen hatten, als dorthin zu emigrieren.[123])

Man sollte meinen, dass Konversionen, die unter solchen Umständen zustande gekommen waren, die muslimische Umma mit lauter grollenden und murrenden Zwangsmuslimen gefüllt und damit geschwächt hätten. Wahrscheinlich wäre das auch so gewesen, wenn die Konversion buchstäblich unter *unmittelbarer Todesandrohung* erzwungen worden wäre. In Fällen, wo dies tatsächlich geschah, berichten die Quellen dementsprechend auch, dass die Zwangsbekehrten später (meist vergebens) versuchten, die Genehmigung zur Rückkehr zu ihrem alten Glauben zu bekommen.[124]

Die islamische Methode hingegen, den Dhimmis immerhin die *Chance* zu lassen, bei ihrer Religion zu bleiben, führte zu einem ganz anderen Ergebnis: Martin Tamcke[125] zitiert aus einem ostsyrischen (aramäischen) Gesangbuch des 13. Jh., exemplarisch ein Lied, in dem dem Konvertiten das Schändliche und Verachtenswerte seines Schrittes und die Trauer der Zurückbleibenden in bewegenden Worten vor Augen gehalten wird. Es scheint plausibel: Wer solche Lieder von Kindesbeinen an jeden Sonntag gesungen hatte, konnte den Übertritt zum Islam nur unter äußersten Gewissensbissen und tiefer Selbstverachtung vollziehen.

Indem die Muslime den Konvertiten ein Minimum an Handlungsspielraum beließen, und zwar bei einem Akt, der allem ins Gesicht schlug, was diesen als gut und anständig beigebracht worden war, nahmen sie ihnen zugleich scheinbar das Recht, sich als Opfer von Unrecht und Gewalt zu fühlen. Der Übertritt zum Islam *musste* – aus der Sicht der Konvertiten – freiwillig, *musste* aus Überzeugung geschehen sein, weil dies für die Konvertiten die einzige Möglichkeit darstellte, sich *nicht* als Schwächlinge und als Verräter an ihrer Gemeinschaft, ja an Gott, zu fühlen. Die oben beschrie-

---

[122] Über den je aktuellen Stand der Christenverfolgung in islamischen Ländern kann man sich im Netz auf den Seiten christlicher Hilfsorganisationen informieren, z.B. http://www.opendoors-de.org/, http://www.csi-de.de, http://www.barnabasfund.org/, http://www.ead.de/arbeitskreise/religionsfreiheit,

[123] Und wieder illustriert es islamische Vorstellungen von „Recht", dass für die 1948 aus Israel geflohenen Muslime mit größter Selbstverständlichkeit das Recht auf Rückkehr gefordert wird, während niemand auch nur auf die Idee käme, den damals vertriebenen arabischen Juden ein Rückkehrrecht zuzugestehen.

[124] Bat Ye´ Or, a.a.O., S. 97; Speros Vryonis berichtet von Fällen, in denen Zwangsbekehrte bei erster Gelegenheit ihre neuen „Glaubensbrüder" an die alten verrieten, um in deren Schutz das Christentum wieder anzunehmen. Speros Vryonis, a.a.O., S. 177

[125] Martin Tamcke, a.a.O., S. 33 ff.

bene Knabenlese der Osmanen mitsamt der damit verbundenen Gehirnwäsche war so gesehen nur die etwas radikalere und augenfälligere Variante einer allgemein üblichen Islamisierungsmethode.

Wer es auf *diese* Weise wurde, wurde ideal und im Wortsinne „Muslim" – *„ein sich Unterwerfender"*:

Das waren – im Normalfall – Menschen, denen das Rückgrat gebrochen worden war; Menschen, die sich selbst nicht den kleinsten inneren Vorbehalt, nicht die geringste Reserve, nicht den leisesten Zweifel am Islam erlauben konnten, weil sie daran zerbrochen wären; Menschen, die diesen psychischen Defekt durch Erziehung weitergaben.

Da *praktisch die gesamte* Bevölkerung der islamischen Kerngebiete aus Nachkommen von Christen, Juden und Zoroastriern besteht, die irgendwann ihren Glauben verrieten, konnte dieser psychische Defekt keine individuelle Neurose bleiben, die sich als solche nach wenigen Generationen verloren hätte. Auch wenn ich kein Psychologe bin, drängt der Schluss sich auf:

Die im kollektiven Unbewussten verankerte Erinnerung an Schwäche und Verrat und die daraus resultierende kollektive Selbstverachtung sind der Nährboden für fanatische Intoleranz, für die Unfähigkeit zu zweifeln und für die stets lockende Versuchung, die eigene Selbstachtung durch Gewalt gegen Andersgläubige – oder auch einfach nur durch Gewalt schlechthin – zu stabilisieren.

Wir haben gesehen, wie sich der Islam durch eine zirkulär strukturierte Theologie *ideologisch* und durch Gewaltandrohung *sozial* gegen Kritik immunisierte. Die angebliche „Toleranz" – verbunden mit mörderischem Anpassungsdruck – entpuppt sich nun als das Mittel zur *psychologischen* Selbstimmunisierung.

2.2.4.2 Versklavung und Deportation

Wie dargelegt, war Sklaverei eine Institution, die sich in der islamischen Welt großer Wertschätzung erfreute – anders als in Europa, wo sie im Mittelalter eine sozioökonomische Randerscheinung war;[126] erst nach der Entdeckung Amerikas engagierten sich Europäer wieder im größeren Stil im Sklaven*handel*, wobei sie als Zwischenhändler zwischen den arabischen Lieferanten und den kolonialen Abnehmern dienten.

---
[126] vgl. Egon Flaig, a.a.O., S. 152 ff.

Ein Ruhmesblatt ist dies selbstverständlich nicht. Worauf es im vorliegenden Zusammenhang aber ankommt, ist die Rolle der Sklaverei für das soziale Gesamtgefüge: In Europa war sie vernachlässigenswert, in islamischen Ländern dagegen zentral. Versklavung war bekanntlich das Los aller Christen und Juden, die gegen die islamische Eroberung Widerstand leisteten, nicht unter den wenn auch zweifelhaften Schutz einer Dhimma fielen oder ihre Dhimmipflichten nicht erfüllten – sei es, dass sie die immensen Steuern nicht aufbringen konnten, oder dass sie „überführt" worden waren, eines jener „Verbrechen" begangen zu haben, mit denen sie ihre Ansprüche als „Schutzbefohlene" verwirkten, sei es, dass ihre jeweilige Gemeinschaft sich irgendetwas hatte zuschulden kommen lassen, wofür ihre Mitglieder in Kollektivhaft genommen wurden –, die Versklavung war nicht nur ein Damoklesschwert, das als *Drohung* über jedem Nichtmuslim hing, sie wurde sehr häufig *tatsächlich* praktiziert, und eben nur an Nichtmuslimen.

Verbunden war die Versklavung normalerweise mit der Deportation, und zwar oft der Einwohnerschaft ganzer Dörfer, Städte und Landschaften.[127] Ein besonders prominentes Beispiel unter unzähligen stellt Konstantinopel dar, dessen Einwohner, sofern sie die Eroberung durch die Türken 1453 überlebt hatten, als Sklaven verkauft und in alle Winde zerstreut wurden, um durch Neueinwanderer ersetzt zu werden. Es liegt auf der Hand, dass die sozialen Netze, die die einheimischen Dhimmi-Völker zusammengehalten hatten, auf diese Weise Knoten für Knoten zerrissen wurden:

„Familien wurden auseinandergerissen, willkürlich unter den Soldaten verteilt bzw. auf Sklavenmärkten verkauft und in ferne, unbekannte Länder deportiert. Diese Gefangenen, deren Zahl durch den Dschihad immer wieder neu aufgefüllt wurde, ging in dem kollektiven Gattungsbegriff ‚Beute', dem Fai' der Muslime, auf. Durch den Wegfall familiärer, religiöser und sozialer Bindungen sowie durch Versklavung und Deportation isoliert, stellten sie die Masse der freigelassenen Sklaven, die zu Beginn der Eroberungen die arabischen Militärlager füllten".[128]

Diese Praktiken entsprechen exakt der juristischen Definition des Begriffs „Völkermord".[129] Da sie über Jahrhunderte hinweg immer wieder ge-

---
[127] Zahlreiche Beispiele bei Bat Ye´ Or a.a.O.; eine tabellarische Übersicht über verschiedene Arten von Verwüstungen, einschließlich Versklavungen, in Kleinasien findet sich bei Vryonis, a.a.O., S. 166 f.
[128] Bat Ye´ Or, a.a.O., S. 118
[129] vgl. § 6 VStGB

übt wurden und so gut wie kein Teil des Dar al-Islam davon ausgenommen blieb, trugen diese Völkermorde ganz erheblich zur Islamisierung bei.

War nämlich schon die Alltagssituation der nichtversklavten Dhimmis so unerträglich, dass viele deshalb zum Islam konvertierten, um wieviel mehr muss dies auf die Lage des christlichen oder jüdischen Sklaven zutreffen, dem nicht einmal theoretisch irgendwelche Rechte verblieben; der aus der Gemeinschaft herausgerissen wurde, die ihm Schutz und Rückhalt gegeben hatte; und der genau wusste, dass er keine Chance hatte, jemals freigelassen zu werden, wenn er nicht zum Islam konvertierte.

2.2.4.3 Erpresserischer Menschenraub

Allenfalls mochte er hoffen, dass seine Gemeinschaft, sofern es die noch gab, ihn freikaufte. Deportation, Versklavung, Entführung von Dhimmis (vom einfachen Bauern bis zum Bischof) und ihre Verhaftung unter dubiosen Anklagen waren nicht nur Mittel, Sklaven zu gewinnen, sondern auch Methoden, über die vom islamischen Recht gedeckten Plünderungsmethoden hinaus von den Dhimmivölkern Geld zu erpressen.[130]

Der ständige finanzielle Aderlass, dem die Dhimmi-Gemeinschaften nicht zuletzt aufgrund dieser Praktiken ausgesetzt waren, trug seinen Teil dazu bei, dass sie ihre soziale Funktion gegenseitiger auch wirtschaftlicher Unterstützung immer schwerer und schließlich gar nicht mehr erfüllen konnten.[131] Und dies betraf nicht nur die Armenfürsorge, die man nicht mehr leisten konnte, weil die dafür notwendigen Mittel in die Taschen der Muslime flossen (die davon dann ihrerseits Zakat, also Armensteuer, entrichteten – freilich nur zugunsten armer Muslime; wiederum ein starker Anreiz, diesmal für die Armen, zum Islam überzutreten). Es betraf vor allem alles, was mit Bildung zusammenhing. Eine geistige Elite heranzuzüchten und zu unterhalten, ist selbst heute noch teuer und war es damals erst recht. Mit der Ausplünderung der Dhimmigemeinden zerstörten die Muslime auf die Dauer auch die Grundlagen von deren Kultur. Je länger die islamische

---

[130] vgl. Bat Ye′ Or, a.a.O., z.B. S. 120 und S. 134; auch der Freikauf von Europäern, die von Piraten verschleppt worden waren, war für Letztere (und für die Länder, von denen aus sie operierten) eine lukrative Einnahmequelle; zu einem Zeitpunkt Mitte des 17. Jhs. wurden in Nordafrika mindestens 40 000 christliche Europäer zu diesem Zweck gefangen gehalten (vgl. Courbage/Fargues, a.a.O., S. 40). Wer sich darüber wundert, dass gerade islamische Staaten (Iran, Libyen) heutzutage so gerne auf das Mittel des Menschenraubes zurückgreifen, um Konzessionen zu erpressen, kennt die islamische Geschichte nicht. Warum sollte man dort Praktiken, die seit 1400 Jahren gang und gäbe sind, und sogar als frommes Werk gelten, sofern „Ungläubige" davon betroffen sind, mit einem Mal als verwerflich empfinden?
[131] vgl. Bat Ye′ Or, a.a.O., S. 134

Herrschaft andauerte, desto stärker mussten die ursprünglich kulturell den Muslimen weit überlegenen Christen und Juden rückständig und ungebildet erscheinen – was wiederum dazu diente, die „kulturelle Überlegenheit" des Islam zu demonstrieren.

2.2.4.4 Demographische Expansion durch Vielweiberei und Frauenraub

Der Koran erlaubt dem muslimischen Mann bekanntlich mehrere – gemäß der Scharia: vier – Ehefrauen sowie den Verkehr mit beliebig vielen Sklavinnen. Die Scheidung ist gemäß der Scharia außerordentlich einfach: Die dreimal ausgesprochene Verstoßung genügt.[132]

Davon, dass die Ehe (den Männern) im Islam heilig sei (oder es doch wenigstens sein sollte), kann angesichts dieser Sachlage kaum die Rede sein. Wie wir aber bereits bei der Analyse des Korans feststellen mussten, bedeutet dies keineswegs, dass sie ein unwichtiges Thema wäre. Die Ehe ist, im Gegenteil, sogar eines der zentralen Themen der islamischen Ethik.

Interessant ist dabei, dass die Polygynie zwar missbilligt, aber nicht verboten wird. Die Mehrzahl der islamischen Koranexegeten versteht die einschlägigen Stellen als Empfehlung zugunsten der Einehe. Was auf den ersten Blick inkonsequent zu sein scheint, entpuppt sich als ein Regel-Ausnahme-Verhältnis, das auf die Bedürfnisse einer demographisch expandierenden Religionsgemeinschaft zugeschnitten ist:

Zum einen forderten die ständigen Dschihad-Kriege einen so hohen Blutzoll, dass ein deutlicher Frauenüberschuss als wahrscheinlich zu gelten hat. Wenn nicht eine erhebliche Anzahl von Araberinnen (später Türkinnen) als alte Jungfern enden sollten, ohne ihren Beitrag zur Vermehrung der Umma geleistet zu haben, musste die Vielweiberei wenigstens als Möglichkeit zugelassen sein.[133]

Zum anderen liefen die islamischen Heiratsregeln nicht nur darauf hinaus, das eigene Gebärpotenzial auszuschöpfen, sondern hinderten die „Ungläubigen" daran, ihrerseits dasselbe zu tun. Die Polygynie absobierte nicht nur den eigenen Frauenüberschuss, sondern trug ihren Teil dazu bei, möglichst viele „ungläubige" Frauen zu Müttern von Muslimen zu machen.

---

[132] Und dies ist auch heute nicht bloß Theorie: Einer neueren Fatwa zufolge kann die Verstoßung auch per SMS ausgesprochen werden – sage niemand, der Islam sei nicht auf der Höhe der Zeit.
[133] Jahrhunderte später verfiel Heinrich Himmler auf dieselbe Idee, als es galt, die deutschen Männerverluste im Zweiten Weltkrieg zu kompensieren

Sie gingen somit nicht nur ihrer eigenen Gemeinschaft verloren, sondern bereicherten auch die muslimische. Was doppelt zählt.[134]

Die Ehe mit einer Christin – Jüdinnen waren wegen des strikten jüdischen Exogamieverbots kaum auf zivilem Wege zu bekommen – war nur ein Weg der demographischen Expansion auf Kosten der christlichen Kirchen, allerdings einer der wichtigsten. Der andere war schlicht der Frauenraub. Courbage/Fargues stellen für Kleinasien fest: „Ob als Freie oder als Sklavinnen, christliche Frauen heirateten Türken. Da ihre Nachkommen von rechts wegen Muslime waren, trugen sie dazu bei die Reihen des Islam zu füllen. Die Auswirkungen von Massakern, Verschleppungen und Vertreibungen [displacements] der christlichen Bevölkerung aus Anatolien waren nie so bedeutend wie die von Mischehen."[135]

Wäre die Versklavung der „Ungläubigen" lediglich ein Mittel gewesen, an Arbeitskräfte zu kommen – das war es natürlich auch –, dann wären bevorzugt Männer versklavt worden. Auffallend häufig jedoch – denken wir nur an das Judenmassaker des Propheten – wurden die Männer ermordet, die Frauen und Kinder jedoch versklavt; und dort, wo sie Sklaven als Tribut verlangten, bevorzugten die Muslime wiederum sehr häufig Frauen und Kinder[136] – eine Präferenz, die unter ökonomischen Gesichtspunkten ganz sinnlos gewesen wäre. Betrachtet man sie jedoch als Teil des demographischen Dschihad, dann gewinnt sie einen ganz klaren Sinn: Kinder konnte man zu Muslimen umerziehen, Frauen konnten welche gebären.

Diese Art von Dschihad ist übrigens bis heute im Dar al-Islam nicht nur gang und gäbe, sie hat sich, wenn nicht alles täuscht, in den letzten Jahrzehnten sogar noch verstärkt – parallel zur Revitalisierung des politischen Islam. Die Broschüren und Webseiten christlicher Hilfsorganisationen wimmeln nur so von glaubwürdigen Berichten wie dem folgenden von Christian Solidarity International, den ich exemplarisch zitiere:

*„Die Eltern der 15-jährigen koptischen Christin **Demiana Makram Hanna** sind völlig verzweifelt. Islamisten entführten ihre Tochter im Juli 2006. Als Lösegeld sollen sie umgerechnet 4500 Franken zahlen. (...)*
Es ist ein Teil des „Heiligen Krieges" der Islamisten in Ägypten, junge christlich-koptische Frauen zu entführen. Sie werden vergewaltigt und gegen ihren Willen zwangsverheiratet. Bisher hat der ägyptische Staat die islamistischen

---
[134] Eine empirische Beschreibung des entsprechenden Prozesses in Kleinasien liefert Vryonis, a.a.O., S. 227 ff.
[135] Courbage/Fargues, a.a.O., S. 97
[136] vgl. z.B. Bat Ye´ Or, a.a.O., S. 117 f.

Entführer häufig gedeckt und kein einziges dieser menschenverachtenden Verbrechen aufgeklärt. Das Schicksal von Demiana steht stellvertretend für viele andere entführte christliche Frauen. Im Juli 2006 verschwindet die 15-jährige Demiana aus El-Fayoum bei Kairo. Die Eltern fragen wiederholt nach dem Verbleib ihrer Tochter. Schließlich behauptet die Polizei, Demiana habe nach ihrem freiwilligen Islam-Übertritt einen Muslim geheiratet. Doch tatsächlich wurde Demiana von eben diesem Muslim, **Muhammad Al-Said Zaky**, entführt. Im September meldet sich ein Verwandter des Entführers bei Demianas Eltern: Das Mädchen befinde sich in der Ortschaft El-Moukatem. Falls sie Demiana wieder zurückhaben wollten, müssten sie für ihre Tochter umgerechnet 4500 Franken Lösegeld bezahlen."

Demianas Eltern flehen die koptische Kirche von El-Moukatem um Hilfe an. Unter größten Schwierigkeiten wird das geforderte Lösegeld zusammengetragen, dann begeben sich vier koptische Jugendarbeiter zu Al-Said Zaky, um es auszuhändigen. Doch das Freilassungsangebot entpuppt sich als Falle: Noch bevor sie den Entführer zu Gesicht bekommen, werden die vier von Angehörigen der internen Sicherheitspolizei festgenommen.

Eine am 12. Oktober 2006 in Kairo abgehaltene Protestkundgebung mit rund 10000 koptisch-christlichen Teilnehmern ist wirkungslos. Demiana verbleibt in der Gewalt des Muslims Zaky, und auch die vier koptischen Jugendarbeiter erhalten ihre Freiheit nicht zurück.

Die meisten Angehörigen entführter junger Frauen erstatten keine Anzeige. Zum einen wissen sie, dass die Polizei kaum mithilft, solche Verbrechen aufzuklären. Im Gegenteil: Wie bei Demiana Makram Hanna behindern die Staatsorgane oft sogar die Aufklärungsbemühungen und decken die Täter. Eine Familie empfindet es als große Schande, wenn ihre Tochter vergewaltigt wird. Außerdem wird die Familie dadurch sozial ausgegrenzt. Nicht zuletzt muss die Familie Repressalien seitens der Entführer befürchten, falls die Entführung der Tochter öffentlich bekannt wird.

Junge Christinnen werden entführt, vergewaltigt, zum Übertritt zum Islam genötigt und schließlich zwangsverheiratet. Durch diese Strategie der Demütigung und Einschüchterung von Christen arbeiten die Entführer und ihre mächtigen Geldgeber im Hintergrund auf die vollständige Islamisierung des Landes hin. Denn auch alle aus einer solchen Ehe stammenden Kinder müssen islamisch erzogen werden. Flucht aus Zwangsehen gelingt nur selten. Am 3. Oktober 2006 entkam die 15-jährige Christin **Lawrance Wagih Emil** aus einem unterirdischen Versteck in Kairo. Doch welches

Schicksal erwartet die seit Juli 2006 gefangengehaltene 15-jährige Demiana Makram Hanna?"[137]

Es geht in diesem Buch darum zu zeigen, wie der Dschihad funktioniert, und der hier verfolgte sozialwissenschaftliche Erklärungsansatz impliziert, dass der Dschihad auch dann funktioniert, wenn vielen der beteiligten Akteure gar nicht bewusst ist, dass sie Dschihad treiben. Wer islamische Werte dadurch verinnerlicht hat, dass er in einer islamischen Gesellschaft aufgewachsen und von ihr geprägt ist, muss kein Islamist und nicht einmal besonders fromm sein, um zum Beispiel zu glauben, dass Christen Menschen minderen Rechts und die Vergewaltigung von Christinnen mithin ein Kavaliersdelikt sei – zumal dann, wenn ägyptische (oder türkische oder pakistanische oder irakische) Polizeibeamte offenbar derselben Meinung sind.

Dasselbe gilt für die sogenannten „Ehrenmörder", die es für selbstverständlich halten, dass man die eigene Schwester oder Tochter töten darf, wenn sie einen westlichen Lebenswandel führt, der zwangsläufig Kontakt mit fremden Männern mit sich bringt – und wäre er noch so harmlos. Die „Familienehre", die da geschützt wird, bedeutet nichts anderes, als dass die Frauen Eigentum ihrer Familie bzw. von deren Männern, und das heißt: Eigentum der islamischen Umma sind, deren kleinste Einheit die Familie ist.

Der Islam hat die Vorstellung, Frauen seien Eigentum, selbstverständlich nicht erfunden, ebenso wie er den Typus des räuberischen Nomaden nicht erfunden hat. Er ist aber die einzige Hochreligion, die solch archaische Sozialnormen zur Grundlage ihrer Ethik gemacht und als geradezu heilsgeschichtliche (weil dem Dschihad dienende) Notwendigkeit behandelt hat. Für den Islam in seiner Eigenschaft als Dschihadsystem spielen Frauen vor allem insofern eine Rolle, als die Reproduktion und Vermehrung der islamische Umma von ihnen abhängt. Unter diesem Gesichtspunkt kommt es darauf an, die eigenen Frauen zu kontrollieren, die der „Ungläubigen" aber nach Möglichkeit ihrer jeweiligen Gemeinschaft zu entziehen. Ob nichtmuslimische Frauen friedlich oder gewaltsam, also durch Heirat oder Frauenraub erbeutet werden, spielt vom Standpunkt des demographischen Dschihad keine Rolle.

---

[137] Christian Solidarity International, Ist Demiana verloren?, veröffentlicht auf der Website http://www.csi-de.de/

2.2.4.5 Abwerbung der Eliten

Wir haben oben schon den Sachverhalt gestreift, dass zwischen den muslimischen Herrschern und den Eliten der Dhimmi-Völker ein symbiotisches Verhältnis gegenseitiger Abhängigkeit bestand:

Für die Dhimmi-Eliten war der direkte Draht zum Herrscher oft die einzige Möglichkeit, angesichts der rechtlichen Diskriminierung ihrer Glaubensbrüder deren Interessen zu vertreten. Oft war der Kalif bzw. der örtliche Emir der Einzige, an den man in Fällen von Willkür und Gewalt mit Aussicht auf Erfolg appellieren konnte, und man muss den muslimischen Herrschern zugestehen, dass viele von ihnen Fairness walten ließen und ihre Macht tatsächlich zum Schutz der Dhimmis einsetzten. Wenn auch im wohlverstandenen Eigeninteresse.

Da der Löwenanteil der Staatseinnahmen von Christen und Juden erwirtschaftet wurde, bedrohte die allgegenwärtige Gewalt ihrer muslimischen Untertanen gegen die Dhimmis direkt die Machtbasis der Herrscher. Deren Interessen wäre nichts so dienlich gewesen wie ein Gesetz, das den Übertritt zum Islam untersagt hätte. Der Missionseifer der Fürsten hielt sich demgemäß häufig in engen Grenzen – ihre Macht, sich über die Bedingungen der Dhimmitude hinwegzusetzen, freilich auch. Es ist ausgesprochen instruktiv zu sehen, dass selbst im neunzehnten Jahrhundert noch die auf Druck westlicher Großmächte verfügte rechtliche Gleichstellung von Christen und Juden im Osmanischen Reich auf den erbitterten Widerstand des Staatsapparats, der Gelehrtenschaft, der islamischen Justiz und des Volkes stieß und niemals – bis heute nicht – praktisch verwirklicht wurde, weil es schlechterdings undenkbar schien, einem „Ungläubigen" so etwas wie Gleichberechtigung zuzugestehen.[138]

Instruktiv ist diese Episode deshalb, weil sie plastisch demonstriert, wie sehr die zur Mentalität – zur kulturellen Selbstverständlichkeit – geronnenen Normen und Wertvorstellungen des Islam die Macht selbst des mächtigsten Herrschers begrenzten – und der Sultan war in seiner Eigenschaft als Kalif immerhin nicht weniger als der legitime Nachfolger des Propheten. Anders ausgedrückt: Der Islam ist stärker als der mächtigste Muslim!

An der Loyalität der Dhimmi-Eliten gegenüber den muslimischen Herrschern änderte dieser Umstand freilich nichts. Sie hatten ein ausgeprägtes eigenes Interesse daran, eine Staatsgewalt zu unterstützen, die der letzte

---
[138] vgl. Bat Ye' Or, a.a.O., S. 184–201

verbliebene Schutzwall ihrer Kirchen zu sein schien, kamen dadurch aber vom Regen in die Traufe:

Mit den islamischen Eroberungen entstand zunächst eine ganz eigene Form von Doppelherrschaft: Die politische und militärische Macht lag bei den Muslimen, das kulturelle, administrative und technische Know-how war Monopol der Dhimmis. Die Muslime schufen keinen neuen Staatsapparat – so wenig wie andere Eroberer. Sie übernahmen, was sie vorfanden, waren aber zur Beherrschung des eroberten Gebietes auf christliche und jüdische Spezialisten angewiesen,[139] etwa so, wie die kommunistischen Revolutionäre in der frühen Sowjetunion auf „bürgerliche" Spezialisten angewiesen waren.

Ähnlich, wie die Kommunisten in der Bourgeoisie ihren natürlichen Feind sahen, mussten die Muslime in Christen und Juden ihren Feind sehen. So hatte es der Prophet gelehrt, so hatten es seine Nachfolger bekräftigt, so stand es im Koran. Es zu bezweifeln wäre Häresie gewesen. So verwundert es nicht, dass innerhalb weniger Jahrzehnte aus den Prämissen des Korans die Konsequenzen der Scharia gezogen wurden und jenes engmaschige System entstand, dessen voll entwickelte Züge ich oben als Dhimmitude beschrieben habe.

Für die Muslime wie nachmals für die Kommunisten stellte sich das Problem, auf das Wissen und die Fähigkeiten ihrer Feinde nicht verzichten zu können, weil auf Ärzte, auf Lehrer, auf Architekten, auf Verwaltungsfachleute nun einmal nicht verzichten kann, wer herrschen will. Und wie für die Kommunisten kam es für die Muslime darauf an, die Feinde nach und nach zu bekehren – oder ihr Wissen an die eigenen (Glaubens-)Genossen zu transferieren. Beides geschah bis zu einem gewissen Grad.

Die Stellung der Dhimmi-Eliten war immer prekär gewesen. Der Herrscher, der ihnen zu viel Macht einräumte, riskierte den Konflikt mit seinen Glaubensbrüdern, die sich darauf berufen konnten, dass „Ungläubige" nach islamischem Recht nicht über Muslime herrschen durften und Gehorsam gegenüber christlichen oder jüdischen Beamten als Demütigung und schweres Unrecht empfanden.[140] Quer durch das Dar al-Islam und durch die Jahrhunderte kam es immer wieder zu dem Schauspiel, dass muslimische Herrscher ihre christlichen und jüdischen Helfer spektakulär in Ungnade fallen ließen, sei es aus religiöser Überzeugung, sei es aus opportunistischem Kalkül.[141]

---
[139] ebd., S. 264 f.
[140] ebd., S. 84
[141] vgl. z.B. Courbage/Fargues, a.a.O., S. 19

Je höher ein Christ die Karriereleiter hinaufgestiegen war, desto größer wurde nicht nur die Fallhöhe, sondern – wegen seines Glaubens – auch die Wahrscheinlichkeit des Absturzes. Diese Gefahrenquelle durch Übertritt zum Islam zu beseitigen muss eine Verlockung gewesen sein – sogar noch mehr als für den Glaubensbruder, der besagte Leiter gar nicht erst zu erklimmen versucht hatte und nichts anderes kannte als die Existenz des Gedemütigten und Verachteten. Für den, der sich aus dieser Existenz heraus- und heraufgearbeitet hatte, mag die Angst vor dem Absturz noch quälender gewesen sein als die des durchschnittlichen Christen oder Juden vor dem nächsten Pogrom.

Die Islamisierung der christlichen Eliten – die Juden hielten sich etwas besser –, war ein Prozess, der zunächst nur stockend in Gang kam – noch Jahrzehnte nach dem Beginn des Dschihad, bis in die Regierungszeit des Kalifen Abd al-Malik hinein, wurde die Reichsverwaltung von christlichen Beamten in griechischer Sprache geleitet –, sich dann aber selbst verstärkte: Je mehr Spezialisten muslimischen Glaubens – meist konvertierte Ex-Dhimmis bzw. deren Nachkommen – es gab, desto weniger waren die Herrscher auf die verbleibenden Christen und Juden angewiesen und desto mehr wuchs für diese der Druck in Richtung auf Konversion.[142] Auch auf dieser Ebene wirkte also das islamische Recht unmittelbar in Richtung auf Vernichtung der Dhimmi-Kulturen, diesmal durch Absaugung der Eliten.[143]

2.3. Zur Dialektik historischer Islamisierungsprozesse

2.3.1. Selbstverstärkung

Überhaupt zeichnen sich manche der hier beschriebenen Islamisierungsprozesse durch eine Tendenz zu teufelskreisartiger Selbstverstärkung aus: So, wie die zunehmende Islamisierung der Eliten den Druck auf die dort verbleibenden Dhimmis erhöhte, so führte die Islamisierung immer größerer Teile des Volkes dazu, dass muslimische Herrscher aus fiskalischen Gründen gezwungen waren, die Steuerschraube für die übrigen anzuziehen und dadurch den finanziellen Druck hin zur Konversion stetig zu erhöhen;[144] sofern die Betroffenen es nicht, falls sie Bauern waren, vorzogen, in die

---

[142] Bat Ye´ Or, a.a.O.,S. 59–61
[143] ebd., S. 265 f.
[144] vgl. Courbage/Fargues, a.a.O., S. 23

Städte zu fliehen und das flache Land nachdrängenden muslimischen Nomaden zu überlassen.

Zudem verringerte sich mit dem Anteil der Christen an der Gesamtbevölkerung die Notwendigkeit, auf ihre Interessen Rücksicht zu nehmen: Es ist bezeichnend, dass die Drangsalierung von Nichtmuslimen – zumindest im arabischen Raum – mit wachsendem Zeitabstand zur Eroberung tendenziell eher zunahm.[145]

2.3.2. Hemmende Momente

Auch der Dschihad unterliegt dem Gesetz der unbeabsichtigten Rückwirkungen: Zwar gelang es den Muslimen, innerhalb von, historisch betrachtet, kurzen Zeiträumen die von ihnen eroberten Länder islamisch zu durchdringen und das Christentum in die Minderheit zu drängen; eine vollständige Islamisierung gelang jedoch nicht überall.

Die Dschizya zwang zwar speziell arme Christen zum Übertritt und Bauern zur Landflucht; gerade dadurch tendierte das Christentum dazu, eine Religion eher der Wohlhabenden und der Stadtbewohner zu sein; zudem bewirkte der muslimische Konversionsdruck eine gewisse Auslese: Diejenigen Christen, die dies auch nach Jahrhunderten der Unterdrückung noch waren, stellten einen harten Kern dar, der in seiner Loyalität der eigenen Gemeinschaft gegenüber kaum zu erschüttern war.

So kam es, dass sich der christliche Bevölkerungsanteil nach einer (regional unterschiedlich langen) Phase des Niedergangs vielerorts auf niedrigem Niveau stabilisierte und sogar – etwa ab dem siebzehnten, vor allem aber im neunzehnten Jahrhundert – in bescheidenem Maße wieder anstieg,[146] wofür just die genannten Faktoren des (relativen) materiellen Wohlstands, der Urbanität und des gesteigerten Selbstbehauptungswillens verantwortlich sein dürften, freilich auch ein gewisses Erlahmen des islamischen Dschihadismus:

---

[145] Courbage, übrigens ein ausgesprochen islamfreundlicher Autor, der diesen Sachverhalt unter anderem im Zusammenhang mit der Islamisierung Nordafrikas (Courbage/Fargues, a.a.O., S.37) und der Mameluckenherrschaft in Ägypten (ebd.,S.19) behandelt, führt ihn ursächlich darauf zurück, dass die Zersplitterung des islamischen Herrschaftsgebietes in immer kleinere Einheiten deren innere Homogenisierung erzwungen habe bzw. dass äußerer Druck (Kreuzfahrer, Mongolen) die Muslime zur Intoleranz gegen Christen genötigt habe. Das ist durchaus diskutabel, setzt aber bereits voraus, dass die Muslime deutlich in der Mehrheit sind, dass also bereits ein Islamisierungsprozess im Gang ist, der in dem äußeren Druck bzw. der politischen Zersplitterung nur noch ihn beschleunigenden und vollendenden Katalysator findet.

[146] Waren im 11. Jahrhundert noch fast alle Bewohner Kleinasiens Christen verschiedener Konfessionen gewesen, so hatte sich ihr Anteil rund fünfhundert Jahre später auf nur noch 8% reduziert, um bis 1831 auf 12% zu klettern (Courbage/Fargues, a.a.O., S.105, 129). Ähnliche Entwicklungen lassen sich für Syrien, den Libanon, Palästina und Ägypten nachweisen (ebd., S. 90).

Es ist bezeichnend, dass die Stabilisierung des orientalischen Christentums in die Zeit nach dem Ende der osmanischen Expansion fällt. Bezeichnend ist freilich auch, dass sie nur so lange anhielt, wie der Islam in seinen Kerngebieten als Herrschaftsreligion wie als Grundlage der gesellschaftlichen Ordnung unangefochten war. Das Osmanische Reich hatte sich in einem gewissen selbstgefälligen „Es ist erreicht" eingerichtet: Der offensive Dschihad war nicht mehr möglich, der defensive noch nicht nötig.

In der zweiten Hälfte des neunzehnten, vor allem aber im zwanzigsten Jahrhundert änderten sich die Bedingungen insofern, als die islamische Welt zunehmend in Abhängigkeit von europäischen Mächten geriet. Dies, verbunden mit der beschleunigten demographischen Expansion nichtmuslimischer Bevölkerungsgruppen, wurde als Bedrohung empfunden und führte prompt zur Wiederbelebung des Dschihad, wenn er auch ideologisch zum Teil in modernistischer Sprache gerechtfertigt wurde.

Der zwischenzeitliche Anstieg des nichtmuslimischen Bevölkerungsanteils wurde in der Türkei mit den Massakern an und der Vertreibung von Armeniern und Griechen beantwortet. In den arabischen Ländern hat in jüngerer Zeit massiver christenfeindlicher Terror, etwa in Ägypten, Palästina und dem Irak, verbunden mit der Option der Auswanderung, zu einer drastischen Schrumpfung des christlichen Bevölkerungsanteils geführt (die Juden waren bereits in der Zeit nach der israelischen Staatsgründung ausgewandert bzw. vertrieben worden). Zugleich kehrten die Muslime den von Courbage/Fargues für das Osmanische Reich beschriebenen demographischen Trend um: In der zweiten Hälfte des 20. Jahrhunderts lagen ihre Geburtenraten durchweg über denen der Christen.

2.4. Der Dschihad siegt sich zu Tode

Die Blütezeiten der klassischen islamischen Imperien – der Kalifate der Umayyaden, der Abbasiden und der Osmanen – waren ihre Expansionsphasen!

Das ist alles andere als eine Selbstverständlichkeit, es ist sogar äußerst verblüffend: Das Römische Reich erlebte seine Blüte, als die äußere Expansion aufgehört hatte, das chinesische immer dann, wenn es innerlich konsolidiert war. Das scheint auch in der Natur der Sache zu liegen: Kriege fressen Ressourcen, und Zivilisationen können nur blühen, wenn ihre Ressourcen ihnen zur Verfügung stehen und nicht auf Schlachtfeldern vergeudet werden.

Der Islam, bei dem die Blütephase die Zeit der Expansion war und das Ende der Expansion mit dem Beginn des Niedergangs unmittelbar zusammenfiel, ist die unrühmliche Ausnahme von dieser Regel, und das hängt damit zusammen, dass er im Kern ein Dschihadsystem ist:

Das Dschihadsystem funktioniert wie ein Fahrrad, das umfallen muss, wenn niemand in die Pedale tritt: Idealiter werden „Ungläubige" politisch unterworfen, dann wirtschaftlich ausgepresst; mit den Erlösen aus diesen Praktiken wird der Fortgang des Dschihad finanziert, was zur Unterwerfung neuer Dhimmi-Völker führt, die wiederum ausgeplündert werden, um den nächsten Dschihad-Feldzug zu finanzieren und so fort. Der Krieg ernährt den Krieg.

Der Dschihad beruhte also auf der Ausbeutung eines erheblichen Teiles der Bevölkerung, nämlich der Dhimmis und der außerhalb der Dar al-Islam zu bekriegenden „Ungläubigen" durch die Muslime und funktionierte deshalb nur, solange es genug Christen und Juden zum Ausbeuten gab. Da dieses System mit wachsendem Erfolg, nämlich fortschreitender Islamisierung, seine eigenen Voraussetzungen im Inneren, nämlich die Existenz von Dhimmis, untergrub, konnte es nur durch Expansions- und Eroberungskriege aufrechterhalten werden.[147] Der Dschihad funktionierte wie eine Feuersbrunst, die nur so lange weiterging, wie es brennbares Material gab. Oder wie ein Mann, der stets den Ast absägt, auf dem er sitzt, und sich deshalb regelmäßig nach neuen Sitzgelegenheiten umsehen muss. Wird dieser Kreislauf von Eroberung, Zerstörung und neuer Eroberung unterbrochen, droht die Implosion des Systems.

Deswegen folgte den Eroberungen der Araber und der Türken keine Phase der Konsolidierung, in denen der Islam die Friedensdividende hätte kassieren und die schöpferischen Kräfte der islamischen Zivilisation sich hätten entfalten können.

Für die Osmanen, die nicht erst mit der Eroberung Konstantinopels im Jahre 1453 die Araber als Träger des Dschihad abgelöst hatten, machte sich die Geist- und Wissenschaftsfeindlichkeit des Islam vom 16. Jahrhundert an, zunächst schleichend, dann immer deutlicher störend bemerkbar in ihrer Unfähigkeit, mit den Armeen Europas technisch Schritt zu halten. Bereits die Eroberung Konstantinopels wäre ohne die Arbeit ungarischer Kanonen-

---

[147] Diese Dynamik war tatsächlich schon zu Lebzeiten des Propheten zu besichtigen, vgl. Ephraim Karsh, a.a.O., S. 36

gießer – also von europäischen Christen – nicht zu bewerkstelligen gewesen. Wenn die technologische Rückständigkeit der islamischen Welt im 15. Jahrhundert noch keinen entscheidenden strategischen Nachteil darstellte, so lag dies zum einen daran, dass Europas technologischer Vorsprung noch nicht umfassend war; vor allem aber daran, dass man sich die Dienste von Europäern, in diesem Falle die der Kanonengießer, kaufen konnte.

Die Quelle des hierfür erforderlichen Reichtums waren – neben den Dhimmi-Gemeinschaften im Inneren – die enormen Monopolgewinne, die die Muslime aus dem europäischen Asienhandel zogen. Die Europäer konnten ihren Bedarf an Luxuswaren, speziell an Gewürzen, nämlich nur über türkische, persische und arabische Zwischenhändler decken, solange der direkte Seeweg nach Indien und zur südostasiatischen Inselwelt ihnen durch die Muslime versperrt war.

Es war diese Situation, die die europäischen Christen zu den großen Entdeckungsreisen des 15. und 16. Jahrhunderts veranlasste. Christoph Kolumbus entdeckte Amerika bekanntlich auf der Suche nach dem Seeweg nach Indien – jenem Seeweg, den Vasco da Gama tatsächlich fand. Diese Entdeckung war der entscheidende Meilenstein auf Europas Weg aus der Abhängigkeit von der islamischen Welt. Zugleich legte sie schonungslos offen, in welchem Maße die islamische Zivilisation nicht von eigener Stärke und Kreativität, sondern von der Abschöpfung fremden Mehrprodukts gelebt hatte.

Der Niedergang der islamischen Zivilisation im Vergleich zur westlichen setzte sich bis zum heutigen Tage fort. Wenn wir heute den Islam als bedrohliche, zumindest aber als bedeutende Macht wahrnehmen, so hat dies nicht etwa damit zu tun, dass die von ihm geprägte Zivilisation heute kreativer wäre als früher, sondern damit, dass es ihr gelungen ist, durch ihren Reichtum an Öl und Gas erneut eine Quelle für märchenhafte Monopolgewinne aufzutun.

V. Dschihad heute

Das Konzept des Dschihad, so viel sollte deutlich geworden sein, ist der Schlüssel zum Verständnis des Islam, zumindest soweit es um die Beziehungen zwischen muslimischen und nichtmuslimischen Gesellschaften geht. Dabei hat sich gezeigt, dass die öffentlich viel diskutierte Frage, ob „Dschihad" „Heiliger Krieg" oder so etwas wie „Frommes Bemühen" bedeutet, vor allem das Unverständnis der westlichen Öffentlichkeit gegenüber einer Religion zum Ausdruck bringt, in deren Wertesystem Gewalt und Frömmigkeit keine Gegensätze darstellen.

Die Ablehnung von Gewalt als etwas „Bösem" ist der Dreh- und Angelpunkt christlicher (und westlicher, d.h. säkularisiert christlicher) Ethik, und die Ausnahmen vom Gewaltverbot (Staatsgewalt, Krieg, Notwehr etc.), die es notwendigerweise geben muss, stellen zentrale und prinzipielle ethische wie rechtliche Probleme dar. Man kann die Geschichte des Abendlandes als eine Geschichte des (wenngleich nicht immer erfolgreichen) Versuchs schreiben, Gewalt zu minimieren. Im Hinblick auf islamische Gesellschaften wäre eine solche Perspektive absurd.

Aus islamischer Sicht ist Gewalt als solche moralisch neutral: Sie ist nicht tabuisiert und als böse gebrandmarkt, sondern eine offenkundig gottgewollte Gegebenheit des Lebens. Wer wann gegen wen zu welchem Zweck Gewalt anwenden darf, ist in Koran und Sunna entschieden und in der Scharia zu einem ausgeklügelten Normensystem verdichtet worden, wobei die Zulässigkeit der Gewaltanwendung soziale Rangunterschiede ebenso zum Ausdruck bringt wie konstituiert:

Gewalt ist zulässig, wenn sie von Herren gegen Sklaven, Männern gegen Frauen, Vätern gegen Kinder und Muslimen gegen Nichtmuslime ausgeübt wird – natürlich nur unter jeweils spezifischen Voraussetzungen, dann aber ohne weiteres und ohne dass es sündhaft wäre.

Krieg und Gewalt, einschließlich Terrorismus, gelten als zwar legitime und vielfach sogar unentbehrliche Mittel des Dschihad, sie sind aber eingebettet in ein Normen- und Wertesystem, in dem auch scheinbar friedliche Methoden der Zerstörung nichtislamischer Gesellschaften ihren Platz haben.

Jegliche „Anstrengung", die ein Muslim zur Verbreitung des Islam („auf dem Wege Allahs") unternimmt, ist Dschihad. Dies gilt es sowohl gegen die zu betonen, die „Dschihad" mit „Heiliger Krieg" übersetzen, was in aktuellen Kontexten auf die Fehlübersetzung hinausliefe, dass „Dschihad" stets „Terrorismus" bedeute und sonst nichts, wie auch gegen jene, die die gewalttätigen Züge des Islam herunterspielen möchten.

Wir haben gesehen, dass die sozialen Prozesse, die historisch zur Islamisierung ganzer Völker führten, nur teilweise mit blanker Gewalt vorangetrieben worden sind; nachdem die Muslime die politische Herrschaft erst einmal – und in der Regel gewaltsam – errungen hatten, bedienten sie sich vielmehr einer Kombination, eines engmaschigen Netzes aus politischen, sozialen, wirtschaftlichen, psychologischen und rechtlichen Faktoren, um die unterworfenen Völker islamisch zu durchdringen.

Beeindruckend ist dabei die Flexibilität, mit der die Muslime ihre völlige oder doch weitgehende Treue zur Doktrin mit taktischer Anpassungsfähigkeit verbanden. In concreto verlief die Islamisierung in unterschiedlichen Ländern sehr verschieden, aber die Elemente, aus denen sich die Islamisierungsstrategien jeweils zusammensetzten, stammten alle erkennbar aus demselben Werkzeugkasten.

Ich werde im Folgenden zeigen, wie diese Werkzeuge, in einem modernen Kontext eingesetzt, zur Islamisierung westlicher Gesellschaften führen. Wie schon in der Vergangenheit ist der Dschihad nicht ausschließlich – und nicht einmal überwiegend – Sache prominenter, strategisch platzierter Akteure. Der Islam ist ein *dezentrales* System: Jeder einzelne Muslim, der sich (etwa als Immigrant in westlichen Ländern) entsprechend islamischen Normen, Werten, Traditionen und Mentalitäten verhält, trägt zum Dschihad bei. Ob er das *subjektiv will*, ja ob es ihm überhaupt bewusst ist, ist dabei zweitrangig. Mag der bewusst geführte Dschihad auch verdienstvoller sein, so kalkuliert der Islam, mit dem für ihn charakteristischen realistischen Menschenbild, den weniger frommen Muslim ebenso ein wie den glühenden Fanatiker, und stellt *beide* in den Dienst des Dschihad, wenn auch auf verschiedene Weisen.

Der Dschihad spielt sich deshalb auf zwei miteinander verschränkten und wechselwirkenden Ebenen ab: Auf der Ebene bewussten zielgerichteten Handelns begegnen wir dem eigentlichen Dschihadisten, auf der Alltagsebene der mal mehr, mal minder traditionsorientierten Lebensweise von Muslimen, deren scheinbar unzusammenhängende private Handlungen sich wie von selbst zu einer mächtigen gesellschaftlichen Kraft verdichten, die die nichtislamischen Gesellschaften unter Druck setzt. Der Islam ist ein Dschihad-*System*, weil er beides notwendig hervorbringt.

Beginnen wir die Analyse auf der erstgenannten Ebene, und hier mit dem Selbstzeugnis eines modernen Dschihadstrategen, des Ägypters Amr Khaled:

1. Ein aufschlussreiches Interview

Amr Khaled gehört zu jenen islamischen Predigern,[148] die sich darauf spezialisiert haben, die Vereinbarkeit von Islam und Moderne zu verkünden, und deren Grundbotschaft lautet, der Islam brauche sich keineswegs zu verändern, um sich die Errungenschaften der Moderne anzueignen, es gelte ihn lediglich zeitgemäß zu interpretieren. Seine Adressaten sind nicht nur, aber vor allem Migranten in westlichen Ländern, und dort vor allem Jugendliche.

Deren Bedarf an Orientierung liegt auf der Hand: Einerseits sind sie von einem islamischen Wertesystem geprägt – das gilt selbst für die, die in vergleichsweise liberalen Elternhäusern aufgewachsen sind –, andererseits leben sie in einer westlichen Umgebung, d.h. in einer Gesellschaft, deren eigenes Wertesystem mit dem islamischen unvereinbar ist.

Im Westen tendieren viele Analytiker zu der Auffassung, dass unter solchen Umständen eine Aufweichung oder auch Reform der islamischen Religion zu erwarten ist, soweit sie von Migranten praktiziert wird. Als Ergebnis dieses Prozesses erwarten sie einen „Euro-Islam", also eine Interpretation des islamischen Glaubens, die mit der säkularen westlichen Moderne vereinbar ist, als Kompromiss zwischen den Werten der Herkunftsgesellschaft und denen des Westens.

Amr Khaled freilich, der vom Magazin TIME unter die zwanzig einflussreichsten Intellektuellen der Welt gewählt worden ist, erwartet, wie wir sehen werden, nichts dergleichen, und erst recht propagiert er es nicht. Seine theologische Position ist orthodox sunnitisch: Der Koran ist buchstäblich das Wort Allahs, und zwar sein vollkommenes und letztes Wort, der Prophet ein unkritisierbares Vorbild an menschlicher Vollkommenheit.

Wenn er trotzdem als Exponent eines modernen, zeitgemäßen und demokratiekompatiblen Islam gilt, dann liegt das daran, dass er seinen Glaubensbrüdern Werte predigt wie „positive Integration", „gegenseitigen Respekt",

---

[148] Auch der noch prominentere Tariq Ramadan, den wir im 10. Abschnitt dieses Kapitels kennenlernen werden, gehört zu diesem Typus, der Enkel von Hassan al-Banna, dem Gründer der Muslimbruderschaft. Als solcher lässt er sich von seinen Glaubensbrüdern auch feiern, während er zugleich versichert, von dschihadistischem Gedankengut weit entfernt zu sein.

„friedliche Koexistenz" und dergleichen mehr, und dass er Terrorismus, zumindest gegen Europa, ablehnt. Das klingt verheißungsvoll, hat aber einen doppelten Boden:

Das Middle East Media Research Institute hat Auszüge aus einem Interview mit Amr Khaled ins Englische übersetzt und veröffentlicht, das am 10. Mai 2008 vom ägyptischen Sender Dream 2 TV ausgestrahlt wurde.[149]

Wenn ich im Folgenden gerade auf *dieses* Interview so ausführlich eingehe, dann aus zwei Gründen: Zum einen lässt sich anhand dieses Interviews die ungebrochene Aktualität jener kulturellen Selbstverständlichkeiten aufzeigen, deren Existenz ich aufgrund der Korananalyse theoretisch postuliert habe. Zum anderen möchte ich dem Leser ein Gespür für die Denkweise moderner Dschihad-Strategen vermitteln. Es ist faszinierend zu sehen, wie der Islam und die von ihm geforderte Mentalität bei aller Flexibilität der Taktik im Kern doch immer dieselbe bleibt; wie sehr das, was ich theoretisch anhand der Korananalyse postuliert und empirisch-historisch im vorigen Kapitel nachgewiesen habe, ein Rezept darstellt, das – zumindest dem Prinzip nach – auch im 21. Jahrhundert noch angewendet wird. Warum auch nicht? Es war schließlich erfolgreich.

Interviewer: *Wie beurteilen Sie die Lage des Islam in Europa?*

Eine allgemein gehaltene, offene Frage; eine Einladung an den Interviewten, nach eigenem Gutdünken Schwerpunkte zu setzen, also über diejenigen Themen zu sprechen, die ihm wichtig sind. Naheliegend, zumindest für den westlichen Leser, scheint jetzt, dass er diese Frage unter religiös-moralischen Aspekten aufgreift, zumal er sonst ja oft und gerne das Verhältnis von Islam und Moderne thematisiert. Er könnte die Frage auch sozioökonomisch auffassen und über die soziale Lage von Muslimen in Europa sprechen, oder psychologisch über ihr Befinden, oder religionspolitisch über das Verhältnis zu den christlichen Kirchen. Ich will damit nur andeuten, wie viele Facetten das Thema hat, und dass es keineswegs in der Natur der Sache liegt, sondern etwas über Amr Khaleds Weltbild aussagt, wenn er die Frage als *politische*, d.h. als *Macht*frage begreift:

Amr Khaled: *Das Wichtigste ist, dass es 25 bis 30 Millionen Muslime in Europa gibt. Dies hat eine Reihe von Implikationen.*

---

[149] http://www.memri.org/bin/articles.cgi?Page=archives&Area=sd&ID=SP200308; deutsche Übersetzung von mir, desgleichen die Hervorhebungen im Text.

Interviewer: Es gibt 25 bis 30 Millionen Muslime in Europa.
Amr Khaled: *Die Muslime bekommen weiterhin Kinder, die Europäer nicht. <u>Das bedeutet, dass die Muslime in 20 Jahren eine Mehrheit stellen werden, was einen außerordentlichen Einfluss auf Entscheidungsprozesse haben wird</u>. Dies verärgert andere Gruppen, und sie betrachten es als gefährlich. Dies sind die <u>Feinde des Islam</u>, das wissen wir genau.*

Wohlgemerkt: Wir haben es hier nicht mit einem Niemand zu tun, sondern mit einem der einflussreichsten Köpfe der islamischen Welt. Er ist auch keineswegs ein weltfremder, doktrinärer Religionsgelehrter. Amr Khaled ist ein Mann, der im Leben steht. Er beherrscht die gesamte Klaviatur der Medien einschließlich und insbesondere des Internets, begeistert ein Millionenpublikum und gilt als Inbegriff eines *gemäßigten* Muslims.

Nach dessen Ansicht wird Europa innerhalb von zwanzig Jahren unter die Herrschaft der Muslime geraten – was sonst soll denn damit gemeint sein, wenn er von einer „Mehrheit" spricht, deren Existenz „außerordentlichen Einfluss auf Entscheidungsprozesse" haben wird? Amr Khaleds Äußerungen enthalten gleich eine ganze Reihe von höchst aufschlussreichen Aspekten:

Erstens: Zum „Feind des Islam" avanciert man bereits dadurch, dass man eine solche Entwicklung nicht will. So etwas wie *legitime Eigeninteressen* der autochthonen europäischen Völker gibt es nicht, jedenfalls nicht, soweit sie sich gegen die Verbreitung des Islam richten. Die Sicht des medinensischen Korans und ein weiterer Beleg für die Kontinuität der von ihm geheiligten Mentalität.

Zweitens: Eine demographische Mehrheit kann nur dann „außerordentlichen Einfluss auf Entscheidungsprozesse" haben, wenn sie als politische Einheit, also als solidarische Gruppe auftritt. (Sonst hätte ja auch die Mehrheit an Frauen, Rechtshändern oder Erwerbstätigen schon längst einen solchen „außerordentlichen Einfluss" haben müssen.) Amr Khaled glaubt, dass die Muslime als Solidargemeinschaft zusammenstehen und sich nicht etwa in dem Sinne integrieren werden, dass ihr soziales und politisches Profil sich mitsamt den dazugehörigen Interessen dem der (Noch-)Mehrheitsgesellschaft angleicht; dass also eine arithmetische Mehrheit von Muslimen gleichbedeutend mit ihrer Kollektivherrschaft ist.

Er *vermutet* das nicht nur, er kommt *überhaupt nicht auf die Idee*, dass es anders kommen könnte, auch nicht im Sinne einer Gefahr, der es aus seiner Sicht vorzubeugen gälte. Eine denkbar schlagende Demonstration dessen, was ich als „kulturelle Selbstverständlichkeit" bezeichne: Die Solidarität der Muslime in ihrem Verhältnis zu Nichtmuslimen ist, wie ich gezeigt habe, eine ethische Zentralnorm des Islam, und Amr Khaled unterstellt ohne weiteres, dass auch seine Mitmuslime sich an dieser Norm orientieren. Es handelt sich um eine Prämisse, die ihm so selbstverständlich ist, dass sie keiner Begründung bedarf.[150]

Drittens: Wenn der Widerstand gegen eine Kollektivherrschaft der *Muslime* gleichbedeutend mit der Feindschaft gegen den *Islam* ist, dann bedeutet das im Umkehrschluss, dass die Gesamtheit der *Muslime* identisch ist mit dem *Islam*, und *ihre* Herrschaft identisch mit *seiner*. Dies ist eine Besonderheit *islamischen* Denkens und außerhalb des Islam mitnichten eine Selbstverständlichkeit: Neunzig Prozent aller Franzosen sind Katholiken, trotzdem wird niemand ernsthaft behaupten, Frankreich werde vom Katholizismus beherrscht.

Viertens: Amr Khaleds Schätzung von zwanzig Jahren, die es dauern würde, bis die Muslime in der Mehrheit sind, scheint wiederum (aus seiner Sicht) zu optimistisch zu sein. Legt man bloß den Geburtenüberschuss auf der einen, das Geburtendefizit auf der anderen Seite zugrunde, so würde es eher vierzig bis sechzig Jahre dauern; *dies aber nur unter der Voraussetzung, dass es nicht zu verstärkter muslimischer Masseneinwanderung kommt; dass insbesondere die bereits hier lebenden Muslime ihren in der Tat bereits jetzt spürbar wachsenden Einfluss nicht dazu nutzen, das Tor noch weiter zu öffnen (z.B. durch EU-Beitritt der Türkei), als es ohnehin schon offen steht.*

Jedenfalls würde ein wenn auch minoritärer muslimischer Stimmblock bereits ausreichen, überproportionalen Einfluss auszuüben – im Sinne des sprichwörtlichen Züngleins an der Waage.[151]

---

[150] Zumindest wird sie offensichtlich als Normalfall unterstellt, solange es nicht konkrete Anhaltspunkte dafür gibt, dass die muslimische Einheit in Auflösung begriffen sein könnte. Amr Khaled sieht solche Auflösungstendenzen offenbar nicht – anders als etwa die türkische Regierung, die ihr Möglichstes tut, um eine Assimilation der hiesigen Muslime zu verhindern und damit der Auflösung ihrer Einheit entgegenzuwirken.
[151] Im Mai 2009 wechselte die türkischstämmige SPD-Abgeordnete im Berliner Abgeordnetenhaus, Canan Bayram, zu den Grünen, und begründete ihren Schritt unter anderem damit, dass die SPD sich nicht für eine Rücknahme der Verschärfung des Einwanderungsrechts „einsetzen wolle". („Wowereits Mehrheit im Parlament bröckelt", „Tagesspiegel" vom 5.5.2009) Die Mehrheit des rot-roten Senats geriet kurzzeitig in Gefahr. Vermutlich ist dieser für sich genommen nicht sehr bedeutsame Vorgang in erster Vorgeschmack auf das, was bevorsteht, wenn türkischstämmige Politiker in größerem Umfang die deutschen Parlamente bevölkern und damit in einer Position sind, wo sie Regierungen tatsächlich stürzen können. Wenn es einreißt, dass sie dort Politik auf der Basis ethnisch-religiöser Interessen machen, dann ist jede Partei und jede Regierung erpressbar; einer muslimischen Mehrheit bedarf es dazu nicht.

Fünftens: In der gesamten Geschichte des Islam war die Islamisierung vormals christlicher Gesellschaften, wie gezeigt, nicht ein Ergebnis friedlicher Mission, sondern *politischer* Herrschaft der Muslime, die einen sich selbst verstärkenden Prozess des Wachstums der muslimischen und der Zersetzung und Auflösung der nichtmuslimischen Gemeinschaften in Gang setzten. Man sollte getrost davon ausgehen, dass dieser historische Hintergrund einem Mann wie Amr Khaled geläufig ist, und dass er *deswegen* die Frage nach der Lage des Islam ganz selbstverständlich als politische Frage auffasst.

(...) *Amr Khaled: Das Ziel der Feinde des Islam ist, 20 bis 30 Millionen Muslime aus Europa zu vertreiben, oder sie in einer Weise zu provozieren, die zu ihrer Vertreibung [banishment] führen wird. Wenn sie bleiben, wird das gefährlich sein, also müssen sie gehen.*

Eine erstaunliche Behauptung: Er kann ja nicht ernsthaft behaupten, es gebe irgendeine einflussreiche Kraft in Europa, die auf die Vertreibung der Muslime hinarbeite, allenfalls auf ihre Assimilation. Warum also behauptet er es trotzdem?

Weil es die logische Konsequenz aus seiner Sicht der Dinge ist: Wenn die Fortsetzung der bisherigen demographischen Entwicklung selbst ohne weiteren Zuzug zwangsläufig zur Herrschaft des Islam in Europa führt, wie er ja sagt, und wenn Assimilation daran schon deshalb nichts ändern kann, weil sie seines Erachtens nicht stattfinden wird, dann – aber nur dann! – wäre eine Massenvertreibung von Muslimen tatsächlich die einzige Option von Europäern, die nicht unter eine muslimische Kollektivherrschaft fallen wollen.

Bemerkenswert die Selbstverständlichkeit, mit der er eine Zuspitzung vorwegnimmt, die noch gar nicht stattgefunden hat; nicht minder bemerkenswert, dass er denen, die die muslimische Präsenz in Europa für „gefährlich" halten, mitnichten eine verzerrte Optik bescheinigt; und konsequent, dass er gar nicht erst erwägt, sie davon zu überzeugen, die weitere Verbreitung des Islam sei „ungefährlich", werde also *keine* einschneidenden Veränderungen der europäischen Kultur bis hinein ins Alltagsleben mit sich bringen.

Interviewer*: Sie stellen eine sehr wichtige Behauptung auf – dass es absichtliche und durchdachte Provokationen mit dem Ziel gibt, die Muslime aus ihrer gegenwärtigen Heimat – Europa – zu vertreiben.*

Amr Khaled*: Ja. Als die beleidigenden Karikaturen zuerst erschienen, war es seltsam zu sehen, dass der Knopf, auf den sie drücken, um die*

Muslime [zu provozieren] – der Koran und der Prophet Mohammed, die ihnen heilig sind – derselbe Knopf ist, der dem Westen heilig ist – die Meinungsfreiheit. Was dem Westen heilig ist – die Meinungsfreiheit – ist ihr Äquivalent zum Koran... Das ist ihnen heilig. Der Westen greift das, was den Muslimen heilig ist, mit Mitteln an, die dem Westen selbst heilig sind. (...)

Es stellt bereits einen „Angriff" auf den Islam dar, wenn Meinungsfreiheit zur Islamkritik genutzt wird. Exakt diese Auffassung findet sich – wir erinnern uns – implizit und explizit im Koran – auf den Khaled sich an dieser Stelle aber gar nicht beruft. Wie die unterstellte Solidarität der Muslime, so ist auch die Unfähigkeit, Kritik anders denn als feindseligen Akt zu interpretieren, eine kulturelle Selbstverständlichkeit.

Um die Muslime aus Europa zu vertreiben, brauchen die europäischen Völker einen legitimierenden Vorwand, wie sie ihn in Bosnien hatten. Schließlich gehört Bosnien zu Europa, man kann also nicht sagen, das sei weit hergeholt. Bosnien ist nicht weit.

Khaled ignoriert die Tatsache, dass der Bosnienkrieg durch NATO-Bomben unter kräftiger Mithilfe jener europäischen Völker beendet wurde, denen er unterstellt, sie hätten mit Serbien unter einer Decke gesteckt. Diese Verdrehung historischer Zusammenhänge entspricht dem Geschichtsverständnis, dessen Ursprung im Koran zu finden ist.

Daher ist es ihre Lösung, die Provokation fortzusetzen und weiterhin Dinge zu tun, die die Muslime provozieren, die darauf mit Fehlern reagieren würden, wie etwa Bombenanschlägen und anderen unüblichen Antworten.

Bombenanschläge („bombings") sind also nicht etwa Verbrechen, sondern *„Fehler"* und *„unüblich"* („unusual"). Aus dem Munde eines Mannes, dessen tägliches Brot es ist, seine Glaubensbrüder darüber aufzuklären, was im Islam erlaubt bzw. verboten ist, können solche Vokabeln nur eines bedeuten: *Verboten*, weil islamwidrig, ist Terrorismus *nicht*! Und dies ist nicht etwa die Auffassung eines Extremisten.

Warum aber ist Terrorismus (und vermutlich auch Straßenkrawall und andere „unübliche" Formen der Gewaltanwendung) ein taktischer „Fehler"?

Dann werden die Europäer sagen: ‚Was ist denn los? Was machen die da?' Und damit hätten sie den Vorwand für das, was dann folgen würde. (...)

Offene Gewaltanwendung könnte dazu führen, dass die Europäer den Islam *(„Was ist denn los? Was machen die da?")* als Feind identifizieren. In einem solchen Fall würden sie womöglich versuchen, die Entwicklung aufzuhalten, die nach Amr Khaleds Auffassung sonst ganz von allein zur Islamisierung Europas führen muss.

Terrorismus mag ein geeignetes Mittel sein, die „Ungläubigen" aus dem „Haus des Islam" zu vertreiben, also ihnen etwa Interventionen im Irak und in Afghanistan zu verleiden. Amr Khaleds Perspektive ist aber wesentlich *radikaler*, und aus *dieser* Perspektive ist Terrorismus und überhaupt offene Gewaltanwendung in der Tat kontraproduktiv. Wer im Geiste schon ein islamisches Europa schaut, dem muss der „Antiimperialismus" etwa der Qaida geradezu als Ausdruck schwächlicher Selbstbescheidung erscheinen. Was ist schon die Vertreibung der Europäer aus dem Nahen und Mittleren Osten, verglichen mit der Eroberung ihres eigenen Kontinents?

Für Amr Khaled befindet sich die muslimische Umma in Europa offenbar in einer kritischen Phase: Sie ist bereits so groß, dass es für Strategen wie ihn zum Problem wird, die Neigung ihrer Glaubensbrüder zur gewaltsamen Durchsetzung eigener Dominanzansprüche zu zügeln,[152] aber *noch* zu klein, um sie tatsächlich durchzusetzen.

Was ist die Lösung? Wir müssen sehr realistisch und positiv sein. Was muss getan werden? <u>*Notwendig ist, dass die 30 Millionen Muslime die Gesellschaft infiltrieren ...*</u>

Er sagt wirklich „infiltrieren"!

... und den Europäern und der westlichen Gesellschaft zeigen, wie respektabel und erfolgreich sie sind. Das sind die Schlüsselwörter: ‚Ich bin respektabel und erfolgreich.'

Er sieht völlig realistisch, dass eine bloß numerische Mehrheit selbst unter den Voraussetzungen einer Demokratie noch nicht zur politischen Herrschaft über westliche Gesellschaften genügt, erst recht nicht zu ihrer islamischen Durchdringung. Diese Durchdringung – die qualitative Seite der Islamisierung im Unterschied zur bloß numerischen – erfordert, dass Muslime in sozialen Rollen wahrgenommen werden, die mit Prestige und Dominanz verbunden sind („respektabel und erfolgreich").

(...) Jeder sollte sagen: „Ich bin ein Botschafter für den Islam", und sie sollten alle in ganz Europa aktiv werden – in den Firmen, wo sie arbeiten, in Sportvereinen, und überall, wo sie bei den Europäern mitmischen können,

---

[152] Die Hizb ut-Tahrir steht in Großbritannien vor demselben Problem: vgl. Matthias Becker, Polizei und Prävention. Wie Großbritannien mit gewaltbereiten Islamisten umgeht. Deutschlandfunk „Hintergrund" vom 23.8.2008, im Netz verfügbar unter: http://www.dradio.de/dlf/sendungen/hintergrundpolitik/835240/

und wo sie ihnen ihre moralischen Werte und ihren Erfolg demonstrieren können. Das wird den Plan [die Muslime zu vertreiben, M.K.-H.] zunichte machen, und die Muslime werden in Europa bleiben. Wir brauchen wirklich 10 Jahre, damit die Muslime in Europa fest etabliert und erfolgreich sind.

Zehn Jahre – das ist die Zeitspanne, die nach Amr Khaleds Auffassung noch erforderlich ist, um den Prozess der Islamisierung Europas zwar nicht abzuschließen, aber unumkehrbar zu machen. Man mag darüber streiten, ob er die Zeitspanne richtig einschätzt. *Dass* aber der Prozess der Islamisierung bei Fortdauer der gegenwärtigen Entwicklungen von einem bestimmten Zeitpunkt an irreversibel sein wird, kann keinem Zweifel unterliegen.

Tatsache ist, dass es Millionen von Muslimen in Europa gibt, ihr Anteil an der Bevölkerung sich kontinuierlich erhöht, „Integration" im Sinne eines Aufgehens in der einheimischen Bevölkerung nicht stattfindet, und dass deren Werte und Normen von den meisten Muslimen abgelehnt werden. Was wir stattdessen erleben, ist die Verfestigung von Parallelgesellschaften, für die sowohl die ungebrochene Geltung islamischer Normen und Werte charakteristisch ist als auch ihre Selbstdefinition als „Wir"-Gruppe, die sich gegen die einheimische Mehrheitsgesellschaft abgrenzt.

Dass Einwanderer, die in größeren Gruppen kommen, sich ihre eigene Subkultur schaffen, ist dabei nicht *an sich* ungewöhnlich; man beobachtet dieses Phänomen, seit es überhaupt Migration gibt, man denke nur an die „Chinatowns" und „Little Italys" amerikanischer Großstädte. *Ungewöhnlich* und ein Spezifikum *islamischer* Einwanderergesellschaften ist, dass diese Parallelgesellschaften selbst *nach drei Generationen* noch existieren. Im Normalfall emanzipieren sich spätestens die Enkel der ersten Einwanderer von ihrem Herkunftsmilieu, akzeptieren die Aufnahmenation als ihre eigene und suchen sich ihren individuellen Platz in der Gesellschaft. Sozialer Aufstieg hängt normalerweise davon ab, dass man die Normen und Werte der Gesellschaft akzeptiert; wer das nicht tut und an einer Außenseiteridentität festhält, verbleibt in der Unterschicht.

Will aber eine (wachsende) Minderheit weder Unterschicht bleiben noch ihre Wertvorstellungen oder ihre interne Solidarität aufgeben, so ist sie darauf angewiesen, einen Zustand herbeizuführen, in dem ihre eigenen Normen und Werte, in diesem Fall also die islamischen, als legitim und respektabel gelten, und in dem der, der sie vertritt, sich dadurch *nicht* zum gesellschaftlichen Außenseiter macht. Das wiederum hängt davon ab, dass bekennende Muslime *(„wandelnde Propagandamaschinen")* den Weg in

Führungspositionen finden; der Islam wäre dann keine Unterschichtenreligion mehr, sondern eine Option auch für Angehörige der Mittel- und Oberschicht. Das ist der Hintergrund, auf den Amr Khaled anspielt, wenn er sagt, Muslime müssten „respektabel und erfolgreich" sein.

Wenn dies geschieht, dann existieren zwei miteinander nicht zu vereinbarende Normen- und Wertesysteme mit gleichem Anspruch auf gesellschaftliche Legitimität und Anerkennung nebeneinander: ein islamisches und ein westliches. Es geht an dieser Stelle nicht darum, die Debatte darüber aufzunehmen, ob der Islam im westlichen Sinne reformierbar ist oder nicht. Meiner Ansicht nach ist er es nicht, aber darauf kommt es hier nicht an:

Natürlich ist es denkbar, dass Muslime sich als Einzelpersonen in die westliche Gesellschaft ohne Hintergedanken integrieren, der Preis dafür aber wäre der, dass sie ihren Glauben nach Maßgabe westlicher Wertvorstellungen re-interpretieren. Als Option einer muslimischen *Gemeinschaft*, die das auch bleibt, ist eine solche Re-Interpretation schwer vorstellbar. Und dass Amr Khaled dergleichen weder anstrebt noch auch nur für möglich hält, dürfte auf der Hand liegen. Warum sollte er auch? Der Islam, der nach dem Willen westlicher Integrationspolitiker „anerkannt", „respektiert" und „integriert" werden soll, ist ja nicht ein solcher hypothetischer reformierter, sondern der real existierende orthodoxe, angeblich „gemäßigte" Islam.[153]

Wird der orthodoxe sunnitische Islam als gleichberechtigt akzeptiert, so läuft dies mindestens darauf hinaus, dass nach *islamischen* Maßstäben darüber bestimmt wird, was als hinreichender „Respekt" aufzufassen ist – und was als *„Provokation"*: Als solche müsste dann jede Kritik am Islam gelten, insbesondere, wenn sie seine „Respektabilität" in Zweifel zieht. Wie wir gesehen haben, zählt das Verbot jeglicher kritischer Äußerungen über den Islam seit den Tagen des Propheten zu den Standardinhalten von Dhimmi-Verträgen; wobei es sich von selbst verstand, dass die islamische Kritik an anderen Religionen schon deshalb nicht unterbunden werden konnte (und kann), weil sie einen erheblichen Teil von Koran und Sunna ausmacht

---

[153] Es scheint kaum noch einem aufzufallen, wie weit die geistige Kapitulation vor islamischen Denkprämissen schon gediehen sein muss, wenn man Vertreter einer totalitären Religion und Ideologie schon dann für „gemäßigt" hält, wenn sie darauf verzichten, Bomben zu legen; würde man denselben Maßstab auf inländische nichtislamische Bewegungen anwenden, so müsste man die DKP als eine Partei „gemäßigter Kommunisten", die NPD als eine solche „gemäßigter Nazis" würdigen und mit ihnen einen „Integrationsgipfel" abhalten. Dann müssten sich auch einfühlsame politische Kommentatoren finden, die davor warnen, die „patriotischen Gefühle" von NPD-Anhängern zu „verletzen" und sie unter „Generalverdacht" zu stellen, weil das sonst „diskriminierend" wäre. Man fragt sich auch, warum kein „Dialog" mit „gemäßigten Scientologen" eingeleitet wird.

(während Islamkritik naturgemäß nicht in der Bibel steht). Wie das Recht auf Gewaltanwendung, so ist auch das Recht auf Kritik nach islamischer Doktrin ein muslimisches Privileg. Eine Religion aber, die für sich einen Respekt einfordert, den sie allen anderen Religionen verweigern zu müssen glaubt, erhebt dadurch bereits implizit den Anspruch auf soziale Dominanz.

An dieser Stelle wird die Doppelbödigkeit von Amr Khaleds „Gewaltverzicht" sichtbar. Sie besteht nicht nur darin, dass er ihn rein taktisch versteht; sondern er lebt sogar als *Taktik* davon, dass die Gewaltanwendung als *Drohung* stets präsent bleibt: Keine „Provokationen" bitte (also keine Kritik am Islam), weil die Muslime sonst zu „unüblichen" Maßnahmen greifen könnten, die selbstverständlich zu bedauern und zu verurteilen wären, an denen die „Ungläubigen" aber selber schuld wären. Diese Doppelbödigkeit entspricht genau den koranischen Vorgaben: Muslime wenden niemals Gewalt an, es sei denn als Reaktion auf einen Angriff. Als „Angriff" gilt aber bereits die bloße Kritik am Islam und die Weigerung, sich ihm zu unterwerfen.

Eine solche Taktik des doppelten Bodens ist weitaus wirkungsvoller als eine frontal gegen Europa geführte Terrorkampagne: *Drohen* kann man mit einem Bürgerkrieg ja nur so lange, wie man ihn nicht entfesselt hat. (Ganz allgemein gilt in der Politik, dass der, der eine Drohung ausführen muss, in eine schwächere Position gerät, als der, der es bei der bloßen Drohung belassen kann.) Offene Gewalt, also Terrorismus, Straßenkampf, Bürgerkrieg, würde den Islam nicht nur als Feind wahrnehmbar machen, sondern ihn auch sein Drohpotenzial kosten.

Niemand sollte sich der Illusion hingeben, dass eine solche „Koexistenz" (auch dies ein Lieblingswort Amr Khaleds) zweier einander ausschließender Wertesysteme auf die Dauer möglich ist, und sei es nur aus dem banalen Grund, dass der Beste nicht in Frieden leben kann, wenn es dem bösen Nachbarn nicht gefällt.

Wenn sich die gesellschaftlichen Spielregeln erst einmal verändert haben, und dies nicht durch Gesetze, sondern weil die Mehrheit es nicht mehr wagt, von ihren Freiheitsrechten Gebrauch zu machen, dann gibt es kein legales Mittel mehr, diesen Prozess umzukehren. Die Mehrheit kann immer noch nichtmuslimisch sein, sie lebt faktisch unter der Herrschaft des Islam und seiner Normen. Das ist die *qualitative* Islamisierung. Die Mechanismen, die bei dieser Umpolung heute eine Rolle spielen, unterscheiden sich nicht im Prinzip, wohl aber in concreto von denen, die den oben behandelten historischen Islamisierungsprozessen zugrunde lagen, und werden uns in den folgenden Abschnitten beschäftigen.

Zum anderen bedeutet „Koexistenz", „Anerkennung" und „Respekt", dass alles zu unterbleiben hat, was den Zuzug weiterer Muslime – also die *quantitative* Komponente von Islamisierung etwa durch Heiratsmigration – eindämmen könnte.[154] Man unterstellt, den inneren Frieden zu gefährden, wenn man den Wünschen der Herkunftsländer (im Falle Deutschlands also dem der Türkei nach Aufnahme in die EU) nicht Rechnung trägt. Von einem bestimmten Punkt an, der weit *vor* dem Erreichen der numerischen Mehrheit der Muslime liegt, wird es politisch nicht mehr möglich sein, Entscheidungen zu treffen, die den demographischen Trend (das Wachstum des muslimischen im Verhältnis zum nichtmuslimischen Bevölkerungsteil) noch umkehren. Das ist dann der oben genannte Zeitpunkt, von dem ab der Islamisierungsprozess irreversibel wird.

Amr Khaleds Sicht der Dinge basiert nicht auf irgendwelchen Illusionen, sondern auf den Erfahrungen von 14 Jahrhunderten, in denen der Islam die Schwächen nichtmuslimischer Gesellschaften auszunutzen gelernt hat.

Nehmen wir diese Schwächen nun genauer unter die Lupe.

2. Strukturelle Schwächen liberaler Demokratien

Der ehemalige Verfassungsrichter Ernst-Wolfgang Böckenförde schrieb einmal: „Der freiheitliche, säkularisierte Staat lebt von Voraussetzungen, die er selbst nicht garantieren kann."[155] Mehr noch: Er lebt von Voraussetzungen, die er nicht einmal *zur Kenntnis nehmen* darf!

Wie im ersten Kapitel verdeutlicht, basiert ethisches Verhalten auf wechselseitigen Solidaritätserwartungen, und dies bedeutet Verzicht auf die Verfolgung von Individualinteressen, Privatisierung der Kosten und Sozialisierung der Gewinne. Damit habe ich mich bewusst an eine Formulierung angelehnt, deren sich normalerweise die Kritiker der Marktwirtschaft bedienen: Dass sie nämlich auf der Privatisierung der *Gewinne* und der Sozialisierung der *Kosten* beruhe.

---

[154] Aufschlussreich ist in diesem Zusammenhang, dass bereits eine nur geringfügige Erhöhung des Nachzugsalters und der Anforderungen an die Sprachkenntnisse 2007 genügte, die türkische Öffentlichkeit, die Presse und die islamischen Verbände hierzulande in helle Aufregung zu versetzen, und zwar über alle ideologischen Grenzen hinweg.
[155] Ernst-Wolfgang Böckenförde, Staat, Gesellschaft, Freiheit, Frankfurt 1976, S. 60

Nun ist die Marktwirtschaft keineswegs das einzige Beispiel eines gesellschaftlichen Teilsystems, das auf Konkurrenzmechanismen beruht. Die Konkurrenz von Parteien um Wählerstimmen, die Konkurrenz von wissenschaftlichen Hypothesen, erst recht die Konkurrenz von Sportlern und sogar (wie ich in dem Exkurs über das Christentum gezeigt habe) die Konkurrenz von Kirchen leisten in ihrem jeweiligen Bereich dasselbe: Sie führen zur Leistungssteigerung des jeweiligen Systems.

Dass diesen Konkurrenzmechanismen die Tendenz zur Selbstzerstörung innewohnt, erschließt sich daraus, dass sie normalerweise durch zum Teil hochkomplexe Regelwerke im Zaum gehalten werden müssen. In all diesen Systemen kann sich potenziell jeder Akteur nämlich dadurch Vorteile verschaffen, dass er auf Methoden zurückgreift – je nach Teilsystem: Wahlfälschung, Wirtschaftsspionage, Korruption, Doping etc. – deren allgemeine Duldung die Leistungsfähigkeit des Systems gerade zerstören müsste.

Das, was wir als Verrechtlichung kennen und („Paragraphendschungel") beklagen, ist nicht nur, aber auch nicht zuletzt der Versuch, die Einhaltung bestimmter Regeln zu erzwingen, deren freiwillige Akzeptanz mithin immer weniger als Selbstverständlichkeit vorausgesetzt werden kann. Je mehr die Bereitschaft zu ethischem Verhalten schwindet, desto stärker muss gesetzgeberisches Handeln das schwindende Vertrauen in den Anstand des Anderen substituieren.

Moderne Gesellschaften basieren also auf zwei einander widersprechenden Prinzipien gleichzeitig: Ihre *Existenz* und *Stabilität*, wie die aller anderen Gesellschaften, wird durch Solidarität aufrechterhalten, ihre *Leistungsfähigkeit* durch Konkurrenz.

Dieses Spannungsverhältnis zwischen Solidarität und Konkurrenz ist als Gegenüberstellung von „Gemeinschaft" und „Gesellschaft" (F. Tönnies)[156] ein altes Thema der Soziologie, und speziell der deutschen Soziologie. Die darin ausgedrückte Kritik an der Moderne hat durchaus ihre problematischen Seiten, wenn zum Beispiel die angeblich edle Gemeinschaft gegen die schnöde Gesellschaft ausgespielt wird, wie dies in der ersten Hälfte des zwanzigsten Jahrhunderts ständiger Topos kulturpessimistischen Argumentierens war.[157]

---

[156] Ferdinand Tönnies, Gemeinschaft und Gesellschaft. Grundbegriffe der reinen Soziologie, Darmstadt 2005

[157] Dieser politische Missbrauch eines an sich wissenschaftlich völlig seriösen Kategorienpaars hat mit den Boden dafür bereitet, dass die Nationalsozialisten gerade mit dem Begriff der „Volksgemeinschaft" über eine besonders zugkräftige Parole verfügten, vgl. z.B. Franz Janka, Die braune Gesellschaft. Ein Volk wird formatiert, Stuttgart 1997

Wer allerdings die Kritik an der Moderne nur deshalb zurückweist, weil sie politisch missbraucht werden kann, erlegt sich nicht nur selbst eine Erkenntnisblockade auf, sondern verbindet sich und anderen die Augen vor den Gefahren, die der offenen modernen Gesellschaft drohen; Gefahren, an denen sie umso sicherer scheitern wird, je uneinsichtiger sie sie ignoriert.

Der Widerspruch von Gemeinschaft und Gesellschaft weist eine strukturelle Parallele zu dem von Glaube und Religion auf:

Diese Parallele besteht darin, dass man den Widerspruch nicht nach einer der beiden Seiten auflösen kann, ohne den Charakter des Gesamtsystems dramatisch und in hochgradig nachteiliger Weise zu verändern.

Hatten wir oben festgestellt, dass eine rein protestantische, *sola fide*, also allein durch den Glauben konstituierte Christenheit zur Auflösung tendieren würde, eine rein katholische (durch eine monopolistische Institution konstituierte) dagegen zur autoritären Erstarrung, so können wir nun analog festhalten, dass Konkurrenzmechanismen die Freiheit (und Leistungsfähigkeit) der Gesellschaft, Solidarität dagegen ihre Existenz gewährleisten. Die schiere Konkurrenz müsste die Gesellschaft zerreißen, eine alles durchdringende Solidarität sie ersticken. Reine Konkurrenz hieße: Anarchie. Reine Solidarität hieße: Totalitarismus.

Halten wir nochmals fest: Menschliche Wir-Gruppen, wenn sie Bestand haben sollen, sind Solidargemeinschaften. Ein moderner demokratischer Rechtsstaat tut sich naturgemäß schwer damit, die Existenz solcher Gemeinschaften anzuerkennen oder gar zu schützen. Zwar basiert auch die Demokratie auf einer *Gemeinschaftsfiktion*: Demokratie als kollektive Selbstbestimmung setzt die Existenz eines Kollektivs voraus. Demokratische Staaten sind daher – zumindest ihrer Konzeption nach – Nationalstaaten.

Da ein Rechtsstaat aber an den Gleichheitsgrundsatz gebunden ist und niemanden nur aufgrund seiner Zugehörigkeit zu dieser oder jener Gruppe bevorzugen oder gar benachteiligen darf, hat er keine Möglichkeit, die empirische soziologische Existenz der Solidargemeinschaft „Nation" zu überprüfen, und erst recht darf er sie nicht erzwingen. Stattdessen ist er auf eine *Rechtsfiktion* verwiesen: Die Gesamtheit der Staatsbürger ist Nation.

Es ist wichtig, diesen staatsrechtlichen, rein normativen Begriff von „Nation" sorgfältig zu unterscheiden von „Nation" als Beschreibung eines empirischen, soziologischen bzw. sozialpsychologischen Sachverhalts. Der demokratische Staat ist angewiesen auf eine empirische Nation, operiert rechtlich aber mit einer fiktiven.

Dies wäre auch dann bedenklich, wenn der Prozess der Individualisierung die ganze Gesellschaft gleichmäßig träfe. Wenn Selbstentfaltungswerte an gesellschaftlicher Bedeutung die traditionellen Pflicht- und Akzeptanzwerte[158] mehr und mehr verdrängen, dann bedeutet dies einen Trend zu sozialer Atomisierung und Entsolidarisierung. Ob die Gesellschaft auf die Dauer in der Lage sein wird, der daraus resultierenden Probleme Herr zu werden und funktionale Äquivalente für die verblassenden traditionellen Sozialnormen zu entwickeln, wäre selbst dann eine offene Frage, wenn die (in ihrer Eigenschaft als Solidargemeinschaften) geschwächten Nationen des Westens es nicht mit der Herausforderung durch konkurrierende Solidargemeinschaften zu tun bekämen. So aber können Letztere zur politischen Gefahr heranreifen.

Es ist eine Binsenweisheit, dass Solidarität (bzw. die gemeinsame Bezugnahme auf gruppenkonstituierende Sozialnormen) und damit die Fähigkeit zu kollektivem Handeln der damit ausgestatteten Gruppe gegenüber anderen eine Konfliktfähigkeit verleihen, die selbst erhebliche numerische Unterlegenheit mehr als wettmachen kann.[159]

Solange die Fähigkeit zu kollektivem Handeln darauf beruht, dass eine Gruppe irgendeine Form von formalisierter Organisation aufweist, kann ein demokratischer Staat sie rechtlich als handelndes Subjekt behandeln, das er für legal oder für illegal erklären, notfalls als verfassungsfeindliche oder terroristische Organisation verbieten oder verfolgen kann; in jedem Fall ist es ihm erlaubt, ihre Existenz offiziell zur Kenntnis zu nehmen, ohne sich in Widerspruch zu seiner eigenen Verfassung zu setzen.

Hat er es aber mit einer Gruppe zu tun, deren Handlungsfähigkeit und Identität als Gruppe auf einem ganz und gar *informellen* Netz wechselseitiger Erwartungen basiert, die erfüllt werden, weil sie als Sozialnormen kulturell verinnerlicht sind, dann ist die Zugehörigkeit zu einer solchen Gruppe nicht etwas, das der Staat dem Einzelnen (wie bei der Bildung einer terroristischen Vereinigung) als zielgerichtetes Handeln anrechnen und wozu

---

[158] vgl. z.B. Helmut Klages, Traditionsbruch als Herausforderung. Perspektiven der Wertewandelsgesellschaft, Frankfurt 1993
[159] Was übrigens der Grund dafür ist, warum politische Herrschaft nicht etwa im Ausnahme- sondern im Regelfall die Herrschaft Weniger über Viele ist, und warum selbst noch so unpopuläre Diktatoren mit Unterdrückungsapparaten auskommen, die um ein Vielfaches kleiner sind als die von ihnen beherrschten Völker. Diese Apparate sind soziale Einheiten, die zu kollektivem Handeln imstande sind, während die Gesellschaft aus Einzelnen besteht, die normalerweise keinen Anlass haben zu unterstellen, der Mitmensch würde sich als politisch solidarisch erweisen, und die sich wegen dieser Annahme – die dadurch zur sich selbst erfüllenden wird – ebenfalls nicht solidarisch verhalten.

er sich verhalten dürfte. Sofern er die Existenz der Gruppe überhaupt zur Kenntnis nehmen darf, ist er zur Toleranz verpflichtet, weil alles andere eine verfassungswidrige Diskriminierung darstellen würde.

Dies ist der Grund dafür, dass der Islam im Westen nur dann und nur dort bekämpft wird, wo er als „Extremismus" oder „Terrorismus" auftritt. Alle anderen Islamisierungsprozesse, etwa die schleichende Durchsetzung des Kopftuchs, muss der demokratische Rechtsstaat selbst dann als Wahrnehmung individueller Freiheitsrechte akzeptieren, wenn durch sie ganz offensichtlich die sozialen Erwartungen der islamischen Gemeinschaft erfüllt, die Voraussetzungen für die Wahrnehmung von Freiheitsrechten aber untergraben werden.

Ich betone an dieser Stelle nochmals, was ich im vorliegenden Zusammenhang unter einer Gruppe verstehe. Die Wiederholung dürfte notwendig sein, weil das Weltbild eines Sozialwissenschaftlers doch zu speziell ist, als dass ich von vornherein unterstellen könnte, richtig verstanden zu werden. Von einer Gruppe spreche ich *nicht* im Hinblick auf bloß *objektiv* abgrenzbare Personenkreise (z.B. Brillenträger, Grünäugige, Träger der Blutgruppe A), sondern nur in Bezug auf Personenkreise, die sich durch ein System von gruppenspezifischen wechselseitigen Verhaltenserwartungen, insbesondere Solidaritätserwartungen auszeichnen. Es kommt nicht darauf an, dass diese Erwartungen von jedem *Einzelnen* erfüllt werden, sondern nur, dass ihre Erfüllung als *Normalfall* unterstellt werden kann. Zudem sind ausgereifte soziale Systeme in sich differenziert: Daher kann es innerhalb ein und derselben Gruppe eine große Vielfalt an Rollenmodellen geben. Ein guter Muslim, um bei diesem Beispiel zu bleiben, muss weder ein besonders frommer noch ein politisch extremer Muslim sein. Zum Dschihad kann man in ganz verschiedenen Funktionen beitragen.

Wir haben gesehen, dass der Islam ein soziales Regelwerk verbindlich macht, das darauf ausgerichtet ist, die Muslime zu einer Solidargemeinschaft zusammenzuschweißen und zur Verdrängung aller anderen Religionen und der auf ihnen beruhenden Gesellschaften zu befähigen. „Islamisierung" bedeutet, auch Nichtmuslime zur Unterwerfung unter dieses Regelwerk zu bewegen. Die Methoden, mit denen dies geschieht, sind meist legal und können in einem liberalen Rechtsstaat nicht verboten werden. Sie funktionieren, weil Muslime untereinander solidarisch sind, die nichtmuslimischen Mehrheitsgesellschaften aber nicht.

Da die Einhaltung der islamischen Normen nicht durch die Sanktionsdrohungen eines (noch) hypothetischen islamischen Staates, sondern durch horizontale Vernetzung von Privaten auf der Alltagsebene erzwungen wird, ist ein liberaler Staat, dessen konstitutionelles Selbstverständnis ihm das Eingreifen in das Alltagsleben Privater gerade verbietet, gegen Islamisierung machtlos. Wenn der seinerzeitige deutsche Innenminister Wolfgang Schäuble bei jeder Gelegenheit schärfere Gesetze zur Bekämpfung von (islamischem) Terrorismus forderte, gleichzeitig aber davon sprach, der Islam sei „in Deutschland angekommen", ja, er gehöre zur deutschen Kultur, so drückte sich darin weniger der menschenfreundliche, wenngleich etwas einfältige Gedanke aus, dass man Muslime nicht in eine Generalhaftung für die von ihrer Religion ausgehende terroristische Gewalt nehmen dürfe, sondern vor allem die Hilflosigkeit von Politikern, die eine Gefahr für das eigene Gemeinwesen bereits deshalb *ignorieren müssen*, weil ihnen zur ihrer Bekämpfung die rechtlichen Mittel fehlen.

Wir haben uns schon im Kontext der Korananalyse darüber gewundert, dass eine so deutlich *politische* Religion wie der Islam scheinbar keine *Staats*theorie entwickelt. Ich glaube, hinreichend demonstriert zu haben, dass dieser Mangel bloß uns Europäern so erscheint, weil wir unter einer Staatstheorie ein abstraktes System *formaler* Regeln verstehen, während der Islam die Legitimität von Herrschaft *materiell*, nämlich anhand des Kriteriums der tatsächlichen Übereinstimmung des Herrschers mit den Forderungen des Islam bestimmt.

Dies vorausgesetzt, ist der Islam aber mit jeder Staatsform kompatibel: Mit der Monarchie, der säkularistischen Diktatur, natürlich der islamischen Theokratie, mit totalitären Einparteienregimen jeglicher Spielart wie mit jeder anderen historischen oder künftigen Staatsform. Selbstverständlich auch mit der Demokratie, ja sogar ganz besonders mit der Demokratie – wenn auch nicht unbedingt mit dem, was *wir* darunter verstehen!

Uns erscheint es ganz selbstverständlich, dass Freiheit und Demokratie zwei Seiten derselben Medaille sind. Was wäre denn eine Demokratie wert ohne Meinungs-, Presse-, Versammlungs-, Vereinigungs-, Religions-, Berufsfreiheit und so weiter? Demokratie scheint nichts weiter zu sein als die Verlängerung des Gedankens individueller Freiheit ins Kollektive hinein. Unter rein normativen Gesichtspunkten ist gegen diese Herleitung auch nichts einzuwenden. Es ist leicht zu zeigen, dass Demokratie ohne diese Freiheiten sinnlos wäre, dass umgekehrt die Freiheit dort am effektivsten gesichert ist, wo man den Herrscher legal auswechseln kann und darf.

Zugleich aber stehen Freiheit und Demokratie faktisch in einem Gegensatz zueinander, weil Freiheit die des *Einzelnen* ist. Wo die Freiheit des Einzelnen beginnt, endet die Macht des demokratischen Kollektivs, und wo das Kollektiv Regeln setzt, schränkt es die Freiheit des Einzelnen ein. Freiheit und Demokratie stehen also in einer ähnlich unaufhebbaren dialektischen Spannung wie Glaube und Religion, wie Konkurrenz und Solidarität.

Ferner erscheint es uns selbstverständlich, dass Gefahren für die Freiheit vor allem vom *Staat* ausgehen, dass jedenfalls Privatleute, sofern sie nicht direkt kriminell handeln, nicht die Macht haben, die Freiheit ihrer Mitmenschen wesentlich einzuschränken. Diese Denkweise resultiert aus der historischen Erfahrung, dass das europäische Bürgertum die bürgerlichen Freiheiten gegen den absolutistischen Staat, zum Teil auch gegen die Kirche, in jedem Fall aber gegen hierarchisch organisierte Institutionen erkämpfen musste, die als solche von der Gesellschaft abgespalten waren.

Dass Gefahren für die Freiheit aus der Gesellschaft *selbst* erwachsen könnten, ohne dass der Rechtsstaat die Macht hätte, dem entgegenzuwirken, ist den meisten Europäern so fremd, dass sie nicht einmal über adäquate Begriffe zur *Beschreibung* dieses Sachverhalts verfügen – weswegen ich das dafür erforderliche soziologische Vokabular nicht als bekannt voraussetzen kann, sondern ausführlich erläutern muss.

Der Islam geht aus der *Gesellschaft* hervor. Eine islamische Gesellschaft kann sich daher so etwas wie Wahlen durchaus leisten. Demokratie, wenn sie *nicht* aus der Idee der persönlichen Freiheit abgeleitet ist und sich an ihr messen lassen muss, sondern als Diktatur der Mehrheit aufgefasst wird, ist sogar ein besonders *effektives* Mittel, den islamischen Charakter der Gesellschaft zu stabilisieren. Ist die Gesellschaft nämlich erst einmal von islamischen Wertvorstellungen durchdrungen, dann bedeutet „Demokratie", dass der Gesetzgeber gezwungen ist, diesen Präferenzen seiner Wähler Rechnung zu tragen.

Dass von der Demokratisierung islamischer Länder regelmäßig *Islamisten* profitieren, und dass sie regelmäßig zur Stärkung und Aufwertung des Islam und der Scharia führt, ist kein Zufall und keine Momentaufnahme zu Beginn des 21. Jahrhunderts, sondern liegt in der Natur der Sache und wird von islamistischen Intellektuellen, etwa von Yusuf al-Qaradawi bewusst eingeplant. Florian Remien hat dessen Standpunkt prägnant wie folgt zusammengefasst:

„Nicht der islamische Staat führt die Menschen zum Islam und zum Heil, sondern es soll genau umgekehrt sein, sodass eine islamische Ge-

meinschaft zur Vollendung ihrer Reislamisierung einen explizit islamischen Staat schafft. (...) Es muss deshalb zunächst das Terrain bereitet werden, sodass die Reislamisierung erfolgreich verlaufen kann, und der beste Weg hierfür ist eine behutsame Strategie, nach der zunehmend Debatten besetzt und beherrscht werden sollen, um die islamische Lösung so in der gesellschaftlichen Mitte zu etablieren."[160]

Wer daher zum Beispiel glaubt, die türkischen Islamisten der AKP von Ministerpräsident Erdogan würden der Demokratie bloß taktische Lippendienste leisten, irgendwann aber die Maske fallen lassen, indem sie offiziell eine Theokratie errichten, könnte sich täuschen: Der politische Islam zielt auf die Transformation der *Gesellschaft*, nicht so sehr des *Staates*. Die Theokratie wird es *als Staatsform* in der Türkei wahrscheinlich nie geben, wohl aber als Alltagskultur. Die Freiheit, vom islamischen Regelwerk abzuweichen, wird dann mehr und mehr zur Fiktion werden, aber sie wird nicht – oder nur hilfsweise – durch den *Staat* zerstört: Die Scharia wird mithilfe höchst demokratischer Verfahren immer weiter vervollkommnet und der Staat immer mehr zu einem islamischen – ohne dass es irgendeinen Punkt gäbe, von dem an man sagen könnte, nun sei er aber keine Demokratie mehr.

Da der Islam wesentlich ein soziales Regelwerk ist, das auf der systematischen sozialen Ausgrenzung und Unterdrückung von Nichtmuslimen (und auf der sozialen Disziplinierung „schlechter" Muslime) basiert, kommt er im Grunde auch ganz ohne Staat aus – wir hatten gesehen, dass die Vernichtung der Dhimmi-Gemeinden dort besonders zügig vonstatten ging, wo die Staatsgewalt besonders schwach war. Des Staates bedarf es dabei nur sekundär, weil die Gesellschaft die Hauptarbeit bereits leistet und lediglich darauf angewiesen ist, vom Staat nicht gestört zu werden.

Die Demokratie leistet dem Islam aber nicht nur unschätzbare Dienste, wenn es darum geht, den islamischen Charakter einer bereits mehrheitlich muslimischen Gesellschaft zu *stabilisieren*: Auch die Islamisierung einer noch nicht muslimischen Gesellschaft ist am leichtesten in einem Staatswesen zu bewerkstelligen, auf dessen Politik koordiniert handelnde Private von unten Einfluss nehmen können, also eine Demokratie; und der sich in das Alltagsleben seiner Bürger nicht einmischt, also ein liberaler Rechts-

---

[160] Florian Remien, Muslime in Europa: Westlicher Staat und islamische Identität. Untersuchung zu Ansätzen von Yusuf al-Qaradawi, Tariq Ramadan und Charles Taylor (Bonner Islamwissenschaftliche Hefte, Heft 3) Schenefeld 2007, S. 44 f.

staat. Wie der Islam konkret dessen Schwächen für seine Zwecke ausnutzt, darum geht es in den folgenden Abschnitten.

3. Die Rolle von Gewaltandrohungen

Ich habe oben geschrieben, dass die Methoden der Islamisierung *meist* legal sind, um anzudeuten, dass es einen kleinen, aber für den Dschihad und seine Effektivität unerlässlichen Rest an Illegalität geben muss.

Als am 7. Juli 2005 Bomben in der Londoner U-Bahn explodierten, beeilten sich die islamischen Würdenträger auf der Insel zwar, sich vom Terrorismus zu distanzieren. Zugleich aber begann in muslimischen (und nichtmuslimischen linken) Medien die übliche Debatte, ob „der Westen", hier also Großbritannien, nicht durch seine eigene Politik, insbesondere den Irakkrieg, den Terror heraufbeschworen habe. Die Episode ist bezeichnend für das Spiel mit verteilten Rollen, das zwischen persönlich friedlichen, gemäßigten Muslimen einerseits und den von ihnen angeblich verurteilten Extremisten und Terroristen andererseits gespielt wird.

Es ist ja nicht etwa so, dass jeder Muslim ein Terrorist oder sonst ein Gewalttäter wäre, oder auch nur damit sympathisieren würde; es gibt solche Sympathisanten, und es gibt sie in schwindelerregend hoher Anzahl, aber sie stellen immer noch eine Minderheit sowohl der im Westen lebenden Muslime wie der anderthalb Milliarden Muslime weltweit dar. Die Methode, „Furcht in den Herzen der Ungläubigen zu säen", lebt von wenigen, dafür umso spektakuläreren Gewalttaten und -drohungen: die Todes-Fatwa gegen Salman Rushdie gehört dazu, die Ermordung Theo van Goghs, die Ermordung von Nonnen nach der Regensburger Papst-Rede, die Angriffe auf skandinavische Botschaften im Anschluss an die Veröffentlichung von Mohammed-Karikaturen in Dänemark.

Es kommt nicht darauf an, wie viele Muslime sich von solchen Gewalttaten ausdrücklich distanzieren – es sind wenige, und deren Distanzierungen klingen ziemlich lauwarm, aber darauf kommt es, wie gesagt, nicht an, *sondern dass der Islam als soziales System mit einem hohen Maß an Zuverlässigkeit solche Gewalttäter hervorbringt*, indem er die dafür erforderliche Mentalität zur gesellschaftlichen Norm erhebt. Entsprechend vorhersagbar ist, dass Europäer, sofern sie Konflikte vermeiden wollen, dazu neigen werden, islamischen Wünschen entgegenzukommen.

Dabei ist die hohe Gewaltbereitschaft von Muslimen ein Zug, der sich nicht nur in Terrorismus, nicht nur in Todesfatwas, nicht nur in Pogromen gegen „Ungläubige" zeigt. Sie zeigt sich auch nicht nur in religiösen und politischen Zusammenhängen, sondern gehört zum Alltagswissen jedes europäischen Großstadtbewohners, der sein Verhalten dementsprechend an dieser Erwartung ausrichtet. Dass die Aufforderung, elementarste Normen zivilisierten Zusammenlebens einzuhalten, tödliche Konsequenzen haben kann, wenn man sie an türkische oder arabische Jugendliche richtet, darüber machen sich im Stillen sogar diejenigen keine Illusionen, die öffentlich gerne vor dem „Generalverdacht" warnen, unter den man Muslime keinesfalls stellen dürfe.

Wenn eine Drohung schon nicht mehr ausgesprochen werden muss, um Wirkung zu zeigen, dann ist der Rechtsstaat machtlos, weil er niemanden dingfest machen kann, den er der rechtswidrigen Nötigung bezichtigen könnte; und das Verhalten von Nichtmuslimen, die vor der latenten und antizipierten muslimischen Gewaltandrohung zurückweichen, kann schlecht verboten werden.

Wenn die islamische Gemeinschaft als Ganze in dem Ruf unkalkulierbarer Gewalttätigkeit steht, so ist dies aber nicht ein Ergebnis islamfeindlicher Propaganda, die die Taten Einzelner überbewertete, sondern die Schlussfolgerung, zu der jeder kommen muss, der die Nachrichten wenigstens der letzten zwanzig Jahre aus aller Welt, seine Erfahrungen mit muslimischen Migrantengruppen und sein (beim Normalbürger meist lückenhaftes, aber nicht unbedingt falsches) Hintergrundwissen über den Islam zusammenfügt. Besonders entlarvend ist aber die Beobachtung derjenigen – meist linken oder liberalen – Fraktionen der veröffentlichten Meinung, die unablässig die angebliche Friedfertigkeit des Islams betonen, zugleich aber mit muslimischer Gewalttätigkeit ganz offensichtlich rechnen, durch ihr eigenes Verhalten also demonstrieren, dass sie das, was sie sagen, nicht glauben.

Lassen wir offen, worauf diese Schizophrenie – die Gewalttätigkeit einer Personengruppe zugleich abzustreiten und beim eigenen Handeln einzukalkulieren – beruht: ob es sich um den Versuch handelt, kognitive Dissonanzen zu vermeiden, die unweigerlich die Folge wären, wenn man sich bewusst machte, dass zwei Komponenten des eigenen Weltbildes miteinander unvereinbar sind; oder um den – ideologisch motivierten und daher gar nicht so unbewussten – Wunsch, die westliche Gesellschaft zu zerstören.

Vielen Muslimen jedenfalls ist aufgefallen, in welchem Maße die Drohung mit Gewaltanwendung Erfolg verspricht. Man muss keineswegs ein intelligenter Dschihad-Stratege wie Amr Khaled sein, um zu bemerken, dass die Entschlossenheit der europäischen Staaten, ihr Gewaltmonopol zu wahren, im Schwinden begriffen ist. Dass man in europäischen Ländern auch für schwere Vergehen oft nur milde und manchmal gar nicht bestraft wird, weiß im Grunde jeder halbstarke Intensivtäter. [161]

Immer deutlicher wird auch, dass die Polizei in Migrantenvierteln machtlos ist. In Stadtteilen wie Berlin-Kreuzberg führt der Versuch, einen Türken oder Araber festzunehmen, nicht selten zu Massenaufläufen von deren Landsleuten.[162] Die Polizei ist dann oft mehr mit der Eigensicherung als mit der Erfüllung ihres Auftrages beschäftigt. Dabei sind diese Fälle noch harmlos im Vergleich zu den Straßenschlachten, die Ende 2005 wochenlang Frankreich in Atem hielten, und die dadurch ausgelöst worden waren, dass die Polizei lediglich ihre Pflicht getan hatte.

Wir wissen nicht, wie häufig die Fälle sind, in denen die Polizei vor der Wahrnehmung ihrer gesetzlichen Aufgaben zurückschreckt, um solchen gefährlichen Situationen zu entgehen. Es wäre aber unrealistisch zu glauben, dass es nicht vorkäme, zumal wenn man sich an Fälle wie den Duisburger Flaggenskandal erinnert,[163] als die Polizei während einer Palästinenserdemonstration gewaltsam in eine Privatwohnung einbrach, um die dort aufgehängten, von außen sichtbaren israelischen Flaggen zu entfernen. Der Polizeisprecher gab anderentags offen zu, dass dies zur Beschwichtigung gewaltbereiter Demonstranten geschehen sei, die Anstalten machten, eine Straßenschlacht zu entfesseln. Die Duisburger Polizei war sogar stolz auf diesen gelungenen Beitrag zur „De-Eskalation" und verstand offenbar ganz ehrlich die öffentliche Empörung nicht.

Natürlich führt nicht *jede* Polizeiaktion in muslimischen Vierteln zwangsläufig zu Mobkrawallen im großen Stil. Aber das Wissen, dass es realistisch betrachtet dazu kommen *kann*, begleitet jeden Polizeikommandeur, und ist ein Gesichtspunkt, den er dort, wo er Ermessensspielraum hat, nicht nur be-

---

[161] Selbstverständlich wissen es auch die nichtmuslimischen halbstarken Intensivtäter, aber die machen nur zwanzig Prozent der genannten Personengruppe aus – jedenfalls in denjenigen Städten, in denen solche Daten, wie in Berlin, überhaupt erhoben und nicht aus Gründen der Political Correctness ignoriert werden. Zur Lage in Berlin vgl. Roman Reusch, Migration und Kriminalität. Rechtstatsächliche und kriminologische Aspekte und Lösungsansätze für eine erfolgreiche Integration, Vortrag vor der Hanns-Seidel-Stiftung, 09.12.2007, http://www.hss.de/downloads/071207_VortragReusch.pdf
[162] Kristian Frigelj, Unter Feinden, in: welt-online, 28.7.2008, http://www.welt.de/welt_print/article2255315/Unter-Feinden.html
[163] vgl. Duisburg: Zentralrat der Juden wirft Polizei Parteinahme vor, in: Der Westen vom 13.1.2009, http://www.derwesten.de/nachrichten/nrz/2009/1/12/news-104436297/detail.html

rücksichtigen *darf*, sondern berücksichtigen *muss*. Auch hier ist es die bloße *Drohung* mit Gewalt, die ins Erwartungskalkül nichtmuslimischer Akteure (hier also der Polizei) einfließt und ihrem Verhalten die Richtung weist.

Wenn der Staat unter solchen Umständen die Politik verfolgt, mehr Migranten – speziell mit türkischem oder arabischem Hintergrund – in die Polizei aufzunehmen,[164] weil solche Beamte sich besser in die Mentalität von muslimischen Migranten einfühlen könnten, dann bedeutet das dreierlei:

Erstens dass man der Polizei und ihrem angeblich mangelnden Einfühlungsvermögen die Schuld daran zuweist, dass die Angehörigen ganz bestimmter Ethnien überdurchschnittlich häufig mit dem Gesetz in Konflikt geraten. Mit anderen Worten: Der Staat hat Gesetzestreue nicht etwa zu fordern und durchzusetzen, sondern muss *Vorleistungen* bringen, um Muslime zur Rechtstreue zu *motivieren*, ja *einzuladen*. Dass ein Staat, der sich auf diese Weise seiner Autorität begibt, als solche auch nicht anerkannt wird, schon gar nicht von Muslimen, denen von Kindesbeinen an ein ausgesprochen autoritäres Weltbild beigebracht wird, sollte sich von selbst verstehen. Ebenso kann es niemanden verwundern, dass diese Rücksichtnahme von den dadurch Begünstigten nicht als maßlos übertrieben wahrgenommen, sondern, nachdem sie einmal eingeübt ist, als selbstverständliches Recht eingefordert wird.

Zweitens lernen die Betroffenen, dass der Staat erpressbar ist und Gewalt belohnt, nicht etwa bestraft.

Drittens lernen sie, dass man durch Gewaltanwendung den Staat zwingen kann, sich der muslimischen – wie nannte es Amr Khaled? – *Infiltration* zu öffnen.

4. Jugendgewalt

Leider ist die Frage, ob es einen Zusammenhang zwischen islamischer Religion und Migrantenkriminalität geben könnte, bisher kaum Gegenstand wissenschaftlicher Forschung gewesen. Die Kriminalität von Muslimen – speziell von muslimischen Jugendlichen – wird als solche allenfalls dort thematisiert, wo sie terroristischer Natur ist, und geht im Übrigen in den Themenkomplexen „Jugendkriminalität" und „Migration" unter. Freilich enthalten auch solche Studien bisweilen aufschlussreiches Material:

---

[164] So zum Beispiel in Nordrhein-Westfalen: Landtag NRW, „Ohne Wenn und Aber". Abgeordnete wollen mehr Migranten für den Polizeidienst qualifizieren, in: Landtag intern, 37. Jahrgang, Ausgabe 10 vom 27.9.2006, S. 13

Unter Leitung des Kriminologen Christian Pfeiffer erschien im Frühjahr 2009 die Studie „Jugendliche in Deutschland als Opfer und Täter von Gewalt",[165] in der Täter- und Opfererfahrungen von Schülern der neunten Klasse erforscht wurden, und in der der ethnische Hintergrund der Befragten nicht anhand der Staatsangehörigkeit, sondern anhand der Nationalität bzw. des Geburtsortes der Eltern ermittelt wurde. Die Daten wurden dann nach zum Teil nationenübergreifenden Herkunfts*regionen* aufgeschlüsselt.[166] Für unser Thema ist dieser Zugriff zwar unzureichend, weil man aus der Herkunftsregion nicht immer auf die ethnische bzw. religiöse Zugehörigkeit der befragten Person schließen kann. Für Migranten aus den Herkunftsregionen „Arabien/Nordafrika" und „Türkei" lässt sich jedoch im Normalfall unterstellen, dass sie Muslime sind, und bei den Herkunftsregionen „Afrika" bzw. „ehemaliges Jugoslawien/Albanien" kann zumindest von einem beträchtlichen Anteil an Muslimen ausgegangen werden.[167]

Ich werde zeigen, dass meine Sekundäranalyse von Pfeiffers Studie trotz der methodischen Unzulänglichkeit eines solch pragmatischen Vorgehens, deren ich mir selbstverständlich bewusst bin, zu aussagekräftigen Ergebnissen führt.[168]

Die Studie ergab unter anderem,

– dass Gewaltdelikte rund dreieinhalb mal *häufiger* von Nichtdeutschen an Deutschen begangen werden als umgekehrt,[169]

– dass ein herausragend hoher Anteil an den nichtdeutschen Gewalttätern auf die Gruppe der Türken[170] entfällt,[171]

---

[165] Kriminologisches Forschungsinstitut Niedersachsen e.V. [im Folgenden abgekürzt: KFN] (Hg.), Jugendliche in Deutschland als Opfer und Täter von Gewalt, Hannover 2009
[166] Es handelt sich um die Regionen Türkei, Arabien/Nordafrika, ehem. Jugoslawien/Albanien, Südeuropa, Osteuropa, Afrika, Asien, Nordamerika, Südamerika, Nord-/Westeuropa, ehem. Sowjetunion, Polen, Italien.
[167] Im Falle der Migranten „jugoslawischer" Herkunft ergibt sich dies nicht zuletzt aus der hohen Anzahl an bosnischen und kosovarischen Flüchtlingen, die in den neunziger Jahren immigriert sind.
[168] Ich fasse hier die Ergebnisse in geraffter Form zusammen. Den Leser, der sie im Detail nachvollziehen möchte, verweise ich auf den entsprechenden Artikel in meinem Blog: http://www.korrektheiten.com/2009/03/25/islam-und-kriminalitaet/
[169] 10,4 % gegen 36,2 % aller Gewalttaten, vgl. ebd. S. 45
[170] Damit sind, entsprechend dem Untersuchungsdesign der Studie, Personen mit türkischem Migrationshintergrund gemeint, ungeachtet ihrer Staatsangehörigkeit; Entsprechendes gilt für die übrigen Nationalitätsbezeichnungen, soweit ich mich auf Pfeiffers Studie beziehe.
[171] 6,0 % der Stichprobe, aber 23,8 % der Gewalttäter; zum Vergleich die Werte der Deutschen: 73,0 % der Stichprobe, 54,5 % der Gewalttäter.

– dass bei sexueller Gewalt der Anteil türkischer Täter um mehr als das Doppelte, der von „Jugoslawen" um genau das Doppelte über dem jeweiligen Anteil an der Stichprobe liegt. (Die Bedeutung sexueller Gewalt wird im folgenden Abschnitt vertieft erörtert.)[172]

Interessante Befunde ergeben sich auch beim Thema „Gewalt in der Schule":
Während das Risiko eines Migranten, monatlich mehrfach zum Opfer von Gewalt zu werden, vom Migrantenanteil an der Klasse praktisch unabhängig ist, steigt es für Deutsche bei wachsendem Migrantenanteil signifikant an.[173]
Interessant ist die ethnische Zusammensetzung von Tätern bzw. Opfern in der Schule:

„Schließlich belegen die ... dargestellten Ergebnisse einen Zusammenhang zwischen dem Migrationshintergrund und der Opferwerdung in der Schule. Am häufigsten berichten Schüler aus Nordamerika darüber, dass ihnen andere Schüler Gewalt angetan haben. Besonders niedrige Quoten werden dagegen von den Befragten aus der Türkei, dem ehemaligen Jugoslawien, aus arabischen und nordafrikanischen und südamerikanischen Herkunftsländern berichtet. Türkische Jugendliche berichten darüber hinaus auch am seltensten über Mobbing durch andere Schüler. Da diese Jugendlichen auch durch hohe Täterraten gekennzeichnet sind ..., ist zu vermuten, dass die niedrigen Opferraten dadurch zustande kommen, dass sie bei anderen Jugendlichen als gewalttätig gelten und bekannt ist, dass sie bei verbalen oder körperlichen Attacken nicht selten massiv zurückschlagen."[174]

Kombiniert man diese Information mit der, dass das Opferrisiko für Deutsche, nicht aber für Migranten, umso höher liegt, je geringer ihr Anteil an der Klasse ist, so drängt sich der Schluss auf, dass diejenigen Migrantengruppen, die ein besonders geringes Opferrisiko haben, dies nicht nur ihrer hohen Gewaltbereitschaft verdanken, sondern auch ihrer Gruppensolidarität. Auffallend ist, dass drei der vier genannten Gruppen ganz oder teilweise aus Muslimen bestehen.

Bei der Analyse der allgemeinen (nicht schulspezifischen) Kriminalität, und zwar der Zusammenhänge zwischen Deliktstypen und Migrationshintergrund (aus der Täterperspektive) kommt Pfeiffer zu folgendem Befund:

---
[172] KFN, a.a.O., S. 43
[173] ebd. S. 63
[174] ebd. S. 62; auch die einschlägigen Tabellen befinden sich auf dieser Seite

„Betrachtet man die herkunftsspezifischen Täterraten [Anteil der Täter an allen Befragten der jeweiligen Gruppe, M.K.-H.] *für die einzelnen Delikte, so fällt auf, dass junge Türken die niedrigste Ladendiebstahlsquote aufweisen, bei den Raubtaten aber an dritter Stelle stehen.* <u>*Offenbar geht es ihnen bei dieser gewaltsamen Wegnahme von Gegenständen häufig eher um die Demonstration von Durchsetzungsstärke und nur in zweiter Linie um das Diebstahlselement der Tat.*</u>[175]

Pfeiffers Studie enthält an dieser Stelle ein starkes statistisches Indiz dafür, dass *ein* – vielfach wahrgenommenes, aber bisher empirisch nicht belegtes – Phänomen speziell dort auftritt, wo der lokale Anteil von Muslimen an der Bevölkerung eine gewisse Schwelle überschreitet: nämlich die Sorte von Gewaltandrohung und Gewaltkriminalität, die ganz offensichtlich nicht ein verwerfliches Mittel zu einem auch für Einheimische nachvollziehbaren Zweck ist, sondern Selbstzweck zu sein scheint. Selbst dort, wo – wie beim „Abziehen" von Kleidung, Geld oder Handys – die Habgier auf den ersten Blick eine Rolle zu spielen scheint, entpuppt sich die Freude an der Erniedrigung des Bestohlenen oder Geschlagenen häufig als das Haupt- oder doch ein wichtiges Nebenmotiv der Täter.

Hier geht es nicht einfach um Gewalt schlechthin, sondern um *sadistische* Gewaltanwendung, *das heißt an einer Form von Gewaltanwendung, die der Demonstration von Macht dient!*

Pfeiffers Studie deutet darauf hin, dass eine ganz bestimmte Art von Gesellschaft, nämlich die muslimischen Parallelgesellschaften, regelmäßig einen Charaktertypus hervorbringt, der gerade zu *dieser* Art von Gewaltanwendung neigt.

Bei der Frage nach den Ursachen für Gewalttätigkeit und deren unterschiedliches Niveau in verschiedenen Migrantengruppen stellt Pfeiffer fest:

„Eine bedeutende Ursache für die bei Migrantenjugendlichen stärker verbreitete Gewalttätigkeit liegt in den ... Gewalt legitimierenden Männlichkeitsnormen. Hierbei handelt es sich um normative Orientierungen bzw. Wertorientierungen, deren kultureller Ursprung in historisch gewachsenen, sozialgeographischen Bedingungen bestimmter Herkunftsländer von Migranten liegt. Insbesondere bei der innerfamiliären Sozialisation von Jungen wird darauf geachtet, dass sie auf den Erhalt ihrer Ehre bedacht sind und diese ohne Zögern (auch unter Anwendung von Gewalt) verteidigen. Diese

---

[175] ebd. S. 70, Hervorhebung von mir, M. K.-H.

Normen werden ihrerseits selbst über die Anwendung von Gewalt in der Erziehung vermittelt, sodass in den Familien mit starken Männlichkeitsnormen tendenziell auch ein hohes Gewaltausmaß herrscht."[176]

Die Geltung gewaltlegitimierender Männlichkeitsnormen wurde gemessen an der Zustimmung[177] zu folgenden Aussagen: *„Einem Mann als Familienvater müssen Frau und Kinder gehorchen", „Wenn eine Frau ihren Mann betrügt, darf der Mann sie schlagen", „Ein Mann sollte bereit sein, Frau und Kinder mit Gewalt zu verteidigen", „Ein Mann, der nicht bereit ist, sich gegen Beleidigungen zur Wehr zu setzen, ist ein Schwächling", „Der Mann ist das Oberhaupt der Familie und darf sich notfalls auch mit Gewalt durchsetzen", „Männern sollte es erlaubt sein, Schusswaffen zu besitzen, um ihre Familie und ihr Eigentum zu schützen", „Ein richtiger Mann ist bereit zuzuschlagen, wenn jemand schlecht über seine Familie redet", „Ein richtiger Mann ist stark und beschützt seine Familie".*[178]

Der quantitative empirische Befund fällt demgemäß wenig überraschend aus. Setzt man die Rate der Zustimmung zu gewaltlegitimierenden Männlichkeitsnormen unter den befragten Jungen in Beziehung zu ihrer Herkunft[179] und ordnet die Herkunftsländer nach dem Maß der Zustimmung, so erhält man dieses Bild:

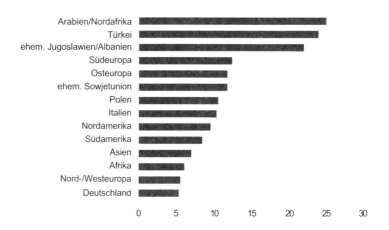

---
[176] ebd. S. 71
[177] Die Befragten sollten Zustimmung bzw. Ablehnung mit Zahlen von 1 („stimmt nicht") bis 4 („stimmt genau") zum Ausdruck bringen. Als Zustimmung zum Gesamtkomplex der gewaltlegitimierenden Männlichkeitsnormen galt ein Durchschnitt größer als 3,0. Die Zustimmung zu einzelnen Statements genügte also keineswegs.
[178] ebd., Fußn. 32, S. 71
[179] gemäß Daten ebd. S. 72

Also drei deutlich unterscheidbare Gruppen: An der Spitze drei durchweg oder teilweise muslimische Migrantengruppen mit Zustimmungsraten von 20–25 %; dann mit weitem Abstand eine Mittelgruppe mit Raten von 8–13%, katholisch bzw. orthodox (nur Nordamerika ist ein kleiner Ausreißer), schließlich eine Gruppe mit Raten von 4,9–6,6%, mit einem hohen Anteil von Protestanten, Buddhisten, Konfuzianern und Animisten.[180] *Es besteht offenkundig ein Zusammenhang zwischen Religionszugehörigkeit und der Bejahung gewaltlegitimierender Männlichkeitsnormen, und diese Bejahung ist bei weitem am ausgeprägtesten bei Muslimen!*[181]

Pfeiffer nennt innerfamiliäre Gewalt als Ursache für gewalttätiges Verhalten von Jugendlichen und als Mittel zur Vermittlung von gewaltlegitimierenden Männlichkeitsnormen und untersucht das Ausmaß der Misshandlung der befragten Kinder und Jugendlichen. Wieder liegen die Türkei, Arabien/Nordafrika und das ehemalige Jugoslawien an der Spitze, zum Teil gemeinsam mit Afrika. Auch bei der Behandlung von Kindern und Jugendlichen bewährt sich die Faustregel: je muslimischer, desto gewalttätiger:

Kindesmisshandlung (Prozent der Befragten, die angaben, in ihrer Kindheit misshandelt worden zu sein):

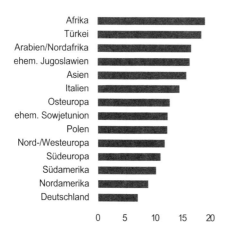

---

[180] Ich vermute, dass das Bild (insbesondere bei den religiös gemischten Herkunftsregionen „Asien" und „ehem. Jugoslawien/Albanien" noch deutlicher würde, wenn man direkt nach der Religionszugehörigkeit gefragt hätte.
[181] Nur Pfeiffer tut so, als hätte er es nicht bemerkt und versteckt den auf der Hand liegenden Befund in Formulierungen wie „Wertorientierungen, deren kultureller Ursprung in historisch gewachsenen, sozialgeographischen Bedingungen bestimmter Herkunftsländer von Migranten liegt".

Misshandlung von Jugendlichen:

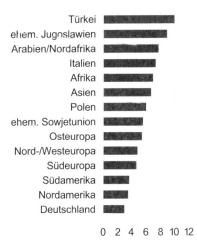

Pfeiffers Theorie, wonach es einen Zusammenhang zwischen familiärer Gewalt und der Bejahung gewaltlegitimierender Männlichkeitsnormen einerseits, zwischen diesen Normen und Gewaltbereitschaft bei Jugendlichen andererseits gibt, ist damit bestätigt (wissenschaftstechnisch: nicht falsifiziert) worden.

Dasselbe gilt freilich für *meine* Hypothese, dass es einen Zusammenhang zwischen allen drei Faktoren und der islamischen Kultur gibt: Alle drei Tabellen illustrieren die Tendenz: je islamischer, desto gewalttätiger; je christlicher, desto weniger gewalttätig.[182]

Pfeiffer zieht es vor, den Zusammenhang zwischen „Migrationshintergrund" *schlechthin* und Kriminalität zu beleuchten und gelangt[183] zu dem Ergebnis, *„dass sich ein Migrationshintergrund per se bei Einbezug der vermittelnden Variablen (erlebte Elterngewalt, Zustimmung zu Gewalt legitimierenden Männlichkeitsnormen, Besuch einer Haupt- oder Förderschule, Inanspruchnahme staatlicher Leistungen) nicht mehr signifikant*

---

[182] Pfeiffer thematisiert den eventuellen Zusammenhang von Religionszugehörigkeit und Kriminalität, wie gesagt, nicht, obwohl seine eigenen Daten einen solchen Zusammenhang nahelegen. Selbst ohne Einbeziehung des Faktors „Religion" aber hätten mindestens die krassen Unterschiede im Kriminalitätsprofil von Migranten unterschiedlicher geographischer Herkunft nach einer Erklärung verlangt – ganz unabhängig davon, ob man diese Erklärung nun im Bereich der Religion suchen will oder nicht.
[183] bei seinem Erklärungsmodell für Mehrfachtäterschaft, ebd., S. 85

erhöhend auf die Wahrscheinlichkeit der Mehrfachtäterschaft auswirkt. Der in bivariaten Analysen noch sehr deutliche Zusammenhang zwischen Migration und Gewalttäterschaft ist also in überwiegendem Maße durch die Bedingungen vermittelt, unter denen Migranten aufwachsen und leben."[184]

Indem er nur auf den Migrationshintergrund als solchen abhebt, bleiben die kulturellen und religiösen Besonderheiten verschiedener Migrantengruppen von vornherein ausgeblendet.

Von den vier Faktoren, die Pfeiffer als entscheidend für die Mehrfachtäterschaft aufführt, haben wir zwei, nämlich die elterliche Gewalt und die Zustimmung zu gewaltlegitimierenden Männlichkeitsnormen, als typisches Kennzeichen muslimischer Migrantenmilieus nachweisen können. Wie steht es mit den beiden anderen?

Abhängigkeit von Sozialleistungen:

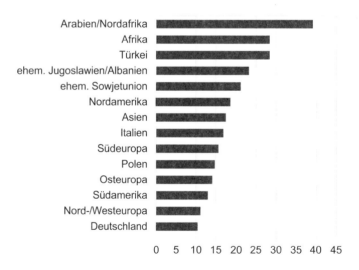

Wieder einmal die schon vertraute Spitzengruppe, diesmal ergänzt um Afrika.

---

[184] ebd., S. 85 f.

Besuch von Haupt- oder Förderschulen: [185]

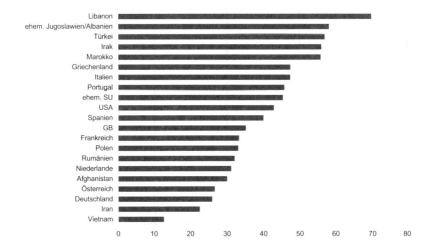

Und auch hier finden wir das einschlägige Muster.[186]

Aus alldem ergibt sich selbstverständlich noch kein *Beweis*, dass gerade der Islam die entscheidende Ursache dafür ist, dass das kriminalitätsbegünstigende Syndrom aus den vier genannten Faktoren unter muslimischen Migrantengruppen so deutlich hervortritt. Theoretisch könnte dieser Umstand auch auf ganz anderen Faktoren basieren oder reiner Zufall sein. Setzen wir jedoch das hier empirische beobachtete Verhalten muslimischer Jugendlicher in Beziehung zu dem, was wir über das System der kulturellen Selbstverständlichkeiten wissen, so ist die Vermutung eines kausalen Zusammenhangs praktisch unabweisbar:

Erinnern wir uns an die Analyse des Korans und der ihm zugrunde liegenden impliziten Normen, Werte und Aussagen; halten wir uns nochmals vor Augen, dass diese das Grundgerüst der islamischen Kultur darstellen,

---

[185] nach Herkunftsländern; merkwürdigerweise nicht nach Herkunftsregionen wie in den anderen Tabellen; eine Erklärung dafür liefern die Autoren leider nicht.

[186] Zwei Ausreißer gibt es: Die Werte von Afghanen und Iranern liegen im Bereich derer von Deutschen und Österreichern. Man muss dazu wissen, dass Immigranten iranischer bzw. afghanischer Herkunft sehr häufig aus politischen Gründen nach Deutschland geflohen sind, konkret aus Gegnerschaft zur Herrschaft von Islamisten: der Theokratie im Iran und der Taliban in Afghanistan. Angehörige intellektueller Eliten mit einer gewissen kritischen Distanz zum Islam dürften daher unter Muslimen iranischer und afghanischer Herkunft überrepräsentiert sein.

und dass in Gesellschaften, die auf ihnen beruhen, zumindest der Theorie nach unter anderem folgende Normen und Werte gelten müssten:

- Die Fähigkeit, anderen Gewalt anzutun, gilt als Beweis für moralische Überlegenheit.
- Gewaltanwendung hat demgemäß hohen Prestigewert.
- Sofern der Gegner kein Muslim ist, sind Muslime zur Gruppensolidarität verpflichtet.
- Nichtmuslimen gegenüber ist Gewalt als Machtdemonstration nicht nur erlaubt, sondern geboten.
- Frauen und ihre Sexualität müssen von Männern kontrolliert werden.
- Frauen, die sich nicht der Kontrolle unterwerfen, sind Freiwild: Die eigenen sind zu züchtigen, die fremden dürfen vergewaltigt werden.
- Selbstkritik ist Schwäche, Kritik ist Sünde, wer logisch argumentiert, ist ein Häretiker, oder kurz: Bildung ist unislamisch.
- Nichtmuslime dürfen ohne weiteres beraubt werden, und es ist nicht unmoralisch, ohne Gegenleistung von den Früchten ihrer Arbeit zu leben.

Wir haben des Weiteren festgestellt, dass dieses zunächst rein theoretisch postulierte islamische Einstellungssyndrom empirisch exakt mit dem Verhalten korrespondiert, das muslimische speziell gegenüber nichtmuslimischen Gesellschaften in der gesamten islamischen Geschichte gezeigt haben.

Ich spreche von einem „Syndrom", um deutlich zu machen, dass wir es nicht mit einzelnen Werten und Normen zu tun haben, die sozusagen nur zufällig in islamischen Gesellschaften gleichzeitig auftreten, sondern dass sie miteinander zusammenhängen. In den Analysen des Korans und der historischen Islamisierungsprozesse habe ich gezeigt, dass der gemeinsame Fluchtpunkt dieser Normen und Werte der Gedanke des Dschihad, also der Zerstörung nichtislamischer Religionen und hierzu aller nichtmuslimischen Gesellschaften ist.

Vergleichen wir nun jeden einzelnen der genannten Punkte mit den Ergebnissen von Pfeiffers Studie zur Jugendkriminalität, und lesen diese Studie unter diesem Gesichtspunkt, dann erkennen wir, dass genau dieses

Syndrom als handlungsleitendes Normensystem unter Jugendlichen mit islamischem Hintergrund in Deutschland wirksam ist.*

5. Sexuelle Gewalt

Kehren wir zurück zu den gewaltlegitimierenden Männlichkeitsnormen, die von Muslimen offenkundig so viel entschiedener bejaht werden als von Nichtmuslimen, und betrachten hier vor allem diejenigen Statements, bei denen es um das Verhältnis von Männern zu Frauen geht:

„Einem Mann als Familienvater müssen Frau und Kinder gehorchen."

„Der Mann ist das Oberhaupt der Familie und darf sich notfalls auch mit Gewalt durchsetzen."

„Wenn eine Frau ihren Mann betrügt, darf der Mann sie schlagen."

„Ein Mann sollte bereit sein, Frau und Kinder mit Gewalt zu verteidigen."

„Ein richtiger Mann ist bereit zuzuschlagen, wenn jemand schlecht über seine Familie redet."

„Ein richtiger Mann ist stark und beschützt seine Familie."

Vier Motive spielen also im Verhältnis des Mannes zur Frau eine wesentliche Rolle: Die Frau ist Gegenstand von

- Schutz- und Fürsorgepflichten des Mannes,
- Besitzansprüchen,
- Gehorsamsforderungen,
- Ehrbegriffen.

Wie ich schon bei der Analyse des Korans angemerkt habe, handelt es sich hierbei um ein in vielen Kulturen, nicht nur der islamischen, tradiertes Rollenverständnis. Spezifisch islamisch sind die Intensität und die weite Verbreitung dieses Machismo, sowie die Hartnäckigkeit, mit der muslimische Gemeinschaften auch dann an ihm festhalten, wenn sie in der westlichen Diaspora leben, also mit modernen Lebenswelten und ihrem stärker partnerschaftlich orientierten Geschlechterverhältnis konfrontiert sind.

Der Grund für diese islamische Besonderheit, auch dies ist deutlich geworden, ist darin zu suchen, dass gerade dieser Themenkreis im Koran besonders ausführlich behandelt wird; dass er in einem funktionalen Zusam-

---

* Kurz vor Erscheinen dieses Buches veröffentlichte das Kriminologische Forschungsinstitut Niedersachsen unter Leitung von Christian Pfeifer eine neue Studie unter dem Titel „Religion, Integration und Delinquenz junger Menschen in Deutschland", die sich explizit mit dem Zusammenhang von Religiosität und Kriminalität befasst. Diese Studie, die für das vorliegende Werk nicht mehr berücksichtigt werden konnte, bestätigt das Ergebnis der hier vorgelegten Analyse, dass zwischen islamischer Religiosität und der Neigung zu Gewaltkriminalität bei Jugendlichen ein Zusammenhang besteht.

menhang zu der zentralen koranischen Norm des Dschihad steht; und dass er deshalb stärker als in anderen Kulturen religiös aufgeladen ist.

Der muslimische Mann, der seine Frau als Eigentum betrachtet und behandelt, der sie kontrolliert und gegebenenfalls auch schlägt und sogar tötet, handelt damit nicht nur im eigenen Interesse, sondern zugleich als Agent der islamischen Umma, die dieses Verhalten billigt, fordert, deckt und unterstützt, weil die Frau, die das Eigentum ihres Mannes ist, damit zugleich im Dienste der Gemeinschaft steht. Der Mann, gleichsam Stellvertreter Allahs auf Erden, sorgt dafür, dass die Frau gar nicht erst auf die Idee kommt, sie könne womöglich sich selbst gehören.

Muslimische Frauen, die den für sie geltenden Verhaltenskodex beachten – Verschleierung, möglichst weitgehender Rückzug aus der Öffentlichkeit, strikte Vermeidung jeder „kompromittierenden" Situation – , zeigen dadurch nicht nur ihre eigene Unterwerfung unter die Gebote des Islam an, sondern denunzieren auch diejenigen ihrer Geschlechtsgenossinnen, die dies *nicht* tun, als Feindinnen Allahs, deren Bestrafung mithin ein religiöses Gebot ist und von jedem muslimischen Mann vollzogen werden kann.

Pakistan ist nur *ein* in unseren Augen besonders übel beleumdetes, aber keineswegs das einzige Beispiel für ein islamisches Land, in dessen Gefängnissen Tausende von Frauen sitzen, *deren einziges Vergehen darin besteht, vergewaltigt worden zu sein!*[187] Wir haben es hier wieder einmal mit jener Doppelbödigkeit des islamischen Rechts zu tun, die uns schon im Zusammenhang mit der Rechtsstellung der Dhimmis aufgefallen ist, und bei der eine offiziell geltende Rechtsnorm ihre eigene Umgehung bereits enthält:

Selbstverständlich ist Vergewaltigung auch nach islamischem Recht untersagt, aber die Frau, die behauptet, vergewaltigt worden zu sein, muss vier (!) Augenzeugen (!) beibringen, die bestätigen, dass sie den Geschlechtsverkehr nicht freiwillig vollzogen hat – eine Regelung, die den Nachweis einer Notzucht bis zur Unmöglichkeit erschwert, durch die aber die Anzeige einer Vergewaltigung sich in eine *Selbstbezichtigung* verwandelt:

Eine Frau, die behauptet, vergewaltigt worden zu sein, gibt damit den Geschlechtsverkehr als solchen zu. *Kann sie nicht beweisen, dass sie gezwungen wurde, gilt er als von ihr gewollt*, sie selbst also des Ehebruchs

---

[187] „Menschenrechtsorganisationen schätzen, dass die Mehrheit der 7000 weiblichen Häftlinge in pakistanischen Gefängnissen wegen ‚Ehebruch' hinter Gittern sind." Dorothea Hahn, Das Leid der Frau: Ein Bestseller, in: taz, 24.1.2006

bzw. des nichtehelichen Geschlechtsverkehrs für schuldig. Anders ausgedrückt: Vergewaltigte Frauen genießen de facto keinerlei Rechtsschutz.[188]

Die Drohung mit Vergewaltigung schwebt unter solchen Umständen wie ein Damoklesschwert über allen muslimischen Frauen, und sie können dieses Risiko nur durch strenge Beachtung des islamischen Verhaltenskodexes halbwegs im Zaum halten. Dies gilt keineswegs nur für Länder, in denen das islamische Recht offiziell angewendet wird. Da die Normen religiös begründet sind, beeinflussen sie als Wertmuster das Verhalten sehr vieler Muslime, einschließlich Polizeibeamten, die sich selbst in angeblich säkularen Staaten schon einmal weigern, Anzeigen wegen Vergewaltigung überhaupt zu bearbeiten. Sie gelten selbst in Ländern wie Frankreich.

Die Welt ist erst mit den Krawallen 2005 darauf aufmerksam geworden, dass die Banlieues französischer Städte Zonen sind, in denen der Staat faktisch nicht mehr existiert, und in denen das Gesetz der französischen Republik kaum mehr als eine Fiktion ist. Dabei hätte man schon vorher wissen können, ja müssen, dass die überwiegend muslimischen Bewohner dieser Vorstädte sich längst ihr eigenes Gesetz geschaffen haben und mit brutaler Gewalt für seine Einhaltung sorgen:

Im Jahre 2002 erschien der Erlebnisbericht „Dans l'enfer des tournantes"[189] („Tournante" ist ein Slangausdruck für eine Gruppenvergewaltigung), verfasst von der damals 29-jährigen algerischstämmigen Samira Bellil, die seit Ende der achtziger Jahre Dutzende Male in ihrer Nachbarschaft von muslimischen Jugendbanden vergewaltigt worden war.

Das „Time"-Magazin schreibt dazu:

„Männer in der Banlieue können durchaus den Lebensstil anderer französischer Jugendlicher übernehmen – Popmusik, schnelle Autos und Pornographie – aber sie übernehmen auch häufig die traditionellen Vorurteile ihrer eingewanderten Eltern, wenn es um Frauen geht: Ein Nachbarmädchen, das raucht, Make-up benutzt oder sich attraktiv kleidet, ist eine Hure. Bellils Angreifer hatten es auf sie abgesehen, weil sie sich kleidete, wie es ihr gefiel, Umgang mit Männern pflegte und gerne tanzte – außerdem hatte sie eine Romanze mit einem anderen Teenager begonnen. Aufgrund der Tatsache, dass an den meisten Vergewaltigungen Personen beteiligt sind, die dem Opfer bekannt sind, genügt oft schon Einschüchterung, um sicherzu-

---

[188] Hasan Mahmud, How Sharia Law Punishes Raped Women, in: FrontPageMagazine.com, 17.11.2008, http://frontpagemagazine.com/readArticle.aspx?ARTID=33098
[189] Samira Bellil, Dans l'enfer des tournantes, Paris 2003

stellen, dass niemals Anzeige erstattet wird. ‚Opfer wissen, dass die Polizei sie nicht schützen wird', sagt Bellil, ‚und sowohl sie als auch ihre Familien werden bedroht, wenn sie sprechen.'

Das Trauma der Überfälle wurde durch die Reaktion von Bellils Familie, Freunden und Nachbarn noch verschlimmert, die sagten, sie hätte die Übergriffe durch ihren eigenen ‚lockeren Lebenswandel' heraufbeschworen. ‚Dein Ruf ist wichtig in den Sozialbausiedlungen', schreibt Bellil, ‚er folgt Dir überall hin. Ein Mädchen kann als Flittchen oder Schlampe selbst dann gebrandmarkt werden, wenn es gar nichts Unrechtes getan hat.'"[190]

Und man muss hinzufügen, dass ein Mädchen, das einmal vergewaltigt worden ist, immer wieder und ohne Unrechtsbewusstsein des Täters vergewaltigt werden darf. Was bei der Vergewaltigung verletzt wird, ist ja nicht das Persönlichkeitsrecht, die Autonomie und die körperliche Unversehrtheit des Opfers – wie wir „Ungläubigen" den Unrechtsgehalt einer Vergewaltigung definieren würden –, sondern das Besitzrecht von dessen Familie, also das Recht auf die Jungfräulichkeit der Tochter, die Familienehre. Beide sind mit der ersten Vergewaltigung ohnehin zerstört, und auf ihre Verletzung kommt es dann nicht mehr an.

Christopher Caldwell schreibt: *„Unter dem Einfluss des Islam, hat sich ein reaktionärer Machismo nicht nur als Tatsache, sondern als herrschende Ideologie etabliert. In einem ausführlichen investigativen Artikel über die Sozialbausiedlungen von Lyon zitiert die Figaro-Journalistin Marie-Estelle Pech einen Lehrer an einer öffentlichen Schule mit den Worten: ‚Ein junges Mädchen, das die Lehren des Islam respektiert, kann nicht neben Jungs sitzen.' Diese Trennung von Jungen und Mädchen hat sich laut Hugues Lagrange vom Nationalen Zentrum für Sozialwissenschaftliche Studien auf viele andere Aspekte des Lebens ausgedehnt. Pechs Gesprächspartner sagten ihr, dass ein Mädchen, das ein Kleid oder andere schicke westliche Kleidung trägt, ‚darum bittet'. Und oft kriegt sie es auch. Die alarmierendsten Geschichten in Pechs Untersuchung betrafen die tournantes, Gruppenvergewaltigungen. Mädchen, denen, aus welchem Grund auch immer, der Vater oder Bruder fehlt, der sie beschützen kann, werden von ihren Freunden an andere Bandenmitglieder ausgeliehen."*[191]

---

[190] Crumley, Bruce/Smith, Adam, Sisters in Hell, in: tine.com, 24.11.2002, http://www.time.com/time/europe/magazine/2002/1202/crime/bellil.htm, Übersetzung von mir, M.K-H.
[191] Christopher Caldwell, Allah mode, France's Islam Problem, in: Weekly Standard, 15.7.2002, http://www.weeklystandard.com/Content/Public/Articles/000/000/001/435tebxi.asp?pg=1, Übersetzung von mir, M.K-H.

Was kann ein Mädchen, das in einem solchen Viertel groß wird und von solchen Fällen hört – denn natürlich sprechen sie sich herum, und seit dem Aufkommen der Fotohandys werden Bilder dieser Verbrechen auch ins Internet gestellt –, anders tun, als sich dem islamischen Verhaltenskodex anzupassen? Was kann eine Familie, die in einer solchen Gegend ihre Tochter großzieht, anderes tun als dieser Tochter die islamischen Normen einzubleuen?

Diese Zustände in den französischen Vorstädten illustrieren besonders anschaulich einige Charakteristika des Islam als eines sozialen Systems:

Dieses System ist nicht darauf angewiesen, dass die Muslime besonders gläubig sind: Man beachte das Verhalten der Familie, die keineswegs besonders fromm ist, aber trotzdem die Tochter und ihr unislamisches Verhalten für die an ihr verübten Verbrechen verantwortlich macht. Auch die Täter sollten wir uns nicht als idealistisch gesinnte Streiter für Allah vorstellen (obwohl einige es möglicherweise sogar sind), sondern als genau das, was sie zu sein scheinen. Trotzdem leben sie ganz offenbar nicht in der Vorstellung, gesellschaftliche Normen übertreten zu haben, und halten sich mitnichten für Verbrecher.

In der Tat *haben* sie die islamischen Normen auch nicht verletzt, jedenfalls nicht ihrem Sinn und Zweck nach, und sie werden in dieser Sichtweise von einer (Parallel-)Gesellschaft bestätigt, die die Opfer zu Tätern erklärt. Hier wird auf besonders grausame Art deutlich, wie dieses Recht funktioniert, das nicht etwa den Menschen schützt, sondern Allah und die angeblich von ihm errichtete Ordnung. *Wer diese Ordnung missachtet, ist nach islamischer Auffassung automatisch im Unrecht!*

Diese Logik ist der Grund dafür, warum es *uns* so erscheint, als würden Muslime ständig Opfer und Täter verwechseln: beim hier genannten Beispiel der Vergewaltigung ist dies genauso der Fall wie bei „Ehrenmorden", bei Terroranschlägen gegen den Westen, speziell gegen Israel, bei der Ermordung von Islamkritikern usw. Die Nichtbeachtung von Verschleierungsgeboten, die Gründung eines nichtmuslimischen Staates (nämlich Israels) im Dar al-Islam, überhaupt die täglich erfahrbare Überlegenheit der westlichen Zivilisation, erst recht die angebliche Beleidigung des Islam, kurzum: alles was islamischen Ordnungsprinzipien zuwiderläuft, gilt als strafwürdiges Unrecht, und jeder Muslim ist grundsätzlich berechtigt, zum Teil auch verpflichtet, die „Strafe" in die eigene Hand zu nehmen. Ein Ehrenmord, eine Vergewaltigung, ein Bombenanschlag, ein Meuchelmord können durchaus Mittel sein, die Verletzung der göttlichen Ordnung zu sühnen und das göttliche Recht wiederherzustellen, und dies selbst dann, wenn die Anwendung dieser Mittel *im Einzelfall ihrerseits* gegen islamisches Recht verstößt. Ob das so ist, können dann notfalls die Gelehrten klären, aber *außer Frage* steht, dass die unverschleierte Frau, die westliche Großmacht, der Islamkritiker als *Primärverursacher* der an ihnen verübten „Vergeltung" zu gelten haben, die *Mittel* dieser Vergeltung dagegen schlimmstenfalls – wenn überhaupt – als missbilligenswerter Übereifer bei der Verfolgung an sich begrüßenswerter Ziele.

Für uns ist es gewiss gewöhnungsbedürftig, dass ein *Rechts*system Gewalttaten legitimieren kann, die in unseren Augen Verbrechen sind. Dies rechtfertigt aber nicht die Naivität zu glauben, an dieser Täter-Opfer-Umkehr mit Argumenten, mit Appellen an die Menschlichkeit, mit „Dialog", mit Propaganda etwas ändern zu können.

Aufgrund der im Westen weit verbreiteten Unfähigkeit, den religiösen Ursprung sozialer Wertvorstellungen – auch der eigenen – zu durchschauen, verstehen viele Menschen nicht, dass die islamische Definition von Recht – als einer ewigen göttlichen Rechtsordnung – und demgemäß auch die von „Unrecht" eine *prinzipiell andere* ist als die westliche, und dass sie *wegen* ihrer religiösen Grundierung auch nicht zur Disposition stehen kann. Wie im ersten Kapitel ausgeführt: Westliches Recht ist *reflexives* Recht, islamisches *nicht*.

Das soziale System „Islam" also nicht darauf angewiesen, dass eine Mehrheit der Muslime besonders fromm ist; die allgemeine Akzeptanz islamischer Sozialnormen genügt vollkommen. Die Gewaltandrohung, mit der die Akzeptanz der Normen erzwungen wird, muss wiederum nicht von einer Mehrheit der Muslime ausgehen:

Die Logik, die der systematischen Vergewaltigung angeblicher „Schlampen" zugrunde liegt, ist dieselbe, die auch für den Terrorismus gilt: Der Droh- und Einschüchterungseffekt tritt bereits dann ein, wenn relativ wenige Gewalttaten, begangen von relativ wenigen Tätern, bekannt werden. Dazu ist keineswegs erforderlich, dass alle, oder auch nur eine Mehrheit der muslimischen jungen Männer, Terroristen oder Vergewaltiger werden. (Ebenso, wie es nicht erforderlich ist, dass alle, oder auch nur die meisten *potenziellen* auch *tatsächliche* Opfer werden.) Der gewünschte Effekt, die Handlungen der potenziellen Opfer in eine bestimmte, nämlich eine islamkonforme Richtung zu drängen, tritt auch dann ein, wenn die Drohung nur von wenigen Gewalttätern ausgeht und nur an wenigen Opfern ein Exempel statuiert wird.

Ist es dann aber zulässig, „den Islam" für die Handlungen dieser Gewalttäter haftbar zu machen? Ja, das ist in der Tat zulässig, und ich möchte an diesem Beispiel noch einmal den Unterschied zwischen einer Gruppe von Personen und einem sozialen System verdeutlichen. Es gibt nämlich einen Unterschied zwischen einer x-beliebigen, von irgendwem begangenen Vergewaltigung und einer, die im Kontext einer islamischen Parallelgesellschaft begangen wird, so wie es auch einen Unterschied zwischen einem terroristischen Anschlag und einer ziellosen Form von Gewalt, etwa einem Amoklauf, gibt.

Dieser Unterschied besteht im *Mitteilungscharakter* der Gewalt. Die genannten Formen islamischer Gewalt enthalten eine Botschaft „an Alle": *Haltet Euch an die Gebote des Islam, dann geschieht Euch nichts!* Diese Botschaft wird auch dann verstanden, wenn der Täter subjektiv vielleicht gar keine ausgeprägt religiöse Motivation hatte, sondern lediglich seine Mordlust bzw. seine sadistische Sexualität befriedigen wollte. Sie wird verstanden, weil die islamischen Normen, aus denen die Täter die Legitimation für ihre Taten ableiten, und der soziale Kontext, in dem diese Normen gelten, allgemein bekannt sind. Muss man westlichen Medien noch Propagandavideos zuspielen, damit sie nach Terroranschlägen wissen, wie sie die Absichten der Täter zu deuten haben, so erübrigt sich dies in islamischen Gesellschaften. Wenn Intellektuellen in Algerien die Kehle durchgeschnitten wird, wenn im Irak Polizeischüler in die Luft gesprengt werden, wenn Mädchen in den Banlieues vergewaltigt werden, dann wissen potenzielle Opfer, dass sie sich durch demonstrative Unterwerfung unter das islamische Normensystem – *und nur dadurch!* – schützen können.

Dieses Normensystem legitimiert die in seinem Namen verübte Gewalt und verleiht ihr einen kommunizierbaren Sinn; zugleich stellt es sicher, dass wirksame Opposition gegen diese Gewalt nicht aus der islamischen Gesellschaft selbst hervorgehen kann: Dass Muslime sich gewalttätigen Minderheiten aus den eigenen Reihen unterwerfen, hat nichts mit Charakterschwäche oder Feigheit zu tun, sondern damit, dass die Gewalttäter nur dann in ihre Schranken gewiesen werden könnten, wenn die Mehrheit derer, die selber nicht gewalttätig sind, sich gegen die Minderheit solidarisieren würde. Solidarität entsteht aber nicht von selbst und normalerweise auch nicht durch einen einfachen Willensakt. Wie ich im ersten Kapitel gezeigt habe, ist Solidarität auf die Existenz einer solidaritätsstiftenden Struktur in Gestalt eines als allgemein anerkannt unterstellbaren Normen- und Wertesystems angewiesen. Im Falle muslimischer Gesellschaften würde diese Funktion dem Islam zufallen: demselben Islam, der die Gewalt der Minderheit legitimiert! Es liegt auf der Hand, dass er nicht gleichzeitig diese Gewalt legitimieren und eine hypthetische zivilgesellschaftliche Solidarität *gegen* sie stiften kann.

Der Islam ist ein *starkes* solidaritätsstiftendes System. Wenn dieses System ausgerechnet gegen Terroristen, Ehrenmörder, Vergewaltiger und überhaupt gegen religiös legitimierte Gewalttäter *keine* Solidarität zustande bringt, dann wäre bereits dieser Sachverhalt allein ein zwingendes Argument für die These, dass das System von besagten Gewalttätern nicht etwa „missbraucht" wird, wie der politisch korrekte Terminus immer noch lautet, sondern dass die scheinbar anarchische, in Wahrheit aber einer inneren Logik folgende Gewalt zum System gehört.

Noch etwas lernen wir aus dem Schicksal der bedauernswerten Samira und ihrer Leidensgenossinnen: *dass der Rückzug des Staates aus seiner Ordnungsfunktion in islamischen Gesellschaften nicht etwa zur Regellosigkeit führt*. Was Europäern als Anarchie erscheinen mag, also als willkürliche, unberechenbare und unkontrollierte Gewaltanwendung, folgt in Wahrheit sehr wohl bestimmten Regeln, nämlich den islamischen. Die französischen – aber weiß Gott nicht nur die französischen – Vorstädte sind *failed states* im Kleinen, also Mikrokosmen, in denen genau wie zuvor in Afghanistan oder Somalia die Zerstörung staatlicher Strukturen die Errichtung islamischer Ordnungen nach sich zieht.

Man kann es nicht oft genug und nicht deutlich genug sagen (und vor allem kann man die Implikationen gar nicht gründlich genug durchdenken): Der Islam ist nicht einfach eine Religion im engeren Sinne des Wortes. Er ist zugleich ein *weltliches* Ordnungssystem, das auf einen *Staat* im Sinne eines zentralisierten Machtapparates nicht zwingend angewiesen ist; dies deshalb, weil er ein *Rechts*system ist, das die (auch innerislamische) Anwendung von Gewalt *regelt*, und das heißt: unter bestimmten Voraussetzungen *legitimiert*. Weil das so ist, bringt er eine Ordnung hervor, die wir vielleicht als grausam, aber *keinesfalls* als *Nicht*-Ordnung verurteilen können.

Im Gegensatz dazu ist das Christentum, gerade wegen seines eigenen pazifistischen Charakters, auf die Institution „Staat" angewiesen, auf deren Existenz in Gestalt des Römischen Reiches es sich in seiner formativen Periode auch verlassen konnte. Indem es zudem den Schwerpunkt seiner Ethik auf die Liebe, das heißt das Gut-*sein*, nicht auf das Gut-*handeln* legt, also auf den innermenschlichen, nicht den zwischenmenschlichen Bereich, lässt es bereits vom Ansatz her der Gesellschaft ein hohes Maß an autonomer Gestaltung ihrer eigenen Ordnung. Die Kirche als eine von der Gesellschaft getrennte Organisation war zu keinem Zeitpunkt, auch nicht auf dem Höhepunkt ihrer politischen Macht imstande, die Gesellschaft religiös so zu durchdringen – und so mit Religiosität zu durchdringen –, wie der Islam dies gerade deswegen konnte, weil er weder einer Kirche noch eines Staates bedurfte. Der Islam ist ein Ordnungssystem, das in jedes vorgefundene Vakuum eindringt; das überall dort voranschreitet, wo andere Systeme sich zurückziehen, und das dort, wo seine Anhänger in größerer Anzahl leben, die Kraft hat, eine amorphe, entstrukturierte Gesellschaft zu re-organisieren.

Islamkritiker, die glauben, angesichts der drohenden Islamisierung westlicher Gesellschaften Entwarnung geben zu können, weil Muslime „rückständig" seien, beweisen lediglich, dass sie den von ihnen kritisierten Islam nicht begriffen haben. Angesichts der Erfahrungen von fast anderthalb Jahrtausenden Dschihadgeschichte zeugt es von sträflichem Leichtsinn, den Islam allein seiner geistigen Rückständigkeit wegen zu unterschätzen.

Es steht nämlich nirgendwo geschrieben, dass Freiheit, geistige Bildung, Kreativität, Demokratie, Individualismus usw. die Konflikt- und Überlebensfähigkeit einer Gesellschaft sichern; es gibt sogar deutliche Anzeichen, dass das Gegenteil der Fall ist. Die Gefahr, dass die offene Gesellschaft von den von ihr selbst hervorgebrachten Zentrifugalkräften zerrissen wird, ist heute realer denn je, und der Islam dringt jetzt bereits als alternatives Ordnungssystem in diejenigen immer größer werdenden Nischen vor, in denen die westliche Gesellschaft es nicht mehr vermag, stabile Strukturen wechselseitiger Erwartungen zu sichern.

Gewiss basiert der Islam als soziales System auf der Anwendung simpler Regeln; insofern funktioniert er umso besser, je weniger seine Anhänger bereit und in der Lage sind, diese Regeln zu hinterfragen. Eine islamische Ordnung ist also auf geistige Bildung nicht angewiesen, sondern wird durch sie eher gefährdet. (Es spricht einiges dafür, dass die in der Tat beeindruckenden Erfolge der iranischen Bildungsoffensive[192] im Anschluss an die Revolution die unmittelbare Ursache für die Legitimitätskrise des Regimes und für den dramatischen Verfall der iranischen Geburtenraten sind.[193])

---
[192] vgl. z.B. Sabine Allafi, Bitteres Erbe. Frauenleben im Iran heute, Frankfurt/M. 2001, S. 83
[193] „Spengler", Sex, Drugs and Islam in: Asia Times, 24.2.2009, http://www.atimes.com/atimes/Middle_East/KB24Ak02.html

Komplexität erhöht die *Leistungsfähigkeit* eines Systems, hier also der westlichen Gesellschaft, aber *nicht* ihre *Stabilität*. Daher kann der Islam sich am Ende durchaus als der lachende Erbe einer westlichen Zivilisation herausstellen, die von ihrer Eigendynamik zerrissen wurde.

Die innerislamische sexuelle Gewalt gegen muslimische Frauen findet ihre Kehrseite darin, dass muslimische Männer das Verhalten auch nichtmuslimischer Frauen nach denselben Maßstäben und unter denselben Gesichtspunkten beurteilen wie dasjenige von Musliminnen.

Das hat zunächst mit den kulturellen Selbstverständlichkeiten zu tun: Wer Religion *nicht*, wie die meisten Europäer, als einen gleichsam exterritorialen Bezirk des Lebens erlebt, sondern von Kindesbeinen an erfährt, dass Religion mit ihren Werten die Gesellschaft nach außen abgrenzt, also das *Wir* vom *Sie* unterscheidet, und nach innen strukturiert, um das *Wir* zu stabilisieren und das *Sie* zu bekämpfen, der misst auch andere Religionen und andere Gesellschaften nach dem Maßstab, der ihm von seiner *eigenen* Religion vorgegeben ist.

Dann sind nichtmuslimische Frauen *nicht* etwa Menschen, die sich selbst gehören und sich dadurch von ihren muslimischen Schwestern unterscheiden. Vielmehr sind sie Eigentum ihrer jeweiligen Gemeinschaft. Christinnen gehören also den Christen, Jüdinnen den Juden usw., und das heißt zunächst: deren Männern. Dieser Gedanke bedeutet dreierlei:

Zum einen impliziert er, dass nichtmuslimische Frauen, die weder ihrer Familie noch einem Ehemann gehören, ganz wie Musliminnen bei vergleichbarem Verhalten so etwas wie herrenloses Gut sind, um dessen Rechte es ungefähr so bestellt ist wie um die von streunenden Katzen; zum anderen, dass man die Fremdgruppe dadurch bekämpfen kann, dass man sich ihrer Frauen bemächtigt; zum Dritten, dass die betroffene Gruppe von einem gewissen Punkt an zu einer Art Selbst-Islamisierung gezwungen werden kann, indem sie zwar (noch) nicht den Islam übernimmt, wohl aber dessen Verhaltenskodizes.

Bestürzend und selbst für Islamkritiker immer wieder verblüffend ist die Häufigkeit und Selbstverständlichkeit, mit der in der islamischen Welt sexuelle Gewalt gegen Frauen gerechtfertigt wird, und dies durchaus in religiösen bzw. religiös legitimierten politischen Zusammenhängen, und zwar ohne dass die betreffenden Personen zu „Ungläubigen" erklärt würden. Man wird auch weder namhafte muslimische Würdenträger noch wutschäumende Massen von muslimischen Demonstranten finden, die es als blasphemisch empfänden, wenn der Islam von seinen eigenen Imamen mit sadistischer Sexualität in Verbindung gebracht wird.[194]

Sie *können* allerdings als Islamgelehrte bzw. -prediger auch nichts Gegenteiliges lehren: Dass Frauen selber dafür verantwortlich sind, Männer nicht sexuell zu reizen, und dass sie sich zu diesem Zweck weitgehend zu bedecken haben, ergibt sich, wie im entsprechenden Kapitel gezeigt, aus dem Koran und steht deshalb nicht zur Disposition.

Dabei ist ausdrücklich von *allen* Frauen die Rede, auch von den westlichen. Wenn ich oben die Bedeutung von sexueller Gewalt muslimischer Männer gegen Musliminnen – also den innerislamischen Aspekt – thematisiert habe, so nur, um meine Argumentation übersichtlicher zu strukturieren. Es ist aber leider unmöglich, das Problem als ein rein innerislamisches abzutun, das die Mehrheitsgesellschaft nichts anginge.

Bei den meisten bisher vorliegenden kriminologischen Untersuchungen stößt man auf dasselbe Problem, dem wir schon bei der Jugendkriminalitätsstudie von Christian Pfeiffer begegnet sind: Ein denkbarer Zusammenhang zwischen der Religionszugehörigkeit von Gewaltverbrechern und ihren Taten wird nicht in Betracht gezogen, und nur selten reichen die Daten wenigstens für eine Sekundäranalyse aus.[195] Auch ist ein solcher Zusammenhang bisher nie Gegenstand einer länderübergreifenden Studie gewesen. Es gibt allerdings Daten aus einzelnen Ländern, die zumindest die *Vermutung* nahelegen, dass zwischen der Zugehörigkeit zur islamischen Religion und der Neigung zu sexueller Gewalt ein kausaler Zusammenhang besteht.[196]

Wesentlich besser informiert als über den quantitativen Aspekt sind wir über die Einstellung junger Sexualstraftäter mit muslimischem Hintergrund

---

[194] Und so wunderte man sich allenfalls in Europa und Amerika, nicht aber in Ägypten, als die Kairoer Anwältin Najla Al-Iman (andere Schreibweise: Nagla al-Imam) vorschlug, die systematische Vergewaltigung israelischer Frauen zur gleichsam offiziellen Strategie der Palästinenser zu machen, und dies um, ganz im oben beschriebenen Sinne, Wohlverhalten zu erzwingen: „Leave the land and we won´t rape you". Vgl. http://www.memritv.org/clip/en/1903.htm;

[195] Allein die Tatsache, dass offenbar niemand sich zutraut, die Vermutung eines solchen Zusammenhangs mit wissenschaftlichen Mitteln zu entkräften, spricht allerdings für sich.

[196] Im Falle der oben zitierten Pfeiffer-Studie konnten wir immerhin den Zusammenhang zwischen türkischer (und „ex-jugoslawischer") Nationalität und überproportional häufiger Täterschaft bei der Vergewaltigung von Schülerinnen feststellen, während der Anteil anderer muslimischer Migrantengruppen an Sexualdelikten nicht angegeben wurde. – In den Jahren 2006 bis (April) 2009 wurden sämtliche Vergewaltigungen in Oslo von Migranten meist kurdischer oder arabischer Herkunft begangen. Aftenposten vom 16.4.2009, http://www.aftenposten.no/nyheter/iriks/article3028203.ece – In Schweden belief sich im Jahr 2005 gemäß „Aftonbladet" der Anteil von Immigranten an der Gesamtzahl der Vergewaltiger auf rund 45 Prozent. Aftonbladet, 8.11.2005 – Vergewaltigungen in Dänemark werden signifikant häufiger von Immigranten begangen. Sie sind auch überrepräsentiert gegenüber Dänen in der gleichen wirtschaftlichen und sozialen Situation. http://www.cphpost.dk/news/1-latest-news/28210.html

zu nichtmuslimischen Frauen, weil sie im Zuge von Strafverfahren aktenkundig wird. Der Berliner Oberstaatsanwalt Roman Reusch, jahrelang erfolgreicher Leiter der Abteilung „Intensivtäter" bei der Berliner Staatsanwaltschaft, schreibt:

„Mädchen und junge Frauen, die diesen Tätern im wahrsten Sinne des Wortes in die Hände fallen, müssen immer auch damit rechnen, Opfer sexueller Übergriffe zu werden, meist einhergehend mit wüsten Beschimpfungen wie ‚deutsche Schlampe', ‚deutsche Hure' etc. Gerade solche Taten sind häufig von einer Anmaßung und Menschenverachtung seitens der Täter geprägt, die ihre Wurzeln meist im national-religiösen Überlegenheitswahn muslimischer Jungkrimineller haben, welcher sich gerade gegenüber ‚ungläubigen' Frauen und Mädchen in besonders abstoßender Weise äußert. Die diesen Taten zugrunde liegende Einstellung kommt auch darin besonders deutlich zum Ausdruck, dass der größte Vorwurf, der einem muslimischen Mädchen gemacht werden kann, der ist, sie benehme sich wie eine Deutsche."[197]

Unrechtsbewusstsein ist schon deshalb nicht zu erwarten, weil diese Einstellung im Koran niedergelegt ist und von heutigen Predigern bekräftigt wird. Wie überall im Islam ist das soziale Normensystem nicht nur ein Mittel, das interne soziale Leben zu organisieren, sondern trägt zugleich zur Zerstörung nichtislamischer Fremdgruppen bei:

Bereits Ausdrücke wie „deutsche Schlampe" zeigen an, dass es nicht einfach um Machismo und Frauenverachtung geht, sondern um ethnisch motivierte Aggression. Dazu passt, um noch einmal Oberstaatsanwalt Reusch zu zitieren, dass (nicht nur bei Sexualdelikten, sondern bei Gewaltkriminalität allgemein)

„in jüngerer Zeit ausgesprochen deutschfeindliche – wie übrigens auch antijüdische – Übergriffe zunehmen."[198]

Wer so handelt, nimmt die von ihm vergewaltigten Frauen als zur Beute bestimmten Besitz der Gegengruppe wahr. Hier, wie so häufig im Islam, gilt: Er ist keineswegs die einzige Religion, deren Anhänger zu solchen Taten fähig sind. Er ist aber die einzige Religion, die solche Taten *religiös legitimiert!* Der Gemeinplatz, alle Religionen wollten letztlich dasselbe, ignoriert die Besonderheiten des Islam:

---

[197] Roman Reusch: Migration und Kriminalität, a.a.O. S. 9 f.
[198] ebd., S. 10

Der Prophet Mohammed war der einzige *Religionsstifter*, der Frauen ganz selbstverständlich als Kriegsbeute genommen und seinem Harem einverleibt hat, und der Koran erlaubt ausdrücklich, auch verheiratete Frauen zu Sklavinnen und Konkubinen zu machen. Von einer *prinzipiellen* sozialen Missbilligung der Vergewaltigung von Nichtmusliminnen kann deshalb in islamischen Gesellschaften (und Parallelgesellschaften) umso weniger die Rede sein, je stärker deren religiöse Ausrichtung ist.

Psychologisch gesehen handelt es sich um eine archaische Form ethnischer Kriegführung, deren ursprüngliches Motiv die Vernichtung der Reproduktionsfähigkeit der Feindgruppe war, und genau in diesem Sinn wenden Islamisten sie heute in Ländern wie Ägypten, Pakistan und der Türkei gegen christliche Minderheiten an.

In den westlichen Ländern, wo eine geschändete Frau nicht gezwungen ist, ihren Peiniger zu heiraten, um ihre verlorene Ehre wiederherzustellen, wo die Vergewaltigung also kein geeignetes Mittel darstellt, sie zur Austragung muslimischer Kinder zu zwingen, und wo die einheimischen Völker selber an der Vernichtung ihrer eigenen Reproduktionsfähigkeit arbeiten, entfaltet diese Spielart des Dschihad freilich keine *unmittelbare* Wirkung mehr. Umso bemerkenswerter ist der ungeheure ethnische *Kollektivhass*, der allem Anschein nach solche kriminellen Akte befeuert.

6. Die Mikrogeographie des Dschihad

Dabei sind diejenigen, die am Ende tatsächlich zu Vergewaltigern werden, offensichtlich nur die sprichwörtliche Spitze des Eisberges. Muslimische Vergewaltiger stellen, wie muslimische Terroristen, nur eine winzig kleine Minderheit dar. Das ändert aber nichts an der Omnipräsenz von Drohungen, von denen man letztlich nie genau weiß, wie ernst sie im Einzelfall zu nehmen sind.[199]

In Berlin sind nach den Beobachtungen von Oberstaatsanwalt Reusch Gewalttäter am stärksten in ihren Heimatbezirken aktiv, also in Bezirken mit ungewöhnlich hohem muslimischem Bevölkerungsanteil; die genannten Drohungen werden also in umso stärkerem Maße auch nichtmuslimi-

---

[199] Ohne dass ich eine einschlägige Umfrage zitieren könnte, halte ich es für wahrscheinlich, dass viele deutsche Mädchen und junge Frauen den Satz „Ich fick dich, du deutsche Schlampe" schon des Öfteren zu hören bekommen haben – zumindest haben schon mehrere Frauen mir unabhängig voneinander von solchen Erlebnissen erzählt.

sche Frauen zur Anpassung zwingen, je größer der muslimische Bevölkerungsanteil in einem gegebenen Wohnumfeld ausfällt. Anpassung heißt in diesem Zusammenhang, dass Frauen sich aus der öffentlichen Sphäre zurückziehen bzw. sie nur in männlicher Begleitung betreten (und dann mit Kopftuch bzw. gleichwertigen Formen von Bedeckung).

Freilich verzögern sich Anpassungsprozesse, weil und solange den Einheimischen noch die Option des Wegzugs offensteht.[200] Hier liegt ein Teufelskreis, also ein sich selbst verstärkender Prozess vor, bei dem wachsender Zuzug von Migranten (nicht immer, aber meistens aus islamischen Ländern) zum beschleunigten Wegzug von Einheimischen führt, sodass nacheinander in den Metropolen erst Häuser, dann Straßen, dann ganze Stadtteile islamisiert werden.

Sofern dieser Prozess sich fortsetzt, und bei der Analyse der quantitativen Aspekte der Islamisierung werden wir feststellen, *dass* er sich fortsetzen wird, werden zunächst die einheimischen Unterschichten dem Anpassungszwang ausgesetzt sein, also sozial Schwache, deren Wegzugsoptionen sich in dem Maße verringern, wie die preisgünstigen nichtmuslimischen Viertel knapp werden.[201]

Islamisierungsprozesse haben also eine ethnogeographische Komponente: Ich erinnere nochmals daran, dass sie historisch stets von einer Gemeinschaft von Muslimen ausgingen, die eine *Minderheit* in den von ihnen eroberten Ländern darstellte; ferner daran, dass die Beherrschung des öffentlichen Raumes ein wichtiges Mittel war, die Macht der Umma zu demonstrieren und die unterworfenen Völker bereits psychologisch zu entwaffnen.

Das Einfordern von Unterwürfigkeitsgesten diente und dient nicht nur der Befriedigung individueller Geltungsbedürfnisse – auch wenn dies jeweils das persönliche Motiv sein mag –, sondern erfüllt vor allem die soziale Funktion, den Herrenstatus der Muslime für sie ebenso zur erfahrbaren Realität zu machen wie für die „Ungläubigen" *ihren* Status als Menschen zweiter Klasse.

Da Muslime heute nicht über das Gewaltmonopol verfügen – das liegt immer noch beim Staat, einem Staat, der noch nicht von ihnen kontrol-

---

[200] Gemeint ist hier die Anpassung nicht nur von Frauen, sondern von Nichtmuslimen allgemein, an die vom Islam geprägten Erwartungen muslimischer Migranten.
[201] Vorboten der bevorstehenden Anpassungsprozesse an den freundlich sogenannten „sozialen Brennpunkten" sind die dort lebenden deutschen Jugendlichen. Wer ihnen zuhört, wird vielfach feststellen, dass sie ihre deutsche Muttersprache mit türkischem Akzent sprechen. Man sagt nicht mehr „Ich" und auch nicht „Icke" (in Berlin) – man sagt „Üsch". Aus Pfeiffers Studie haben wir gelernt, dass es misslich ist, als deutscher Jugendlicher aufzufallen.

liert wird –, wie es einst nach erfolgreichem Eroberungskrieg der Fall war, kommt es für den Dschihad darauf an, dass Muslime jeweils die *lokalen* Mehrheitsverhältnisse zu eigenen Gunsten ändern. Die ständige latente Gewaltandrohung genügt bereits, um die Einheimischen, die nicht auf ein sie schützendes Netzwerk einer Wir-Gruppe zurückgreifen können, zur Flucht zu nötigen und dadurch die Voraussetzungen für weiteren Zuzug von Muslimen zu schaffen.

Dabei bevorzugen muslimische Immigranten diejenigen Orte, an denen sich bereits Migranten derselben Nationalität, idealerweise sogar derselben Familie, derselben Stadt oder derselben Nachbarschaft niedergelassen haben.[202] Das heißt, dass auch unter diesem Gesichtspunkt die Migration ein sich selbst verstärkender Prozess ist, und dass die neu Hinzugezogenen bei ihrer Ankunft die Solidarstrukturen als *lokale* Strukturen bereits vorfinden, die die Einheimischen schon deshalb nicht haben, weil es sie, die Strukturen, gerade in Großstädten normalerweise nicht gibt und sie erst durch Immigration und nur für die (muslimischen) Immigranten nachträglich ins Großstadtleben eingepflanzt werden. Auf diese Weise wird das vielzitierte anatolische Dorf bis nach Berlin (oder Köln oder Paris oder Brüssel) hinein verlängert.[203] Wir werden uns noch damit beschäftigen, was dies für die angestrebte Integration bedeuten muss; an dieser Stelle jedoch, wo es um die Mikrogeographie des Dschihad geht, genügt der Hinweis, dass die Einheimischen bereits zu einem Zeitpunkt marginalisiert werden, wo sie auch lokal durchaus noch die Mehrheit stellen, einfach, weil sie im Gegensatz zu den hereinströmenden Muslimen isolierte Einzelne sind.

Man beachte, wie das System der vom Islam geprägten kulturellen Selbstverständlichkeiten – die Solidarität der Muslime, die Abneigung gegen engen Kontakt mit „Ungläubigen", das Verbot, sich ihnen zu unterwerfen, ihre Abqualifizierung als Menschen zweiter Klasse, die Rolle der Frau als Besitz des Mannes bzw. der Familie – wie von allein, und ohne dass es eines zentralen Kommandos oder besonderer Frömmigkeit bedürfte, im großen Maßstab ein Verhalten hervorbringt, das zur Verdrängung bzw. Unterdrückung nichtmuslimischer Bevölkerungsgruppen führen muss.

---

[202] Esther Ben-David, Europe´s Shifting Immigration Dynamic, in: Middle East Quarterly, Spring 2009, http://www.meforum.org/2107/europe-shifting-immigration-dynamic
[203] vgl. Necla Kelek, Die Türkei und wir, in: Info-Radio, Zwölfzweiundzwanzig vom 13.12.2008, Aufzeichnung verfügbar unter: http://www.inforadio.de/static/dyn2sta_article/517/299517_article.shtml

7. Die Bedeutung von Moscheebauten

Es ist kein Zufall, dass es wiederum die Moscheen sind, deren Errichtung für Muslime so besonders wichtig ist, und dies nicht nur deshalb, weil sie einen Platz zum Beten brauchen. Wie nahezu alles im Islam, so dient auch die Errichtung von Moscheen nicht nur einem im engeren Sinne religiösen Zweck und befriedigt nicht nur die religiösen Bedürfnisse der *Muslime*, sondern hat zugleich einen sozialen und politischen Aspekt und dient der Ausbreitung des *Islam*. Wenn Moscheebauprojekte in Angriff genommen werden – und zu jedem gegebenen Zeitpunkt sind in Europa Hunderte davon in Bau –, fallen die üppigen Dimensionen dieser Gebäude auf. Warum das so ist und was das zu bedeuten hat, dazu einige Anmerkungen:

Erstens: Moscheen sind nicht einfach Bethäuser,[204] und selbst das Wort „Gotteshaus", worunter Christen einen Ort verstehen, der sozusagen „nicht von dieser Welt" ist, beschreibt die Funktion einer Moschee bestenfalls unzureichend, weil der Islam in vieler Hinsicht sehr wohl von dieser Welt ist. Moscheen sind Gemeindezentren, die, so weit irgend möglich, alle sozialen Knotenpunkte enthalten:

Nicht nur die Koranschule, auch der Kindergarten, möglichst auch das Einkaufszentrum, die Arztpraxis, der Friseursalon werden in das Ensemble integriert, sofern es halbwegs finanzierbar ist. Es geht darum, das Leben der muslimischen Gemeinschaft so weit wie möglich von dem der „Ungläubigen" abzukoppeln, um es deren womöglich verderblichem Einfluss zu entziehen, ganz im Sinne des koranischen Auftrags, sich unter den „Ungläubigen" keine Freunde zu suchen.

Zweitens: Die enormen Kosten solcher Gebäude werden normalerweise nur zum geringeren Teil von den hierzulande lebenden Muslimen aufgebracht. Geldgeber sind zumeist ausländische religiöse Stiftungen, die auf diesem Wege einen direkten Einfluss auf die hiesigen Muslime ausüben. Nichts spricht dafür, dass dieser Einfluss im Sinne demokratischer und emanzipatorischer Werte ausgeübt wird. Ein besonderer Fall, der gerade in Deutschland eine Rolle spielt, ist der türkische DITIB, der direkt von der Regierung in Ankara kontrolliert wird.

Drittens: Viele Moscheen verfügen über ein Minarett, und dass dieses nicht etwas Unwichtiges ist, erschließt sich aus den teils heftigen Kontro-

---

[204] Ursula Spuler-Stegemann, Die 101 wichtigsten Fragen: Islam, München 2007, S. 74

versen, die die Bauherrren mit den Bauaufsichtsbehörden bezüglich Art und Höhe der Minarette ausfechten. Dabei ist ein Minarett ganz funktionslos – ungefähr wie ein Kirchturm ohne Glocke –, solange nicht ein Muezzin von dort aus zum Gebet ruft. Lange Zeit gab es in Deutschland keine einzige Moschee mit einem Muezzin, und die Funktionäre der islamischen Verbände versicherten immer wieder, die Einführung des Gebetsrufes sei mit Rücksicht auf die nichtmuslimische Mehrheit auch nicht geplant. Bereits der Bau der Minarette hätte genügen müssen, diese Versicherungen als nicht ernstzunehmende Beschwichtigunsversuche zu entlarven, und inzwischen gibt es – in Rendsburg – auch die erste Moschee, von deren Minarett zum Gebet gerufen wird. Man kann sicher sein, dass weitere folgen werden.

Viertens: Wer das nicht so schlimm findet, vielleicht weil er Atheist ist und sich von Gebetsrufen nicht mehr belästigt fühlt als vom Glockenläuten, sollte gleichwohl nicht den buchstäblich in Stein gemeißelten Herrschaftsanspruch übersehen, der mit dieser Architektur zum Ausdruck gebracht wird. In einer Gesellschaft wie unserer, die den Sinn für die Macht des „nur" Symbolischen verloren hat, vergisst man leicht, dass andere Kulturen, und gewiss die islamische, sich stets bewusst gewesen sind, dass Symbole Wirklichkeiten nicht nur ausdrücken, sondern auch schaffen.

Moscheen, noch dazu solche von so repräsentativen Ausmaßen und in solcher Anzahl, unterstreichen einen Anspruch: *Dieses Land ist ein islamisches Land!*

Dass die deutschen Muslime den „Tag der offenen Moschee" ausgerechnet am 3. Oktober, also dem Nationalfeiertag, begehen, symbolisiert also nicht etwa eine *Eindeutschung des Islam,* sondern die *Islamisierung Deutschlands.* Eine Eindeutschung würde just jene Assimilation bedeuten, die der türkische Ministerpräsident Erdogan „ein Verbrechen gegen die Menschlichkeit" nannte.

Es ist dabei aus der Sicht der einheimischen Mehrheit nicht erheblich, ob Europa nach islamischem Recht bereits voll zum Dar al-Islam gehört, oder ob sich die sakraljuristische Theorie durchsetzt, wonach Europa sich als „Haus der Mission" bzw. „Haus des Bekenntnisses" in einem Zwischenstadium befinde, das nicht mehr ganz Dar al-Harb und noch nicht ganz Dar al-Islam sei, in dem man sich aber als Muslim durchaus aufhalten dürfe, und zwar zum Zwecke der Verbreitung des Islam. An sich ist es Muslimen durch die Scharia untersagt, sich dauerhaft in einem Land niederzulassen, das *nicht* unter islamischer Herrschaft steht – und die Existenz einer solchen Norm sollte allein schon nachdenklich stimmen. Der Islam hält sich – und zwar nach seinen *Selbst*zeugnissen, hier einer Rechtsnorm – in einer nichtislamischen Gesellschaft *für nicht überlebensfähig, sofern die politische Macht nicht bei Muslimen liegt.* Die Konstruktion „Haus der Mission" stellt nicht etwa einen Bruch mit der klassischen Theorie dar, sondern deren Modernisierung. Dass eine solche Modernisierung möglich ist, zeigt, dass im sakralen Recht ebenso wie in der politischen Theorie des Islam dessen eigene Verbreitung der oberste Maßstab für Gut und Böse, für erlaubt und unerlaubt ist.

Die ungeheuren Energien und Geldmittel, die in den Moscheebau investiert werden, sind ein hinreichendes Indiz für die strategische Bedeutung, die gerade *diesem* Instrument der Islamisierung beigemessen wird. Politiker, die davon sprechen, dass „der Islam in Deutschland angekommen" sei (Schäuble), wohlmeinende Zeitgenossen, die glauben, man könne „Brücken bauen", indem man wahrheitswidrig behauptet, der Islam sei Teil der europäischen Kultur, verkennen zweierlei:

Zum einen die tiefe Prägung der muslimischen Mentalität durch die Normen des islamischen Rechts. (Dass Rechtsnormen Mentalitäten nicht nur zum Ausdruck bringen, sondern auch mitprägen, ist wiederum keine islamische Besonderheit, sondern auch in anderen Kulturkreisen selbstverständlich. Eine Besonderheit allerdings ist die islamspezifische unaufhebbare Verbindung des Rechts mit der Religion. Dieser Sachverhalt ließe selbst dann eine sehr tiefe Prägung vermuten, wenn man über keine empirischen Daten verfügte, die diese Vermutung stützen.) Wenn der Islam in Deutschland „angekommen" ist, so gehören nach islamischem Verständnis dadurch eben *nicht* Muslime jetzt zur deutschen Gesellschaft, *sondern Deutschland zur islamischen Welt!* Der frühere Bundesinnenminister Schäuble hat diesen Anspruch hochoffiziell anerkannt – vielleicht ohne es zu wissen. Das Zugeständnis von „Gleichberechtigung", das in solche Formulierungen gekleidet wird, gilt nicht den Muslimen als Bürgern: Deren Gleichberechtigung mit anderen Ausländern oder, sofern sie deutsche Staatsbürger sind, mit ethnischen Deutschen, stand ja nie in Frage. Die Gleichberechtigung soll vielmehr dem *Islam* gewährt werden.

Dabei wird auch von Muslimen kein Zweifel daran gelassen, dass der Islam jedenfalls von frommen Muslimen *nicht* als Privatsache behandelt werden kann, sondern Anspruch auf umfassende Geltung in allen Lebensbereichen erhebt, auch in Recht und Politik.

Gleichberechtigung des Islam bedeutet nicht, dass Moscheevereine mit den christlichen Kirchen, sondern dass die Scharia mit dem Grundgesetz gleichberechtigt ist! Dies ist die Implikation der These, dass der „Islam in Deutschland angekommen" sei, und dabei ist es durchaus irrelevant, ob Wolfgang Schäuble oder andere Politiker diesen Sachverhalt subjektiv anerkennen oder nicht. Wer A sagt, muss auch B sagen, und *man kann die Gleichberechtigung des Islam nicht anerkennen, ohne der öffentlichen Artikulation seiner Glaubensinhalte einschließlich seiner ethischen Normen denselben Anspruch auf gesellschaftliche Legitimität einzuräumen wie jeder verfassungskonformen anderen Religion oder Weltanschauung.* Der Unterschied ist nur, dass eine Lehre, die die Trennung von Religion und Politik nicht kennt, die Religionsfreiheit ablehnt, die Menschheit in (muslimische) Herren und („ungläubige") Knechte teilt und Gewalt gegen Andersgläubige legitimiert, zwar hochpolitisch, aber in keiner Weise verfassungskonform ist.

Zum anderen wird eine höfliche Geschichtsklitterung (der Islam als Teil der europäischen Kultur, die dem Islam so unendlich viel verdanke), die politisch korrekten Sonntagsrednern so leicht von der Zunge geht, von Muslimen ohne weiteres für bare Münze genommen. Es ist für die meisten – und in jedem Fall für die frommen – Muslime buchstäblich *un-denkbar*, dass eine so deutlich überlegene Kultur wie die westliche *nicht* auf islamischen Wurzeln basieren soll.

Wir haben es hier mit der durchschlagenden Wirkung jenes Verständnisses von „Geschichte" zu tun, dessen Ursprung im mekkanischen Koran wir bereits analysiert haben, und dessen aktuellen Ausprägungen wir uns jetzt zuwenden:

8. Die Manipulation von Geschichtsbildern

Viele, wenn nicht die meisten Muslime sind durchaus aufrichtig davon überzeugt, dass Europa seine heutige Stellung allein dem Islam verdanke, und sie glauben dies nicht, weil historische Fakten dafür sprächen. Natürlich lässt sich zur Not – und auf der Basis einer entsprechenden Ideologie – auch ein solches Geschichtsbild mit Fakten stützen, aber die islamische Kultur ist nicht auf sie angewiesen, um ihr Selbstbild zu untermauern.

Für die Selbstdefinition einer Wir-Gruppe spielt die Geschichte etwa dieselbe Rolle wie das Gedächtnis für die Identität einer Einzelperson. Erst die

Erinnerung (und verbunden damit die Erwartung einer Zukunft) ermöglicht dem Einzelnen die Selbstwahrnehmung als Person. Womöglich noch bedeutender ist diese historische Dimension für die Selbstwahrnehmung von Gruppen.

An der Selbstbeschreibung einer Großgruppe, einer Nation etwa, wirken im Prinzip alle ihre Mitglieder mit, und das Material für diese Beschreibung liefert die Geschichte. Erst das Wissen, dass eine Nation in der Vergangenheit existiert hat, indem ihre Mitglieder sich als Teile einer Nation verhalten haben, liefert dem Einzelnen einen hinreichenden Grund für die Annahme, dies werde auch in Zukunft so sein, und für die Bereitschaft, sich selbst – nicht *nur*, aber eben *auch* – als Teil der Nation zu sehen.

Dabei liefert die Geschichte aber nicht nur den Beweis für die schiere *Existenz* der Nation, sondern auch die Bausteine, auf die diese zurückgreift, wenn es um die Definition ihrer leitenden Werte, ihres Verhältnisses zu anderen Nationen, ihrer Ziele, ihrer Traditionen, kurz: ihrer Identität geht. Und zu dieser Identität gehört stets auch eine Idee davon, wer der Nation zugehört bzw. zugehören kann und wer nicht, also die Definition nicht nur ihrer geographischen, sondern auch ihrer sozialen Außengrenzen.

Geschichtsbilder sind gemeinsam diskursiv verfertigte *Konstruktionen* von (historischer) Wirklichkeit und als solche einem Prozess stetiger Re-Konstruktion unterworfen. Auch hier bietet sich die Analogie zur Identität des Individuums an; die Existenz einer Biographie verbürgt dem Einzelnen, dass er immer noch *derselbe* ist, der er vor zehn, zwanzig oder fünfzig Jahren war. Da der Inhalt der Biographie, nämlich die Erinnerung daran, sich stetig ändert – manches fällt durch Vergessen weg, manches wird reinterpretiert, manches taucht plötzlich wieder auf –, ist der sich erinnernde Mensch zwar jederzeit *Derselbe*, aber nie der *Gleiche* wie zu irgendeinem Zeitpunkt zuvor oder danach.

Kollektive Identität ist kaum weniger variabel als individuelle. Wie plastisch sie ist, mag man ermessen, wenn man etwa die Selbstbeschreibung des heutigen deutschen Volkes mit der der fünfziger Jahre vergleicht (von den Dreißigern ganz zu schweigen). Damit ist zugleich gesagt, dass ideologisch motivierte Manipulationsversuche erfolgversprechend, zumindest aber nicht von vornherein zum Scheitern verurteilt sind.

Wenn man der europäischen Kultur, und damit auch der Kultur jedes einzelnen europäischen Landes, islamische Wurzeln zuschreibt, die sie nicht hat, und dies oft genug öffentlich wiederholt, womöglich noch mit

Unterstützung wissenschaftlicher Fakultäten, dann wird die Beweislast dem aufgebürdet, der es wagt, solchen gesellschaftlich etablierten „Wahrheiten" zu widersprechen.

Die Unvereinbarkeit von westlicher und islamischer Kultur zu behaupten wird bereits *vor* der vollständigen Islamisierung der Gesellschaft zum Problem, wenn die Vorstellung von der islamischen Toleranz, die (dem popularisierten Geschichtsbild zufolge) in früheren Zeiten geherrscht haben soll, ins System der kulturellen Selbstverständlichkeiten eingedrungen ist und nur noch stichwortartig aufgerufen werden muss, während die Gegenposition einer so ausführlichen Begründung bedarf, wie sie in Gestalt dieses Buchs vorliegt. Wenn ein Geschichtsbild erst einmal auf Stichwörter reduziert werden kann, deren bloße Nennung ganze Assoziations- und Argumentationsketten in Gang setzt, die gar nicht mehr ausgesprochen werden müssen, dann hat es sich gesellschaftlich durchgesetzt.

Beispiele für solche Stichwörter sind zum Beispiel „Auschwitz", „Srebrenica", „Hunnenrede", „Bastillesturm", „Hiroshima", „Vietnam", „Dreißigjähriger Krieg" usw. Solche gleichsam zu Ikonen verdichteten Geschichtsbilder stellen die fixen Eckpunkte dessen dar, was die Gesellschaft als ihre Geschichte auffasst, und fast alle sind in hohem Maße ideologisch aufgeladen.

In Orwells Roman „1984" lautet einer der Grundsätze der regierenden totalitären Partei: „Wer die Vergangenheit beherrscht, beherrscht die Zukunft." Damit ist gemeint, dass die Macht über die Gesellschaft bei dem liegt, der ihr Geschichtsbild – *und das heißt: ihre Selbstdefinition* – kontrolliert. Dass es in den Demokratien des Westens keine organisierte diktatorische Partei gibt, die die Vergangenheit manipuliert, bedeutet durchaus nicht, dass diese nicht *manipuliert* würde. Vielmehr arbeiten (nicht nur, aber auch) islamische Eliten zielstrebig und erfolgreich an der Popularisierung ihrer eigenen Geschichtsikonen:

Lassen Sie uns ein kleines Assoziationsspiel spielen, und versetzen Sie sich zu diesem Zweck im Geiste ins Westjordanland: Wenn ich Sie fragte, was Ihnen zu dem Ortsnamen „Dschenin" einfällt, so lautete die Antwort vermutlich: „Massaker". Es war die palästinensische Propaganda, die im April 2002 die Legende vom „Massaker von Dschenin" in die Welt setzte. Und obwohl diese Lüge längst restlos widerlegt ist,[205] wird sie von islami-

---
[205] vgl. z.B. Phyllis Chesler, Der neue Antisemitismus, Hamburg/Berlin 2004, S. 137 ff.

schen Propagandisten und deren linken Verbündeten bei Bedarf wiederholt, aber eben nicht als Argumentationskette, sondern als Stichwort.

Dabei können die Vorurteile, die von interessierter Seite propagandistisch ausgebeutet werden, durchaus jüngeren Datums sein, und sie müssen sich nicht einmal gegen eine Fremdgruppe richten. Wie ich im ersten Kapitel gezeigt habe, ist Autoaggression – also die Feindseligkeit gegen die Gruppe, der man *selbst* angehört, in praktisch allen westlichen Ländern ein Kennzeichen linker Ideologie. Mit der kulturellen Hegemonie der Linken ist die Vorstellung Allgemeingut geworden, die eigene Gruppe – das eigene Volk, die eigene Religionsgemeinschaft, der eigene Kulturkreis, die eigene Rasse – neige in besonderem Maße zur Gewalt gegen Fremde, die man mithin in Schutz nehmen müsse.

So kommt es zum Beispiel, dass noch heute im öffentlich-rechtlichen Rundfunk die Formulierung „Brandanschlag von Ludwigshafen" verwendet und damit eine Legende verbreitet wird, die noch absurder ist als die vom „Massaker von Dschenin".

Zur Erinnerung: Im Februar 2008 brannte in Ludwigshafen ein ausschließlich von Türken bewohnter Altbau nieder, wobei neun Menschen den Tod fanden. Im Anschluss daran wurden die Dinge in den türkischen Medien beider Länder so dargestellt, als habe es sich um einen Brandanschlag von Rechtsextremisten gehandelt. Nach einigen Tagen stand zweifelsfrei fest, dass es keine Brandstiftung gegeben hatte. Nichtsdestoweniger war im Hessischen Rundfunk und im Deutschlandfunk noch Monate später vom „Brandanschlag von Ludwigshafen" die Rede, und die „Integrationsbeauftragte" der Bundesregierung fuhr am Jahrestag des Brandes in die Türkei, um einen Kranz niederzulegen, ganz so, als habe Deutschland sich irgendetwas zuschulden kommen lassen.

Was hier zu beobachten ist, ist weitaus mehr als die werbepsychologische Binsenweisheit, dass auch Unwahrheiten, häufig genug wiederholt, sich zumindest *als Eindruck* im Unterbewusstsein der Konsumenten festsetzen. Es ist auch deutlich gravierender als die Bereitschaft, die *mittelalterliche* Geschichte durch eine islamische oder islamophile Brille zu betrachten. Im Hinblick auf das Mittelalter ist der Laie auf die Arbeit des Historikers angewiesen, sodass politisch motivierte Legendenbildung zwar diesem vorzuwerfen ist, nicht aber jenem.

Hier aber werden Legenden akzeptiert, die in offensichtlichem Widerspruch zum *aktuellen* Zeitgeschehen stehen, die aber durch Wiederholung und ikonische Verdichtung gute Aussichten haben, zum Geschichtsbild künftiger Generationen zu werden. Legenden, deren Basis der Glaube an die moralische Minderwertigkeit nichtmuslimischer Völker ist.

Eben dies ist, wie wir gesehen haben, die Kernannahme islamischer Ethik wie des islamischen Geschichtsbildes, beides im Koran niedergelegt und dadurch für Muslime praktisch unanfechtbar. Wenn der durchschnittliche Bürger islamischen Glaubens bereit ist, solche Legenden zu akzeptieren, die selbst einer oberflächlichen Prüfung nicht standhalten, so stempelt ihn das durchaus nicht zum zynischen Lügner und auch nicht zum Dummkopf. Es zeigt vielmehr, dass er in einer Ideologie befangen ist, aufgrund deren praktisch jede Erzählung, die geeignet ist, die Schlechtigkeit der „Ungläubigen" zu illustrieren, seine subjektiven Plausibilitätsfilter ohne weiteres passiert – dass er also befangen ist in der Ideologie des Korans und speziell ihrem Verhältnis zu Wahrheit und Geschichte.

Westliche Funktionseliten aber, die solche Geschichtslegenden akzeptieren, zeigen dadurch, dass auch sie diese zentralen Bausteine jener Ideologie verinnerlicht haben.

Es wird interessant sein zu sehen, was aus der jüngsten Kreation der islamischen Ideologiefabrik wird, nämlich der Denkfigur, die Migranten hätten Deutschland aufgebaut, wobei der Zusammenhang normalerweise nahelegt, dass nicht irgendwelche, sondern vor allem türkische Migranten gemeint sind: offenkundig eine Geschichtsklitterung, die gleichwohl vom türkischen Ministerpräsidenten Erdogan seinen hiesigen Landsleuten eingeredet,[206] von deutschen Politikern gerne aufgegriffen und von jedem Türken, den man danach fragt, geglaubt wird.

Sie knüpft bruchlos an die mit viel Aufwand verbreiteten Legenden an, wonach die Zuwanderung von im Durchschnitt wenig gebildeten, wenig qualifizierten, beruflich wenig erfolgreichen, dafür aber überdurchschnittlich häufig zur Kriminalität neigenden und von Sozialleistungen abhängigen Migranten aus der Türkei zum Wohlstand Deutschlands wesentlich beigetragen habe.

Vielleicht hat man irgendwann einmal aufrichtig geglaubt, mit solchen Versicherungen den Migranten zu einem Gefühl der Zugehörigkeit zu verhelfen und sie zu einer stärkeren Hinwendung zur einheimischen Gesell-

---

[206] „Recep Tayyip Erdogan, „Assimilation ist ein Verbrechen gegen die Menschlichkeit", Rede in der Köln-Arena, in: Süddeutsche Zeitung vom 13.2.2008, http://www.sueddeutsche.de/politik/85/432834/text/10/

schaft und ihren Werten zu veranlassen. *Heute* jedoch, wo diese Illusion – wenn es denn eine war – sich längst als solche herausgestellt hat, heute ist die Rede von den Zuwanderern, denen Deutschland so viel verdanke, gar nicht anders denn als Strategie zu verstehen, mit der durch ständige Wiederholung von Unwahrheiten ein künftiges islamisches Geschichtsbild aufgebaut wird.

Erinnern wir uns daran, dass bereits die mittelalterliche islamische Kultur von Errungenschaften und Erkenntnissen der – heidnischen wie christlichen – Antike lebte, die ihr von überwiegend christlichen und jüdischen Übersetzern vermittelt worden war. Erinnern wir uns daran, dass dieser Sachverhalt heute nur noch spezialisierten Historikern geläufig ist, weil Muslime erfolgreich verbreitet haben, die mittelalterliche arabischsprachige Geisteskultur sei eine Errungenschaft „des Islam" gewesen (der mit ihrem Verschwinden demgemäß auch nichts zu tun haben kann), und machen wir uns klar, wie gründlich in den islamischen Ländern die Erinnerung an die vorislamischen Kulturen vernichtet und die Völker, die diese Kulturen getragen hatten, gedemütigt, unterjocht, ausgepresst und schließlich ausgelöscht wurden:

Die Kopten, deren Sprache jahrtausendelang diejenige Ägyptens gewesen war und deren Schicksal ich schon oben andeutungsweise geschildert habe; die Aramäer (syrisch-orthodoxe Christen), die heute auf wenige tausend Köpfe zusammengeschmolzen sind und trotzdem vom türkischen Staat weiter drangsaliert werden;[207] die kleinasiatischen Griechen, von deren Kultur schon die ältesten Sagen des Abendlandes künden, welche Kultur aber nach sechshundert Jahren türkischer Herrschaft so gut wie verschwunden ist (und die Griechenpogrome, die 1955 – Neunzehnhundertfünfundfünfzig! – in Istanbul stattfanden,[208] waren nur der letzte Sargnagel). Dass das armenische Volk noch existiert, hat es allein der türkischen Niederlage im Ersten Weltkrieg zu verdanken. All dies hindert den türkischen Ministerpräsidenten Erdogan nicht daran, seinen jubelnden Anhängern zu erklären, „der türkische Mensch" habe stets Liebe und Frieden verbreitet.[209]

Zugleich mit diesen Völkern wurde auch die Erinnerung an sie und ihre Leistungen dem Vergessen überantwortet. Als die Taliban 2001 die weltbe-

---

[207] Die jüngsten Vorgänge um das Kloster Mor Gabriel sind nur der neueste Abschnitt dieser Entwicklung, vgl. z.B. Amalia van Gent, Streit um das Land des Klosters Mor Gabriel in der Türkei, in: Neue Zürcher Zeitung vom 20.12.2008

[208] Speros Vryonis: The Mechanism of Catastrophe: The Turkish Pogrom of September 6–7, 1955, and the Destruction of the Greek Community of Istanbul; New York

[209] Erdogan, a.a.O.

rühmten Buddhastatuen sprengten, hagelte es Proteste, aber nur aus dem Westen. Aus demselben Westen, in dem es zum guten Ton gehört zu versichern, die Barbarei der Taliban habe selbstredend nichts mit dem Islam zu tun, wo man es aber versäumte, sich zu fragen, warum die gesamte islamische Welt zu diesem Akt der Barbarei schwieg.

Sie schwieg, weil die Sprengung der uralten Buddhastatuen in spektakulärer Weise genau die islamische Einstellung zu nichtislamischen Religionen und Kulturen zum Ausdruck brachte: dass sie nämlich wertlos sind.

Wenn man sich dies vor Augen hält, dann versteht man, dass diejenigen, die angeblich „Deutschland aufgebaut" haben, in dieser Behauptung unmöglich die Unwahrheit sehen können, die sie tatsächlich ist. Vielmehr fügt sie sich nahtlos ins islamische Weltbild ein und wird, da sie von den deutschen Funktionseliten nicht angefochten, sondern bestätigt wird, zum Teil eines Geschichtsbildes, das in fünfzig Jahren an Schulen in Deutschland gelehrt werden und etwa folgenden Inhalt haben wird:

„Nachdem Deutschland den Zweiten Weltkrieg verloren hatte und restlos in Trümmern lag, riefen die Deutschen türkische Menschen ins Land, die Liebe, Frieden und das Licht des Islam verbreiteten. Sie bauten das Land wieder auf und übersetzten die Werke großer islamischer Denker, z.B. Goethes und Schillers, vom Türkischen ins Deutsche. Dankbar traten die Deutschen zum Islam über. Solchermaßen erleuchtet, gelang ihnen die Erfindung des Schwarzpulvers, des Buchdrucks, des Telefons und des Automobils."

Heute mag dies noch Satire sein, aber es spricht viel dafür, dass diese Satire eines Tages Wirklichkeit wird.

9. Integration

Kaum ein anderer politischer Begriff hat in den letzten Jahren einen so dramatischen Bedeutungszuwachs erfahren wie der der „Integration", wobei in der Regel die Integration von Immigranten in die deutsche Gesellschaft gemeint ist.[210] Der Gegenbegriff zu „Integration" lautet „Parallelgesellschaft" und bezeichnet ein Phänomen, das vor allem bei muslimischen Einwanderergruppen zu beobachten ist – und wer der Argumentation bis hierher gefolgt ist, wird dies kaum überraschend finden.

---

[210] Es kann hier nicht darum gehen, die integrationspolitischen Bemühungen aller westlichen Länder zu beschreiben; ich beschränke mich darauf, die damit verbundenen Fragen am Beispiel Deutschlands darzustellen.

"Integration" setzt bereits dem Begriff nach voraus, dass die Gesellschaft, die das Fremde zu integrieren gedenkt, ein definierbares, sinnvoll zusammenhängendes, eben "integeres" Ganzes darstellt; dass sie einen Begriff von ihrer eigenen Ganzheit hat; dass es über diesen Begriff einen Konsens gibt; und dass auch auf Seiten der zu Integrierenden der Wille besteht, sich dem durch diesen Begriff definierten Ganzen anzuschließen, also *sich* zu integrieren.

Im ersten Kapitel wurde gezeigt, dass menschliche Gesellschaft auf der Existenz eines Systems einander ausschließender Solidargemeinschaften basiert. Dabei kann keine dieser Gemeinschaften *alle* erforderlichen Solidaritätsstrukturen in sich vereinigen; die Familie und die Nation, um nur diese beiden zu nennen, können einander nicht ersetzen. Auch können sie zusammen nicht die im Einzelnen weniger belastbaren, aber in ihrer Gesamtheit dicht verwobenen Solidarstrukturen aus Nachbarschaft, Freundschaft, Kollegialität etc. ersetzen.

Gesellschaft als solche ist freilich keine Solidargemeinschaft. Gesellschaft, wertneutral beschrieben, scheint zunächst nicht mehr zu sein als ein System wechselseitiger Verhaltenserwartungen; zur Gesellschaft in diesem allerelementarsten Sinne gehört Jeder, der Adressat solcher Erwartungen ist. Dabei müssen diese Erwartungen keineswegs positiv sein: Die Erwartung, dass sich jemand womöglich *nicht* nach den gesellschaftlichen Normen richtet, ist *auch* eine Erwartung.

Trotzdem gibt es auch auf der Ebene der Gesamtgesellschaft so etwas wie eine Solidargemeinschaft; man nennt sie freilich nicht "Gesellschaft", sondern "Volk", und in betont politischen Zusammenhängen "Nation". Dies ist nicht etwa eine normative Setzung, sondern ein empirischer Befund: Die Existenz eines Volkes bzw. einer Nation ist zumindest in Europa die Grundlage der politischen Ordnung(en).

Bereits der enge historische Zusammenhang zwischen der modernen Idee des Nationalstaats und der Französischen Revolution legt nahe, dass Demokratie und Nationalstaatlichkeit zumindest in Europa zusammengehören; dass der *Demos* der Demokratie und die *Nation* des Nationalstaates ein und dasselbe sind.

Das hat auch seine innere Logik, wenn man bedenkt, dass das Spiel mit wechselnden Mehrheiten, das eine Demokratie ausmacht, nur funktioniert, wenn nicht ein Teil der Staatsbürgerschaft von vornherein in der Minderheit ist und sich als Gruppe versteht, die bestimmte Sonderrechte beansprucht, womöglich sogar beanspruchen *muss*. Die Nation muss als Gegebenheit vorausgesetzt werden, um das politische Wechselspiel der Demokratie zu ermöglichen. Demokratie als kollektive Selbstbestimmung setzt ein Kollektiv voraus, eben die Nation, und verliert ihre Legitimität, wenn es Sub-Kollektive gibt, die von sich sagen können, das Mehrheitsprinzip verletze ihr Recht auf Selbstbestimmung. Genau das ist der Fall bei Minderheiten, die sich als Gruppen definieren und die als solche bewusst stabilisiert werden. Demokratie setzt eben einen Demos voraus: *ein* Volk, nicht mehrere!

Die Existenz von Nationen gehört zu den kulturellen Selbstverständlichkeiten europäischer Gesellschaften; dass es so etwas wie eine deutsche, französische, polnische usw. Nation gibt; dass sie aus Bürgern besteht, nicht etwa aus Gruppen, Ständen oder sonstigen Kollektiven; dass man in eine solche Nation im Regelfall hineingeboren wird und nur im Ausnahmefall ihr beitritt; dass die Nation, und nur sie, souverän im eigenen Land ist; dass die Nation ein Solidarverband ist (und deshalb etwa Sozialstaatlichkeit nur im nationalen Rahmen organisierbar ist) – das sind zwar teils unbewusste, dafür aber desto weiter verbreitete Prämissen politischen Denkens; eben genau das, was ich „kulturelle Selbstverständlichkeiten" nenne.

Es ist in jüngerer Zeit Mode geworden, im Zuge einer sich liberal dünkenden Gesellschaftsauffassung (und eines vulgärkonstruktivistischen Wirklichkeitsverständnisses, vgl. Kap. I.3.), Begriffe wie „Volk" oder „Nation", aber auch „Geschlecht", überhaupt alle nicht selbstgewählten Identitäten, als bloße „Konstruktionen" zu behandeln und zu suggerieren, damit seien sie bar jeder empirischen Realität. Tatsächlich aber verdichten sich in solchen Begriffen soziale Solidaritätserwartungen, die als solche mindestens insofern höchst real sind, als ihre Geltung allgemein unterstellt wird und deshalb das Handeln von Menschen motiviert.

Einer Ideologie, die solche sozialen Erwartungen, sofern sie die Freiheit des Einzelnen beschränken, als prinzipiell illegitim ansieht (es sei denn, der einzelne Betroffene hätte sie explizit bejaht), muss es bequem sein, den Konstruktcharakter hervorzuheben, der *diesen* Begriffen *ebenso* innewohnt wie *jeglichem anderen* Begriff, und sich auf diese Weise vor der Frage zu drücken, *warum* es zum Beispiel Solidaritätserwartungen gibt, die in Begriffe wie „Nation" gefasst werden, und was sie für die Aufrechterhaltung, Stabilisierung und Pazifizierung der Gesellschaft leisten.

Noch freilich hat diese Ideologie sich nicht durchgesetzt, auch wenn ein erheblicher Teil der westlichen Funktionseliten in ihr befangen zu sein scheint. Noch ist das traditionelle Verständnis von „Nation" und daher auch von „Integration" vorherrschend. Das wachsende Gewicht „liberaler" Ideologie lässt sich aber daran ablesen, dass dieses traditionelle Verständnis in offiziellen und seriösen Zusammenhängen nur noch verdruckst und verklausuliert und in liberalem Jargon artikuliert werden kann, und dies selbst dann, wenn die Politik sich anscheinend noch von ihm leiten lässt. So entsteht ein Zwielicht aus Unaufrichtigkeit und Unentschlossenheit, aus Ängstlichkeit und Political Correctness, in dem Begriffe wie „Integration", „Identität", „Nation", „Gesellschaft", „Kultur", „Toleranz" kaum mehr sein können als Worthülsen. Im Folgenden werde ich zeigen, wie findige muslimische Strategen diese Worthülsen mit Inhalten füllen, die den meisten Menschen höchst merkwürdig vorkommen dürften.

Die Mehrheit der Deutschen versteht unter „Integration" mit einer gewissen Selbstverständlichkeit, dass Einwanderer, z.B. aus der Türkei, und ihre Kinder in die deutsche Nation aufgenommen werden: Wenn sie den deutschen Pass annehmen, wechseln sie ihre Nationalität und werden Deutsche. Das betrifft weniger den privaten Lebensstil: Um Deutscher zu sein, muss man weder Schweinshaxen essen noch samstags den Rasen mähen oder vor seinem Haus Gartenzwerge aufstellen, jedenfalls erwartet das niemand, und die meisten Deutschen praktizieren es selbst nicht. Wohl aber betrifft es das, was dem öffentlichen Raum zuzurechnen ist: dass man die deutsche Sprache spricht, dass man die demokratische Rechtsordnung und die ihr zugrunde liegenden Wertentscheidungen akzeptiert, und zwar einschließlich der religiösen Toleranz, der Gleichberechtigung von Mann und Frau, des Verzichts auf private Gewaltanwendung. Vor allem aber: dass man die deutsche Nation als seine *eigene* annimmt!

Dass man unter „Integration" freilich auch etwas ganz anderes verstehen kann, nämlich etwas, das mit den islamischen Abschottungsgeboten durchaus vereinbar ist, demonstrierte der türkische Ministerpräsident Recep Tayyip Erdogan, als er im Frühjahr 2008 Deutschland besuchte, kurz nach der Brandkatastrophe von Ludwigshafen, aus der die türkische Regierung umgehend politisch Kapital zu schlagen versuchte. Er brachte seine Auffassung damals auf die Formel:

„Ja zur Integration – nein zur Assimilation!" [211]

Es lohnt sich, die damaligen Äußerungen Erdogans genauer unter die Lupe zu nehmen, weil sie deutlich machen, wie sehr Einheimische und

---

[211] zit. n. Hans Monath, Es ist unser gemeinsames Land, in: Tagesspiegel vom 9.2.2008

türkische Migranten in verschiedenen geistigen Bezugssystemen zu Hause sind und welche Folgen dieser Umstand für die „Integration" haben muss.

Erdogan, und das macht seine Äußerungen ebenso bedeutsam wie brisant, ist nicht irgendein Politiker, sondern gewählter Repräsentant des Heimatlandes der größten muslimischen Zuwanderergruppe in Deutschland, und deren Zustimmung zu seiner Auffassung von „Integration" schlug sich in frenetischem Beifall zu seiner Rede in der Köln-Arena ebenso nieder wie in der fast vollständigen Abwesenheit jeder öffentlichen Kritik. Man kann seine Ansichten daher keinesfalls als bloße Privatmeinung oder als Wunschdenken abtun.

Als Erdogan damals sagte, die Deutsch-Türken sollten ihre türkische Identität bewahren und sich *„mit ihren Werten integrieren"*[212], da sagte er damit zugleich, welche Identität[213] sie *nicht* annehmen – eine deutsche nämlich – und welche Werte sie nicht akzeptieren sollten – die der deutschen Gesellschaft. Sogar dort, wo er seine Landsleute aufrief, die deutsche Sprache zu erlernen, verknüpfte er diesen Appell mit der Forderung nach türkischen Schulen und Universitäten in Deutschland, denn ein Deutsch-Türke müsse *„zuerst die eigene Sprache beherrschen, bevor er die zweite, also Deutsch, erlernen kann."*[214]

Deutsch als *Zweit*sprache! Es geht also mitnichten um Traditionspflege etwa nach Art der Hugenotten, die bis heute ihr französisches Erbe hochhalten, ansonsten aber stets preußische, später deutsche Patrioten waren, sondern es geht um die bewusste, sogar institutionalisierte Ablehnung des Deutschen als Muttersprache, und zwar in alle Zukunft, untermauert durch den an die Bundeskanzlerin gerichteten denkwürdigen Satz:

„Wenn Sie versuchen, das zu verhindern, dann machen Sie einen Fehler."[215]

Ein Satz, den man kaum anders denn als Drohung verstehen kann.

Erdogan versteht also unter „Integration" die Stabilisierung der deutsch-türkischen Minderheit als Gesellschaft in der Gesellschaft, als Nation in der Nation, als Staat im Staate. Und die „Integration" besteht lediglich darin, dass es sich um einen Staat eben *im* Staate handeln soll.

---

[212] FAZ, 09.2.8, „Unser gemeinsames Land"
[213] Auf die Fragwürdigkeit des Begriffs „Identität" in Verbindung mit dem der Nationalität gehe ich weiter unten ein. Hier übernehme ich der Einfachheit halber Erdogans Begrifflichkeit.
[214] ebd.
[215] ebd.

Stellen wir uns, um Erdogans Verhalten angemessen zu würdigen, einen Moment lang vor, der *armenische* Ministerpräsident würde auf Staatsbesuch in die *Türkei* reisen, in Istanbul eine Massenversammlung mit zwanzigtausend türkischen Armeniern abhalten und diese auffordern, sich auf keinen Fall an die türkische Gesellschaft zu assimilieren, weil Assimilation ein „*Verbrechen gegen die Menschlichkeit*" sei. Der sofortige Abbruch der diplomatischen Beziehungen wäre noch die geringste Folge.

Das türkische Verständnis von Nation und Nationalstaatlichkeit basiert nämlich auf der Vorstellung der vollständigen ethnischen, kulturellen, sprachlichen und religiösen Homogenität der Nation! Von der Toleranz der Türkei gegenüber Minderheiten können etwa Kurden und Armenier ein Lied singen. Die Forderung nach Minderheitenrechten stellt nach türkischem Verständnis einen Anschlag auf die Einheit der Nation dar und gilt als staatsfeindlicher Akt. (Dass Erdogans islamistische Partei mit Rücksicht auf die EU, d.h. aus taktischen Gründen, das Prinzip etwas flexibler handhabt als ihre kemalistischen Vorgänger, bedeutet keineswegs, dass sie es zur Disposition stellen würde.)

Wenn der Regierungschef eines *solchen* Landes an Deutschland eine Forderung stellt, die er, wäre sie an ihn selbst gerichtet, als Kriegserklärung auffassen würde, so ist dies – zumindest der Absicht nach – ein feindseliger Akt, der darauf abzielt, Deutschland politisch zu schwächen, und zwar im Interesse sowohl des Islam im Allgemeinen als auch der Türkei im Besonderen: Kurzfristig geht es offenkundig darum, die Deutsch-Türken als Fünfte Kolonne aufzubauen, die den EU-Beitritt der Türkei unterstützt: In einem politischen System, in dem die Linke und die Rechte sich normalerweise an der Macht ablösen, wie dies für praktisch alle westlichen Demokratien zutrifft, wächst einer Wählergruppe, die sich jenseits des Links-Rechts-Gegensatzes über ethnische Gruppenidentität definiert, die Rolle eines Züngleins an der Waage zu, sofern sie es schafft, sich als nahezu geschlossener Stimmblock zu etablieren; eine solche Gruppe verfügt kraft ihrer strategischen Position über einen Einfluss, der ihr zahlenmäßiges Gewicht bei weitem übertrifft. Orientiert sich eine solche „Schiedsrichter"-Gruppe an den politischen Vorgaben eines fremden Staates, so ist eine verstärkte Abhängigkeit Deutschlands von dessen Interessen die zwangsläufige Folge.

Es ist also ein grundlegender Unterschied, ob man *Individuen* als gleichberechtigt behandelt oder ein *Kollektiv*; ob man *Individuen* integriert oder eine *Gruppe*!

Die Gleichbehandlung und Integration eines *Kollektivs* bedeutet, dass dessen Wertvorstellungen, Sozialnormen, Geschichtsbilder und Vorurteile denselben Anspruch auf politische und gesellschaftliche Legitimität haben wie die der Mehrheitsgesellschaft. Im Falle eines islamischen Kollektivs bedeutet es also dessen problematische Einstellung zu den Rechten der Frau, die Neigung zu autoritärer Erziehung, Antisemitismus, Christenhass, Intoleranz, Gruppennarzissmus und Gewaltkult. Die Konsequenz dieses Anspruches wird, wie oben schon dargelegt, die Gleichberechtigung von Scharia und Grundgesetz sein. Wohin schließlich die „Gleichberechtigung" zweier Kollektive führt, von denen das eine der Gewaltanwendung seiner Mitglieder gegen die Mitglieder der Gegengruppe Vorschub leistet, umgekehrt aber nicht, ist unschwer zu erahnen.

Erdogan ist mindestens ebensosehr *Islamist*, wie er *Nationalist* ist. Sein Auftreten ist geradezu ein Musterbeispiel für das, was ich „National-Islamismus" genannt habe (siehe zweites Kapitel), also für die Konvergenz von nationalistischer und islamistischer Ideologie:

Die islamische Ethik baut auf dem Postulat *muslimischer* Solidarität auf. Das heißt keineswegs, dass man als Muslim mit *allen* muslimischen Völkern *gleichermaßen* solidarisch sein müsste; das Hemd darf einem durchaus näher sein als der Rock. Es bedeutet aber, dass die Loyalität von Muslimen solchen Großgruppen wie Nationen, Völkern, Stämmen etc. nur dann und nur so weit gelten darf, wie diese Gruppen *muslimisch* sind, und das heißt mindestens: wie sie politisch von Muslimen kontrolliert werden. Soweit dies der Fall ist, kollidieren Islamismus und Nationalismus nicht miteinander. Die Solidarität innerhalb der engeren Gruppe, also zum Beispiel der türkischen Nation, erleichtert die Abgrenzung von und gegebenenfalls den Kampf gegen Fremdgruppen. Sofern diese Fremdgruppen nichtmuslimisch sind, wird diese Abgrenzung und dieser Kampf automatisch zum Dschihad, und in diesen Dschihad werden auf dem Umweg des Nationalismus (oder des Tribalismus oder anderer Formen von Großgruppensolidarität) auch solche Muslime einbezogen, die persönlich weniger religiös und am Dschihad nicht interessiert sind.

Nationalismus ist für islamische Gesellschaften also dann eine akzeptable Ideologie, wenn die Nation eine *Teilmenge* der islamischen Umma ist. Das europäische Konzept dagegen, Nationen unabhängig von der Religion ihrer Mitglieder zu definieren, wurde zwar in der islamischen Welt rezipiert und war zeitweise sogar dominant. Mit fortschreitender Dauer der Rezeption wurde dieser Nationalismus aber immer stärker islamisch eingefärbt – und das heißt: an die in muslimischen Gesellschaften geltenden kulturellen Selbstverständlichkeiten angepasst –, bis er zur Waffe des Dschihad taugte.

Wenn Erdogan also das Aufgehen der türkischen Minderheit in der deutschen Nation um jeden Preis verhindern will, dann geht es nicht einfach, und wahrscheinlich nicht einmal in erster Linie, um die Durchsetzung türkischer *Staats*interessen. Es geht um die Durchsetzung des islamischen Gesellschaftsmodells, und zwar zu Lasten der säkularen europäischen Zivilisation.

Solche Strategien sind realistisch, weil sie auf die Mentalität von Muslimen zugeschnitten sind: Sich einer *nichtislamischen* Nation anzuschließen gilt als derart unsittlich, dass die meisten eingebürgerten Türken Wert auf die Feststellung legen, sie seien – ungeachtet ihrer Staatsangehörigkeit – keine Deutschen.[216]

Es ist bezeichnend, wie häufig im Zusammenhang mit dem Beitritt von Muslimen zur deutschen Nation das Wort von der „Identität" fällt, die man verlieren, zumindest aber verbiegen würde, wenn man sich einfach als Deutscher bezeichnete. Seine Identität verlieren bedeutet aber: ein anderer Mensch werden. Für Millionen von Europäern, die im Laufe der letzten zweihundert Jahre ausgewandert sind (z.B. nach Amerika), war der Wechsel der Staatsangehörigkeit sicherlich auch ein bedeutender Schritt, der immerhin von einer politischen Solidargemeinschaft in eine andere führte und den Einzelnen damit in einen anderen sozialen (Erwartungs-)Kontext stellte; der aber, und das ist entscheidend, die Integrität der Persönlichkeit, das Selbst, eben die *Identität*, überhaupt nicht betraf.

Wenn Muslime daher die Zugehörigkeit zu einer politischen Solidargemeinschaft – einer Nation – zur *Identitäts*frage erheben, dann drückt sich darin eine ganz bestimmte, eine spezifisch muslimische Auffassung des Verhältnisses von Individuum zu Kollektiv aus: Wir hatten gesehen, dass das Christentum vom Individuum und seiner Hinwendung zu Gott ausgeht und gewissermaßen erst im zweiten Schritt den Glauben in Gestalt eines sozialen Systems als Religion objektiviert; dass andererseits der Islam von

---

[216] Selbst eine profilierte Islamkritikerin wie Seyran Ates, fürwahr keine Nationalistin und schon gar keine Islamistin, sondern eine engagierte Demokratin, bringt es nicht fertig, „sich selbst eine Deutsche zu nennen" sondern zieht es vor, sich als „Deutschländerin" zu definieren. Würde sie sich „Deutsche" nennen, so hieße das „Nicht-Türkin". „Deutschländer" dagegen ist das Wort für Türken in Deutschland. Seyran Ates, Der Multikulti-Irrtum – Wie wir in Deutschland besser zusammenleben können, Berlin 2007; eine kritische Analyse ihres Ansatzes habe ich im Internet veröffentlicht unter: http://www.korrektheiten.com/2008/05/17/seyran-ates-der-multikulti-irrtum/

vornherein als soziales System konzipiert ist. Der Einzelne zählt in einem solchen Zusammenhang als Teil der Gemeinschaft, nicht als Individuum.

Wenn man ein *solches* Menschen- und Gesellschaftsbild hat, *und nur dann*, ist der Wechsel der Nationalität, sofern er mehr als ein äußerer Rechtsakt sein soll, tatsächlich eine Beeinträchtigung der persönlichen Integrität. Wir brauchen uns also keineswegs zu wundern, dass Erdogan bejubelt wurde für seinen Satz, Assimilation sei ein Verbrechen gegen die Menschlichkeit. Eher müssen wir uns über die Naivität wundern, mit der hierzulande viele Menschen, einschließlich der verantwortlichen Politiker, diese Mentalität ignorieren und davon ausgehen, der Wechsel der Staatsangehörigkeit mache aus Türken Deutsche (wenigstens auf lange Sicht), und stärke ihr Gefühl der Zugehörigkeit zur deutschen Nation. Und erschreckend ist die Leichtfertigkeit, mit der man über die Implikationen des Begriffs „Identität" hinweggeht und eine Gruppe von untereinander solidarischen Immigranten in eine Gesellschaft von Einheimischen pflanzt, die sich bewusst abgewöhnt haben, das eigene Volk als Solidargemeinschaft zu betrachten. Es fällt schwer, ein solches Maß an Einfalt für glaubwürdig zu halten, speziell bei *Politikern,* deren Beruf es schließlich ist, mit organisierten Gruppen von Menschen umzugehen, und die schon deshalb wissen müssten, dass eine solidarische *Gruppe* sich gegen eine unsolidarische bloße *Menge* von Menschen stets durchsetzen wird.

Schwer zu verstehen ist auch, wie es Menschen geben kann, die glauben, es sei integrationsfördernd, wenn das deutsche Volk seine *eigene* Kollektividentität (im Sinne seiner Eigenschaft als Wir-Gruppe) als Peinlichkeit behandelt. (Wobei es sich nicht einfach um ein deutsches Phänomen handelt, auch wenn viele Deutsche das glauben: Vergleichbares ist in allen westlichen Ländern zu beobachten; der Selbsthass westlicher Völker nimmt allmählich skurrile Züge an, und die junge Deutsche, die von Seyran Ates mit dem Satz zitiert wird, nun habe sie Kultur, weil sie einen kurdischen Freund habe,[217] findet ihre Entsprechung in der von Robert Spencer zitierten jungen Amerikanerin, die weiße Menschen grundsätzlich für geborene Bösewichter hält.[218])

Es kann niemanden ernsthaft wundern, dass Menschen, die die Zugehörigkeit zu einer Gemeinschaft mit ausgeprägtem Wir-Gruppen-Bewusstsein gewöhnt sind, es ausgesprochen unattraktiv finden, sich Völkern anzuschließen, in denen es als öffentliche Tugend gilt, das eigene Volk und

---

[217] Seyran Ates, a.a.O., S.15
[218] Robert Spencer, Religion of Peace?: Why Christianity Is and Islam Isn´t, Washington D.C. 2007, S. 2

dessen Leistungen schlechtzureden und Patriotismus als voraufklärerischen Aberglauben abzutun.[219] Doch selbst wenn die Völker Europas ihre Wir-Gruppen-Identitäten stärker herauskehren würden, müsste man allein aufgrund ihres nichtislamischen Charakters bezweifeln, dass Muslime in größerer Zahl sich mit ihnen identifizieren könnten.

Was man sich unter „Integration" vorzustellen hat, wenn sie nicht als Integration von gleichberechtigten *Bürgern* zu verstehen ist, sondern als Integration einer *Gruppe,* und zwar einer *muslimischen* Gruppe, sei schließlich anhand eines Forderungskataloges[220] demonstriert, den die Türkische Gemeinde Deutschland (TGD) am 1. März 2008, kurz nach dem denkwürdigen Besuch Erdogans veröffentlicht hat.

Manch einer wird jetzt fragen, ob ich der TGD damit nicht zu viel Ehre erweise. Schließlich gilt sie selbst bei den Grünen – und das will fürwahr etwas heißen – als eine Organisation, deren Vereinszweck das Jammern sei[221] und im Übrigen als typische Lobby-Organisation, die nicht zuletzt darauf aus sei, ihre eigene Unentbehrlichkeit zu beweisen. Außerdem sei sie doch gerade keine im engeren Sinne islamistische Vereinigung, sondern folge einer eher nationalistischen Agenda.

Genau dieses Letztere ist aber der springende Punkt: Zu zeigen, dass *Islamisten* Dschihad treiben, wäre trivial. Ich dagegen behaupte, dass auch Anhänger scheinbar säkularer Ideologien aufgrund ihrer islamisch geprägten Mentalität Ziele verfolgen, deren Verwirklichung die Islamisierung nichtislamischer Länder vorantreibt. Wenn sich dies tatsächlich so verhält, dann müsste sich dieser Zusammenhang auch in den Selbstzeugnissen von muslimischen Organisationen mit *säkularem,* zumindest aber nicht ausgeprägt religiösem, Selbstverständnis nachweisen lassen.

Ich werde mit Blick auf die TGD zeigen, dass islamisch-dschihadistische Denkmuster unter einer dünnen Tünche aus „Säkularität" nach wie vor wirksam sind, und damit weiteres Mal belegen, wie irreführend es ist, „radikal zwischen Islam und Islamismus unterscheiden" zu wollen, oder Nationalismus und Islamismus analytisch als Gegensätze aufzufassen statt als Ergänzungen.

---

[219] Und es ist bezeichnend, dass der einzige Lebensbereich, in dem muslimische Immigranten mit einer deutschen Identität zumindest liebäugeln, ausgerechnet – Fußball ist! Es scheint mir plausibel, dass dies damit zusammenhängt, dass Fußball der einzige Lebensbereich ist, in dem deutscher Nationalismus gesellschaftlich akzeptiert ist.
[220] Türkische Gemeinde Deutschland, Nach den Brandanschlägen muss es eine Neuausrichtung der Politik geben, http://www.tgd.de/index.php?name=News&file=article&sid=787
[221] vgl. Mechthild Küpper, Ein Fest des Jammertürkentums, in: faz.net vom 26.3.2009

Vielmehr illustriert die Analyse meine These von der Verankerung des politischen Islam im System der kulturellen Selbstverständlichkeiten. Es handelt sich also nicht um eine Ideologie, die man sich bewusst aneignet, von der man sich mithin auch durch einen bloßen Willensakt wieder abwenden könnte, sondern um eine ideologische Vorprägung, die dem eigentlichen politischen Denken vorausgeht und ihm die Richtung weist.

„*NACH DEN BRANDANSCHLÄGEN MUSS ES EINE NEUAUSRICHTUNG DER POLITIK GEBEN*

Nach einer Reihe von Brandanschlägen, brachte der Vorsitzende der Türkischen Gemeinde in Deutschland (TGD), Kenan Kolat, die ernsthaften Sorgen der türkeistämmigen Bewohner/innen Deutschlands zum Ausdruck und verlangte eine Neuausrichtung der Integrationspolitik.

Kolat stellte folgende Grundsätze für einen neuen Ansatz in der Integrationspolitik vor:

1. Die Sicherheitskräfte müssen intensiver vorbeugend tätig werden.

Die Sicherheitskräfte in der Bundesrepublik müssen ihre vorbeugende Tätigkeit intensivieren. Zur Stärkung des Vertrauens der türkeistämmigen Bevölkerung muss die Zusammenarbeit der Sicherheitskräfte mit Organisationen der türkischstämmigen Community ausgebaut werden. In diesem Zusammenhang müssen mehr Menschen mit Migrationshintergrund ausgebildet und eine 10-%-Einstellungsquote umgehend eingeführt werden.

2. Es muss gegenseitiges Vertrauen hergestellt werden.

Die Führungspersönlichkeiten der deutschen und der türkischstämmigen Gesellschaft müssen ihre Beziehungen intensivieren und Zeichen für ein friedliches Zusammenleben gemeinsam setzen. Der von Menschen mit Migrationshintergrund für diese Gesellschaft geleistete und zu leistende Beitrag muss hervorgehoben werden. Um diesen Beitrag zu steigern, müssen öffentliche Institutionen die notwendige Unterstützung leisten.

3. Anstelle einer sog. Integration müssen gleiche Rechte und Partizipation im Vordergrund stehen.

Wo es keine Partizipation gibt, fühlen sich die Menschen ausgegrenzt. Wenn das System die Menschen nicht einbezieht, nehmen diese das System nicht an.

Deshalb ist die politische Partizipation von herausragender Bedeutung. In diesem Kontext sind den Menschen mit Migrationshintergrund das kommunale Wahlrecht und die Mehrstaatigkeit unbedingt zu gewähren. Kulturelle Partizipation wird die Menschen in die Lage versetzen, ihre kulturellen Werte in eine positive Richtung weiterzuentwickeln. In diesem Zusammen-

hang ist es notwendig, dass die türkische Sprache an den Schulen gelehrt und Türkisch als 2. Fremdsprache bis zum Abitur angeboten wird; es muss auf jegliches Sprachverbot an Schulen verzichtet werden. Auch ist Islam-Unterricht an Schulen Teil der kulturellen Partizipation.

Bildungspartizipation ist unverzichtbar. Leider lässt der Bildungserfolg türkischstämmiger Kinder und Jugendlicher viel zu wünschen übrig. Das hat verschiedene Ursachen. Das Bildungssystem in seiner heutigen Form verhindert den Bildungserfolg von Kindern mit Migrationshintergrund.

Auch die Partizipation am Ausbildungs- und Arbeitsmarkt ist in den letzten Jahren rückläufig. Die Türkische Gemeinde in Deutschland fordert eine 10-%-Quote am Ausbildungs- und Arbeitsmarkt.

4. Es muss ein politischer Ehrenkodex verabschiedet werden.

Es muss Schluss sein mit der Instrumentalisierung von Migrant/innen in Wahlkämpfen. Um dies zu gewährleisten, sollten alle Parteien und Organisationen sich auf einen „politischen Ehrenkodex" einigen und diesen abzeichnen. Verstöße dagegen müssen öffentlich gemacht werden.

5. Programme zur Bekämpfung von Rassismus müssen weiterentwickelt werden.

Die öffentlich geförderten Programme zur Bekämpfung von Rassismus und Fremdenfeindlichkeit müssen ausgeweitet, ihre Resultate öffentlich diskutiert werden. Darüberhinaus müssen die Migrantenorganisationen in die Konzeption aktiv eingebunden werden und an Schulen interkulturelles Leben als Pflichtfach eingeführt sowie internationale Austauschprogramme zum gegenseitigen Kennenlernen entwickelt werden."

Der Text beginnt bereits mit einer Unwahrheit, nämlich mit der Behauptung, es habe „eine Reihe von Brandanschlägen" gegeben.[222] Wir haben es hier mit derselben Auffassung von „Wirklichkeit" zu tun, die uns bereits im

---

[222] Die taz schrieb am 1.3.2008 unter dem Titel „Türkische Medien schüren Angst" auch über die Pressekonferenz der TGD: „Die Fast-Entwarnung aus Ludwigshafen hat nichts bewirkt. Dort hatte am Donnerstagnachmittag die Staatsanwaltschaft verkündet, dass der verheerende Brand, bei dem neun DeutschtürkInnen starben, wahrscheinlich nicht absichtlich gelegt worden sei. Dennoch lud am Freitag die Türkische Gemeinde in Deutschland (TGD) zur Pressekonferenz. Der Titel der Veranstaltung: „Nach den Brandanschlägen muss es eine Neuausrichtung der Politik geben." (...) Seit Ludwigshafen habe es 17 Brände in Häusern gegeben, die von Türken bewohnt werden, sagte der Vorsitzende der TGD, Kenan Kolat, und zählte die Orte und Daten der Brände auf. (...) Allerdings räumte der TGD-Vorsitzende selbst umgehend ein, dass es bundesweit täglich rund 500 Brände gebe – und nur auf einen von ihm genannten 17 Feuer gehe nachweislich auf Brandstiftung mit rassistischem Hintergrund zurück. Dies war der Anschlag im hessischen Dautphetal bei Marburg, bei dem niemand verletzt wurde." Bleibt nachzutragen, dass bei dieser von unbekannten Tätern unter höchst seltsamen Begleitumständen verübten Brandstiftung am 19.2.2008 in Dautphetal bei Marburg ein rechtsradikaler Hintergrund zwar vermutet, aber nicht bewiesen wurde.

Koran begegnet ist. Diese Technik, einem Geschehen den islamisch korrekten Dreh zu geben und sich damit die Deutungshoheit zu sichern, habe ich oben im Abschnitt über Geschichtsbilder schon beschrieben. Diese Unfähigkeit zur Akzeptanz bestimmter Tatsachen ist für Muslime eine kulturelle Selbstverständlichkeit und ihnen selbst daher normalerweise nicht bewusst. Insofern handelt es sich nicht um eine Lüge im Sinne einer aktiven und bewussten *Tat,* sondern um Lüge im Sinne einer ideologischen *Struktur!* Der Hinweis auf die angeblichen Brandanschläge dient nicht etwa als *Argument* für die Richtigkeit der eigenen Forderungen, sondern dazu, sich als „Opfer" zu stilisieren (dessen Forderungen abzulehnen mithin unmoralisch wäre). All das funktioniert natürlich nur gegenüber einer Gesellschaft, die den von Muslimen beanspruchten Opferstatus nicht hinterfragt.

„Zur Stärkung des Vertrauens der türkeistämmigen Bevölkerung [in die Sicherheitskräfte]..."

Wenn man einen Deutschen fragt, ob er „Vertrauen" in die Polizei hat, bedeutet das: Glauben Sie, dass die Polizei sich an Recht und Gesetz hält? Eine Frage, die dem im westlichen Kulturkreis üblichen formalen Rechtsverständnis entspricht und von den meisten Deutschen bejaht wird.

Ein islamisches Rechtsverständnis dagegen fasst Recht primär nicht als (formale) Gesetzlichkeit auf, sondern als (materielle) Gerechtigkeit, welche Gerechtigkeit – da von Allah gewollt – darin besteht, dass Muslime herrschen und Nichtmuslime beherrscht werden. Wenn man sich dies nicht bewusst macht, kann man nicht verstehen, warum die deutsche Polizei bei „Deutschländern" kaum Vertrauen genießt, und zwar ungeachtet des ausgeklügelten Normensystems, dem sie folgt; die türkische dagegen, die offenkundig die Menschenrechte systematisch missachtet, sehr wohl.

Die meisten Muslime können kein Vertrauen in das deutsche Recht und die deutsche Polizei haben, weil sie – und diese Annahme gehört zu den kulturellen Selbstverständlichkeiten – davon ausgehen, dass die Menschheit in einander feindliche Kollektive geteilt und Recht per se ein Mittel ist, mit dem ein Kollektiv das andere niederhält. Dasselbe gilt für den dieses Recht durchsetzenden Staatsapparat, der nicht von Muslimen kontrolliert wird, diesen mithin feind sein muss. Wenn also Türken, oder überhaupt Muslime, häufiger zum Gegenstand polizeilicher Maßnahmen werden als Einheimische, dann liegt dies aus ihrer Sicht keineswegs an dem – erwiesenermaßen, siehe oben – höheren Kriminalitätspegel in diesen Bevölkerungsgruppen, sondern an der Feindseligkeit der deutschen Polizei. Es ist nicht etwa ein vorwerfbares Versäumnis, sondern die notwendige Folge dieses Weltbildes, dass die TGD keinen Vorschlag macht, wie man speziell türkische Jugendliche von der schiefen Bahn abhalten könnte, sondern fordert:

„... *muss die Zusammenarbeit der Sicherheitskräfte mit Organisationen der türkischstämmigen Community ausgebaut werden.*"

Die deutsche Polizei soll mit diesen Organisationen zusammenarbeiten – *nicht umgekehrt!* Sie soll den Wünschen dieser Organisationen Rechnung tragen – im Gegenzug *dafür* erntet sie dann vielleicht „Vertrauen" bei der türkischstämmigen Bevölkerung.

Im Klartext heißt das: Die Türkische Gemeinde in Deutschland und vergleichbare Verbände sollen in die Arbeit der Polizei hineinreden dürfen. Machen wir uns klar, dass dieses Privileg keiner Gewerkschaft, keiner Kirche, keiner Partei oder sonstigen Organisation zugestanden wird. Grundlage und Rechtfertigung dieser Forderung ist lediglich die Tatsache, dass Türken – nicht aber Gewerkschafter oder Kirchgänger – unter den Kriminellen überrepräsentiert sind.

Dies entspricht dem klassischen Muster dschihadistischer Arbeitsteilung: Die einen Muslime verursachen das Problem, die anderen bieten sich als Lösung an. Das Prinzip „Gebt uns Macht, dann schützen wir Euch vor unseren marodierenden Glaubensbrüdern" sicherte schon die Loyalität der Dhimmis zu Kalifen, Emiren und Sultanen gegen räuberische Beduinen. Offenbar soll es heute die deutsche Polizei den Wünschen türkischer Verbände öffnen, die „ihre" Kriminellen besser unter Kontrolle zu bringen versprechen und auf diese Weise ganz nebenbei, sozusagen unabsichtlich, Einblick in und Einfluss auf den Staatsapparat gewinnen.

„*In diesem Zusammenhang müssen mehr Menschen mit Migrationshintergrund ausgebildet und eine 10-%-Einstellungsquote umgehend eingeführt werden.*"

Es genügt nicht, dass die Tür geöffnet wird („Zusammenarbeit"), man will sicherheitshalber den Fuß darin haben. Die Forderung bedeutet außerdem, dass die Polizei gegebenenfalls besser qualifizierte deutsche Bewerber ablehnen soll, damit die Quote erfüllt wird – also eine Vorzugsbehandlung der Migranten und eine Diskriminierung der Einheimischen.

Beachtenswert ist die *Höhe* der Forderung: 10 Prozent ist mehr als doppelt so viel, wie dem Anteil Türkischstämmiger an der Bevölkerung entspricht (und aus dem Kontext – „türkeistämmige Bevölkerung", „türkische

Community" – ergibt sich ja, dass hier entgegen dem Wortlaut eine *Türken*quote gemeint ist, nicht eine *Migranten*quote).

Wie würde das in der Praxis aussehen? Diese Quotenpolizisten würden sich in Vierteln mit entsprechender ethnischer Zusammensetzung konzentrieren (anderswo braucht man sie ja nicht) und dort die Mehrheit stellen, mithin auf den Polizeirevieren den Ton angeben, ungefähr so, wie es die muslimischen Jugendlichen in den Klassenzimmern und auf den Straßen einschlägiger Stadtteile bereits tun. Die Besetzung sozialer Räume geht auch hier Hand in Hand mit der geographischer Räume, und sie funktioniert mit demselben Mittel der Schwerpunktbildung. Im Falle der Polizei liefe es auf die Schaffung eines türkischen Korps innerhalb des deutschen Polizeiapparates hinaus.

„*Die Führungspersönlichkeiten der deutschen und der türkischstämmigen Gesellschaft müssen ihre Beziehungen intensivieren.*"

Wir haben also *zwei Gesellschaften*, eine deutsche und eine türkische, und beide haben „Führungspersönlichkeiten". Herr Kolat sieht sich auf Augenhöhe mit der Bundeskanzlerin.

Hier ist wieder einmal *nicht* von Integration die Rede, sondern davon, dass die Beziehungen zwischen Deutschen und „Deutschländern" denen zwischen Staaten ähneln sollen, und zwar zwischen *gleichberechtigten* Staaten. Wir erkennen darin nicht nur die Ideologie, Menschen nur im Kollektiv wahrzunehmen (eine Ideologie, die übrigens auch dem osmanischen Millet-System zugrunde lag, Türken daher besonders naheliegen dürfte), sondern auch den oben beschriebenen Versuch, die Selbstdefinition des Gemeinwesens zu manipulieren: Kein Nationalstaat, sondern ein Staat, der *beiden* „Gesellschaften" gehört.

„*Der von Menschen mit Migrationshintergrund für diese Gesellschaft geleistete ... Beitrag muss hervorgehoben werden.*"

Es geht darum, Legenden der Art „Die Türken haben unser Land aufgebaut" unters Volk zu streuen, ganz im Sinne von Amr Khaleds oben zitierter Forderung, Muslime müssten demonstrieren, wie „respektabel und erfolgreich sie sind". Und wenn sie das nun einmal nicht *sind*, sollen die Einheimischen wenigstens *glauben*, sie *seien* es, und diese Behauptung möglichst noch selber verbreiten.

Immerhin ist auch vom „zu leistenden Beitrag" die Rede. Man ist also der Meinung, man hätte einen Beitrag zu leisten. Und wie soll das geschehen?

„*Um diesen Beitrag zu steigern, müssen öffentliche Institutionen die notwendige Unterstützung leisten.*"

Der „Beitrag" hängt davon ab, dass der Staat Steuergelder investiert.
„Anstelle einer sog. Integration..."
Es gibt zwei Sorten von Integration: eine bloß „sogenannte", also die von den Deutschen favorisierte Aufnahme von bisherigen Türken in die deutsche Nation, und eine, die im Unterschied dazu die richtige bzw. überhaupt keine ist, nämlich die von der TGD vorgeschlagene.

„... müssen gleiche Rechte und Partizipation im Vordergrund stehen. Wo es keine Partizipation gibt, fühlen sich die Menschen ausgegrenzt."
Wohlgemerkt: Hier ist von *Nicht*-Staatsbürgern die Rede, nicht etwa von Deutschen türkischer Herkunft, denn die *haben* ja gleiche Rechte wie alle andern Staatsbürger auch – und es wird auch niemandem schwer gemacht, die deutsche Staatsangehörigkeit zu erwerben. Dass *Nicht*-Staatsbürger *nicht* die gleichen politischen Rechte haben wie Staatsbürger, ist keine „Ausgrenzung", sondern eine Selbstverständlichkeit, und zwar überall auf dem Globus. Und ganz gewiss in der Türkei.

„Wenn das System die Menschen nicht einbezieht, nehmen diese das System nicht an."
Mit diesem „System" ist offenbar das politische und gesellschaftliche System der Bundesrepublik Deutschland gemeint. Was soll das bedeuten, dass „die Menschen das System nicht annehmen"? Kriminalität, Gewalt, Terrorismus?

Die Gewalttätigkeit der eigenen Glaubensbrüder auch dort einzuplanen, wo sie selbst nach islamischen Maßstäben illegal ist, aus der Angst der „Ungläubigen" vor eben dieser Gewalttätigkeit aber Vorteil zu ziehen, gehört zu den klassischen Strategemen von Dschihadisten und ist vierzehnhundert Jahre lang erprobt worden.

„Deshalb ist die politische Partizipation von herausragender Bedeutung. In diesem Kontext sind den Menschen mit Migrationshintergrund das kommunale Wahlrecht und die Mehrstaatigkeit unbedingt zu gewähren."
Das Ziel deutscher Integrationspolitik ist, so vielen hier lebenden Migranten wie möglich die deutsche Staatsangehörigkeit zu gewähren – aber als ausschließliche, nicht als eine von mehreren. Dem liegt der Gedanke zugrunde, dass die Rechte eines deutschen Staatsbürgers nur derjenige haben soll, dessen politische Loyalität Deutschland gilt, nicht aber der Türkei oder der türkischen Gemeinschaft in Deutschland, auch nicht der Umma und erst recht nicht dem Dschihad.

Für viele Muslime – und gerade für die türkischstämmigen unter ihnen, ist es aber, wie gezeigt, undenkbar, sich als „deutsch" zu verstehen. Die Forderung nach „Mehrstaatigkeit" für Menschen, die sich auf die Stirn schreiben, dass sie niemals die deutsche Nation als ihre eigene annehmen werden, bedeutet im Klartext: Die Republik soll anerkennen, dass Muslime ein Recht auf Illoyalität haben. Diese Forderung entspricht exakt der islamrechtlichen Auffassung der Loyalitätspflichten von Muslimen gegenüber nichtislamischen Gemeinwesen – nämlich dass es solche Pflichten nicht gibt. Mit den Prinzipien, auf denen demokratische Nationalstaaten beruhen, ist sie unvereinbar.

„*Kulturelle Partizipation wird die Menschen in die Lage versetzen, ihre kulturellen Werte in eine positive Richtung weiterzuentwickeln.*"

Ihre kulturellen Werte. Es geht also nicht etwa um einen wie auch immer gearteten *Austausch* kultureller Werte. Vor allem geht es *nicht* darum, sich die kulturellen Werte *Deutschlands bzw. des Westens* anzueignen. Was hat es zu bedeuten, wenn unter dem Leitthema „Kulturelle Partizipation" – zu Deutsch: Teilhabe – gerade *nicht* die Teilhabe an der westlichen Kultur propagiert wird? Ist das nicht ein grotesker Widerspruch?

Keineswegs. *Es bedeutet lediglich, dass nicht die Muslime an der deutschen Kultur teilhaben sollen, sondern die Deutschen an der muslimischen.* Völlig widerspruchsfrei, völlig logisch und absolut im Einklang mit islamisch fundierten kulturellen Selbstverständlichkeiten. Wobei wir die Werte, die hier als „kulturelle" umschrieben werden, getrost als religiöse betrachten dürfen. Natürlich gibt es in unterschiedlichen islamischen Ländern unterschiedliche Kulturen, aber die Werte, um die es geht, sind die islamischen, und die unterscheiden sich nicht im Grundsatz, allenfalls im Detail. (Da ist es auch nur folgerichtig, wenn es ein paar Zeilen später, aber im selben gedanklichen Kontext heißt: „*Auch ist Islam-Unterricht an Schulen Teil der kulturellen Partizipation.*")

Damit ist auch klar, welcher Gedanke hinter der scheinbar so wolkigen Formulierung von der „positiven Richtung" steht, in die diese „kulturellen Werte ... weiterzuentwickeln" sind: Die „kulturellen Werte" sind die islamischen, die „Weiterentwicklung" ist deren Verbreitung, die „positive Richtung" ist die in die deutsche Gesellschaft hinein, und die „kulturelle Partizipation" heißt, dass die Deutschen dies gutheißen. Was hier – gar nicht einmal verdeckt – gefordert wird, ist die Islamisierung Deutschlands.

Man versucht nicht einmal, die deutsche Gesellschaft davon zu überzeugen, dass sie daran ein Interesse haben soll – es wird ganz einfach vorausgesetzt, wiederum aufgrund kultureller Selbstverständlichkeiten, dass *jedermann* ein Interesse haben *muss*, mit islamischer Religion und Kultur beglückt zu werden. Genau dies hören Muslime übrigens heraus, wenn deutsche Politiker die Floskel von der „kulturellen Bereicherung" verwenden, die Deutschland angeblich der Masseneinwanderung von Muslimen verdanke. Insofern sollte man ihnen keinen Vorwurf daraus machen, dass sie subjektiv ganz aufrichtig davon überzeugt sind, den Deutschen – und überhaupt den Europäern – mit der Islamisierung etwas Gutes zu tun. Deren gewählte Repräsentanten behaupten schließlich nichts anderes.

„In diesem Zusammenhang ist es notwendig, dass die türkische Sprache an den Schulen gelehrt und Türkisch als 2. Fremdsprache bis zum Abitur angeboten wird; es muss auf jegliches Sprachverbot an Schulen verzichtet werden."

Deutlicher kann man kaum ausdrücken, dass es nicht nur um die Erhaltung kultureller Werte geht, sondern um die Erhaltung der türkischen Gemeinschaft als eine von der deutschen Gesellschaft getrennte und ihr korporativ gegenüberstehende Gruppe. Zugleich geht es darum, die Selbstdefinition der deutschen Gesellschaft im Sinne einer multikulturellen, mindestens aber binationalen, zu festigen, und dies nicht auf der Ebene politischer Programme und Verlautbarungen: Wie immer in der Geschichte der Islamisierung geht es darum, die gewünschte Veränderung im Selbstverständnis einer Gesellschaft zur alltäglich erfahrbaren Wirklichkeit zu machen – und was wäre alltäglicher als die Umgangssprache?

Da Islamisierung nur zum geringsten Teil auf der *Konversion* von ethnisch deutschen ehemaligen Christen (oder Agnostikern oder Atheisten) basiert, stellt das Selbstverständnis der Nation als „deutsch" ihrer Islamisierung praktisch unüberwindliche Hindernisse in den Weg. Sie muss sich, um islamisierbar zu sein, als mindestens zum Teil „türkisch" definieren, zumindest aber nicht als deutsch.

„Leider lässt der Bildungserfolg türkischstämmiger Kinder und Jugendlicher viel zu wünschen übrig. Das hat verschiedene Ursachen."

„Verschiedene Ursachen" – ein Ansatz zur Selbstkritik? Nicht doch:

„Das Bildungssystem in seiner heutigen Form verhindert den Bildungserfolg von Kindern mit Migrationshintergrund."

Hier vereinen sich zwei Ideologien in Harmonie: Die linke, wonach am Misserfolg nicht derjenige schuld ist, der ihn hat, sondern „die Gesellschaft". Und die islamische, wonach an Misserfolgen von Muslimen niemals sie selbst schuld sind, sondern die „Ungläubigen". Da die Anhänger beider Ideologien einander bestärken, werden wir weder von den einen noch von den anderen jemals eine plausible Begründung dafür hören, warum ausgerechnet das kostenlos jedermann offenstehende deutsche Bildungssystem „den Bildungserfolg von Kindern mit Migrationshintergrund verhindert".

„Auch die Partizipation am Ausbildungs- und Arbeitsmarkt ist in den letzten Jahren rückläufig. Die Türkische Gemeinde in Deutschland fordert eine 10-%-Quote am Ausbildungs- und Arbeitsmarkt."

Wieder diese ominöse Zehn-Prozent-Quote! Türkischstämmige Jugendliche haben es in der Tat schwer, auf dem Arbeitsmarkt Fuß zu fassen, was aber überwiegend diejenigen betrifft, die keinen oder nur einen schlechten Schulabschluss vorweisen können. Die TGD geht offenbar davon aus, dass dies auch in Zukunft so sein wird, schlägt jedenfalls nichts vor, was diesem misslichen Zustand abhelfen könnte. Stattdessen sollen Arbeitgeber gezwungen werden, unzureichend qualifiziertes Personal einzustellen und Türken allein aufgrund ihrer Nationalität ohne bzw. gegen unzureichende Gegenleistung zu alimentieren. Die Ideologie die hinter solchen Forderungen steht, ist uns mittlerweile vertraut: Sie lautet, dass es nicht unmoralisch ist, wenn Muslime die „Ungläubigen" schröpfen. Unmoralisch ist lediglich, wenn Jene sich dagegen wehren.

„Es muss Schluss sein mit der Instrumentalisierung von Migrant/innen in Wahlkämpfen. Um dies zu gewährleisten sollten alle Parteien und Organisationen sich auf einen ‚politischen Ehrenkodex' einigen und diesen abzeichnen. Verstöße dagegen müssen öffentlich gemacht werden."

Migranten, gemeint sind: Muslime, speziell Türken, dürfen nicht kritisiert werden. Wer es doch tut, wird an den Pranger gestellt. Die deutschen Parteien haben auf die Meinungsfreiheit zu verzichten. Ungewöhnlich, selbst für Lobbyisten, ist die Dreistigkeit und Offenheit, mit der dies gefordert wird. Wie wir gesehen haben, stammt dieses Kritikverbot aus dem klassischen Katalog der Dhimmitude.

„Die öffentlich geförderten Programme zur Bekämpfung von Rassismus und Fremdenfeindlichkeit müssen ausgeweitet, ihre Resultate öffentlich diskutiert werden. Darüberhinaus müssen die Migrantenorganisationen in die Konzeption aktiv eingebunden werden ..."

Wieder geht es, wie beim Eindringen in den Polizeiapparat, darum, Einfluss auf staatliches Handeln zu gewinnen, diesmal aber mit dem Ziel, die Meinungsfreiheit einzuschränken und die weltanschauliche Neutralität des Staates zu verletzen.

Eines muss nämlich deutlich gesagt werden: Die Selbstverständlichkeit, mit der die deutsche Öffentlichkeit hinnimmt, dass ihr Staat, seinem Selbstverständnis nach immer noch ein demokratischer Rechtsstaat, solche Dinge wie den „Kampf gegen Rassismus und Fremdenfeindlichkeit" regierungsamtlich zu Staatszielen erhebt, zeugt von einer gefährlichen Erosion demokratischen Bürgersinnes:

Demokratische Konzeptionen von Politik beruhen stets auf der Idee, dass das Volk den Staat kontrolliert, nicht etwa umgekehrt. Dass es dem Staat deshalb grundsätzlich verboten ist, in die politische Willensbildung des Volkes einzugreifen. Die Bekämpfung von Meinungen und die Verteilung moralischer Zensuren von Staats wegen ist mit einem demokratischen Staatsverständnis daher schlechterdings unvereinbar.

Der einzige Rechtstitel, unter dem dergleichen überhaupt in *Betracht* kommen kann, ist im deutschen Verfassungsrecht die Konzeption der „wehrhaften Demokratie", also der Gedanke, dass der Staat den Missbrauch von Bürgerrechten unterbinden darf. „Missbrauch" ist derjenige Gebrauch von Bürgerrechten, der dem Kampf gegen die verfassungsmäßige Ordnung dient, die die Bürgerrechte selbst gewährleistet. Unter Berufung auf dieses Konzept darf der Staat weitreichende Eingriffe in die Bürgerrechte vornehmen (Organisationsverbote, Versammlungsverbote, Publikationsverbote, sogar die Verwirkung von Grundrechten können dazu zählen), muss sich dann aber auch *der verfassungsrechtlichen Kontrolle unterwerfen.*

Nichts von alldem gilt für den vielzitierten „Kampf gegen Rassismus und Fremdenfeindlichkeit". Dieser Kampf gilt nämlich nicht bestimmten Handlungen, sondern bloßen Meinungen. Er dient nicht dem Schutz der verfassungsmäßigen Ordnung, sondern der Interessen bestimmter Minderheiten. Er entzieht sich der rechtlichen Kontrolle, indem er zwar objektives Verfassungsrecht, nicht aber subjektive Ansprüche verletzt, und so von dem Grundsatz profitiert, dass es keinen Richter geben kann, wo es an einem Kläger fehlt.

Wenn aber die staatliche Autorität missbraucht wird, um bestimmte Meinungen als „böse" abzustempeln; wenn der Staat sich in verfassungsverhöhnender Weise buchstäblich als Kirche, ja als Religionsstifter betätigt, kann es nicht ausbleiben, dass Privatleute sich aufgerufen fühlen, das „Böse" im Wege der Selbstjustiz zu bekämpfen. Der Staat entzieht sich der rechtlichen Kontrolle, indem er Eingriffe in Bürgerrechte nicht mehr selbst vornimmt, sondern die politisch motivierte Kriminalität privater Akteure bei deren Kampf gegen das vermeintlich Böse stillschweigend duldet.

Je weiter dieser Prozess voranschreitet, desto weniger erinnert ein solcher Staat noch an eine westliche, und desto mehr ähnelt er einer „gelenkten Demokratie" russischen Typs.

Dass ein *solches* Staatswesen für ehrgeizige Dschihadstrategen ein hochinteressantes Übernahmeobjekt darstellt, liegt schon deshalb auf der Hand, weil diese „gelenkte Demokratie" auf einem materiellen statt formalen Rechtsbegriff basiert und damit islamischen Vorstellungen vom Wesen des Rechts ebenso entgegenkommt wie mit seiner Politik, die an sich verbotene Gewaltanwendung Dritter als Mittel der Einschüchterung Andersdenkender mindestens billigend in Kauf zu nehmen, ohne sich dafür haftbar machen zu lassen. Die Forderung nach Ausweitung der einschlägigen Programme und nach Beteiligung islamischer Verbände bedeutet, dass diese Verbände entscheidenden Einfluss darauf nehmen wollen, was in Deutschland noch gesagt werden kann und was nicht.

Was fordert die TGD? Erstens Geld. Zweitens Nicht-Integration. Drittens eine Vorzugsbehandlung von Türken. Viertens die Gleichberechtigung türkischer Organisationen mit deutschen Behörden. Fünftens Zugriff auf die deutsche Polizei, überhaupt auf den deutschen Staat. Sechstens das Recht, die Grenzen der Meinungsfreiheit von Deutschen zu definieren. Siebtens das Recht auf Illoyalität gegenüber der Bundesrepublik. Achtens die Islamisierung Deutschlands.

Was bietet sie? Nichts. Außer der Aussicht, dass ihre Mitglieder „das System annehmen" – zu Deutsch: Sich nicht der Qaida anschließen und nicht unsere Städte anzünden –, sofern diese Forderungen erfüllt werden. Man bietet den Deutschen an, sich durch Unterwerfung von islamischer Gewalt freizukaufen. Kurz: Dhimmis zu werden.

10. Euro-Islam?

Bei der Debatte über die Integration von Muslimen in die westlichen Gesellschaften fällt häufig das Schlagwort „Euro-Islam" als Umschreibung für eine Art und Weise, den Islam aufzufassen und zu leben, die die Muslime nicht von vornherein zu Außenseitern in den europäischen Gesellschaften macht. Die Ansichten darüber, wie ein solcher Islam beschaffen sein sollte, gehen allerdings weit auseinander.

Wer über einen Euro-Islam nachdenkt, kommt nicht umhin, zunächst das Terrain zu erkunden: Wie ist es um das Religionsverständnis jener westlichen Gesellschaften eigentlich bestellt, mit denen der Islam kompatibel sein (bzw. gemacht werden) soll? Welchen Stellenwert hat die Religion im heutigen Europa, und was für eine Art von Religion gilt als unbedenklich bzw. integrierbar?

10.1. Synkretismus als Kern westlicher Religiosität

Wir haben schon gesehen, dass das Christentum aufgrund seiner Geschichte dazu in der Lage war, sich aus der Politik, aber auch aus der Wissenschaft und anderen nichtreligiösen gesellschaftlichen Teilsystemen zurückzuziehen. Aus der Bibel lassen sich deshalb weder politische noch wissenschaftliche Argumente ableiten, sie würden jedenfalls in solch weltlichen Zusammenhängen nicht akzeptiert werden.

Theoretisch ist es möglich, die religiöse Neutralität des Staates mit einer starken Orientierung der Gesellschaft an religiös fundierten Normen zu vereinbaren. Faktisch aber sind wir in Europa mit einer Entchristlichung konfrontiert, deren Ausmaß noch vor fünfzig Jahren schlechterdings unvorstellbar gewesen wäre, und dies nicht nur in Osteuropa, wo man dies mit der jahrzehntelang betriebenen atheistischen Propaganda kommunistischer Machthaber erklären könnte, sondern auch im Westen:

Ob man die Tolerierung, Legalisierung, bisweilen sogar Propagierung von Dingen wie Abtreibung, Ehebruch, Pornographie, Prostitution oder öffentlicher Zurschaustellung von Homosexualität nun als Befreiung begrüßen möchte oder nicht: Sie zeigen an, dass das tradierte, am Christentum orientierte gesellschaftliche Normensystem in Auflösung begriffen ist. Die Individualisierung und Subjektivierung des Glaubens auf Kosten seiner sozialen, seiner objektiven und institutionellen Komponente ist so weit fortgeschritten, dass selbst vielen jener Menschen, die sich noch als Christen verstehen (und das ist in manchen europäischen Ländern inzwischen eine Minderheit), der Gedanke fremd ist, dass etwa das Trinitätsdogma zum Kern christlichen Glaubens gehören, oder dass überhaupt das Christentum Wahrheiten verkünden könnte, wo andere Religionen möglicherweise im Irrtum sind.

Überspitzt könnte man sagen, das Zentraldogma heutiger europäischer Christen sei nicht mehr die Trinität oder die Inkarnation (= Menschwerdung Gottes in Christus), sondern die Gleichwertigkeit aller Religionen. Wer heute öffentlich sagen wollte, der Islam oder irgendeine andere Religion sei eine Irrlehre, würde sich in weiten Teilen unserer Gesellschaft unmöglich machen – auch, ja sogar besonders, in kirchennahen Kreisen. Dabei ist diese Behauptung unabweisbar die notwendige Kehrseite des Glaubens an die jeweils *eigene* Religion, hier also das Christentum. Wer alle Religionen für gleichwertig erklärt, gibt implizit den Wahrheitsanspruch der eigenen auf.

Hans Küngs Motto „Kein Weltfriede ohne Religionsfriede",[223] das ich im zweiten Kapitel schon einmal kritisiert habe, weil es die politischen Probleme, die im Zusammenhang mit dem *Islam* auftreten, zu Problemen der Religion *schlechthin* erklärt, schiebt der Religion *als solcher,* genauer: dem jeweils exklusiven Wahrheitsanspruch der einzelnen Religionen, die Schuld am Unfrieden in der Welt zu. Abgesehen davon, dass der Politikwissenschaftler über derart apodiktisch formulierte Patentrezepte für den Weltfrieden den Kopf schütteln möchte, läuft Küngs Diagnose in der Praxis darauf hinaus, eigene Glaubensartikel dort abzuschwächen oder gar zu ändern, wo sie in den Augen Andersgläubiger irgendwie anstößig sein könnten.

Dabei wird ganz nebenbei ein *politisches* Projekt, nämlich der Weltfriede, zum Maßstab für die Gültigkeit *theologischer* Aussagen gemacht. Unter solchen Prämissen muss es niemanden wundern, wenn christliche Gemeinden mit muslimischen den Geburtstag Mohammeds feiern. Die Ablehnung von dessen Lehre ist für Christen zwar *theologisch* zwingend, aber wenn der „Religionsfriede" und dessen vermeintliche Voraussetzungen jeden anderen Gesichtspunkt verdrängen, d.h. unter *politischen* Vorgaben, scheint derlei theologische Inkonsequenz nachrangig zu sein.

Weite Teile der Öffentlichkeit, auch viele Christen (und nicht etwa nur die Protestanten unter ihnen) hängen einem Religionsverständnis an, wonach „alle Religionen dasselbe wollen" – nämlich Liebe und Frieden – und die Unterschiede zwischen ihnen die mehr folkloristische Drapierung dieses „gemeinsamen" Kerns darstellten. Eine solche Gemeinsamkeit lässt sich nicht anders fingieren als dadurch, dass man all diejenigen Wesenszüge der eigenen Religion, durch die diese sich von anderen unterscheidet, zum nebensächlichen Beiwerk erklärt und die verschiedenen Religionen gleichsam nur als unterschiedliche Benutzeroberflächen für ein und dasselbe „Weltethos" auffasst. Übrig bleibt eine banalisierte und infantile „Theologie", die sich im Wesentlichen auf ein „Seid nett zueinander!" beschränkt, und die ihrer Plattheit wegen kaum jemandem wird mehr sein können als

---
[223] Hans Küng, Projekt Weltethos, München 1990, S. 13

ein dekoratives Accessoire des eigenen Lebens – ungefähr so bedeutsam wie der Blumenstrauß auf dem Tisch und kaum dauerhafter.

Wahrscheinlich ist es denen, die so denken, kaum bewusst, aber diese Reduzierung der je eigenen Theologie auf ein global anschlussfähiges Minimum, auf ein „Weltethos", das einer Gottheit oder überhaupt eines übernatürlichen Bezuges im Grunde nicht mehr bedarf, ist der vorletzte Schritt vor der Abschaffung von Religion überhaupt.

Ob man ein solches Projekt für etwas Gutes hält, ist zweifellos eine Frage des religiösen bzw. weltanschaulichen Standortes. Atheisten, aber auch manche liberalen Theologen mögen sie bejahen. Allerdings enthält diese Bejahung einige Prämissen und zieht die Verwirklichung eines solchen Projektes einige Konsequenzen nach sich, die wir uns bewusst machen sollten, bevor wir zu der Frage übergehen, ob man erwarten kann oder befürworten sollte, dass der Islam sich einem solchen Religionsverständnis anpasst:

Im ersten Kapitel waren wir unter anderem der Frage nachgegangen, wie es kommt, dass Menschen sich ethisch verhalten, obwohl dies normalerweise für sie *als Individuen* von Nachteil ist. Wir waren zu dem vorläufigen Ergebnis gelangt, dass die wahrnehmbare Existenz stabiler Solidargemeinschaften genügt, deren Mitglieder zu ihrerseits solidarischem Verhalten zu veranlassen, was wiederum das Vertrauen aller anderen in die Existenz der Solidargemeinschaft stärkt, weswegen sie sich solidarisch verhalten, was wiederum... und so weiter. Es handelt sich um so etwas wie einen positiven Teufelskreis, ein ständig rotierendes Rad.

Bedenkt man aber nun, dass es trotzdem für jeden Einzelnen individuell vorteilhafter ist, sich *unsolidarisch* zu verhalten, so muss man erwarten, dass Einzelne dies auch immer wieder tun – wie es ja auch tatsächlich der Fall ist – und dadurch das Vertrauen aller Anderen erschüttern. Um es als physikalische Metapher zu formulieren: Das rotierende Rad verliert ständig an kinetischer Energie, es bedarf einer zusätzlich antreibenden Kraft. Diese Kraft ist die verinnerlichte Ethik, deren Ursprung in der Religion liegt. Es ist nicht erforderlich, dass *alle* Mitglieder einer Gesellschaft die religiösen Prämissen teilen, auf denen die jeweils gesellschaftlich akzeptierte Ethik basiert. Erforderlich ist, dass die Maßstäbe für gutes und böses Verhalten im System der kulturellen Selbstverständlichkeiten verankert sind und *bleiben*. Dass sie also nicht verdrängt werden von einer spezifischen und im Prinzip unwiderlegbaren Form rationalen Kalküls, das jeden Einzelnen veranlassen wird, ethische Erwägungen über Bord zu werfen, sobald es ihm vorteilhafter erscheint.

Die Auflösung menschlicher Gesellschaft als eines zivilisierten Gemeinwesens beruht nicht weniger als ihre Aufrechterhaltung auf sich selbst verstärkenden Prozessen. Ethisches Verhalten aus bloßer Gewohnheit und ohne Bezug zum Glauben – das mag als gesellschaftlich vorherrschende Disposition ein paar Generationen lang gutgehen. Es geht, genauer gesagt, *so* lange gut, wie das Vertrauen in das regelkonforme Verhalten Anderer nicht ernsthaft erschüttert wird. *Wird* es aber erschüttert, dann gibt es nach Abschaffung Gottes keinen Grund mehr, das Gute deshalb zu tun, weil es das Gute ist. Es gibt keinen Grund, es *überhaupt* noch zu tun. Eine gottlose Gesellschaft ist eine, die den Eindruck von Zivilisiertheit nur so lange vermittelt, wie ihre Solidaritätsstrukturen nicht ernsthaft auf die Probe gestellt werden. Dass eine solche Gesellschaft eine ernsthafte Krise überstehen würde, muss als unwahrscheinlich gelten.

Ein *Weltethos*, also die gemeinsame Bezugnahme unterschiedlicher Religionen auf einen synkretistischen Kern, kann nur befürworten, wer zwei Prämissen bejaht, die Viele für selbstverständlich halten, die aber in Wahrheit in hohem Maße ideologisch aufgeladen sind.

Die eine lautet, alle Religionen wollten im Grunde dasselbe. Wenn damit nur gemeint wäre, dass alle Religionen versuchen, auf Grundfragen der menschlichen Existenz eine Antwort zu geben: D´accord. Wenn man aber diesen Satz, wie es meist geschieht, so gebraucht, als wären *diese Antworten* dieselben, so dürfte allein die Korananalyse gezeigt haben, dass diese Behauptung haltlos ist.

Die zweite ideologische Prämisse wird uns in letzter Zeit in kampagnenartiger Form nahegebracht – ich denke hierbei an Bestseller wie Richard Dawkins' „Der Gotteswahn"[224] oder die massive öffentliche Werbung für Atheismus. Sie besagt im Großen und Ganzen, dass Religionen prinzipiell intolerant und gewalttätig seien, und dass ihre Abschaffung zum Weltfrieden führen werde. Theoretisch ist diese zweite Prämisse zwar unvereinbar mit der ersten (Wenn alle Religionen dasselbe wollen, woher sollte dann die Intoleranz kommen?), praktisch aber liefern sie einander ergänzende ideologische Rechtfertigungen für ein und dasselbe Projekt.

Dabei lässt sich diese zweite Prämisse bereits unter Rückgriff auf elementare Geschichtskenntnisse widerlegen: Die totalitären Systeme des zwanzigsten Jahrhunderts – Kommunismus und Nationalsozialismus –

---

[224] Richard Dawkins, Der Gotteswahn, Berlin 2007

haben mehr Menschen getötet als alle Religionen der Weltgeschichte zusammen.

Diese totalitären Systeme aber tauchten genau in dem Moment auf, wo das Christentum durch die spektakulären Erfolge von Aufklärung und Wissenschaft in seiner gesellschaftlichen Verbindlichkeit und Deutungsmacht erstmals ernsthaft erschüttert war, und sie erhoben von Anfang an den Anspruch, das Christentum als ein das Leben des Einzelnen transzendierendes sinnstiftendes System, sprich: als Religion, abzulösen.

Der Versuch, Gott aus der Gesellschaft zu verbannen, kann also gelingen, nicht aber der Versuch, die *Frage* zu verbannen, auf die Gott die Antwort war, nämlich die Sinnfrage. Der Verlauf des zwanzigsten Jahrhunderts ist der denkbar stärkste empirische Beleg dafür, dass der Platz, den Gott verlässt, nach seinem Abgang nicht etwa leer bleibt, sondern sehr schnell wieder gefüllt wird, und sei es mit einem totalitären Wahnsystem. Die empfindlichste Achillesferse des Atheismus ist die Tatsache, dass er als die linke Ideologie, die er ist, die Herrschaft Gottes ebenso abschaffen will wie jede andere Herrschaft; dass er nie begriffen hat, wie sehr Herrschaft – und ganz gewiss diese! – den Bedürfnissen der „Beherrschten" entspringt; und dass er deshalb stets aufs Neue überrascht sein muss, wie schnell der Totalitarismus von gottverlassenen Gesellschaften Besitz ergreift.

Wenn man bedenkt, wie sehr offenbar gerade religions*feindliche* Ideologien dazu tendieren, *selber* zur Religion zu werden, dann erscheint der Synkretismus als erstklassiger Kandidat für einen künftigen Religionsersatz. Zumindest *ein* wesentliches Kriterium erfüllt er bereits, nämlich die Bezugnahme auf eine eigenständige Definition von Gut und Böse. „Böse" ist demnach jede Religion, die ihre theologische Integrität behält und sich weigert, in einem „Weltethos" aufzugehen. Betroffen von der rapide um sich greifenden Intoleranz gegenüber jeder einigermaßen ernstgenommenen Religion sind sogenannte christliche Fundamentalisten, einschließlich des Papstes.[225]

---

[225] Betroffen ist aber auch der Staat Israel, weil und soweit er auf seiner jüdischen Identität beharrt. Überhaupt haben die Juden alle Aussichten, in der sich abzeichnenden neuen synkretistischen Weltreligion die Rolle des Teufels einzunehmen: Eine Religion wie die jüdische, deren Grundgedanke der Bund des Volkes mit Gott ist, und der eine Entgrenzung und Einschmelzung schon deshalb nicht möglich ist, weil diese auf einen Autogenozid hinausliefe, eine solche Religion muss für den Synkretismus ein ebenso existenzielles Ärgernis darstellen wie schon zuvor für das Christentum und den Islam. Die Juden werden also die Ideologen des Synkretismus in derselben Weise enttäuschen, wie sie schon den Propheten Mohammed und den Reformator Martin Luther enttäuscht haben (vgl. Kap. III), und sie werden damit über kurz oder lang das Verdikt des „Fundamentalismus" auf sich ziehen.

10.2. Euro-Islam I: Modernisierung des Islam

Auch wenn es selten offen ausgesprochen wird: Im Grunde bedeutet die an Muslime gerichtete Forderung nach einem „gemäßigten" und „modernen" Euro-Islam, dass sie den Islam ebenso entkernen sollen, wie das Christentum bereits entkernt wurde. Da Letzteres durch seine theologische Verflachung aufgehört hat, Sand im Getriebe der Moderne zu sein, müsste Ähnliches doch auch dem Islam möglich sein.

Freilich werden die fundamentalen Unterschiede zwischen Christentum und Islam dabei dramatisch unterschätzt: Das Christentum hat noch einige bedeutende Inhalte, die selbst in einem „Weltethos" Platz fänden, etwa die Bergpredigt, überhaupt seine Tendenz zu Inklusion (damit aber auch zur Entgrenzung), Selbstkritik und Toleranz (damit aber auch zur Infragestellung, letztlich Abschaffung der eigenen Glaubensgrundlagen). Es ist insofern kein Zufall, dass der Synkretismus eine in westlichen Gesellschaften von Christen favorisierte Idee ist. Von Christen, die nicht merken, wie sehr dieses „Weltethos" eine Art Christentum ohne Christus ist, und wie wenig es der übrigen Welt zusagt.

Während darin noch genügend Christentum verbliebe, dass dessen theologische Entkernung wenigstens *nicht Jedem gleich auf den ersten Blick* auffiele, ist der Islam, wie gezeigt, bereits in seinem Originalzustand von beklagenswerter theologischer Dürre. Subtrahierte man dann noch die strikte Unterscheidung von Gläubigen und Ungläubigen, speziell die sittliche Minderwertigkeit der Letzteren, die ihnen zugedachte Strafe Allahs und den Dschihad, also wesentliche Inhalte des Korans heraus, dann bliebe nicht viel.

Es kann daher auch wenig überraschen, dass die sogenannte Ankaraer Schule von islamischen Reformtheologen, die in etwa dieses Konzept einer Modernisierung des Islam verfolgen, bei ihren Bemühungen auf genau diese Probleme stößt:

„Eine sehr interessante Tagung, die deutlich machte, wie weit muslimische Professoren inzwischen mit der Korankritik gehen. Immer wieder fragten im Zuschauerraum reichlich vertretene junge Frauen mit Kopftüchern, was denn vom Glauben noch bliebe, wenn zum Beispiel bestritten würde, dass der Koran, so wie wir ihn heute haben, Buchstabe für Buchstabe Gottes Wort sei. (...)" [226]

---
[226] Arno Widmann, Ankaraer Schule: Der Staat als Glaubensbringer, in: Frankfurter Rundschau, 9.6.2008, http://www.fr-online.de/in_und_ausland/kultur_und_medien/feuilleton/?em_cnt=1347438

Arno Widmann in der „Frankfurter Rundschau", weiß Gott keinem islamfeindlichen Blatt, fährt fort:

„Aber wen repräsentiert die Ankaraer Schule? Es handelt sich um eine Handvoll bis ein Dutzend Professoren, von denen viele inzwischen die Türkei verlassen haben und sich in den USA, in Europa Regierungen als Mittler zu den Muslimen ihrer Länder anbieten. Ihr Gewicht in der aktuellen innermuslimischen Debatte um den Islam ist nicht sonderlich groß. Es bedarf schon einer großen Phantasie sich vorzustellen, dass alle Sunniten, also nicht nur die Hanafiten der Türkei, sondern auch Malikiten, Hanbaliten, Schafiiten und die saudischen Wahhabiten in dem, was in Ankara gelehrt wird, den wahren Islam und nicht dessen Verrat erkennen werden. Warum sollen nun gar Schiiten, Aleviten den Professoren aus Ankara folgen?"[227]

Zweifellos wird es Muslime geben, die diesen Weg gehen wollen und werden: nämlich diejenigen, die die Wertentscheidungen der modernen liberalen Gesellschaft bereits verinnerlicht haben – d.h. diejenigen, die schon integriert *sind!* – und deswegen bereit sind, ihren Glauben deren Vorgaben anzupassen und unterzuordnen – so wie es viele europäische Christen bereits getan haben. Von einem bereits verinnerlichten Liberalismus führt also durchaus ein Weg zu einem so verstandenen „Euro-Islam"; vom Islam selbst aber nicht.

10.3. Euro-Islam II: Islamisierung der Moderne

Mit dieser Einschätzung befinde ich mich in der illustren Gesellschaft islamischer bzw. islamistischer Intellektueller, die allerdings ihrerseits uneins sind: Die große Mehrheit lehnt – mit aus ihrer Sicht guten Argumenten – alles ab, was nach einer Verwestlichung des Islam aussieht, auch den Begriff des Euro-Islam, und erst recht das, wofür er steht.

Es gibt allerdings Ausnahmen. Eine interessante und vor allem prominente unter diesen Ausnahmen ist Tariq Ramadan, einer der klügsten, aber auch umstrittensten Köpfe des Islam in Europa. Zwar ist auch er der Auffassung, dass eine Reform des Islam nötig sei, wenn er in Europa eine Zukunft haben soll, und er kritisiert vehement die verkrampfte Ängstlichkeit muslimischer Traditionalisten gegenüber Veränderungen, aber seine Vorstellungen von „radikaler Reform" – dies der Titel seines jüngsten Buches[228] – haben nicht

---
[227] ebd.
[228] Tariq Ramadan, Radikale Reform. Die Botschaft des Islam für die moderne Gesellschaft, München 2009

einmal entfernt Ähnlichkeit mit denen etwa der Ankaraer Schule. Er selbst bestreitet es, aber seine Ideen laufen darauf hinaus, dass der Islam sich die Moderne buchstäblich zu eigen macht, also auf die Islamisierung westlicher Gesellschaften.

Ängstlich und defensiv sei die Haltung von im Westen lebenden Muslimen insofern, als sie versuchten, sich inmitten der sie umgebenden westlichen Gesellschaft islamische Inseln zu schaffen, etwa durch eine höchst rigide Auslegung islamischer Normen. Dabei gingen nicht alle Muslime so weit wie die Anhänger salafistischer Gruppen, die nichts anderes als den koranischen Text in seiner allerengsten buchstäblichen Auslegung gelten ließen und sich im Übrigen auf die sklavische Nachahmung des prophetischen Vorbilds beschränkten. Dennoch folgten Muslime im Westen bei der Interpretation des Islam oft dem Prinzip „Je rigider, desto islamischer"; auf diesem Wege werde die Religion nicht aus sich selbst heraus begriffen, sondern als Vehikel der eigenen kulturellen Profilierung missbraucht. Selbst dort aber, wo Muslime die Integrität ihres Glaubens in einer Weise zu verteidigen suchten, die vom islamischen Standpunkt nicht zu beanstanden sei, beschränkten sie sich oft darauf, eine in Wahrheit westliche Lebensweise durch minimale Anpassung an den *Buchstaben* des islamischen Rechts ein wenig zu islamisieren:

„Man passt sich dem globalen System an, indem man Schutzbereiche schafft, in denen islamische Ethik bewahrt wird. Das Beispiel der muslimischen intellektuellen Leistungen im Wirtschaftsbereich ist in dieser Hinsicht äußerst aufschlussreich. Man macht eine Bestandsaufnahme des kapitalistischen Systems, dann passt man sich an, indem man in Bank- und Finanzangelegenheiten Techniken entwickelt, die muslimische Firmen oder Einzelpersonen schützen und manche Transaktionen ‚islamischer' machen. Derweil scheint man sich nicht darüber klar zu sein, dass man es mit solchen Reformen zur Anpassung an das derzeitige System versäumt, den Kern des Systems, seine Ziele und vor allem die Konsequenzen zu hinterfragen. Das Gegenteil ist der Fall, da die Anpassung an ein solches System einer Billigung seiner Existenz oder seiner Vorherrschaft oder beidem gleichkommt. Mit anderen Worten wird die Vorherrschaft des kapitalistischen Systems genau dann bestätigt, wenn man darin Mittel zum Schutz der islamischen Ethik (d.h. ‚Schutzbereiche' islamischer Transaktionen) findet. Anpassung bedeutet nicht – oder nicht notwendigerweise – ein Infragestellen, Kritisieren oder Herausfordern. Das sind die der auf Anpassung ausgerichteten Reform inhärenten Grenzen und Widersprüche, die den zeitgenössischen

Reformgedanken der letzten Jahrzehnte geprägt haben. (...) Sollten wir uns lediglich auf eine Ethik berufen, um uns den Erfordernissen einer sich wandelnden Welt <u>anzupassen</u>, oder sollten wir uns, auf einer tieferen Ebene, auf eine Ethik berufen mit dem Anspruch, die Welt zu <u>ändern</u>, gerade weil diese Ethik deren Rechtmäßigkeit infrage stellt?" [229]

Ramadan empfiehlt den Islam unmissverständlich *als Alternative zur westlichen Gesellschaft!* Dies sei Allen ins Stammbuch geschrieben, die seinen in der Tat originellen und undogmatischen mit einem westlich-säkularen Ansatz verwechseln und den revolutionären Gehalt seiner Thesen unterschätzen.

Gewiss legt Tariq Ramadan es darauf an, missverstanden zu werden: Er kleidet seine Kritik an der westlichen Gesellschaft in eine Sprache, die vor allem der politischen Linken vertraut ist, wenn er etwa das „kapitalistische System", die „Ausbeutung" der Natur und der Dritten Welt, „Diskriminierung" und „Rassismus" anprangert. Gleichzeitig verwendet er das Wort „Dschihad" ausschließlich im Sinne individueller *Vertiefung* des Islam, nicht etwa seiner gesellschaftlichen *Verbreitung*, und er streitet sogar ab, dass diese Verbreitung durch den Islam geboten oder auch nur erlaubt sei.[230] Fast möchte man bedauern, dass Ramadan seine kühne und kreative Re-Interpretation des Dschihad-Konzepts durch so plumpe Täuschungsmanöver verschleiert, aber der Erfolg – nämlich dass große Teile der westlichen Öffentlichkeit sich täuschen *lassen* – gibt ihm in gewisser Weise recht.

Nicht, *dass* Ramadan auf die Islamisierung Europas hinarbeitet, soll hier gezeigt werden,[231] sondern *wie* er das tut: Seine Gesellschaftskritik ist im Wesentlichen eine Kritik an der ungezügelten Eigendynamik gesellschaftlicher Teilsysteme. Dass es in der Politik stets um Macht geht, in der Wirtschaft stets um Profit, im Mediensystem um Auflage und Quote um jeden Preis (und sei es um den kultureller Barbarisierung und journalistischer Desinformation), kurz: dass gesellschaftliche Teilsysteme ohne Rücksicht auf „höhere" Güter ihrer Eigenlogik folgen – das ist zwar die Voraussetzung für das rasante Voranschreiten westlicher Gesellschaften, und es ist zugleich die notwendige gesellschaftliche Kehrseite individueller Freiheit; dennoch muss man all dies keineswegs positiv bewerten, und es gehört sogar zu den Standardinhalten politischer Sonntagsreden, höhere ethische Maßstäbe und

---

[229] ebd. S. 48 f., Hervorhebungen im Original
[230] vgl. Tariq Ramadan, Muslimsein in Europa, Köln 2001, S. 180, Fußnote 164
[231] Zu diesem Thema sei verwiesen auf Ralph Ghadban, Tariq Ramadan und die Islamisierung Europas, Berlin 2006

mehr gesellschaftliches Verantwortungsbewusstsein von Politikern, Managern, Journalisten und Kulturschaffenden zu fordern. Tariq Ramadan unterscheidet sich von besagten Sonntagsrednern dadurch, dass er sich nicht darauf beschränkt, wohlklingende, aber folgenlose Kritik zu üben, sondern über eine Lösung für die von ihm kritisierten Probleme zu verfügen glaubt.

Seine Kritik greift ein weit verbreitetes Unbehagen am Selbstlauf der Moderne auf. Eine Gesellschaft wie unsere, die sogar unsere Beziehung zu Gott an ein darauf spezialisiertes Teilsystem (das in den Kirchen institutionell verkörpert ist) delegiert hat, kann vieles leisten, aber sie kann die Frage nach dem *Sinn* nicht beantworten. Der Islam, der keinen Bereich der Gesellschaft von seiner religiösen Sinngebung ausnimmt, hat gerade *deswegen* ausgesprochen totalitäre Züge, aber es kann durchaus sein, dass er aus demselben Grund religiöse Bedürfnisse zu befriedigen vermag, die im etablierten Christentum, sofern es sich an die liberale Gesellschaft anpasst, zu kurz kommen.

Die von Ramadan anvisierte Modernisierung des Islam soll ihn in die Lage versetzen, als *sinnstiftendes* und zentrales Normen- und Wertesystem einer modernen Gesellschaft zu fungieren. Da genügt „Reform" im Sinne bloß defensiver, nachholender Anpassung nicht, es bedarf der strukturellen Verzahnung traditioneller islamischer Gelehrsamkeit mit den Erkenntnissen moderner Wissenschaft. Demgemäß fordert Ramadan die systematische und auf Dauer gestellte Beteiligung muslimischer Wissenschaftler an den *fiqh*[232]*-Räten*, die jene Fatwas erstellen, an denen viele Muslime in Europa ihr Leben ausrichten:

„*... ein kohärentes Denken mit dem Ziel, <u>die heutige Welt zu reformieren</u>, muss zur Bildung eines <u>dynamischen</u> fiqh führen, der den <u>Zeitfaktor</u>, die intellektuellen und sozialen Dynamiken sowie die dialektischen Spannungen zwischen höheren Zielen, allgemeingültigen Prinzipien und historischen Vorbildern berücksichtigt. Die normativen Kategorien eines solchen fiqh dürfen nicht erstarren aus Angst vor wissenschaftlichen, sozialen und menschlichen Komplexitäten, die ihm entgleiten. Es gilt, die höheren Ziele und Zwecke des Rechts und der Jurisprudenz im Zusammenhang mit menschlichen und sozialen Angelegenheiten ... darzulegen; es muss ein ethisches Grundgerüst geschaffen werden, um die <u>Etappen der Bewältigung und Transformation</u> festzulegen, d.h. ein <u>vorausblickender und vorausplanender fiqh</u>, und zwar ausgehend vom derzeitigen wissenschaftlichen Er-*

---

[232] Der Begriff „fiqh" bezeichnet das System der islamischen Normen juristischer Natur.

kenntnisstand, der einbezogen und benutzt wird (und nicht gefürchtet und auf Abstand gehalten bis hin zur Isolation und Anpassung). Nur ‚Kontextgelehrte', d.h. Natur- und Humanwissenschaftler sind in der Lage, solch eine globale, kontrollierte und zuversichtliche ... Sicht der Wissenschaften, Gesellschaften und der Welt zu erreichen. (...)
Es ist dringend geboten, paritätische, egalitäre und spezialisierte Forschungs- und Fatwa-Ausschüsse zu bilden. (...) Dabei würde es sich nicht um reine Beratungen handeln, sondern um Zusammenarbeit auf Augenhöhe, um uns im Namen der höheren Ziele die Möglichkeit zu schaffen, die Wirklichkeit <u>in ihrer Komplexität zu erfassen und sie positiv zu verändern.</u>"[233]

Die Begriffe („*Zeitfaktor*", „*dynamisch*", „*Etappen*", „*vorausblickend*", „*vorausplanend*") zeigen an, dass es um die Erreichung eines *Ziels* geht: Die *fiqh*-Räte, die für die europäischen Muslime definieren, was „islamisch" ist, und sie dadurch wie von selbst zu koordiniertem Handeln befähigen, sollen als Denkfabriken und als Hebel zur „*Transformation*" der Gesellschaft im islamischen Sinne dienen.

Wir haben es hier mit einer Form von Islamismus zu tun, die weit entfernt ist von Ideen wie dem „Kalifatsstaat" und den dazu passenden terroristischen Methoden; mit einem Islamismus, dessen Strategien unverständlich bleiben bzw. harmlos anmuten müssen, wenn man sie im Rahmen eines auf westliche statt auf islamische Gesellschaften zugeschnittenen Kategoriensystems analysiert.

Wer sich etwa an dem Nachweis versuchen wollte, Ramadans Ziele und Strategien seien „undemokratisch" oder „extremistisch", verbliebe im Rahmen eines Denkens, das auf der Unterscheidung von Politik und Religion, von Religion und Kultur, von Staat und Gesellschaft aufbaut, indem es die Akzeptanz der demokratischen Staatsform zum Kriterium für die Unterscheidung zwischen „gemäßigten" und „radikalen" Muslimen macht. Für den Islam sind solche Unterscheidungen irrelevant.

Was Ramadan vorschwebt, gleicht eher dem Konzept der türkischen AKP, übertragen auf westeuropäische Bedingungen. Wie schon ausgeführt, lässt der dortige Islamismus die Strukturen des demokratischen Nationalstaates äußerlich intakt; die Islamisierung (im Falle der Türkei: Re-Islamisierung) erfolgt aus der Gesellschaft heraus, nicht durch den Staat.[234]

---
[233] Ramadan, Radikale Reform, a.a.O., S. 170 f., Hervorhebungen von mir, M.K.-H.
[234] weswegen die AKP eine so „liberal" anmutende Politik macht: Sie nimmt tatsächlich staatliche Eingriffe zurück; nämlich solche Eingriffe, die der Bändigung des Islam und seiner totalitären Tendenzen dienen.

Wer an dieser Stelle einwenden möchte, dass viele von Ramadans Forderungen progressiv, liberal und westlich anmuten, beispielsweise (aber nicht nur) im Hinblick auf die Gleichstellung der Frau, und dass eine Islamisierung unter solchen Voraussetzungen doch durchaus akzeptabel, zumindest aber nicht illegitim sei, übersieht zweierlei:

Zum einen, dass Tariq Ramadan im Kern nicht konkrete *Inhalte*, sondern einen bestimmten *modus operandi* propagiert: Wenn etwa die von ihm geforderten wissenschaftlich hochkarätig besetzten *fiqh*-Räte zu dem Ergebnis kommen, dass es mit der Gleichberechtigung der Frau im Islam eben doch nicht so weit her ist wie von Herrn Ramadan postuliert, und dass zu den „*höheren Zielen und Zwecken des Rechts und der Jurisprudenz*" eben *doch* die Verbreitung des Islam gehört – anders als von ihm behauptet und, wie wir gesehen haben, mitsamt der Diskriminierung der „Ungläubigen" als zwingende Konsequenz aus dem Koran – dann kann Tariq Ramadan seine Hände in Unschuld waschen und uns versichern, er habe keineswegs *taqiya* treiben, sondern bloß seine persönliche Rechtsauffassung kundtun wollen, die aber – leider, leider – von den *fiqh*-Gelehrten nicht geteilt werde.

Zum anderen sind Ramadans Forderungen keine bloßen Theorien im luftleeren Raum; sie haben vielmehr in der andauernden qualitativen und quantitativen Islamisierung Europas einen Tatsachenhintergrund, ohne den sie ganz unverständlich wären. Ich erinnere nochmals an die zu Beginn dieses Kapitels V entwickelte Unterscheidung der zwei miteinander wechselwirkenden Dschihad-Ebenen: der strategischen Ebene, auf der Dschihadisten wie eben Tariq Ramadan operieren, und der Alltagsebene „der mal mehr, mal minder traditionsorientierten Lebensweise von Muslimen, deren scheinbar unzusammenhängende private Handlungen sich wie von selbst zu einer mächtigen gesellschaftlichen Kraft verdichten, die die nichtislamischen Gesellschaften unter Druck setzt. Der Islam ist ein Dschihad-*System*, weil er beides notwendig hervorbringt." Das Verhalten von Muslimen im Alltag aber richtet sich weniger nach den programmatischen Erklärungen Tariq Ramadans, sondern nach einer jahrhundertelang verinnerlichten Mentalität. Das weiß Ramadan, und darauf kann er sich verlassen. Es kostet ihn nichts, sich als „Liberaler" zu profilieren.

Übrigens geht er ganz selbstverständlich davon aus, dass sich die in Europa lebenden Muslime *nicht* in dem Sinne integrieren werden, dass sie die europäischen Völker als ihre eigenen oder den jeweiligen Nationalstaat als primären Bezugspunkt ihrer politischen Loyalität ansehen würden. Ramadans

Auffassung der Scharia besagt zwar, dass Muslime, die nach Europa einwandern, erst recht solche, die die jeweilige Staatsbürgerschaft annehmen, damit einen *Vertrag* mit den nichtmuslimischen Gemeinwesen geschlossen hätten, und dass dieser Vertrag sie zur Befolgung der Gesetze verpflichte.

Nicht weniger, aber eben auch nicht mehr: Eine säkulare oder liberale Begründung von Demokratie ist dies keineswegs, und die westlichen Staaten werden auch weiterhin als Staaten der „Ungläubigen" betrachtet. Ramadan betont ausdrücklich, dass die Loyalitätspflicht unter anderem dort endet, wo Muslime als Soldaten gegen muslimische Länder kämpfen müssten.[235] Indem er sich zur Rechtfertigung dieser Klausel auf die Gewissensfreiheit beruft und auf das Recht der Kriegsdienstverweigerung, das es etwa in Deutschland gibt, verwischt er zielstrebig, worum es im Kern geht: *nicht um den Gewissensvorbehalt des Pazifisten, der nicht töten kann, sondern um den des Muslims, dessen Loyalität gegenüber der Nation dort endet, wo die gegenüber der islamischen Umma beginnt!* Die innermuslimische Solidarität erweist sich auch hier als derjenige Wert, hinter dem alle anderen zurückzustehen haben. Die Loyalität gegenüber den westlichen Nationen und Staaten ist keineswegs erste (muslimische) Bürgerpflicht, und die Bereitschaft zur Befolgung von Gesetzen ist nicht gleichbedeutend mit der Bereitschaft, als Bürger unter „Gemeinwohl" das Wohl des *Gemeinwesens,* hier also der Nation, zu verstehen und im politischen Raum *dessen* Interessen zu verfolgen. Wenn Ramadan vom „Gemeinwohl" spricht, meint er, wie alle muslimischen Denker, das Wohl der islamischen Umma.[236] Der Islam stellt schlechterdings keine Kategorien bereit, die es erlauben würden, irgendetwas anderes darunter zu verstehen.

Dem steht selbstredend nicht entgegen, dass man die *Rechte* wahrnimmt, die Muslimen in Europa eingeräumt werden, speziell die Rechte aus der Staatsbürgerschaft. Loyalität gegenüber den Gesetzen europäischer Staaten verträgt sich in dieser Sicht durchaus mit einem Engagement, das darauf abzielt, politische Macht zu erringen, um Gesetze und politische Machtverhältnisse *so* zu ändern, dass sie einer Islamisierung der Gesellschaft Vorschub leisten, insbesondere organisierten politischen Widerstand gegen die schleichende Islamisierung von unten unmöglich machen.

---

[235] Ramadan, Muslimsein in Europa, S. 216 f.: Er begründet dies explizit mit dem im Koran verankerten Verbot, Muslime zu töten. Höchstens für den Fall, dass der Herrscher eines muslimischen Landes sich völlig unzweideutig ins Unrecht gesetzt hat, lässt er zumindest die Möglichkeit einer Ausnahme zu.

[236] Ghadban, a.a.O., S.136

Tariq Ramadans strategische Überlegungen setzen dort an, wo die von Amr Khaled aufhören: Fordert dieser relativ pauschal und unbestimmt, Muslime müssten „respektabel und erfolgreich" sein, um die westlichen Gesellschaften zu dominieren, so füllt Ramadan die Leerstelle mit einer analytisch untermauerten Strategie zur Ausnutzung der Schwächen und Krisen der liberalen westlichen Gesellschaften, zur Übernahme der Meinungsführerschaft, zur Gewinnung einer strategischen Schlüsselposition und zur Transformation unserer Gesellschaft.

11. Der demographische Dschihad

Bis hierher haben wir Islamisierungsprozesse wesentlich unter qualitativen Gesichtspunkten betrachtet, wenn wir auch mit einer gewissen Selbstverständlichkeit unterstellt haben, dass sie auch eine quantitative, eine demographische Komponente haben, ohne die der Islam nicht als das Dschihadsystem funktionieren könnte, als das er uns entgegentritt:

Die Dominanz des Religiösen in allen Sphären der Gesellschaft, die Gewalt gegen Frauen und Andersgläubige, die Geistfeindlichkeit, der Gruppennarzissmus muslimischer Gesellschaften müssten zwar jede nichtmuslimische Gesellschaft mit muslimischer Minderheit vor erhebliche Probleme stellen. Könnte man aber davon ausgehen, dass das zahlenmäßige Kräfteverhältnis zwischen beiden Gruppen langfristig stabil bleibt, so wäre zu erwarten, dass sich auf die Dauer ein Modus Vivendi einpendelte, der für ein liberales Gemeinwesen zwar seine problematischen Seiten hätte, nach menschlichem Ermessen aber nicht in eine Islamisierung der Gesellschaft münden müsste.

Tatsächlich kann davon aber nicht die Rede sein: Die Migration von Muslimen nach Europa geht nunmehr in ihr sechstes (mancherorts siebtes) Jahrzehnt, und weder der vor langer Zeit verfügte Stopp der Anwerbung von Arbeitskräften noch die Verschärfung von Asylbestimmungen noch die verstärkte Kontrolle der EU-Außengrenzen hat daran Grundlegendes ändern können. Immigranten, die jetzt kommen, werden zumeist im Wege der Heirat von denen nach Europa geholt, die schon hier sind.

Bemühungen, die Heiratsmigration zu erschweren, werden zwar unternommen; man denke an die Verschärfung des Einwanderungsrechts 2006 in Deutschland. Einem liberalen Staat aber müssen solche Maßnahmen, die notwendig Komponenten von Freiheitsbeschränkung und Diskriminierung beinhalten, selbst dann wesensfremd sein, wenn sie im Einzelfall verfassungsrechtlich nicht zu beanstanden sind.

Dieser nahezu ungebremste Zustrom muslimischer Migranten, kombiniert mit der dramatischen Diskrepanz im Fortpflanzungsverhalten von Muslimen und Nichtmuslimen bzw. Einheimischen erzeugt eine demographische Dynamik, die wahrscheinlich noch in diesem Jahrhundert dazu führen wird, dass die nichtmuslimischen Einheimischen in ihren vormals eigenen Ländern in die Minderheit gedrängt werden.[237]

Das Berlin-Institut für Bevölkerung und Entwicklung hat Anfang 2009 unter dem Titel „Ungenutzte Potenziale. Zur Lage der Integration in Deutschland"[238] einen Bericht vorgelegt, der ungeachtet seines optimistischen Titels einen kritischen Blick auf die bisherigen Ergebnisse der sogenannten „Integrations"-Politik wirft und zugleich, fast nebenbei, einen Einblick in die demographische Lage der Nation gewährt.

Das Institut bediente sich des Mikrozensus 2005 als Datenbasis, bei dem erstmals nicht nur die Staatsangehörigkeit, sondern auch der Migrationshintergrund der Befragten ermittelt wurde.[239]

In Deutschland leben – Stand: 2005 – rund 4,25 Millionen Muslime.[240] Von diesen sind 2,812 Millionen, also ziemlich genau zwei Drittel Türken.

Um die demographische Dynamik der einzelnen Gruppen einschätzen zu können, betrachten wir zunächst verschiedene Indikatoren einzeln:

---

[237] Die vielfach geäußerte Erwartung, das Gebärverhalten der Muslime sowohl im Westen als auch in ihren Herkunftsländern werde sich in absehbarer dem westlicher Völker annähern, entbehrt der empirischen Grundlage. Detailliert kritisiert habe ich diese Theorie in meiner Rezension von: Youssef Courbage/Emmanuel Todd, Die unaufhaltsame Revolution. Wie die Werte der Moderne die islamische Welt verändern, München 2008; diese Rezension ist im Netz verfügbar unter http://www.korrektheiten.com/texte/todd-courbage
[238] Berlin-Institut für Bevölkerung und Entwicklung, Ungenutzte Potenziale. Zur Lage der Integration in Deutschland, Berlin 2009, im Netz verfügbar unter: http://www.berlin-institut.org/studien/ungenutzte-potenziale.html; soweit nicht ausdrücklich anders vermerkt, beruht dieser Abschnitt auf Daten aus dieser Studie.
[239] Für meine Zwecke ist es freilich (wie schon oben bei der Kriminalitätsstudie von Christian Pfeiffer) höchst ärgerlich, dass die Religionszugehörigkeit wieder einmal nicht abgefragt wurde.
[240] Diese Schätzung basiert auf der Annahme, dass 100% der türkischstämmigen Migranten Muslime sind, 80% der Herkunftsgruppe „Naher Osten", 80% der Herkunftsgruppe „Afrika", 40% der Gruppe „ehemaliges Jugoslawien", 20% der Gruppe „Ferner Osten", zu dem die Verfasser der Studie auch Afghanistan rechnen. Begründet habe ich diese Schätzungen hier: http://www.korrektheiten.com/texte/demographie

Anteil der Familien an den Haushalten jeder Gruppe in Prozent:

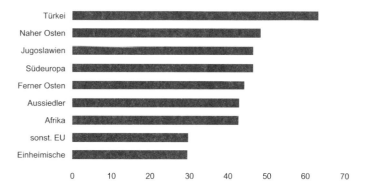

Erkennbar ist, dass die türkische als die stärkste muslimische Gruppe die Lebensform „Familie" mit weitem Abstand am deutlichsten von allen Gruppen bevorzugt, während die Einheimischen und die EU-Bürger (ohne Südeuropäer), wiederum mit weitem Abstand, dies am wenigsten tun, während die anderen eine religiös und kulturell heterogene Mittelgruppe bilden.

Anteil der Familien mit 4 und mehr Kindern (an Familien insgesamt) in Prozent:

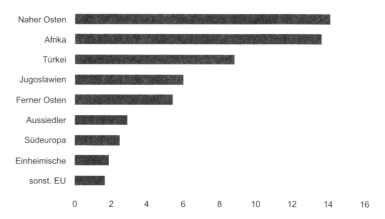

Hier wird der Zusammenhang zwischen Kinderreichtum und Religionszugehörigkeit offenkundig: Auf den ersten drei Plätzen liegen die Gruppen

Der demographische Dschihad 277

mit Muslimanteilen von achtzig Prozent und darüber, dann kommen die Gruppen mit immer noch hohen Anteilen, dann – und mit weitem Abstand – die ausschließlich nichtmuslimischen.

Demgemäß wenig überraschend ist das Ergebnis, wenn man nach dem Anteil der unter Fünfzehnjährigen an der jeweiligen Gruppe fragt (Angaben in Prozent):

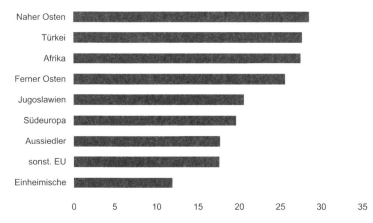

Entsprechendes gilt für das Medianalter (nicht zu verwechseln mit dem Durchschnittsalter: Der Median teilt eine Gruppe in zwei gleich große Hälften, die eine jünger als das Medianalter, die andere älter):

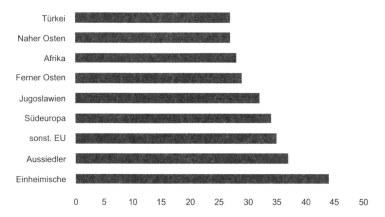

Bereits diese wenigen, aber zentralen Kennziffern lassen ein rasches Wachstum der muslimischen Bevölkerung Deutschlands erwarten, sowie eine Schrumpfung der nichtmuslimischen.

Es kann hier nicht darum gehen, mit dem Anspruch auf Exaktheit die kommende Entwicklung vorherzusagen. Dazu fehlen mir nicht nur die Daten, sondern – als Nicht-Demograph – auch die methodische Kompetenz. Ich beschränke mich darauf, den kommenden demographischen Wandel *der Größenordnung nach* zu prognostizieren.

Für die Vorhersage des Wachstums der *muslimischen* Population beschränke ich mich auf die Analyse von deren *türkischem* Teil und nehme der Einfachheit halber an, dass man die dabei gewonnenen Zahlen auf die gesamte muslimische Bevölkerung Deutschlands übertragen kann.[241]

Türkische Frauen in Deutschland bringen im Laufe ihres Lebens zwischen 2,5 und 3 Kindern zur Welt,[242] ethnische deutsche 1,2. 38 Prozent aller Ehen von Türken in Deutschland werden mit einem Partner aus der Türkei geschlossen.

Diese erkennbare Präferenz für Ehepartner aus dem Herkunftsland – dem eigenen oder dem der Eltern oder Großeltern – beruht vielfach auf der Erwartung, dass solche Partner nicht durch das Leben in einer westlichen Gesellschaft „verdorben" und durch deren Werte korrumpiert seien. Das Heiratsverhalten hiesiger Türken dokumentiert somit die bei ihnen weit verbreitete Ablehnung der Werte der deutschen Gesellschaft und ihre Entschlossenheit zur Nicht-Integration. Eine Tendenz zur Veränderung dieser Disposition ist nicht erkennbar, damit aber auch keine Tendenz zur Verringerung der Heiratsmigration.

Dies bedeutet, dass zu jedem hier geborenen türkischen Kind statistisch 0,38 Ehepartner zu rechnen sind, die es im Laufe seines Lebens nach Deutschland holt, bei 2,5 Kindern also 0,95 Heiratsmigranten. Unter diesen Voraussetzungen ist jede neue Generation von Türken 72,5% zahlreicher als die vorhergehende,[243] während jede neue Generation von ethnischen Deutschen im Vergleich zur Elterngeneration 40 Prozent kleiner ist.

---

[241] Für dieses Vorgehen spricht, dass diese Gruppe allein bereits zwei Drittel des muslimischen Bevölkerungsanteils ausmacht, dass also alles, was man über sie sagen kann, a priori auf zwei Drittel der hiesigen Muslime zutrifft; es hat sich gezeigt, dass die Größenordnungen auch für andere muslimische Migrantengruppen gelten, vgl. http://www.korrektheiten.com/texte/demographie

[242] Auch zur Begründung dieser Schätzung, die wiederum auf der Studie des Berlin-Instituts basiert, verweise ich auf meinen Blogartikel: http://www.korrektheiten.com/texte/demographie

[243] 2,5+0,95=3,45. Teilt man diese Zahl durch 2, weil in diesem Zusammenhang nur die Mädchen zählen, so verhält sich die Anzahl der Mädchen in der Tochtergeneration zu der der Muttergeneration wie 1,725 zu 1.

Betrachten wir die Altersgruppe derjenigen, die im Jahre 2005 unter achtzehn Jahre alt waren:
Von diesen waren

(1) Deutsche ohne Migrationshintergrund: 10 001 960, davon 4 875 280 Mädchen.[244]
(2) Muslime: 1 420 500, davon 681 000 Mädchen
(3) Nichtmuslimische Migranten: 2 593 630, davon 1 252 720 Mädchen

Der Einfachheit halber (also um mir Bandwurmbegriffe zu ersparen) nenne ich die drei Gruppen: Einheimische, Muslime, Sonstige.

Beträgt bei den Minderjährigen des Jahres 2005 das Zahlenverhältnis zwischen Einheimischen und Muslimen noch ca. 7:1, so beläuft es sich in der Generation von deren Kindern nur noch auf knapp 2,5:1, nämlich rund 2,93 Mio. zu 1,174 Mio. Mädchen. Anders ausgedrückt: In der Generation, deren erste Angehörige jetzt schon geboren sind, werden auf fünf Einheimische zwei Muslime und zwei nichtmuslimische Migranten kommen. In der darauffolgenden Generation werden die ethnischen Deutschen eine Minderheit darstellen.[245]

Wohlgemerkt: Ich operiere hier keineswegs mit Annahmen, die das Wachstum der muslimischen Bevölkerungsgruppe übertreiben würden. Im Gegenteil: In der obigen Berechnung wird angenommen:
– dass deutsche und muslimische Frauen bei der Geburt ihrer Kinder dasselbe Durchschnittsalter haben (was nicht der Fall ist: Türkinnen werden in deutlich jüngeren Jahren Mutter),[246]

– dass netto keine Deutschen emigrieren,

– dass die Geburtenrate von Musliminnen tatsächlich bei 2,5 liegt und nicht etwa bei 3.

---

[244] Statistisches Bundesamt, Mikrozensus 2005
[245] Die zahlenmäßig beachtliche Gruppe der nichtmuslimischen Migranten bleibt hierbei außer Betracht. Ob die Angehörigen dieser Gruppen im Hinblick auf Kultur, Werte, Normen und politische Loyalität Deutsche werden oder in Anbetracht einer heterogenen multikulturellen Gesellschaft davon Abstand nehmen, müsste theoretisch für jede Gruppe einzeln, mit hohem Unsicherheitsfaktor und entsprechend geringem Erkenntnisgewinn analysiert werden. Da aber die Einheimischen in der hier betrachteten Kindergeneration nur noch eine knappe Mehrheit stellen werden, ist ein Zerfall der Gesamtgesellschaft in verschiedene ethnische Gruppen m.E. weitaus wahrscheinlicher als die Integration von (auch nichtmuslimischen) Einwanderern in die Kultur einer dahinschmelzenden deutschen Mehrheit.
[246] „In dem Alter, in dem die Hälfte der deutschen Frauen heiratet, hat die Hälfte der türkischen schon zwei Kinder geboren." Ute Schönpflug/Bernhard Nauck, Familien in verschiedenen Kulturen, Stuttgart 1997, S. 183

Auch wenn es aus dem Text bereits hervorgegangen ist, betone ich sicherheitshalber noch einmal: Dieses Kräfteverhältnis von zwei zu eins bezieht sich *nicht* auf die Gesamtbevölkerung, sondern auf *eine* Generation, nämlich die Generation der Kinder der im Jahr 2005 Minderjährigen. Könnte man davon ausgehen, dass die niedrigen Geburtenraten der Deutschen einen bloß vorübergehenden Einbruch, die hohen Geburten- und Zuwanderungsraten der Muslime eine bloß vorübergehende Ausbeulung nach oben darstellten, so müsste man sich darüber keine Sorgen machen. Tatsächlich aber entsprechen alle drei Raten langfristig stabilen Trends.[247]

Das Reproduktionsverhalten und die Einwanderungspolitik der Deutschen liefe selbst dann auf einen schleichenden Autogenozid hinaus, wenn niemand bereitstünde, das Land zu übernehmen. So aber geht es in Deutschland wie in den meisten anderen (west-)europäischen Ländern nicht mehr um die Frage, ob die einheimischen Nationen in Zukunft aus mehr oder aus weniger Menschen bestehen, *sondern ob sie überhaupt existieren sollen.*

Wer die lachenden Erben der verlöschenden Völker Europas sein werden, sollte nach der vorliegenden Analyse nicht zweifelhaft sein. Eine Politik, die diesen Trend noch umkehren könnte, wird nicht verfolgt und nicht einmal glaubwürdig vorgetäuscht:

Auch wenn die Mehrheitsverhältnisse bezogen auf die *Gesamt*bevölkerung *nicht* schon in zwanzig Jahren kippen, sondern „erst" in der zweiten Jahrhunderthälfte, bedeutet dies durchaus nicht, dass sich nicht auch *kurzfristig* gravierende politische Auswirkungen der ungleichgewichtigen Bevölkerungsdynamik bemerkbar machen würden:

Was den politischen Einfluss angeht, so habe ich schon dargelegt, dass einer Bevölkerungsgruppe, die bei Wahlen en bloc abstimmt und dabei das Links-Rechts-Schema ignoriert, an dem sich die übrige Gesellschaft orientiert, eine Schiedsrichterfunktion zufallen muss. Die Muslime, und speziell die Gruppe der Türkischstämmigen unter ihnen, können bereits bei einem Anteil von wenigen Prozent an der Wählerschaft zu Königsmachern in Deutschland werden.[248] Dass dies bisher nicht geschehen ist, liegt daran, dass gerade die Türken zögern, sich um die deutsche Staatsangehörigkeit zu

---

[247] vgl. z.B. Herwig Birg, Die demographische Zeitenwende, München 2001
[248] „Schon 2002 hatte die Konrad-Adenauer-Stiftung in einer internen Studie analysiert, Stoiber sei letztlich an den Türken gescheitert: ‚Bei einem besseren Abschneiden der Union in dieser Gruppe hätte sie stärkste Partei werden können.'", Robin Alexander, Union ist bei türkischen Einwanderern chancenlos, in: Die Welt, 17.3.2009, Im Netz verfügbar unter http://www.welt.de/politik/article3393682/Union-ist-bei-tuerkischen-Einwanderern-chancenlos.html

bemühen, obwohl sie sowohl von Vertretern der türkischen Regierung als auch von Organisationen wie Milli Görüs energisch dazu aufgefordert werden. Die Abneigung dagegen, von wem auch immer als Deutscher betrachtet zu werden, ist offenkundig stärker als die Bereitschaft, gleichsam als Rammbock zu fungieren, der der Türkei das Tor zur Europäischen Union aufstößt. Wäre dies anders, so würden türkischstämmige deutsche Bürger nicht, wie bisher, rund ein Prozent der Wählerschaft ausmachen, sondern ungefähr drei. Bei Tendenz zu steilem Anstieg.

Bisher kamen die Stimmen muslimischer Migranten vor allem den linken Parteien, speziell den Sozialdemokraten zugute,[249] und es besteht Anlass zu der Vermutung, dass die weitere Einwanderung wie auch Einbürgerung von Muslimen vor allem deshalb gerade von *diesen* Parteien gefördert wird, weil das Anwachsen einer überproportional von Sozialleistungen abhängigen Unterschicht gerade diejenigen Parteien begünstigen muss, die den Ausbau des Sozialstaats propagieren.[250]

Das bedeutet aber nicht, dass die Unionsparteien diese Wählergruppe a priori abschreiben würden. Die Union jedenfalls richtet sich allem Anschein nach auf eine Zukunft ein, in der es wesentlich mehr muslimische Wähler gibt, und bemüht sich um ein betont islamfreundliches Image, zumal die islamische Religion konservativ-autoritäre Wertmuster begünstigt. Viele türkischstämmige Wähler, die hierzulande die Sozialdemokraten wählen, würden sich in der Türkei für die islamistische AKP entscheiden.[251] Für die Union muss es eine Versuchung sein, diese Wählergruppe zu erschließen. Schwer erkennbar ist allerdings, wie sie eine solche Politik verfolgen und *gleichzeitig* ihren Kurs fortsetzen will, konservative, speziell christliche und patriotische Werte den vermeintlichen Geboten der programmatischen Modernisierung zu opfern.

Diesen Zusammenhang gilt es zu beachten, wenn der Wolfgang Schäuble sagt, der Islam sei „in Deutschland angekommen"; wenn der nordrhein-westfälische Integrationsminister beklagt, es würden zu wenige Türken eingebürgert; wenn ein bayerischer Ministerpräsident sagt, die CSU müsse sich

---

[249] ebd.
[250] Für Großbritannien wurde der Nachweis, dass die Politik der Masseneinwanderung von der Labour Party tatsächlich aus parteipolitischem Kalkül forciert wurde, durch die Enthüllungen des ehemaligen Regierungsberaters Andrew Neather erbracht: Simon Walters, ‚Dishonest' Blair and Straw accused over secret plan for multicultural UK, Mail online, 25.10.2009, http://www.dailymail.co.uk/news/article-1222769/Dishonest-Blair-Straw-accused-secret-plan-multicultural-UK.html
[251] Alexander, a.a.O.

auch für Muslime öffnen; wenn der niedersächsische Landesvorsitzende der CDU sagt, man dürfe über türkische Migranten nicht in einer „ausgrenzenden" Sprache sprechen, da die Türken ein „stolze und starke Nation" seien; eine Formulierung übrigens, die gerade in ihrer Widersprüchlichkeit verräterisch ist: Wenn man türkischstämmige Migranten nicht „ausgrenzen" will, darf man sie nicht a priori der „türkischen Nation" zurechnen – sie sollen doch Deutsche werden. Oder etwa nicht?

Offenbar stellt sich die Union darauf ein, dass erstens die türkische Wählergruppe ständig anwächst, und dass sie zweitens genau dies auch bleibt: eine *türkische* Wählergruppe. Das Gerede von der „Integration" wird damit Lügen gestraft – jedenfalls wenn man unter Integration mehr versteht als die Selbstverständlichkeit, dass auch Muslime das Verbot von Terrorismus akzeptieren.

Es bedarf keiner prophetischen Begabung um vorauszusehen, dass der Widerstand der Unionsparteien gegen die EU- Mitgliedschaft der Türkei in dem Maße schwinden wird, wie die türkische Wählerschaft in Deutschland wächst, und kein Wähler sollte sich wundern, wenn er am Ende feststellt, dass man ihn in diesem Punkt zynisch hinters Licht geführt hat.

Der politische Bereich ist aber nicht der Einzige, in dem das rasche und auf die jüngeren Generationen konzentrierte Wachstum des muslimischen Bevölkerungsanteils schon kurzfristig zu dessen Übergewicht führen wird. Es liegt in der Natur der Sache, dass die Auswirkungen dieses Vorgangs sich nicht gleichmäßig über die Gesellschaft verteilen, sondern sich von bestimmten sozialen Zentren – also bestimmten Generationen, Schichten, Regionen/Stadtvierteln etc. – wellenförmig in der Gesellschaft ausbreiten.

Einheimische Angehörige der oben analysierten Altersgruppe werden es in allen erdenklichen sozialen Situationen mit einer im Vergleich zu heute deutlich erhöhten Anzahl von muslimischen Mitschülern, Nachbarn, Kollegen, Konkurrenten, Wählern zu tun bekommen, allerdings in den Schulen mehr als in den Universitäten, in Städten mehr als auf dem Land, auf dem Arbeitsmarkt für Geringqualifizierte stärker als auf dem für Wissenschaftler. Die Islamisierung der Gesellschaft geht von Großstädten, Unterschichten und jungen Generationen aus, aber sie ist kein Phänomen, dass sich auf Dauer auf diese Zentren beschränken ließe. Mit zunehmender Anzahl von Muslimen steht auch Personal für die Durchdringung anderer sozialer Räume bereit.

VI. Zusammenfassung: Wie der Dschihad funktioniert

Niemand, der mit der Materie vertraut ist, und schon gar kein Muslim, wird abstreiten, dass der Islam ein System ist, dass für alle Bereiche des privaten und gesellschaftlichen Lebens gleichermaßen verbindlich ist. Im Gegenteil pflegen Muslime mit einem gewissen Stolz auf gerade dieses Charakteristikum ihrer Religion zu verweisen, und so viel wird man ihnen zugestehen müssen: Wenn es in der islamischen Welt bisher nicht zu Glaubenskrisen des Ausmaßes gekommen ist, wie wir sie im Westen (aber auch in Ländern wie Japan) kennen, und wenn es in islamischen Gesellschaften so gut wie keine Atheisten gibt, so hat dies damit zu tun, dass man den Islam nicht abschaffen kann, ohne den Zusammenbruch der Gesellschaft zu riskieren.

Daraus ergibt sich freilich, dass die Rolle der Religion im Gesamtgefüge islamischer Gesellschaften eine andere ist als im Westen, und dass Vergleiche, die auf der Prämisse basieren, alle Religionen seien im Grunde gleich, notwendig in die Irre führen. Der Islam setzt den Menschen nicht nur in Beziehung zum Jenseits und definiert, was Gut und Böse ist – das tun andere Religionen auch –, er definiert auch, was im legalen Sinne Recht und Unrecht, im politischen Sinne legitim und illegitim, im empirischen Sinne wahr und unwahr ist.

Indem der Islam die von ihm dominierten Gesellschaften in dieser Breite und Tiefe durchdringt, prägt er notwendig auch das System der kulturellen Selbstverständlichkeiten, d.h. die Vor-Annahmen über Wahrheit, Gerechtigkeit, Moral, Ethik, Logik, Gewalt, Geschichte und Gesellschaft – also jene Prämissen, die im Sozialisierungsprozess verinnerlicht werden und dem eigentlich politischen Denken vorausgehen. Diese Vorannahmen verdichten sich zu einer in islamischen Gesellschaften sozial erwünschten Mentalität. Selbstverständlich sind nicht alle Muslime gleichermaßen fromm, und jeder – auch jede ethnische Gruppe innerhalb der Umma – weicht in der einen oder anderen Richtung von einem gedachten islamischen Idealtypus ab. Die islamischen Normen, Werte und Wahrheitsdefinitionen können von jedem Einzelnen stärker oder schwächer und in dieser oder jener Weise verinnerlicht werden; sie aber *überhaupt nicht* zu verinnerlichen würde eines geradezu heroischen Maßes an Verachtung für die

Normen der Gesellschaft insgesamt bedürfen und bleibt deshalb notwendig die Sache einiger Weniger.

Der Islam prägt das System der kulturellen Selbstverständlichkeiten auf eine sehr spezifische Art und Weise, die wenig mit dem zu tun hat, was das Abendland unter Wahrheit, Gerechtigkeit, Moral usw. versteht. Muslimische Gesellschaften leben nicht nur in einer anderen Wirklichkeit als westliche – weil ihre Wahrheitskriterien andere sind –, sie folgen auch einer von der jüdisch-christlichen grundsätzlich unterschiedenen Ethik und Moral:

Der Islam ist zwar universalistisch in dem Sinne, dass er Gültigkeit für alle Menschen beansprucht, aber *nicht* in dem Sinne, dass alle Menschen, und zwar unabhängig von ihrer Religionszugehörigkeit, gleiche – zivile und politische – Rechte hätten. *Der Islam lehnt eine universalistische Ethik prinzipiell ab!* Insbesondere ist es mit islamischem Denken schlechterdings unvereinbar, zwischen Gläubigen und „Ungläubigen" eine Reziprozität von Rechten und Pflichten zu postulieren.

Vielmehr beruht seine gesamte Gesellschaftsauffassung auf der Teilung der Menschheit in zwei scharf voneinander geschiedene Gruppen und lässt keinen Zweifel daran, dass die Gruppe der „Ungläubigen" über kurz oder lang zu verschwinden hat. „Gut" im ethisch-moralischen Sinne ist, was der Ausbreitung des Islam dient, „böse" ist, was sie behindert.

Dieses Prinzip wird schon im Koran in Dutzenden, in der Scharia in Tausenden von Einzelnormen konkretisiert und vertieft. In ihrer Gesamtheit laufen sie darauf hinaus, den „Ungläubigen" den Status von Menschen minderen Rechts aufzuzwingen und diesen Status zur täglich erlebten Realität zu machen, bis sie sich unter dem so erzeugten Leidensdruck bekehren.

Unter diesen Umständen kann es auch keine Heiligung des menschlichen Lebens geben, zumindest nicht, soweit sie die Ausbreitung des Islam behindert: Geheiligt wird nicht das Leben des Muslims; dessen Leben ist bloß Mittel zum Zweck. Dass er es in den Dienst Allahs und seiner muslimischen Umma stellt, ist eine Selbstverständlichkeit, das höchste Verdienst aber, das ein Muslim erwerben kann, ist das Selbstopfer im Kampf für den Islam. Dass das Leben des „Ungläubigen" erst recht alles andere als heilig ist – wie auch seine Würde, sein Recht und sein Eigentum alles andere als unantastbar sind –, versteht sich von selbst.

Das jüdisch-christliche Ethos der Selbstkritik und der Verwerfung der Selbstgerechtigkeit hat in einer solchen Religion naturgemäß keinen Platz, gilt vielmehr als verachtenswerte, auszunutzende Schwäche.

Die islamische Ethik ist in diesen drei entscheidenden Punkten – der Partikularität sozialer Normen, der Wiedereinführung des Menschenopfers, dem Appell an den Gruppennarzissmus – nicht einfach *anders* als die christlich-jüdische, sondern deren *Gegenteil!* Was im jüdisch-christlichen Kontext als *böse* gilt, gilt hier als *gut*, soweit es die Ausbreitung des Islam fördert.

Charakteristisch für den Islam ist die durch Allahs Wort beglaubigte *Garantie* der Belohnung für „gutes", das heißt islam- und vor allem dschihadkonformes Verhalten. Ein Begriff wie „Erbsünde", überhaupt der Gedanke der Verstrickung des Menschen in die Sünde wäre in einem islamischen Kontext grotesk. Der Islam sagt sehr genau, was der Mensch tun soll, und verspricht ihm zur Belohnung ein sehr diesseitig wirkendes und hochgradig sinnliches Paradies. Zusätzlich freilich winken dem Muslim, der die Ungläubigen bekämpft, schon auf Erden Belohnungen, insbesondere das Anrecht auf Beute.

Die systematische Entwertung und Entrechtung der „Ungläubigen" wirkt dabei effektiv als göttlicher Freibrief, ihnen gegenüber dem inneren Schweinehund freien Lauf zu lassen. Was immer ein Muslim den „Ungläubigen" antut – es kann, selbst wenn es gegen islamisches Recht verstößt, niemals so verwerflich sein wie die Tatsache, dass die Letzteren überhaupt in ihrem „Unglauben" verharren; sodass sie „selbst schuld" sind, wenn sie zu Opfern islamischer Übergriffe werden. Die Verbindung von sofortiger Belohnung mit dem guten Gewissen dessen, der Gott auf seiner Seite weiß und nicht einmal den Tod zu fürchten braucht, wirkte und wirkt als nahezu unwiderstehlicher Anreiz zu aggressivem Verhalten gegenüber den „Ungläubigen", und selbst ein Straßenraub erlangt auf diesem Wege noch eine sakrale Weihe.

Gewalt hat in diesem System eine strukturierende Funktion: Das Recht und die Fähigkeit zur Gewaltanwendung unterscheidet nicht nur den Herrn vom Knecht (Allah von den Menschen, den Mann von der Frau, die Muslime von den Dhimmis), sie unterscheidet auch zwischen wahr und unwahr. Die Fähigkeit zu schlagen, zu treten und zu töten erfüllt im Islam dieselbe Funktion wie der materielle Reichtum im Calvinismus: Sie zeigt, dass man Gott auf seiner Seite hat. Und wer Allah auf seiner Seite hat, braucht nicht zu argumentieren. Die Sozialisierung des Einzelnen in dieses Gewaltsystem hinein erfolgt durch Familien, in denen die Despotie des Vaters grundsätzlich nicht angefochten wird.

Es ist trotzdem nicht etwa so, dass *alle* (oder auch die meisten) Muslime gewalttätig wären – darauf kommt es auch gar nicht an. Es genügt, dass islamische Gesellschaften stets genügend Menschen hervorbringen, die gegen die „Ungläubigen" gewalttätig werden, um diese unter Druck zu setzen. Die Gewalt kann von Reiterkriegern ausgehen oder von Terroristen, von Straßenräubern oder Vergewaltigern, von Randalierern oder von Politikern, die mit Atombomben drohen: Charakteristisch ist stets

– der Mitteilungscharakter der Gewalt: Man kann ihr entgehen, wenn man sich islamischen Normen fügt,

– die Allgegenwart der Drohung mit einer Gewalt, die vergleichsweise selten *manifest* wird, aber das Verhalten der *potenziell* Betroffenen prägt,

– die Akzeptanz dieser Gewaltandrohung und -anwendung, sofern sie sich gegen „Ungläubige" oder abweichend sich verhaltende Muslime richtet, bei anderen Muslimen; erst das Wissen um die stillschweigende soziale Billigung macht die Gewalt zu einer jederzeit verfügbaren Option.

Diese Orientierung an der sozialen Billigung ist zugleich der Grund, warum der Islam ungeachtet seiner strukturellen Anarchie kollektives Handeln von Muslimen ermöglicht. Es gibt keine Kirche, keine zentralisierte Hierarchie, keine formalen Kriterien für politische Legitimität – jedenfalls keine unabänderlichen – und trotzdem ein offensichtlich hohes Maß an kollektiver Konfliktfähigkeit. Grund dafür ist, dass die Solidarität von Muslimen gegenüber nichtmuslimischen Kollektivakteuren als Sozialnorm so tief verinnerlicht ist, dass jeder Muslim, der mit Nichtmuslimen in Konflikt gerät, die Solidarität seiner Glaubensbrüder, mindestens aber ihre stillschweigende Billigung, als Normalfall unterstellen kann. Dass unter solchen Umständen auch das Maß an Konflikt*bereitschaft* bei Muslimen höher ist als bei „Ungläubigen", versteht sich.

Das Erfolgsgeheimnis des Dschihad ist die horizontale Vernetzung: Kollektives Handeln muss nicht primär durch darauf spezialisierte Apparate koordiniert werden. Solche gibt es zwar in Gestalt von Staaten, Armeen, Terrororganisationen usw., aber diese stellen gleichsam nur die Knoten in einem Netz dar. Es ist dieses *Netz*, das die Koordination leistet, nicht die innerhalb dieses Netzes *auch* vorkommenden Hierarchien.

Wer also in einem verschwörungstheoretischen Sinne nach dem großen Strippenzieher sucht, wird enttäuscht werden. Der Islam hat dergleichen nicht nötig, weil die Strippen schon vor eintausendvierhundert Jahren vom

Propheten Mohammed – Muslime glauben freilich: von Allah selbst – gezogen worden sind.

So kommt es, dass die Initiative zum Dschihad, verstanden im umfassenden Sinne des Kampfes sowohl gegen fremde *Religionen*, gegen fremde Religions*gemeinschaften*, gegen deren *Anhänger* und gegen die *Völker*, die diese Anhänger stellen, von jedem Punkt des Netzes ausgehen kann; dass diese Initiative das Mittel der Wahl für jeden muslimischen Akteur ist, der sich politische Gefolgschaft sichern will; dass es deswegen niemanden gibt, der die Macht hätte, den Dschihad zu beenden: Wenn *ein* Akteur den Dschihad beendet, wird er einfach abgelöst von einem *anderen* Volk, einer *anderen* Organisation, einem *anderen* Staat oder sonst einem anderen Akteur, der den Kampf fortsetzt.

Natürlich wechselt die Intensität des Dschihad: Bisweilen gleicht er einer Feuersbrunst, dann wieder verteilt er sich auf viele kleine Brandherde, aber er endet niemals. *Der Islam ist strukturell friedensunfähig.*

Allein dieses postmodern anmutende, in der islamischen Welt freilich seit der Zeit des Propheten praktizierte Modell horizontal vernetzter sozialer Koordination sollte Grund genug sein, den Islam nicht zu unterschätzen – jedenfalls für eine Gesellschaft, die ihre eigenen Strukturen – Familie, Nation, Kirche, Staat – immer mehr verflüssigt bzw. nivelliert, ohne funktionale Äquivalente an ihre Stelle zu setzen, und die deswegen quantitativ schrumpft und qualitativ an Zivilisiertheit in dem Maße einbüßt, in dem die Zonen der Anarchie wachsen.

Die Anarchie ist nur ein Übergangszustand. Eine Gesellschaft, die ihre eigenen solidaritätsstiftenden Strukturen zerstört und mit den daraus resultierenden Problemen immer weniger fertig wird, ist reif für die Islamisierung. Es ist keineswegs Zufall, sondern Notwendigkeit, dass der Islam in seiner Eigenschaft als Gesellschaftssystem überall dort an Boden gewinnt (Irak, Afghanistan, Somalia, aber auch in amerikanischen Schwarzengettos und französischen Banlieues), wo die Gesellschaft in die Anarchie abzugleiten droht. Die von ihm geprägten Mentalitäts- und Sozialstrukturen versetzen den Islam nicht nur in die Lage, Chaos zu verbreiten, sondern dieses Chaos in eine neue, eben islamische Ordnung umzuschmelzen. Die Tendenz des Islam, just die Probleme zu erzeugen, als deren Lösung er dann auftritt, gehört zu den Grundzügen der Dschihadgeschichte.

Bei den Angriffszielen des Dschihad habe ich oben unterschieden zwischen fremden *Religionen*, fremden Religions*gemeinschaften*, deren *An*-

hängern und den *Völkern*, die diese Anhänger stellen. Der Dschihad richtet sich nicht einfach gegen andere Religionen, sondern auch gegen ihre Anhänger: gegen ihr Eigentum, ihre Rechte, ihre Selbstachtung, ihr Leben. Nicht nur gegen ihre Anhänger, sondern gegen die Strukturen, die zwischen ihnen Solidarität stiften und sie zu kollektivem Handeln befähigen: gegen ihre Mythen und Ideologien, gegen Staaten und Kirchen, gegen Nationen und Glaubensgemeinschaften.

Europäische Gesellschaften, die sich ent-nationalisieren und ent-christlichen, ent-waffnen und ent-grenzen, die sich – mit einem Wort – *ent-strukturieren*; in denen die Autorität des Staates mehr und mehr hinter einer bloßen Moderatoren- und vor allem Versorgerrolle zurücksteht, in denen das Wort „Familie" immer häufiger mit dem Zusatz „Patchwork" (Flickwerk) verwendet wird, die deshalb auf den demographischen Selbstmord zusteuern, werden niemals bei jenem Endzustand von harmonischer Glückseligkeit ankommen, den man sich vielleicht auf grünen Parteitagen ausmalt. Sie werden diesem Zustand nicht einmal *näher* kommen.

Sie werden sich in dem Maße von ihm entfernen, wie die Islamisierung voranschreitet. Die europäischen Werte der Toleranz, des Ethos der Selbstkritik, der Ächtung von Gewalt, der Heiligung des menschlichen Lebens, des intellektuellen Zweifels, des reflexiven Rechts, der Gleichheit aller Menschen – und nicht zuletzt die Fähigkeit zum selbstironischen Humor – werden mitsamt den Völkern, die das alles hervorgebracht haben, zuerst an den Rand gedrängt und dann erstickt werden.

Literaturverzeichnis

al-Buhari, Sahih Nachrichten von den Taten und Aussprüchen des Propheten Muhammad, Stuttgart 1991

Alexander, Robin, Union ist bei türkischen Einwanderern chancenlos, in: Die Welt, 17.3.2009, Im Netz verfügbar unter *http://www.welt.de/politik/article3393682/Union-ist-bei-tuerkischen-Einwanderern-chancenlos.html*

Allafi, Sabine, Bitteres Erbe. Frauenleben im Iran heute, Frankfurt/M. 2001

Ates, Seyran, Der Multikulti-Irrtum – Wie wir in Deutschland besser zusammenleben können, Berlin 2007

Bat Ye´Or, Der Niedergang des orientalischen Christentums unter dem Islam, Gräfelfing 2002

Becker, Matthias, Polizei und Prävention. Wie Großbritannien mit gewaltbereiten Islamisten umgeht. Deutschlandfunk „Hintergrund" vom 23.8.2008, im Netz verfügbar unter: *http://www.dradio.de/dlf/sendungen/hintergrundpolitik/835240/*

Bellil, Samira, Dans l'enfer des tournantes, Paris 2003

Ben-David, Esther, Europe's Shifting Immigration Dynamic, in: Middle East Quarterly, Spring 2009, *http://www.meforum.org/2107/europe-shifting-immigration-dynamic*

Berlin-Institut für Bevölkerung und Entwicklung, Ungenutzte Potenziale. Zur Lage der Integration in Deutschland, Berlin 2009, im Netz verfügbar unter: *http://www.berlin-institut.org/studien/ungenutzte-potenziale.html*

Bielefeldt, Heiner, Menschenrechte in der islamischen Diskussion, o. D., im Netz verfügbar unter: *http://www.kompetenz-interkulturell.de/userfiles/Grundsatzartikel/Menschenrechte%20Islam.pdf*

Birg, Herwig, Die demographische Zeitenwende, München 2001

Bobzin, Hartmut, Mohammed, München 2000

– ders., Der Koran. Eine Einführung, München 2007

Böckenförde, Ernst-Wolfgang, Staat, Gesellschaft, Freiheit, Frankfurt/M. 1976

Bundesamt für Migration und Flüchtlinge, Migrationsbericht 2005, Berlin 2005

Caldwell, Christopher, Allah mode, France´s Islam Problem, in: Weekly Standard, 15.7.2002, *http://www.weeklystandard.com/Content/Public/Articles/000/000/001/435tebxi.asp?pg=1*

Chesler, Phyllis, Der neue Antisemitismus, Hamburg/Berlin 2004

Courbage, Youssef/Todd, Emmanuel, Die unaufhaltsame Revolution. Wie die Werte der Moderne die islamische Welt verändern, München 2008

Courbage, Youssef/Fargues, Philippe, Christians and Jews under Islam, London 1997

Crumley, Bruce/Smith, Adam, Sisters in Hell, in: tine.com, 24.11.2002, *http://www.time.com/time/europe/magazine/2002/1202/crime/bellil.htm*

Dawkins, Richard, Der Gotteswahn, Berlin 2007

Diner, Dan, Versiegelte Zeit: Über den Stillstand in der islamischen Welt, Berlin 2007

Erdogan, Recep Tayyip, – Assimilation ist ein Verbrechen gegen die Menschlichkeit, Rede in der Köln-Arena, in: Süddeutsche Zeitung vom 13.2.2008, *http://www.sueddeutsche.de/politik/85/432834/text/10/*

Flaig, Egon, Weltgeschichte der Sklaverei, München 2009

Fleischhauer, Jan, Unter Linken. Von einem, der aus Versehen konservativ wurde, Reinbek 2009

Frigelj, Kristian, Unter Feinden, in: welt-online, 28.7.2008, *http://www.welt.de/welt_print/article2255315/Unter-Feinden.html*

Gabriel, Mark A., Islam und Terrorismus, Gräfelfing 2004

Ghadban, Ralph, Tariq Ramadan und die Islamisierung Europas, Berlin 2006

Glasmacher, André, Angst vor dem strafenden Islam, in: Tagesspiegel vom 21.4.2007

Hahn, Dorothea, Das Leid der Frau: Ein Bestseller, in: taz, 24.1.2006

Hasan Mahmud, How Sharia Law Punishes Raped Women, in: FrontPageMagazine.com, 17.11.2008, *http://frontpagemagazine.com/readArticle.aspx?ARTID=33098*

Heitmeyer, Wilhelm, Deutsche Zustände. Folge 6, Frankfurt/M. 2007

Henning, Max, Der Koran, Stuttgart 1991

Huntington, Samuel P., Kampf der Kulturen. Die Neugestaltung der Weltpolitik im 21. Jahrhundert, München 1998

Ibn Ishaq, Das Leben des Propheten, Wiesbaden 2004

Janka, Franz, Die braune Gesellschaft. Ein Volk wird formatiert, Stuttgart 1997

Karsh, Ephraim, Imperialismus im Namen Allahs. Von Muhammad bis Osama bin Laden, München 2007

Kaufmann, Tobias, Ihr liebt das Leben, wir lieben den Tod, in: Das Parlament, 25/2004

Kelek, Necla Die verlorenen Söhne. Plädoyer für die Befreiung des türkisch-muslimischen Mannes, München 2007

– dies., Die Türkei und wir, in: Info-Radio, Zwölfzweiundzwanzig vom 13.12.2008, Aufzeichnung verfügbar unter: *http://www.inforadio.de/static/dyn2sta_article/517/299517_article.shtml*

Kriminologisches Forschungsinstitut Niedersachsen (KFN) e.V. (Hg.), Jugendliche in Deutschland als Opfer und Täter von Gewalt, Hannover 2009

Küpper, Mechthild, Ein Fest des Jammertürkentums, in: faz.net vom 26.3.2009

Küng, Hans/van Ess, Josef, Christentum und Weltreligionen: Islam, München 1994

Küng, Hans, Projekt Weltethos, München 1990

Landtag NRW, „Ohne Wenn und Aber". Abgeordnete wollen mehr Migranten für den Polizeidienst qualifizieren, in: Landtag intern, 37. Jahrgang, Ausgabe 10 vom 27.9.2006

Lewis, Bernard, Die Araber, München 2002

Mammey, U./K. Schwarz, K., The demographic characteristics of immigrant populations in Germany, in: Demographic Characteristics of Immigrant Populations. Population Studies no. 38. W. Haug, P. Compton and Y. Courbage, editors, Strasbourg 2002, S. 193–244

Monath, Hans, Es ist unser gemeinsames Land, in: Tagesspiegel vom 9.2.2008

Nagel, Tilman, Geschichte der islamischen Theologie, München 1994

Naipaul, V.S., Eine islamische Reise, München 1993

Nolte, Ernst, Die dritte radikale Widerstandsbewegung: Der Islamismus, Berlin 2009

Raddatz, Hans-Peter, Von Gott zu Allah. Christentum und Islam in der liberalen Fortschrittsgesellschaft, München 2005

– ders., Allah und die Juden, Berlin 2007

Ramadan, Tariq, Muslimsein in Europa. Untersuchung der islamischen Quellen im europäischen Kontext, Köln 2001

– ders., Radikale Reform. Die Botschaft des Islam für die moderne Gesellschaft, München 2009

Remien, Florian, Muslime in Europa: Westlicher Staat und islamische Identität. Untersuchung zu Ansätzen von Yusuf al-Qaradawi, Tariq Ramadan und Charles Taylor (Bonner Islamwissenschaftliche Hefte, Heft 3) Schenefeld 2007

Reusch, Roman, Migration und Kriminalität. Rechtstatsächliche und kriminologische Aspekte und Lösungsansätze für eine erfolgreiche Integration, Vortrag vor der Hanns-Seidel-Stiftung, 9.12.2007, http://www.hss.de/downloads/071207_VortragReusch.pdf

Schönpflug, Ute/Nauck, Bernhard, Familien in verschiedenen Kulturen, Stuttgart 1997

Schwartz, Adi, Independent expert: IDF bullets didn´t kill Mohammed al-Dura, in: haaretz.com, 2.3.2008 *http://www.haaretz.com/hasen/spages/959836.html*

Spencer, Robert, The Truth about Muhammad: Founder of the World´s Most Intolerant Religion, Washington D.C. 2006

– ders., Religion of peace? Why Christianity Is and Islam Isn´t, Washington D.C. 2007

„Spengler", Sex, Drugs and Islam in: Asia Times, 24.2.2009, *http://www.atimes.com/atimes/Middle_East/KB24Ak02.html*

Spuler-Stegemann, Ursula, Die 101 wichtigsten Fragen: Islam, München 2007

– dies. (Hrsg.), Feindbild Christentum im Islam. Eine Bestandsaufnahme, Freiburg 2004

Tamcke, Martin, Christen in der islamischen Welt. Von Mohammed bis zur Gegenwart, München 2008

Tibi, Bassam, Der wahre Imam, Der Islam von Mohammed bis zur Gegenwart, München 1998

– ders., Der Islam und Deutschland. Muslime in Deutschland, München 2000

– ders., Die fundamentalistische Herausforderung. Der Islam und die Weltpolitik, München 2003

– ders., Kreuzzug und Djihad. Der Islam und die christliche Welt, München 2001

Thompson, Damian, Das Ende der Zeiten. Apokalyptik und Jahrtausendwende, Hildesheim 1997

Tönnies, Ferdinand, Gemeinschaft und Gesellschaft. Grundbegriffe der reinen Soziologie, Darmstadt 2005

Türkische Gemeinde Deutschland, Nach den Brandanschlägen muss es eine Neuausrichtung der Politik geben, *http://www.tgd.de/index.php?name=News&file=article&sid=787*

van Gent, Amalia, Streit um das Land des Klosters Mor Gabriel in der Türkei, in: Neue Zürcher Zeitung vom 20.12.2008

Vryonis, Speros, The Mechanism of Catastrophe: The Turkish Pogrom of September 6–7, 1955, and the Destruction of the Greek Community of Istanbul; New York

– ders., The Decline of Medieval Hellenism in Asia Minor and the Process of Islamization from the Eleventh through the Fifteenth Century, Berkeley/Los Angeles/London 1971

Watzlawick, Paul (Hrsg.), Die erfundene Wirklichkeit: Wie wissen wir, was wir zu wissen glauben?, München 1995

Weber, Max, Wirtschaft und Gesellschaft. Grundriss der verstehenden Soziologie, Tübingen 2002

Widmann, Arno, Ankaraer Schule: Der Staat als Glaubensbringer, in: Frankfurter Rundschau, 9.6.2008, *http://www.fr-online.de/in_und_ausland/kultur_und_medien/feuilleton/?em_cnt=1347438*

Wheeler, Jack, The Secret to the Suicidal Liberal Mind, in: newsmax.com, 21.1.2002, *http://archive.newsmax.com/archives/articles/2002/1/20/231252.shtml*

Zweig, Stefan, Castellio gegen Calvin. Ein Gewissen gegen die Gewalt, Frankfurt/M. 1983

Bat Ye'Or

Mit einem Vorwort von Heribert Busse,
aus dem Französischen übertragen von Kurt Maier

Der Niedergang des orientalischen Christentums unter dem Islam

7. bis 20. Jahrhundert, Zwischen Dschihad und Dhimmitude

484 Seiten
Paperback
€ 24,90
ISBN 978-3-935197-19-9

Die in Ägypten geborene Autorin und seit 1959 britische Staatsbürgerin machte durch eine Reihe fundierter Bücher und Veröffentlichungen auf dem Gebiet des Islam auf sich aufmerksam. Sie gilt als eine der besten Kenner auf diesem Gebiet. Professor Heribert Busse hat die Übersetzung inhaltlich überprüft.

Das Buch gliedert sich in zwei große Teile: Die eine Hälfte schildert die historische Entwicklung seit der Entstehung des Islam bis in das 20. Jahrhundert, die andere Hälfte bringt als Beleg Quellentexte und Dokumente. Der Leser hat so die Möglichkeit sich einen Überblick über die Entwicklung zu verschaffen und gezielt Fragen zu vertiefen.

Diese bemerkenswerte Veröffentlichung besitzt heute eine besondere Aktualität. In dem Buch wird die politische Bedeutung des Islam deutlich, seine Wertung erlaubt auch die aktuellen Entwicklungen besser zu beurteilen. An einer gründlichen Auseinandersetzung mit dem Islam kommen wir immer weniger vorbei, und deshalb ist es wichtig verlässliche Quellen zu Rate zu ziehen.

Verlag Dr. Ingo Resch www.resch-verlag.com
Maria-Eich-Straße 77, D-82166 Gräfelfing · Tel. 089/8 54 65-0 · Fax 089/8 54 65-11

Stefan Luft

Abschied von Multikulti
– Wege aus der Integrationskrise

2. Auflage 2007
480 Seiten
Paperback
€ 19,90
ISBN 978-3-935197-46-5

Nach „Ausländerpolitik in Deutschland" bietet Stefan Luft in seinem neuen Buch einen illusionslosen Blick auf die Wirklichkeit. Er belegt an Hand von Statistiken wie die Schulabschlüsse, die Startchancen der jungen Menschen und die Folgen, die sich aus ungenügender Ausbildung und Bildung ergeben, aussehen.

An Hand des konkreten Beispiels Berlin wird die Problematik verdeutlicht. Es entwickelt sich eine Eigendynamik, aus der es für die jungen Menschen ein immer geringeres Entrinnen mit immer geringeren Chancen gibt. Die Barrieren für eine Integration werden zunehmend verbaut.

„Es ist ein Buch von einem ungeheuren Kenntnisreichtum und einer Dichte und Genauigkeit in der Wahrnehmung, die in dieser Debatte ihresgleichen sucht. Ich kann es also deswegen gar nicht genug empfehlen."
　　　　　　　Peter Sloterdijk im „Philosophischen Quartett" im ZDF

„Lufts Buch ist das erste wissenschaftliche Werk, das sich so umfassend mit der Geschichte der gescheiterten Integration in Deutschland befasst, Ursachen ausmacht, Historisches mit aktueller Analyse verknüpft – und Auswege bietet und fordert..."
　　　　　　　Anna Reimann, SPIEGEL ONLINE

„In seinem Buch legt der Wissenschaftler die Versäumnisse deutscher Integrationspolitik offen. Zahlreiche Zitate belegen, dass es nicht an frühen Warnungen fehlte..."
　　　　　　　Joachim Fahrun, DIE WELT

Verlag Dr. Ingo Resch　　　　　　　www.resch-verlag.com
Maria-Eich-Straße 77, D-82166 Gräfelfing · Tel. 089/8 54 65-0 · Fax 089/8 54 65-11

Roberto de Mattei

Die Türkei in Europa
Gewinn oder Katastrophe?

1. Auflage 2010
145 Seiten
Broschur
€ 13,90
ISBN 978-3-935197-95-3

Der Politikwissenschaftler und Historiker de Mattei lehrt an der Università Europea di Roma. Dieses im Jahr 2009 verfasste Buch ist bereits in Italien und England auf Grund der Brisanz des Themas, aber auch vor allem auf Grund seiner fundierten Überlegungen und Argumente, erschienen.

De Mattei legt eine nüchterne und sachliche Analyse vor. Dabei beschreibt er die historischen, geographischen, wirtschaftlichen und demographischen Gegebenheiten. Denn nur wer diese kennt, kann richtig urteilen. Doch entscheidend ist auch der innerpolitische Wandel der Türkei zuerst durch Kemal Atatürk, sowie die derzeitige Entwicklung durch Recep Tayyip Erdogan. Die kulturelle und politische Situation von Kurden und Christen in der Türkei, werden dabei ebenso behandelt wie aktuelle politische Konflikte, wie die z.B. mit Zypern. Das Spannungsverhältnis, in dem die Türkei selbst steht, zwischen Säkularisation und Islam arbeitet der Autor deutlich heraus. Dieses Spannungsverhältnis ist bedeutsam, denn der kulturelle Standort des gegebenenfalls größten Mitgliedslandes der EU würde Europa nachhaltig beeinflussen.

Der Autor zieht Schlussfolgerungen, er zeigt auf, wo sich Vorteile aber auch wo Nachteile durch einen Beitritt der Türkei in die EU ergeben würden. Dabei spielen einerseits der türkische Nationalismus aber auch die zunehmende Radikalisierung des Islam eine Rolle. Der Leser kann selbst die Argumente und Fakten werten, die auch auf zahlreiche Stellungnahmen von wissenschaftlicher und politischer Seite basieren.

Die deutsche Ausgabe ist durch Quellen von Autoren ergänzt, die aus ihrer Sicht eine Mitgliedschaft in der EU werten. Insgesamt stellt dieses Buch einen unverzichtbaren Beitrag dar, denn die Entscheidung einer Mitgliedschaft hat so oder so weitreichende politische und kulturelle Konsequenzen.

Verlag Dr. Ingo Resch www.resch-verlag.com
Maria-Eich-Straße 77, D-82166 Gräfelfing · Tel. 089/8 54 65-0 · Fax 089/8 54 65-11

Mark A. Gabriel, PH.D
Ehemals Dozent für islamische Geschichte an der
Al-Azhar Universität, Kairo

Islam und Terrorismus
– was der Koran wirklich über Christentum, Gewalt und die Ziele des Djihad lehrt

272 Seiten
Paperback
€ 14,90
ISBN 978-3-935197-39-7

Dieses Buch ist eine Sensation: ein Dozent für Islamgeschichte der Al-Azhar Universität in Kairo und Imam an der Moschee von Gizeh, zweifelt an der Friedfertigkeit des Islam, wird daraufhin gefoltert und sollte getötet werden. Er sagt sich von seinem Glauben an Allah los und nach einem Jahr „Gottlosigkeit" bekehrt er sich zum Christentum. Heute lebt der Autor in den USA und setzt sich mit den Unterschieden zwischen Islam und Christentum auseinander. Seinen jetzigen Namen Mark A. Gabriel hat er nach seiner Bekehrung angenommen. In diesem Buch beschreibt er nicht nur seine Lebensgeschichte, sondern er untersucht die Wurzeln des modernen Terrorismus.

Mark A. Gabriel, PH.D

Jesus und Mohammed
Erstaunliche Unterschiede und überraschende Ähnlichkeiten

304 Seiten
Paperback
€ 13,90
ISBN 978-3-935197-52-6

Gabriel, der neben seiner wissenschaftlichen Ausbildung an der Al-Azhar Universität in Kairo über den Islam in USA Weltreligionen und christliches Lehramt studierte, hat den interessanten Vergleich zwischen dem Leben von Jesus und Mohammed gezogen. Dabei vergleicht er die Biographien von der frühesten Kindheit an um dann auf Grund der unterschiedlichen Lehren zu seinen Schlussfolgerungen zu gelangen.

Verlag Dr. Ingo Resch
www.resch-verlag.com
Maria-Eich-Straße 77, D-82166 Gräfelfing · Tel. 089/8 54 65-0 · Fax 089/8 54 65-11